Po

aff

[illegible]

Janvier 1996

Pratique du théâtre
Collection dirigée
par André Veinstein

LEE STRASBERG

Le travail à l'Actors Studio

COURS RECUEILLIS
ET PRÉSENTÉS
PAR ROBERT H. HETHMON

TRADUITS DE L'AMÉRICAIN
PAR DOMINIQUE MINOT

nrf

GALLIMARD

Titre original :

STRASBERG AT THE ACTORS STUDIO

AVANT-PROPOS

Les cours de Lee Strasberg à l'Actors Studio ont été enregistrés pendant plusieurs années, non pas en pensant à l'avenir, mais pour permettre aux membres de l'Actors Studio eux-mêmes de s'y référer. De ces centaines d'heures de cours enregistrés, Robert H. Hethmon a tiré un exemple à peu près unique [1] de littérature théâtrale, révélant la nature profonde du travail de Strasberg et les fonctions du Studio. Bon nombre des acteurs anonymes que nous voyons ici travailler sous la direction de cet éminent professeur et directeur sont des personnalités mondialement connues, telles qu'Anne Bancroft, Marlon Brando, Montgomery Clift, John Crawford, Jane Fonda, Walter Matthau, Steve Mac Queen, Paul Newman, Géraldine Page, Anthony Perkins, Sidney Poitier, Rod Steiger, Shelley Winters... Selon les cas, Strasberg leur adresse félicitations ou reproches; il plaisante, satirise, inspire, raconte des histoires : des centaines de situations théâtrales sont là pour illustrer sa manière intuitive, sévère, pragmatique d'éveiller l'esprit créateur et les réactions des comédiens.

Le texte explicatif de Robert H. Hethmon permet au lecteur de suivre avec facilité les commentaires de Strasberg et de connaître, grâce au rapide historique du Studio présenté dans la préface, le fonctionnement de cet organisme.

1. La publication dans *Pratique du Théâtre* des cours de Louis Jouvet au Conservatoire, répond aux mêmes préoccupations. *(N.d.D.C.)*

Robert H. Hethmon a été professeur d'art dramatique dans les universités du Wisconsin, du Colorado et de la Californie. Il est maintenant professeur d'art dramatique à Ucla. De 1960 à 1962, il a été directeur du centre de recherche théâtral du Wisconsin.

N. B. — Le texte de Robert H. Hethmon est imprimé en petits caractères, celui de Lee Strasberg en caractères plus importants.

INTRODUCTION POUR L'ÉDITION FRANÇAISE

Ce m'est un plaisir très particulier de voir traduits en français mes commentaires et discussions enregistrés en cours de travail à l'Actors Studio. Un mur d'incompréhension s'était élevé entre les idées réunies sous le nom de « Méthode » et celles de l'École française. Il me semble très important de faire remarquer que les idées fondamentales de ce livre sont basées sur les idées et les expériences d'acteurs de toutes nationalités et de toutes époques. Le fameux paradoxe de Diderot et la façon dont Coquelin l'a exprimé, la façon de jouer des artistes de la Comédie-Française ne représentent absolument pas la somme des idées françaises sur l'art du jeu théâtral. Au contraire, les idées de Molière, les critiques qu'il a formulées contre la façon de jouer des acteurs de son temps, les idées de Riccoboni et de Saint-Albin, les écrits et les études de Mlle Dumesnil et de Talma, la contribution des grands acteurs français de l'école romantique, les réalisations de Lucien Guitry, les idées de Jacques Copeau (qui ne furent pas toujours celles de ses successeurs) sont en parfait accord avec les idées de Stanislavski qui sont la base de mon travail. Il se peut que ceci ne ressorte pas très clairement des pages de ce livre à cause de leur côté peu systématique; mais ce serait pour moi un très grand plaisir de rappeler aux artistes et au public français cette grande tradition de jeu qui a toujours été la leur et qui, aujourd'hui encore, peut servir de base à nos idées sur le jeu théâtral.

La session de travail que j'ai eu la joie de faire à Paris en sep-

tembre 1967 a été pour moi une expérience extraordinaire[1]*; la traduction que voici en est la conséquence logique. Mais jamais je ne pourrai exprimer par des mots mes remerciements pour la coopération passionnée des artistes français, leur réaction enthousiaste et l'occasion qu'ils m'ont donnée de mettre à l'épreuve — avec des acteurs français de formations différentes — mes façons de procéder.*

Je tiens aussi à remercier très particulièrement mes amis Alain Resnais et Delphine Seyrig d'avoir permis à cette session d'avoir lieu, grâce à leur diligence, leurs encouragements et l'intérêt qu'ils m'ont portés. J'aimerais également remercier l'éditeur d'avoir bien voulu inclure cet ouvrage dans les excellentes séries de ses publications, et la traductrice de s'être attelée à la tâche difficile de rendre de façon intelligible et agréable ces colloques et ces remarques.

L. S.

1. Strasberg ayant été prié de poursuivre le travail commencé au cours de cette session et se trouvant dans l'impossibilité de le faire lui-même, s'adressa à son assistant, Andréas Voutsinas, et le pria de diriger deux sessions supplémentaires; celles-ci eurent lieu au Studio des Champs-Élysées, sous les auspices de Micheline Rozan et Delphine Seyrig. *(N.d.T.)*

Introduction

L'ACTORS STUDIO ET LEE STRASBERG

Au cours de ces dernières années, ceux qui venaient à New York en quête de théâtre sérieux ont inévitablement été détournés du luxe criard de Broadway au-delà de la 9e Avenue, vers un modeste bâtiment à deux étages présentant l'aspect d'une église blanchie à la chaux, dans le style de la renaissance grecque, entouré de logements crasseux, un peu en retrait du trottoir et précédé de grilles peintes en noir. Un petit écriteau porte ces mots : ACTORS STUDIO.

Le visiteur doit laisser de côté les marches de grès menant au portail de la façade pour entrer par une porte du sous-sol.

Un escalier étroit mène au Studio proprement dit. Autrefois, auditorium de l'église, il en conserve encore le balcon en fer à cheval et le plafond avec des poutres apparentes. Les fenêtres à l'ancienne mode, le toit de bois, le balcon étroit, le décor bleu et blanc, tout suggère vaguement un théâtre de l'époque géorgienne.

A la place de la chaire et du chœur, il y a maintenant un plateau adossé à un grand mur décapé.

Le visiteur qui arrive un peu avant onze heures, heure du début de la séance, trouve généralement quelques meubles ou quelques tréteaux disposés çà et là sur le plateau. Des rideaux tirés tamisent la lumière de la salle. Parfois quelques acteurs se trouvent déjà sur scène, quelquefois allongés, cherchant à se concentrer. Petit à petit, la salle se remplit; les gens fument, boivent du café et parlent à voix basse. Un technicien entre, branche le magnétophone, pose un verre d'eau et un grand réveil sur la petite table basse devant la chaise pliante du directeur.

L'auditoire est composé principalement de jeunes; ils ont l'air d'étudiants particulièrement sympathiques et intelligents. Çà et là, parmi une majorité de personnes vêtues sans recherche, une femme élégante. Quelques figures connues émergent. Personne ne pose ou ne se fait remarquer. Les attitudes sont quotidiennes, sérieuses, et cependant l'atmosphère est étrangement théâtrale. De façon ou d'autre, la foule se tient à distance. L'air est électrique.

Juste avant onze heures, un petit homme habillé de gris, les cheveux gris, portant des lunettes lourdement cerclées, se glisse dans la salle avec un groupe de derniers arrivants. Il pose son imperméable sur le dossier de sa chaise, et s'assied. C'est Lee Strasberg, directeur artistique de l'Actors Studio. Il jette alors un rapide coup d'œil circulaire. L'auditoire se tait. Consultant la fiche posée près de lui, il annonce le titre de la première scène. Les lumières de la salle s'éteignent, la rampe s'éclaire; le plateau peut immédiatement se mettre à vivre, à s'emplir de sons, de musique, de danse, de rires, de mots. Mais parfois, les acteurs continuent simplement à se concentrer. Parfois encore, la scène s'anime, et les acteurs ne se mettent à parler qu'après avoir attentivement vérifié les divers accessoires du plateau.

Finalement, quelle que soit la scène, elle s'achève. Les lumières de la salle se rallument. Le régisseur branche le magnétophone et l'un des comédiens commence à expliquer ce qu'il a essayé de faire dans la scène. Strasberg écoute, pose parfois une question et finalement demande aux autres acteurs de la scène d'expliquer l'un après l'autre les problèmes qu'ils ont eu à résoudre. Quelquefois, les acteurs sont priés de répéter la scène, afin que Strasberg puisse la commenter pendant son déroulement. Souvent l'auditoire est invité à faire des commentaires. Enfin, Strasberg lui-même parle. Il peut parler dix ou soixante minutes, mais d'ordinaire, ses remarques ne durent pas plus de quinze à vingt minutes parce qu'une deuxième scène doit être analysée avant la fin de la séance qui se termine vers treize heures.

Et c'est tout. Strasberg s'en va précipitamment vers un autre cours, et les membres du Studio se dispersent, rentrent chez eux, vont à leurs occupations, ou bien restent sur place pour répéter une autre scène. Plusieurs d'entre eux suivent les deux séances de travail hebdomadaire depuis 1947. Pour eux, le Studio est un *atelier* privé, et le visiteur qui peut avoir le privilège d'observer le travail en cours et les réactions des gens de métier, n'est réellement qu'un étranger.

Chaque artiste a besoin d'un lieu, d'un « studio », où il peut faire ses gammes, essayer de nouveaux coloris, ébaucher, inventer, s'éprouver. Une des idées maîtresses de Strasberg est résumée par une maxime de Goethe : « La carrière d'un acteur se développe en public mais son art se développe en privé. » Toutefois, il est nécessaire de modifier cette maxime. L'acteur a réellement besoin des autres pour progresser dans son art et son métier. L'Actors Studio lui fournit en même temps des camarades et un endroit où travailler en privé. Là, l'art peut se développer, et le visiteur suffisamment sensible ressentira certainement, même au cours d'une visite fortuite, ce sentiment de foi, cette ferveur, cette ardeur, cette opiniâtreté dans le travail et cet esprit professionnel qui animent tout le monde au Studio. Il aura même l'impression de s'être trouvé en présence d'un maître en l'art d'enseigner.

L'Actors Studio existe parce qu'il est nécessaire. En Amérique, l'acteur affronte de bien plus grandes difficultés que tout autre artiste. Quoique de nos jours les acteurs soient reconnus, nous n'acceptons pas tout à fait l'idée que leur métier soit une profession véritable. Très peu de jeunes gens, même ceux dont le talent est évident, embrassent cette carrière avec l'assentiment de leurs familles et de la société. Il n'y a, en fait, aucune voie officielle pour entrer dans cette profession. Toutes les compagnies où un jeune acteur pouvait autrefois faire son apprentissage n'existent plus.

L'Amérique n'a aucune école officielle de formation théâtrale, comparable à celles de la France ou de la Russie. Nos universités, malgré leurs somptueux édifices, ne font que rendre un hommage très superficiel à l'art dramatique. De « soi-disant » écoles professionnelles témoignent d'une certaine application dans leur travail, mais guère de profondeur. Bref, c'est plus souvent par hasard que par un choix délibéré que le jeune acteur américain entre dans cette profession.

Même doué, il peut passer des années à frapper en vain aux portes des théâtres; et ne parlons pas des milliers d'autres, absolument dénués de tout don...

Le jeune acteur peut persévérer pendant des années sans obtenir plus d'un ou deux petits rôles. Pendant ce temps, les obligations de la vie, les pressions psychologiques, le manque d'occasions d'exercer et de développer son métier entravent l'épanouissement de son talent. Quand le temps et l'expérience l'ont amené au point où dans toute autre profession on a généralement atteint la maturité et la sécurité, son talent est bien souvent bloqué et perdu. Au siècle dernier, Henry Irving passa quinze années de sa vie à faire des tournées et à travailler des centaines de rôles, avant de devenir une vedette en une nuit dans *The Bells*. Il est rare que l'acteur américain ait cette chance; s'il l'a il peut être pris en considération grâce à une facette de son talent, à une caractéristique ou à des possibilités physiques, à la révélation d'un type précis de personnage. Il peut même devenir célèbre en une nuit et alors les pressions qu'il subira de l'extérieur seront encore plus fortes; mais il n'aura aucune formation de base et n'aura probablement utilisé qu'une parcelle de son talent, et cela, sans technique consciente. Le théâtre exploitera immédiatement ce talent que le hasard aura révélé. On lui demandera de rejouer tous les soirs pendant des années ce rôle qui lui a valu la célébrité et fréquemment, il sera poussé — au cinéma et à la télévision aussi bien qu'au théâtre — à répéter continuellement ce seul élément de sa personnalité qui lui a valu son succès initial. Il se mettra de plus en plus à n'utiliser qu'une petite part de lui-même et au bout d'un certain temps il sera assailli de questions obsédantes : « Puis-je le refaire? Puis-je faire autre chose? Suis-je capable de travailler avec un autre metteur en scène? avec un autre matériau? Puis-je jouer d'autres personnages? Ai-je réellement du talent? J'en ai eu naguère, où est-il allé? »

Souvent, plus le succès est éclatant, plus grandes sont les angoisses qui suivent; souvent, le succès n'engendre pas l'énergie, pas même la confiance. Témoin, la sagesse universelle de Broadway qui affirme : « Vous êtes aussi bon que votre prochain spectacle. » Témoins ceux qui attendent — dans des chambres de bonnes ou de luxueux appartements — l'appel de leur imprésario, ou la convocation d'un producteur, ou quelque chose qui pourra enfin remplir le vide, laissé par la lente disparition des lumières de la rampe et des affiches, les regards qui se détournent et semblent dire, à tort ou à raison : « Vous n'êtes plus dans le vent. »

L'Actors Studio est un refuge. Son caractère privé est férocement défendu contre l'intrus, l'amateur de curiosités et l'exploiteur. Mais le Studio est bien plus qu'un sanctuaire. L'acteur de talent y trouve la compréhension des problèmes qu'il affronte. Le succès peut être son ennemi et se nourrir de sa propre substance. Le talent se dévore lui-même. Le Studio aide le comédien à faire face à l'ennemi à l'intérieur de ces problèmes professionnels qui découlent de la nature même de l'acteur.

Quelquefois un acteur sait très bien ce qu'il devrait faire, mais n'y parvient pas. Parfois même, il sent que quelque chose ne va pas, mais n'arrive pas à voir ce que c'est; il se voit obligé, le soir à vingt et une heures, quand le rideau se lève, de refaire avec fraîcheur et un esprit créateur ce qu'il a déjà fait; il se sent usé, crispé, mécanique, mort, plein d'habitudes et de clichés. Il ne peut absolument pas refaire ce qu'il sait avoir fait plusieurs fois. Comment un comédien recherche-t-il ce quelque chose qu'il a eu et qui semble avoir disparu? Un écrivain peut au moins écrire et jeter ses feuillets au panier. Un peintre peut mettre un mois ou un an à terminer une toile. Un pianiste sait que son instrument répondra aujourd'hui comme il a répondu hier. Seul l'acteur affronte l'incertitude, les moments d'anxiété et de terreur, et ceux de frustration où il se demande s'il pourra re-créer en se servant seulement de lui-même, ce que sa profession lui demande de recréer spontanément encore et toujours.

Les acteurs arrivent au Studio bien ou mal formés, ou pas formés du tout. Leur seul point commun est le talent et la possibilité de l'améliorer. Ils trouvent ici un laboratoire qui leur permet d'étudier les éléments de leur métier, loin des pressions de Broadway, et de découvrir, non seulement s'ils « ont » encore ce talent mais ce qu'ils peuvent réellement « en faire ».

Strasberg a une idée très claire du genre de réalité que l'art du comédien doit servir. Pour lui, le meilleur art théâtral est celui qui cherche à donner un sens à ce qu'il fait et non à le farcir de naturalisme; c'est à ce critère que toute tâche et tout problème de l'acteur est soumis. Cela permet au Studio d'avoir des assises solides, de la suite dans les idées, et d'offrir un contraste frappant avec la mollesse et l'insouciance de Broadway, tout en soutenant largement les vues pragmatiques de Strasberg sur l'entraînement du comédien et la manière de résoudre ses problèmes.

Contrairement à ce qui est presque universellement admis, Strasberg ne donne pas aux membres du Studio une série de règles constituant un système de jeu. Mais sa façon d'aborder le travail est très systématique. Il essaie de montrer au comédien la nature de son instrument personnel de façon à lui permettre d'élaborer une technique qui lui donne la possibilité d'utiliser et de contrôler *ses* ressources particulières; il évitera ainsi d'être paralysé par les difficultés quand elles se présenteront. Quoiqu'une bonne part de cette façon d'aborder le travail vienne de Stanislavski, une grande partie découle de l'expérience personnelle de Strasberg; il l'utilise parce qu'elle produit de bons résultats; elle a donné au Studio un caractère formel et efficace qui l'a maintenu en vie et lui a permis de se développer depuis dix-sept ans; le Studio est devenu un lieu où règne l'espérance.

Le théâtre est un art où les considérations pratiques sont décisives. Les problèmes artistiques au théâtre impliquent toujours des problèmes concrets de relations humaines. Les acteurs ont besoin d'autres acteurs, d'entraînement, de direction, d'administration. On a affronté ces problèmes à l'Actors Studio avec un minimum d'organisation définie. Le Studio donne des privilèges. Il encourage la responsabilité. Il ne réclame rien. Le fait qu'il survive depuis dix-sept ans atteste l'efficacité de son enseignement.

L'Actors Studio a été fondé par Elia Kazan, Cheryl Crawford et Robert Lewis en octobre 1947. Cinquante jeunes acteurs professionnels soigneusement sélectionnés pour leur talent furent invités à en devenir membres. Pendant la première saison, Lewis dirigea les séances destinées aux membres les plus avancés tandis que Kazan se chargeait de celles réservées aux débutants. A la fin de la saison, Lewis démissionna et, en 1948 et en 1949, une demi-douzaine de professeurs, parmi lesquels Kazan, Daniel Mann et Sanford Meisner, continuèrent à donner des cours. Vers la fin de 1949, Strasberg fut invité à se joindre à eux. En peu de temps, il devint, au Studio, le seul professeur, et en 1951 il fut nommé directeur artistique. Depuis lors, il a été responsable du travail des acteurs, et de la direction artistique générale du Studio.

A l'origine, les membres du Studio comprenaient seulement des comédiens, qui en sont toujours les principaux éléments. Cependant, certains membres ont découvert et amené au Studio de jeunes auteurs dramatiques et des metteurs en scène. Pendant la saison 1957-1958, le Studio a créé l'Union des auteurs dramatiques et au début de 1960 une Union de metteurs en scène, sous la direction de Strasberg. Finalement, vers la fin de 1962, le Studio a institué une section consacrée à la production : le Théâtre de l'Actors Studio.

Les premières classes du Studio réunirent une étincelante pléiade de talents. Plusieurs de ses membres atteignaient alors le rang de vedette. Le talent attirait toujours plus de talent. Or, le Studio sert le talent sur une base individuelle et s'en tient fermement à sa politique de séparation d'avec les pressions commerciales, les distributions et les productions. En faire partie est un privilège qui n'exige aucune réciprocité. Il a limité son travail à l'essentiel : un local, des comédiens, un professeur. Si l'une quelconque de ces conditions avait prévalu, l'édifice entier se serait-il écroulé ? Je ne peux l'affirmer mais je suis sûr que chacun de ces facteurs est relativement peu important, comparé au succès que remporte le Studio dans sa lutte pour aider l'acteur à résoudre ses problèmes, succès dû surtout au travail de Strasberg en tant que directeur artistique.

Lee Strasberg est né en 1901 à Budzanow en Galicie, alors rattachée à l'empire d'Autriche. Il était le plus jeune des enfants (trois fils et une fille) de Baruch Meyer et Ida Strasberg. Peu de temps après sa naissance, Baruch émigra seul à New York tandis que sa famille demeurait au village natal avec un oncle, un rabbin professeur. Le père, qui travaillait comme presseur dans l'industrie du vêtement, fit venir auprès de lui son fils aîné et sa fille, puis, ayant économisé suffisamment d'argent, il fit venir la mère et les deux plus jeunes garçons. En 1909, la famille fut réunie à Manhattan, dans les bas quartiers de l'est, où elle demeura jusqu'au moment où elle s'installa dans le Bronx vers les années vingt.

Strasberg, avant d'aller à l'école à New York, n'avait reçu de son oncle qu'une instruction religieuse. Il fréquenta deux écoles primaires du East Side et aurait passé ses examens à l'école primaire supérieure de Townsend Harris, si le plus jeune de ses frères n'était mort pendant l'épidémie de grippe de 1918. Au lieu d'aller au collège, il devint employé de bureau chez un fabricant de postiches pour dames ; quand le patron fit faillite, Strasberg racheta l'affaire avec un ami.

Rien dans l'enfance de Strasberg ne permet de penser qu'il deviendra un jour acteur, metteur en scène, professeur et finalement un des hommes de théâtre les plus influents de l'Amérique.

Il est vrai qu'étant enfant, il avait, à l'occasion, participé à des spectacles d'amateur, en yiddish, dus à des auteurs tels que Sudermann; mais jusqu'aux années vingt, il ne garda aucun contact avec la production théâtrale. « De quoi vous mettez-vous en peine? demandait-il récemment à une jeune actrice du Studio très tourmentée au sujet de sa carrière. Quand j'avais votre âge, je n'étais même pas dans le théâtre, j'étais dans la coiffure. »

Actuellement, homme de grande érudition dans le domaine des arts, Strasberg a toujours manifesté une vive curiosité en matière de culture générale. Sa soif de lecture — qui a rempli son appartement de New York de milliers de volumes — commença à l'École supérieure. Ses lectures favorites concernaient le théâtre : biographies d'acteurs, histoire, premiers numéros du magazine *Theatre Arts*. Au début des années vingt, un ami l'invita à se joindre aux étudiants du groupe « Art and Drama », jeunes amateurs qui se rencontraient pour jouer des pièces au Settlement House de Chrystie Street; il y entra effectivement, mais sans aucune intention particulière.

Aujourd'hui, Strasberg se souvient de cette expérience comme d'une période d'apprentissage très importante pendant laquelle il a pu s'éprouver lui-même, comme tout artiste doit le faire. A Chrystie Street, il joua d'abord de petits rôles. Il se fit remarquer pour la première fois par un professionnel du théâtre quand Philip Lœb, directeur de la distribution au Theatre Guild vint voir jouer un de ses amis; il vit Strasberg par la même occasion, qui jouait un enfant aveugle dans une pièce de Maeterlinck. Il lui demanda : « Êtes-vous intéressé par la carrière d'acteur? — Pas particulièrement, répondit Strasberg. — Eh bien, si jamais vous le devenez, faites-moi signe. » Et par la suite — à un moment crucial de sa carrière — c'est ce que fit Strasberg.

Strasberg continua jusqu'en 1927 à travailler avec les « SADS » de Chrystie Street.

La vie du théâtre paraît si éphémère que la plupart des gens se rendent à peine compte qu'il existe une tradition vivante du théâtre. On dit qu'on pourrait retrouver les éléments du Hamlet d'Henry Irving en remontant — acteur par acteur — jusqu'à Burbage. On pourrait également dire que l'influence de Strasberg sur les jeunes acteurs des années cinquante et soixante remonte à ses propres expériences théâtrales des années vingt. Certaines images hantent son imagination et colorent constamment son discours — toutes datent de cette époque — Jacob ben Ami dans *Samson et Dalila*, Jeanne Eagles dans *Rain*, le *Liliom* du Theatre Guild, Chaliapine dans *Boris Godounof*. Mais l'*Annus mirabilis* fut 1923, l'année où il vit le Hamlet de Barrymore, la Duse dans ses représentations d'adieu, la première visite en Amérique de Stanislavski et l'ensemble du Théâtre d'Art de Moscou.

Ceux pour qui Strasberg est l'apôtre du réalisme apprendront avec surprise qu'il fut poussé vers le théâtre de façon décisive par un défenseur notoire du théâtre symbolique. Pour Strasberg, au début, le fait de jouer n'était qu'une simple activité sociale. L'œuvre de Gordon Craig, *De l'Art du Théâtre*, qui claironnait la prétention du théâtre à la plus haute place parmi les arts, fit réaliser à Strasberg que le théâtre n'est pas seulement un lieu de divertissement mais qu'il renferme les possibilités d'un grand art.

Cependant, c'est après avoir vu Stanislavski et la compagnie du Théâtre d'Art de Moscou, qu'il comprit que ce qu'il s'était représenté comme un rêve d'art théâtral, pouvait être réellement créé sur scène.

Finalement, son associé dans son affaire de coiffure lui offrant de lui racheter sa part au taux de vingt-cinq dollars par semaine pendant un an, il décida de « tenter sa chance au théâtre ».

Il s'inscrivit à la Clare Tree Major School of the Theater qu'il fréquenta trois mois, vaguement insatisfait pendant tout le temps qu'il y resta.

Un ami lui suggéra alors d'aller voir un nouveau groupe théâtral à Greenwich Village. C'était le Théâtre-Laboratoire américain fondé par Richard Boleslavski et Maria Ouspenskaia, membres du Théâtre d'Art de Moscou, restés à New York lorsque leur compagnie était retournée en Russie. Là, pour la première fois, Strasberg rencontra l'expression concrète des idées de Stanislavski sur la formation du comédien. Il auditionna aussitôt et fut admis à l'école du théâtre.

Les idées révélées à Strasberg au Théâtre-Laboratoire américain sont la base de tout le travail qu'il entreprit par la suite avec les comédiens. Il possède encore les notes prises lors du premier cours de Boleslavski. Mais ce n'est pas un « système » — sentimentalement adopté et servilement suivi — qu'il y acquit ; il apprit plutôt à découvrir la nature psychologique de l'acteur et les diverses manières de le former en se basant sur les découvertes que Stanislavski avait mises à l'épreuve pendant de nombreuses années.

Une des caractéristiques de Strasberg est qu'entre les années 1923 et 1931, lors des premières réalisations à Broadway de son groupe théâtral, il mit à l'épreuve tout ce qu'on lui avait appris, non seulement en observant des metteurs en scène professionnels, mais en essayant de trouver par lui-même la manière d'utiliser le travail de Stanislavski dans ses productions immédiates.

Vers la fin de 1924, il comprit qu'il devait choisir entre deux possibilités : rester membre du Théâtre-Laboratoire américain ou s'élancer vers Broadway. Peu confiant en la vitalité du groupe Boleslavski et se souvenant de sa rencontre providentielle avec Philip Lœb, il lui écrivit et quelques semaines plus tard, il répétait au Theatre Guild une pièce intitulée *Processional* qui débuta le 12 janvier 1925. Strasberg y occupa également le poste d'assistant metteur en scène et quand les représentations de cette pièce se terminèrent au bout de quelques mois, il s'occupa, également en tant qu'assistant metteur en scène, de la nouvelle pièce de la Guild, *The Guardian*, qui avait débuté au mois d'octobre précédent. En ce même printemps, il joua le rôle de Ponza dans la pièce de Pirandello, *Chacun sa Vérité*. Sa première saison professionnelle se termina en dansant et en chantant dans les premières *Gaietés Garrick* du Theatre Guild.

Quand Elia Kazan, Cheryl Crawford et Robert Lewis se rencontrèrent en 1947 pour former l'Actors Studio, ils firent la tentative, en pleine connaissance de cause, de continuer la tradition établie par le Group Theatre. La création du Group Theatre par Miss Crawford, Harold Clurman et Strasberg était née — dès 1926 — de leur association en tant que compagnons de travail au Theatre Guild. Robert Lewis était membre de la compagnie du Group Theatre d'origine; Kazan s'était joint au Group en 1923 comme débutant et finit comme acteur principal. Cependant, la tradition dont ils se préoccupaient n'avait rien de personnel. Le Group Theatre contribua de façon permanente à la vie de notre théâtre américain.

Le succès dans la jungle de Broadway ne pouvait certainement pas contenter des êtres tels que Kazan ou Cheryl Crawford, ni permettre à Strasberg de trouver une satisfaction particulière à un théâtre purement commercial. En dépit de sa contribution à des pièces telles que *La Cinquième Colonne* d'Hemingway, *Le Grand Couteau* et *La Villageoise* d'Odet et *Tous les vivants* de Cheryl Crawford, sa carrière comme metteur en scène à Broadway après 1937 ne pouvait satisfaire sa conception de l'art théâtral, tel qu'il le comprenait depuis les années vingt, ni être comparée à l'exaltante impression de réussite éprouvée dans les débuts du Group Theatre.

Son plus grand succès personnel — dans les dernières années quarante — fut sa décision de devenir professeur et de donner à la fois des cours privés et des cours à l'American Theatre Wing. Il a toujours été « un professeur ». Kazan dit qu'il est « une de ces personnes qui sont professeurs par nature » et les annales attestent son étonnante réussite dans l'art de développer le talent des comédiens. En un certain sens, la proposition que lui fit Kazan en 1949 de venir enseigner à l'Actors Studio, fondé tout récemment, fut providentielle; car de cette invitation naquit le fécond mariage entre la longue expérience de Strasberg et le jeune talent de la génération d'après la Seconde Guerre mondiale.

Le succès de Strasberg comme professeur ne peut être attribué à l'un quelconque des aspects de sa personnalité si complexe. Il donne, à première vue, l'impression d'être un homme tranquille, sans prétention, avec des moyens physiques ou vocaux qui ne préviennent pas particulièrement en sa faveur. Plusieurs visites au Studio ne permettront pas forcément de constater son efficacité; c'est seulement après avoir observé son travail dans une centaine de situations théâtrales différentes qu'on en voit tous les aspects. Il y a tout d'abord son étonnante érudition et son immense expérience du théâtre mondial qu'il a observé professionnellement pendant quarante ans. Ensuite, on discerne une sensibilité et une passion habituellement disciplinées par un grand pouvoir de concentration et de volonté. On remarque également l'intelligence, l'enjouement et les sentiments, et l'on s'aperçoit que l'autorité dont il fait preuve en s'adressant aux comédiens vient de longues années passées à les entraîner et à les diriger.

Strasberg a la faculté des grands professeurs de s'adapter à chacun des comédiens avec lesquels il travaille. C'est là l'élément essentiel de son efficacité. Il traite chaque comédien individuellement parce qu'il sait qu'il est un individu, et il a une aptitude extraordinaire à observer et à analyser objectivement et exactement le travail de l'acteur. C'est pourquoi tout ce qu'on raconte sur la « Méthode » est tellement incompatible avec les faits; soixante-quinze pour cent du travail de Strasberg consiste à aider l'acteur à trouver la manière dont il doit travailler personnellement, à découvrir ses problèmes particuliers, la façon de les résoudre lui-même et la technique qui lui permettra de connaître les possibilités de son propre « instrument ».

Lui-même excellent acteur, Strasberg communique avec les êtres autant par le jeu que par la logique et l'analyse. Parfois, si on prend à la lettre ce qu'il dit, on n'y trouve aucun sens. C'est seulement quand on a compris qu'il cherche à atteindre son but en réagissant au travail du comédien et en communiquant complètement avec lui, que l'on peut découvrir son dessein. Il est extrêmement précis, quand il veut l'être, mais il sait aussi qu'une grande part du métier de comédien est inconsciente, que les idées, les règles et les principes peuvent ou non affecter son travail. Il exhorte, aiguillonne, cajole, encourage, dénonce, satirise, agace, avise, loue, encourage, plaisante, et inspire. Il se « lance » avec une énergie et une imagination débordantes, parfois même avec passion. C'est seulement après l'avoir vu en cent occasions diverses, mettre tout son savoir et son expérience, sa personnalité et son éloquence au service des problèmes individuels de chacun des membres du Studio que l'on peut apprécier l'autorité qu'il apporte à la formation de chaque individu. Des centaines de personnes sont capables de donner d'excellents conseils aux acteurs, mais Strasberg va bien au-delà et apprend à l'acteur comment venir à bout de difficultés qu'il ne soupçonne parfois même pas. Ceci explique pourquoi tant de comédiens lui sont si profondément reconnaissants et si fidèles.

L'admission à la section des Acteurs se fait généralement par audition. Parfois sur invitation. Les auditions sont ouvertes à tout acteur professionnel actif, et des auditions préliminaires sont organisées par des comités de membres, ou de comédiens indépendants qui se sont qualifiés pendant toute une session au Studio. Plus d'un millier d'acteurs auditionnent chaque année. Les directeurs font passer des auditions finales deux fois par an et ils ont seuls le droit d'accepter de nouveaux membres.

En général, seuls cinq ou six comédiens subissent victorieusement les épreuves jusqu'à la fin.

Le travail de la section des Acteurs est dirigé par Strasberg lui-même d'une façon très spéciale. Il suggère souvent à l'acteur, par ses observations et ses remarques sur un texte déterminé, de procéder à un travail supplémentaire, soit en répétant l'exercice avec une intention différente, soit en le changeant complètement, pour aborder le même problème ou un problème différent. Quelquefois, un comédien travaille le même sujet pendant une longue période, l'abordant chaque fois de manière différente et le faisant passer par divers stades de préparation.

Parfois Strasberg oppose son veto à certaines propositions de travail, le jugeant inutile, ou même nocif à un individu déterminé. Mais le membre du Studio n'est pas obligé de suivre ses suggestions; il n'a, en fait, aucune obligation, au Studio, et n'est même pas tenu d'assister aux séances. Chacun des membres du Studio a le privilège de pouvoir profiter de l'expérience et du savoir de Strasberg s'il le désire. S'il ne le désire pas, personne ne l'y oblige.

Cependant, les analyses faites par Strasberg sont destinées, dès le début, à développer chez le comédien son aptitude à découvrir ses propres capacités ou ses difficultés particulières, et il est naturel que son travail consiste à résoudre les problèmes ainsi révélés. On ne peut assez insister sur le fait que chaque acteur est parfaitement libre de choisir son matériau de travail et que Strasberg considère avec une parfaite impartialité tout travail soumis à son attention par l'acteur.

Quinze pour cent environ des commentaires de Strasberg sont consacrés à des discussions générales sur l'art du théâtre ou sur le travail du Studio par rapport au théâtre mondial et commercial.

Les acteurs jouent généralement seuls ou avec un partenaire. Il est rare que trois ou quatre comédiens jouent une scène ensemble. Habituellement, il n'y a pas de « metteur en scène ». Les membres utilisent une grande variété de matériau de travail : scènes classiques, pièces modernes, œuvres inconnues, scripts, poèmes, nouvelles, courts métrages ou films. Ils font également des exercices semi-abstraits, chacun ayant pour but de résoudre un problème défini. Shakespeare est l'auteur le plus fréquemment utilisé.

Pendant chaque séance de deux heures, on travaille en général deux scènes ou exercices; mais il arrive qu'une seule scène occupe la séance. Cette façon de procéder permet à l'acteur de travailler sans subir la pression des répétitions ou des représentations. Il peut se préparer tout à loisir avant de commencer à jouer, et se permettre d'aller aussi lentement qu'il le désire; il peut répéter, s'arrêter, recommencer. Après chaque scène ou chaque exercice, Strasberg discute avec le comédien de ses problèmes personnels, ce qui répond au moins à deux nécessités : cela encourage le comédien à se regarder objectivement afin d'augmenter les capacités de sa conscience de soi, et cela permet au public de voir ce qu'il croyait être en train de faire; le public peut alors émettre un jugement sur le degré de sa réussite. Les commentaires des spectateurs servent le même propos. Ils sont utiles aux acteurs; quant aux membres du Studio qui sont présents, ils leur permettent d'exercer le pouvoir de leur conscience tout comme l'acteur lui-même. Finalement, Strasberg fait des observations sur les commentaires et sur l'exercice.

Il est impossible de jauger exactement la portée de l'influence du Studio sur le théâtre contemporain. En certains cas, le travail d'un individu au Studio a exercé une influence décisive sur son comportement professionnel; en d'autres cas, son apport a été négligeable. Il est possible qu'au milieu des difficultés de la vie professionnelle, l'impulsion donnée par le Studio ait été aussi importante que son aide sur le plan technique. Mais son influence sur le théâtre extérieur au Studio est inestimable. Son idéalisme, son existence même ont suscité l'intérêt du monde entier. Et pourtant il ne s'est pas formé d'autres Studios.

L'idée d'avoir une compagnie théâtrale permanente n'a produit aucune réaction sensible dans le théâtre américain. De plus, la question s'est compliquée du fait que l'admiration et la critique ont le plus souvent été basées sur une idée entièrement erronée des activités du Studio.

Dans quelle proportion le travail professionnel des membres du Studio a-t-il influencé le talent d'autres acteurs, nul ne le sait et une simple imitation de ce travail n'a que peu de valeur.

Toutefois, des réussites continuelles ne peuvent être dues au hasard. Les milliers de comédiens qui ont sollicité leur admission pendant des années et le flot constant d'observateurs professionnels venus du monde entier témoignent d'un intérêt que le Studio n'a jamais cherché à susciter mais a néanmoins provoqué. La renommée internationale du Studio doit sans doute être le résultat du réalisme de ses procédés envers les acteurs sur le plan de leur vie professionnelle. Cela a exigé de la part de ses membres des réalisations professionnelles rigoureuses et a réussi à faire naître un certain idéalisme dans le théâtre et à combiner le réel et l'imaginaire.

Est-il possible d'aller au-delà de ces faits évidents? Je ne le pense pas. Certes, on a souvent mal jugé Strasberg. Les gens qui remarquent d'abord son esthétisme ne voient pas sa volonté et sa discipline, sa vaste expérience et son bon sens. Ceux qui remarquent sa vigueur, son humour, son caractère belliqueux, son regard perçant et son argot de Broadway ne soupçonnent pas l'artiste sensible ou l'être humain chaleureux. Les discussions sur « les acteurs de la Méthode » ou autres généralités de ce genre ne sont que bavardages, journalisme, pédanterie. La seule discussion valable traite du travail de l'artiste individuel, et le Studio est un groupe d'artistes individuels réunis pour se perfectionner ensemble. L'expérience de chacun des membres du Studio mériterait d'être résumée dans un livre, mais on peut prédire qu'aucune description précise de « l'Acteur de la Méthode » n'en sortirait. Le *Player* (1962) de Lilian et Helen Ross contient des interviews de plusieurs membres du Studio, mais le seul élément commun qui en ressorte est la gratitude qu'ils expriment tous à Strasberg pour son aide efficace.

Quand le théâtre de l'Actors Studio fut créé en 1962, il représenta en quelque sorte l'apogée du travail qui l'avait précédé. Comme me l'avait fait remarquer Kazan : « Il est évident que l'Actors Studio est la continuation d'une tradition de jeu qui date du Group Theatre; mon dessein en créant toute cette affaire a été d'éviter que ne disparaisse cette tradition. » En octobre 1958, il déclara à la séance inaugurale du Studio : « Voici un matériau qui permettra probablement de créer le meilleur théâtre possible en dehors de celui de la Russie. Je ne sentirai jamais au fond de mon cœur que cet organisme est une réussite, avant que nous soyons parvenus à rendre effective notre esthétique du théâtre. »

En janvier 1959, Strasberg faisait remarquer que, même si le Studio pouvait mettre « dans l'arène du théâtre mondial une diversité de talents sans égale, il fallait pourtant reconnaître en toute honnêteté qu'il avait fallu dix ans pour le créer ». Il ajoutait : « Nous avons ici la possibilité de créer une sorte de théâtre qui serait une gloire pour notre pays. Grâce à cet heureux « hasard » — car ce fut un hasard d'un genre historiquement logique — nous avons créé une chose pour laquelle nous n'aurions jamais travaillé consciemment. Si nous avions dit, il y a dix ans : Nous allons nous y mettre maintenant parce que dans dix ans nous voulons ceci, vous nous auriez traités de fous! »

Dans le passé de Strasberg, il y a une longue tradition : le Theatre Yiddish du quartier de l'Est, le Théâtre Laboratoire américain, le Guild Theatre, le Group Theatre, Broadway, Hollywood, l'Actors Studio. Ce n'est pas une tradition de palais de marbre ou de verre, mais une tradition du théâtre américain, pragmatique et idéologue qui peut fort bien avoir produit une sorte de théâtre qui sera « une des gloires de notre pays ».

Robert H. Hethmon.

PREMIÈRE PARTIE

L'acteur et le Studio

Chapitre I

UN ATELIER POUR PROFESSIONNELS

STRASBERG *(octobre 1956 : Aube de la deuxième saison au 432 West 44e Rue) :* Vous voyez, maintenant nous avons un toit; c'est pour nous comme un symbole, et cela nous donne un sentiment de permanence. Nous ne savons pas ce que nous ferons l'an prochain, mais nous savons où nous serons l'an prochain. Tout est possible. Et de ce fait, je voudrais vraiment que tout le monde se sente un peu plus concerné. *(Il hésite.)* Eh bien... je vais le dire après tout; je n'avais pas l'intention de vous en parler, parce que je ne sais trop comment je me comporterai en le disant; je ne pense pas être ému. Voilà : j'ai vu Jimmy Dean dans *Géant* l'autre soir, et je dois dire... *(Il pleure.)* Vous voyez, c'est ce que je craignais. *(Une longue pause.)* Quand je suis monté dans le taxi, j'ai pleuré; et c'était étrange, car en réalité je pleurais pour deux raisons : la première était le plaisir, ce qui est évidemment curieux; l'autre, c'était d'avoir vu Dean à l'écran; je n'avais pas pleuré à l'annonce de sa mort. Jack Garfein m'avait appelé de Hollywood le soir de l'accident; je n'avais pas pleuré; je m'y attendais en quelque sorte. Je ne crois pas que ce soit cela qui m'ait fait pleurer maintenant; j'ai pleuré à cause du gâchis, oui, du gâchis. S'il y a quelque chose au théâtre à quoi je réagisse plus qu'à tout autre — peut-être parce que je deviens vieux ou sentimental — c'est le gâchis d'un talent en plein essor et du travail fait pour lui permettre d'atteindre à ce faîte où il doit se maintenir. Mais une fois là, que se passe-t-il ? La destruction insensée, le gâchis insensé, le gâchis du talent, de la vie, et cet étrange comportement que Jimmy n'était pas le seul à avoir; il est celui de beaucoup d'entre vous, et de beaucoup d'autres acteurs qui passent exactement par les mêmes tribulations.

A vrai dire, la raison pour laquelle j'ai pleuré n'est pas seulement le gâchis; c'est aussi à cause d'un sentiment d'impuissance, car bien que je ressente cela au plus profond de moi-même, je ne sais absolument pas comment y remédier. Ce n'est pas une question de tempérament; je vois d'autres gens être victimes du même genre de mystification; on me raconte des histoires sur un tel et sur un tel. Dès que l'acteur grandit, dès qu'il atteint une certaine notoriété, ça se déclenche : l'intempérance et tout le reste; comme si, une fois « arrivé », la foi disparaissait et quelque chose — de terrifiant pour moi — se produisait. On peut dire à quelqu'un : « Va chez le psychiatre », ou bien : « Viens ici, va là-bas », mais entre-temps on a laissé faire le gâchis.

Il est possible que la seule solution pour nous soit de trouver, ici, une voie, des moyens, une organisation, des dispositions qui nous permettent de contribuer réellement au théâtre; il ne devrait pas y avoir seulement une impulsion constante au développement individuel — et je crois que nous y pourvoyons — mais aussi, une fois accompli ce développement, une participation réelle de chacun au théâtre plutôt qu'à une suite plus ou moins accidentelle d'événements bons, mauvais ou indifférents. J'ai très peur que malgré la force de mes sentiments et aussi encouragés que vous puissiez vous sentir, rien ne soit fait dans ce sens. Tout le monde va se sentir bien au chaud et bien pur, mais dès que l'on sortira d'ici, il faudra affronter les problèmes de la vie : « Quelle pièce vais-je jouer maintenant ? » — « Quel film vais-je tourner maintenant ? »; nous sommes tellement pris dans ce tourbillon que, d'une façon assez étrange, nous ne vivons pas notre vie.

Il est vrai qu'au début, le Studio n'a jamais tenté de donner le sentiment du théâtre. Il a commencé tout simplement par aider les individus à utiliser leur talent, et cette tâche, il l'a accomplie d'une façon beaucoup plus satisfaisante qu'on ne l'eût jamais espéré. Quelle expérience étrange et merveilleuse que de voir tout cela porter ses fruits; c'est l'aboutissement d'un travail simple, honnête, sans publicité, sans rien. Ce n'est pas cela qui me tracasse; cela continuera; il y a quantité de jeunes gens pleins de talent; le Studio ne se desséchera pas; mais depuis quelques années on éprouve le sentiment de l'inanité de tout cela. Pourquoi diable travaillons-nous? Les gens viennent, ils font exactement ce qu'on espérait et ce qu'ils avaient promis de faire; c'est à ce moment précis que tout devient aride. On se laisse embarquer dans de grandes affaires, Hollywood et le reste, on ne peut même plus se parler au téléphone!

L'individu seul ne peut rien contre cet état de choses. Au début, il n'a que le désir de faire du théâtre; je sais que cela est vrai, non seulement pour les personnes qui sont ici, mais pour tous les gens de théâtre. Nous portons en nous ce rêve étrange que, d'une manière ou de l'autre, quelque chose se passe au théâtre; on ne sait pas exactement quoi, mais ce sentiment est le premier qu'on ait; et ce rêve doit être réalisé par une sorte de conjugaison d'efforts; cela me paraît être une nécessité qui me préoccupe énormément; je peux voir ici et ailleurs l'importance des problèmes personnels; je souhaiterais pouvoir les résoudre, et pourtant j'estimerais commettre une indiscrétion en invitant quelqu'un à venir m'en parler. La seule solution est donc de susciter cette conjugaison d'efforts qui permettrait de concrétiser l'activité de chacun sans éliminer le travail collectif; le besoin de se développer, de progresser, de mener le genre de vie artistique compatible avec une carrière aurait alors une possibilité de se réaliser. Pour moi voilà l'avenir du Studio : un groupe unifié de personnes qui pourraient se raccrocher en quelque sorte à un travail tangible, raisonnable et continu. Voilà le rêve que j'ai toujours fait; voilà ce qui, au départ, m'a amené au théâtre; voilà ce qui m'a amené à m'occuper de l'Actors Studio. Et maintenant que vous voyez ici à quel genre de résultats peut atteindre un talent pris en particulier, il est temps de penser un peu plus à notre responsabilité devant ce talent particulier.

Nous avons déjà eu des talents dans le théâtre américain. Jed Harris a un immense talent. Orson Wells est aussi talentueux qu'on peut l'imaginer. Je pourrais vous citer une longue liste de gens que je considère comme des talents hors pair. Et pourtant ils n'ont pas contribué au théâtre de façon concrète, sauf à l'époque où ils tentaient de s'établir; car à ce moment-là, ils se battaient pour quelque chose, ils poursuivaient ce qu'ils voulaient obtenir; mais une fois parvenus là où ils souhaitaient arriver, tout revenait à travailler suffisamment pour avoir assez d'argent et pouvoir un jour ou l'autre faire ce qu'on a vraiment envie de faire. Et ce temps-là ne vient jamais. C'est autre chose qui se produit, qui vous enlève la foi, vous l'arrache par morceaux de cœur, d'âme, de talent, d'esprit, de courage, d'initiative et de bien d'autres choses encore. J'ai vu Jimmy Dean. J'avais un pressentiment en ce qui le concerne. Quand Jack m'a appelé, je n'ai pas pleuré. J'ai simplement dit : « Je le savais, je le savais. » Ce que j'ai ressenti c'est le sentiment de l'extrême gâchis — et aussi celui de la responsabilité — mais je ne savais absolument pas quoi faire. On peut faire quelque chose pour le talent; on peut le nourrir, on peut le faire travailler; nous lui avons fait sa place ici. Mais cette... chose, je suis dérouté. Je ne sais pas. Et c'est là réellement le problème du Studio.

Jamais le monde n'a plus donné aux acteurs qu'aujourd'hui, sur le plan financier et social. Les acteurs font partie des gens les plus connus au monde. Les visages, les silhouettes des acteurs sont mieux connus que ceux de nos grands hommes d'État ou de nos savants. Mais, il est vrai aussi, que les conditions actuelles de travail sont extrêmement mauvaises pour l'acteur; un film par exemple lui prend des mois; il travaille d'une façon décousue qui lui permet à peine de stimuler son imagination; quand le film est terminé, il flâne parce qu'il est heureux de flâner après ces mois où il lui a fallu se lever tous les jours à six heures du matin pour finir à six heures du soir; il se sent plutôt fatigué. Puis il fait un autre film ailleurs. Ou bien, s'il est engagé au théâtre, il travaille pendant une quinzaine de jours dans les pires conditions, préoccupé bien davantage par son texte et ses places que par le travail réel de la pièce; quand la pièce débute à New York, il faut la filer tous les soirs; la même, tous les soirs. Le fardeau d'une longue série de représentations aurait été insupportable à n'importe quel acteur d'autrefois; c'est parce qu'ils jouaient des rôles différents et pouvaient ainsi rafraîchir inconsciemment leur imagination qu'il a été possible à de grands acteurs de se révéler comme ils se sont révélés autrefois. Pendant vingt ans, ils ont joué les mêmes rôles, mais seulement quelques jours par an, et à la fin de cette période ils savaient vraiment ce qu'ils disaient quand ils déclaraient : « Maintenant je commence à réaliser comment on devrait jouer ce rôle. »

Parfois, le processus de jeu se complique du fait que, au moment même où vous faites mauvais usage de votre talent, vous donnez l'impression de réussir; ou bien, au moment où vous faites un effort pour utiliser votre talent comme il convient, vous pouvez — aux yeux du public — échouer complètement. C'est précisément à ces moments-là que nous ressentons le besoin d'avoir un lieu de travail et un public; ce dernier doit observer le travail des acteurs pas seulement pour le plaisir mais aussi pour pouvoir y déceler les progrès, en reconnaître les tenants et les aboutissants. Chaque fois qu'un acteur passe de quelque chose dont il a l'habitude à quelque chose dont il n'a pas l'habitude, un danger le menace, et souvent l'échec le guette. Même si un élément nouveau surgit dans le jeu mais n'est pas employé convenablement, il peut conduire à une réalisation beaucoup plus réussie que tout ce qu'on a fait auparavant. C'est dans ce domaine et dans ce but que vous est offert le titre de membre de ce Studio.

Le Studio est l'endroit où peuvent être étudiés et résolus tous les problèmes qu'ont les acteurs, en tant qu'acteurs. Entre nous, nous disons parfois que c'est l'endroit où l'on peut se casser la figure.

Quand nous admettons un nouveau membre, la première chose que nous jugeons est le talent, bien que nous, directeurs, n'ayons jamais trouvé une façon exacte de définir comment nous en arrivions à ce jugement! Néanmoins, c'est le talent qui donne le droit de faire partie de l'Actors Studio. Nous estimons que les personnes qui sont ici ne sont pas plus méritantes que d'autres, mais qu'elles sont dignes de nos efforts visant à leur permettre de trouver ce qui, à l'intérieur d'elles-mêmes, les conduira constamment vers le plus ample développement de leur talent. Mais trop nombreux sont les membres du Studio qui considèrent leur admission ici comme une preuve de leur supériorité; je me moque éperdument que les gens du dehors pensent une chose pareille, mais ici, chacun doit savoir que c'est faux. Notre choix n'est pas seulement dicté par le talent; notre vote procède d'un sens aigu des capacités latentes chez un individu et des possibilités plus grandes que celles qu'il laisse paraître. Nous nous trompons souvent... mais c'est cela qui conditionne notre vote. Je connais des gens qui sont revenus plusieurs fois ici passer des auditions et qui, finalement, ont été acceptés; non que leur talent eût changé; notre opinion sur ce point demeurait fondamentalement la même; mais lors de la dernière audition, nous avions décelé chez eux des signes de progrès possibles qui nous intéressaient plus que le talent lui-même; nous constations un grand effort pour apprendre et pour progresser; cela nous plaisait car c'est avec cela que nous travaillons; nous nous occupons d'un talent en plein développement, et nous ne pourrions pas en prendre soin sans l'existence d'un lieu comme celui-ci.

Ni la vie ni le talent ne restent immobiles. L'immobilité conduit inévitablement au recul. L'acteur fait des choses qu'il a faites auparavant, peut-être avec plus d'aisance, mais sans cette étincelle qui jaillit en général chez les jeunes au cours de leurs toutes premières représentations. Nous assistons alors à une lutte des plus terrifiantes; en Amérique, elle commence presque toujours par un succès : celle de l'acteur qui, pour maintenir sa carrière à un certain niveau, se met à imiter — sinon quelqu'un d'autre, ce qui est pis encore — du moins son propre personnage, payant ainsi une lourde contribution à ce qui l'avait fait distinguer des autres au premier chef : son talent.

Le travail fait ici, lors de ces dernières années, pour des acteurs déjà confirmés, est au moins aussi important que celui fait pour des acteurs tout à fait inconnus; et cela prouve la nécessité des exigences que nous avons, tant sur le plan professionnel que technique et du métier, aussi bien pour l'acteur tout court que pour le bon acteur. Plus un acteur est capable, plus les exigences sont grandes.

Le travail que nous faisons ici n'est pas accompli dans un but artistique, pour satisfaire l'âme ou autre chose de ce genre. Je n'aime pas cette séparation que l'on fait entre le travail professionnel, considéré comme la pratique, et le travail au Studio auquel on n'aurait recours que lorsqu'on se sent un peu pauvre spirituellement et qu'on a besoin d'un stimulant.

« Ce n'est pas vraiment une nécessité dans ma carrière. Maintenant que j'ai bien travaillé et que j'ai réussi, je n'ai plus besoin de participer aux travaux du Studio. » J'exagère un peu, mais j'ai l'impression que telle est l'attitude adoptée par beaucoup de personnes, ici, qui ont atteint un certain niveau professionnel; cette attitude est mortelle.

Il y a beaucoup de bons acteurs ici, dont le talent peut très bien se réaliser; ils poursuivront leur carrière au théâtre et, peut-être, cesseront de venir travailler ici; mais leurs espoirs, leur idéal ne tombent pas pour autant. Je pense particulièrement à un membre du Studio qui se considère comme un certain genre d'acteur et veut jouer un certain genre de rôles; on ne les lui donne pas; il persiste à vouloir les obtenir, refuse les rôles qu'on lui propose parce qu'on le trouve apte à les tenir. Et quand il décide de se produire « off-Broadway » pour montrer ce qu'il sait faire, son travail est tout à fait disproportionné par rapport à ses espoirs et à ses intentions; il aurait dû rôder son travail ici, d'abord; les problèmes de croissance doivent être résolus ici parce que, lorsqu'on en arrive au stade de la représentation, il est trop tard.

Ce qui me préoccupe, ce sont les problèmes techniques, et ces problèmes ne sont pas résolus par l'interprétation correcte d'une pièce; on ne les résout pas non plus en disant à l'acteur : « Si vous saviez ce qui se passe dans la pièce, vous deviendriez immédiatement un meilleur acteur. » Cela n'améliore pas la voix, cela ne rend pas meilleur le comportement de l'acteur en scène; et l'espèce de concentration intérieure, obtenue à force d'un travail comparable à celui que fait le chanteur pour sa voix, ne s'améliore pas toute seule — ce sont là des problèmes techniques.

Quand je dis, en parlant de tel ou tel acteur qu'il m'a déçu ou qu'il m'inquiète, je ne veux pas du tout dire qu'il y ait quelque chose qui cloche dans son jeu, mais qu'il pourrait apporter aux rôles qu'il joue une contribution plus profonde et plus intense qu'il ne l'a fait jusqu'à présent. Pour cela, il lui faut travailler son instrument, c'est-à-dire son esprit, ses émotions et son corps; ce travail doit être accompli séparément, et pas seulement par la compréhension d'un rôle. Il lui faut disposer, à l'intérieur de lui-même, de quelque chose de stable et de profond.

Sinon l'acteur se trompe lui-même très souvent. Il comprend la pièce, et il estime faire sur scène tout ce qu'il comprend, alors que visiblement il n'en est rien; voilà le problème technique que l'on retrouve dans tous les arts : la compréhension de l'individu ne coïncide pas avec ses moyens, la compréhension s'étend, mais les moyens ne cherchent pas à se propulser au-delà d'un certain point; ils dépendent de l'entraînement auquel nous nous sommes soumis.

Fabriquons un violon : on choisit le bois, on lui donne une certaine forme, on en dispose l'intérieur pour obtenir des vibrations; nous créons un instrument pour le violoniste. L'acteur aussi emploie un instrument; il apporte à son art un instrument déjà créé, c'est-à-dire l'être humain lui-même avec les habitudes, le processus de pensées, les formes d'émotion qui sont déjà en lui; tout cela fonctionne dans le travail du jeu théâtral, sans que l'acteur ni personne d'autre en soit conscient.

Si le Studio n'existait pas, tel acteur serait tout simplement aussi bon qu'il l'a toujours été et, de ce fait, ne serait jamais aussi bon qu'il pourrait l'être par rapport à ce qui fait dire aux gens : « Tiens, voilà un acteur. Quelle merveilleuse vivacité! Quelle merveilleuse sensibilité! » Mais une merveilleuse vivacité et une merveilleuse sensibilité sont sujettes aux lois de la nature humaine. On se fatigue un peu plus — on vieillit; la vivacité et la sensibilité ne répondent plus aussi bien qu'on le voudrait. Inutile de s'inquiéter, bien sûr; on aura quand même des rôles, on fera de la télévision; le champ de travail est vaste; mais peut-être n'obtiendra-t-on plus les rôles qu'on voudrait, qu'on devrait jouer; on n'obtiendra plus ceux pour lesquels on pense à vous, mais qu'on hésite à vous donner. Ces hésitations ne devraient jamais naître; elles ne naissent maintenant que parce que, sans une technique ferme et profonde, le jeu devient un jeu de cannibales : nous nous nourrissons de notre propre qualité. Dans le théâtre américain, le moment où l'on atteint au succès est aussi celui où commence la défaite, la dégringolade.

Et pourtant il n'y a pas d'âge, en art. Les acteurs viennent au Studio pour y trouver ce que chacun apporte avec soi au théâtre quand il est jeune, quand il espère encore réaliser ses rêves. En art, le mot « plus âgé » ne s'entend pas en terme d'années. Toscanini, à l'heure de sa mort, était plus jeune que la plupart de ceux qui l'entouraient, parce qu'il croyait encore pouvoir réaliser avec son orchestre ce qu'il entendait dans son esprit; il n'en douta jamais, et il lutta toujours pour cela; voilà pourquoi il était plus jeune que beaucoup de ceux qui l'entouraient et qui avaient perdu le sentiment que leurs rêves pourraient un jour se réaliser.

Loin de s'appauvrir, l'art s'enrichit avec l'âge. Le métier intérieur, la vision intérieure, les émotions de l'acteur peuvent continuer à se développer parce qu'ils ne sont soumis à aucun processus de vieillissement et procèdent de l'expérience de la vie, qui les enrichit. Dans tous les arts, même ceux où le labeur physique prélève ses droits et où les êtres deviennent vraiment incapables de les pratiquer, l'imagination, les moyens, la volonté de les faire ne font qu'augmenter. C'est quand il a presque perdu la voix qu'un chanteur chante avec le plus d'art, avec le plus de brio parce qu'il ne chante plus seulement avec sa voix. Même un lanceur de base-ball, quand il devient un vieux lanceur prudent, lance la balle plus brillamment qu'à l'époque où il ne faisait que la lancer sans se soucier d'autre chose. Nous pouvons voir chez Michel-Ange un art en constante progression. Les peintures de la fin de sa vie sont d'une imagination plus féconde et d'une réalisation plus forte; il a mis plus de temps à les faire mais nous ne le sentons pas. S'il continue à progresser, plus un acteur vieillira, plus largement son imagination travaillera et prendra possession de son instrument. Les vieux acteurs que j'ai vus n'étaient pas plus petits : il y avait en eux une richesse profonde comme dans le vieux vin.

LES CLICHÉS DU STUDIO

Elia Kazan (1961) : On écrit tant d'ordures dans les journaux à propos de tics d'acteurs et de bredouillage qu'on ne peut les prendre au sérieux; ce n'est que le produit de commérages d'écrivains et de bouffons de boîtes de nuit; cela ne vaut même pas la peine d'en parler.

Cheryl Crawford (1961) : Ce n'est pas nécessairement une absurdité de parler de « la façon de jouer » du Studio. Malheureusement, beaucoup de jeunes gens que nous avions acceptés à nos cours n'en ont pas profité pour apprendre ce que cela voulait dire ni comment cela se réalisait. On ne devrait pas critiquer le Studio parce qu'un de ses membres donne une piètre représentation; nous serions les premiers à la trouver horrible; de ce point de vue, on ne peut avoir une conception arrêtée du Studio. Mais d'un autre côté, il y a une façon de travailler que nous aimons employer avec les acteurs, et des résultats particuliers que nous espérons obtenir d'eux et auxquels nous nous attendons de leur part; quand ils ont bien exploité les possibilités que nous leur offrons, les résultats peuvent être tout à fait étonnants. C'est un point de philosophie assez curieux de constater que, très souvent, ce sont les plus grands talents qui sont les plus conscients de leurs faiblesses et les plus désireux de les surmonter par un travail exigeant. Je crois que nous serions tous d'accord pour dire que nous nous représentons le Studio comme quelque chose de haut intérêt et de très nécessaire. L'image en est évidemment différente de ce que serait l'école d'un Jean-Louis Barrault, d'un Laurence Olivier ou d'un John Gielgud.

Strasberg (1956) : Quelquefois, beaucoup de jeunes gens assument des obligations inutiles; ils se mettent à défendre l'Actors Studio ou Lee Strasberg ou la Méthode; il serait si simple de dire : « Regardez donc le travail qu'on y fait et voyez s'il en est de comparable. » Inutile de défendre ce travail comme s'il était mauvais! Tout le monde parle du Studio parce que — sans aucune propagande de notre part — le travail qui y a été accompli a reçu pas mal de louanges — pas de notre part d'ailleurs. Nous siégeons ici avec un esprit de discernement, nous nous critiquons, nous sommes sympathiques mais pas complaisants.

Personne n'oblige qui que ce soit à travailler selon les vues de Lee Strasberg ou de l'Actors Studio ou d'Elia Kazan. Personne n'est forcé. Il y a beaucoup de professeurs disponibles. Les membres de l'Actors Studio arrivent ici après avoir suivi toutes sortes d'autres cours, bons ou mauvais. Si l'on est intéressé, d'accord; mais si, après avoir vu notre travail, quelqu'un se met à discuter des méthodes qu'il estime mauvaises, eh bien qu'il s'en aille; à quoi cela sert-il de discuter? Il faudrait qu'il puisse expliquer pourquoi un bon travail est obtenu par de mauvaises méthodes! S'il y a des gens qui veulent travailler autrement, pourquoi pas. Le bon travail peut s'obtenir de différentes manières.

Les journalistes commencent à dire qu'on ne peut plus se faire engager nulle part si l'on n'est pas membre de l'Actors Studio. Nous savons — par triste expérience — que le contraire est, hélas, trop vrai et, bien qu'il y ait des domaines où l'on apprécie hautement ce que représente le Studio, il y en a bien d'autres des endroits où il vaut mieux ne pas dire qu'on est membre de l'Actors Studio; si vous vous aventurez à le faire, votre candidature est tout simplement supprimée.

Nous payons, en partie, le prix pour une chose qui se produit rarement en arts, et ne s'est encore jamais produite dans le théâtre. Jamais encore une méthode de travail pour l'acteur n'avait provoqué d'aussi brûlantes controverses. Les autres arts ont tout simplement existé — le cubisme et autres arts modernes. La musique a entraîné son public vers l'ivresse des hautes cimes. On s'est battu pour des acteurs : La Duse, Sarah Bernhardt, Kean, Junius Booth, Kemble, sont parmi les plus connus. Mais jamais auparavant une méthode, une théorie de jeu n'avait été une fin en soi. En général, les gens discutent le travail fait à l'Actors Studio : « C'est trop réaliste. » — « Et Shakespeare! » Jusqu'à présent, seuls les sports ou les films avaient provoqué ce genre d'intérêt. C'est la première fois que le public a pris acte des techniques de l'acteur; et il est clair que nous en payons le prix. On ne peut guère espérer que la majorité du public soit vraiment intéressée, ou sache exactement ce dont il s'agit. Le résultat? des discussions sur un plan général.

Cependant, le fait que le Studio ait porté les problèmes de jeu de l'acteur devant le grand public est important; parce que la conscience que l'acteur est un technicien, un artisan, est le prélude à une juste appréciation du jeu. Une des raisons pour lesquelles la rémunération de l'acteur, aujourd'hui, est bonne, mais son évaluation très basse vient du fait que le public ne le considère pas comme un artisan, mais encore comme une sorte de personnage romantique; dans la mesure où cette préoccupation générale amène le public à corriger cette impression, la contribution de l'Actors Studio est significative.

LA MÉTHODE

Nous sommes disposés à nous laisser influencer par toute chose, à tout essayer; nous n'avons pas peur d'abandonner quoi que ce soit; ici, il n'y a rien de sacré. Tout ce qui peut nous permettre de devenir meilleurs, de mieux remplir notre devoir d'acteur, de contribuer à un théâtre plus vivant et plus dynamique, tout est certainement digne d'être essayé et étudié.

Un studio ne se préoccupe pas de production, c'est pourquoi il importe peu que le travail d'un individu présenté au Studio soit un succès ou pas; il n'est bon ou mauvais que par rapport à ses besoins, son développement. Dans un studio, il importe peu que vous soyez d'accord ou pas. Un studio n'a que faire de votre accord; il a besoin d'une bonne direction, sinon l'activité y est vague; mais un studio peut exister même sans direction, si les individus qui en font partie sont assez avides de pallier leurs besoins et de travailler à leur développement.

Le travail tel que nous le faisons peut, évidemment, être fait dans une école. Quand nous disons que nous ne sommes pas une école, nous ne voulons pas dire qu'il n'y ait pas d'enseignement ici. Il est clair que la nature même de la formation fait partie intégrante de l'enseignement. Notre école est basée sur le principe de la sélection; on ne peut y entrer simplement en posant sa candidature. C'est une école qui sélectionne les meilleurs, dans un certain domaine; nous nous en sommes toujours tenus à ce programme.

Les gens s'imaginent que le Studio est une école parce qu'ils ne se rendent pas compte que les résultats obtenus peuvent l'être par n'importe quel moyen sauf par un long processus d'études systématiques et monotones. Nous réalisons notre travail en peu de temps, et le fait que les résultats obtenus l'aient été sur le principe du travail à temps partiel nous pousse à vouloir placer nos travaux sur une base plus solide.

Dans une école il n'y a, autant dire, pas de différences d'opinions. L'école est dirigée par les gens qui sont à sa tête; les professeurs enseignent ce qu'on leur dit d'enseigner; si cela ne leur plaît pas, ils s'en vont et sont remplacés par d'autres. Les élèves n'ont pas de liberté d'opinion, de jugement ou d'action; s'ils souhaitent rester au sein de l'école, ils font ce qu'on leur demande de faire; ils se soumettent à la discipline créée par le directeur; une école a la responsabilité d'établir les bases techniques pour chaque individu, de distribuer le travail — bien ou mal; si quelqu'un n'est pas d'accord, il a le droit de s'en aller; il n'a aucun autre droit.

Bien qu'il n'y ait pas ici une façon systématique de procéder basée sur des principes précis — quoi qu'en pensent les gens du dehors — il est vrai, cependant, que j'ai des idées très définies; par conséquent le travail du Studio suit certaines tendances. Mais il est également vrai que les gens travaillent ici de leur propre initiative et selon leurs désirs. Ceux qui ne font que ce que nous leur demandons, fournissent un travail de peu de valeur. Quand un acteur travaille ce qui lui plaît, ce qu'il croit important pour lui de faire, il s'offre en pâture aux critiques les plus virulentes; nous essayons de contenir ces critiques de façon qu'elles ne deviennent pas trop personnelles, mais nous n'essayons pas d'en endiguer le flot, car c'est en partie grâce aux critiques, aux remarques faites par des personnes qui ont les mêmes problèmes que nous, que l'on commence à tenter d'accomplir ce dont on est capable, plutôt que de s'installer dans la facilité et de rechercher un facile succès. Dans ces domaines, nous sommes souvent plutôt sévères dans nos opinions et dans notre volonté d'exiger les critiques et l'autocritique.

Ceux d'entre vous qui étaient ici avant que nous commencions à recevoir les applaudissements du public savent en toute honnêteté qu'il n'y a jamais eu de discussion pointilleuse sur les principes du jeu de l'acteur, ni sur ce que nous avons appelé « la Méthode », ni même sur ce que nous appelons la manière de Stanislavski. Comme vous le savez, je n'ai commencé à me servir du nom de Stanislavski qu'en 1955. Personnellement, j'ai toujours évité d'utiliser son nom et d'encourager les gens à penser que nous étions, ici, dévoués à un certain genre de principes, quel qu'il soit. Au tout début, je n'étais qu'un des professeurs du Studio et j'estimais de ce fait qu'il eût été malhonnête de ma part d'agir ainsi; je faisais mon travail comme je pensais que d'autres le faisaient; évidemment, je ne me suis jamais caché à moi-même que mon travail jaillit d'une certaine source; il a toujours été nourri par des principes dérivés de ceux de Stanislavski; mais je ne fais jamais quelque chose sous le prétexte que d'autres l'ont fait ou parce que Stanislavski l'a dit; je fais une chose parce que je l'ai mise à l'épreuve et constaté qu'elle est valable; quand j'ai fait cette constatation, j'en attribue le mérite à celui qui l'a trouvée, je ne me flatte jamais de l'avoir rendue valable moi-même, et je prends toujours grand soin de dire que ce que j'utilise vient de Stanislavski, parce que je suis susceptible.

Je veux créditer l'œuvre de Stanislavski, mais je ne veux pas qu'il soit discrédité par ce que je pourrais faire. Il est donc vrai que mes éléments de base sont ceux de Stanislavski, mais j'espère les avoir dépassés et y avoir apporté quelque chose de personnel; néanmoins, je me sens très redevable aux travaux de mes maîtres et à tout ce que j'ai cru comprendre de l'œuvre de Stanislavski.

C'est seulement lorsque les gens de l'extérieur commencèrent à s'intéresser au Studio que le mot « Méthode » fut employé pour la première fois (et *il* le fut par ces gens de l'extérieur, justement); c'est seulement parce que ces gens disaient : « Ah, Stanislavski! » et que je ne pouvais honnêtement pas dire le contraire, que je fus obligé de temporiser et de dire : « Ma foi, je crois en effet que le meilleur vient de Stanislavski; le reste est de moi. » « La Méthode » fut un terme qu'on employa d'abord hors de nos murs. L'accent sur l'article « la » vint de gens du dehors qui cherchaient à signifier par là qu'ils ne se référaient pas à n'importe quelle méthode, mais à « la Méthode » particulière choisie par l'Actors Studio. Nous, nous dirions simplement « une méthode » ou bien « les idées de Stanislavski » ou « la méthode de Stanislavski », parce que le travail du Studio est fait de manière très peu systématique — comme peuvent déjà le réaliser certains de ceux qui viennent à mes cours privés.

L'important dans la méthode de Stanislavski est que c'est l'opposé d'un système; un système implique une théorie avec des règles précises sur ce qu'on doit faire à chaque instant; les « systèmes » d'autrefois n'étaient rien d'autre que cela; on avait des moyens précis de faire les choses selon les situations. Dans le système Delsarte — qui était largement répandu en Amérique — on avait des photographies d'après lesquelles on copiait littéralement chaque état émotionnel ou série d'émotions; la place des mains ou toute autre attitude du corps était bien établie. La méthode de Stanislavski n'est pas un système; elle ne s'occupe pas des résultats à obtenir et, de ce fait, n'établit pas de règles pour ce qu'on doit faire; elle essaie seulement de montrer à l'acteur le chemin à suivre, comment il peut aller à la recherche de ce que lui seul peut trouver et qui, une fois trouvé, ne peut être répété une deuxième fois, mais doit être redécouvert.

Personne ne peut expliquer le mystère du talent; nous essayons d'ôter le mystère du jeu de l'acteur, en ce sens que nous essayons de lui donner du métier; personne ne peut faire d'objection à cela; cependant nous croyons que le métier n'est pas seulement valable pour le côté extérieur du jeu, mais aussi pour l'intérieur; nous croyons qu'on peut s'entraîner à avoir du métier.

Quand Stanislavski disait : « Ne m'imitez pas, ne faites pas ce que je fais », il ne voulait pas dire qu'il avait travaillé toute sa vie et écrit tous ses ouvrages pour que les acteurs n'utilisent pas ce qu'il avait trouvé; ce qu'il essayait de faire comprendre, c'est qu'il avait découvert des principes, des vérités, mais que l'acteur doit savoir quand et dans quelles conditions les utiliser; si on ne s'en sert pas convenablement, le travail est mauvais; ainsi, sa méthode n'est pas même une méthode dans le sens du mot : c'est une marche à suivre; il l'avait intitulée : « Notes pour les moments difficiles. » Il est bon de ne pas prendre de médicaments quand on se porte bien, mais quand on est malade, on a besoin du médecin; cependant, on ne peut ni agir sur la maladie ni la guérir avec un livre de médecine; aucune science n'est plus grande que de savoir quand utiliser son contenu. Non seulement la méthode de Stanislavski n'est pas un système, mais elle n'est pas son bien propre; ce que je veux dire et ce que Stanislavski voulait dire par là, c'est qu'il ne l'a pas fabriquée lui-même par un procédé de pensées particulier. Ce sont ses observations sur ce qu'ont fait les acteurs; il avait essayé sur lui-même ce qu'il croyait avoir vu faire par d'autres acteurs, afin de se rendre compte si c'était valable ou non. Le résultat fut qu'il parvint à une espèce de compréhension et de logique de ce qui se produit dans le jeu, et qu'ainsi il fut capable de faire des suggestions dans les domaines où pouvaient s'exercer l'entraînement et les exercices propres à cet entraînement, l'acteur devenant plus conscient de ce qu'il fait et dépendant moins de phénomènes accidentels dont il n'est, la plupart du temps, même pas conscient.

La méthode de Stanislavski n'est pas aussi neuve que nous le croyons généralement. Le travail que nous faisons — qu'on appelle « la Méthode » — n'est rien d'autre que la somme totale des expériences de nombreux grands acteurs d'autrefois, des souvenirs ou des notes qu'ils ont laissés, et ce que nous avons constaté d'après notre propre expérience. Ce qu'a fait Stanislavski — et que nous essayons de faire à sa suite — c'est de rendre ce matériau accessible au jeune acteur, afin de lui éviter d'avoir à passer par vingt-cinq à trente ans d'épuisantes recherches pour découvrir ces choses par lui-même. Ce qui est important dans « la Méthode », c'est ce que les acteurs du passé, les grands acteurs du passé, ont utilisé pour s'entraîner afin de parvenir aux merveilleux résultats qu'obtiennent tous les bons acteurs.

Je commence à réaliser qu'il y a parfois une raison à cette grande confusion concernant le Studio. L'être humain désire des règles; il souhaite que quelque chose descende du ciel et soit éternel de façon à pouvoir s'y agripper et se sentir en sécurité. Dès que quelqu'un dit quelque chose — et plus encore si c'est une bonne chose — on a tendance à transformer cette observation en règle, en une chose magique dont on garde jalousement le secret. Nous sommes quelquefois tombés dans ce travers et avons inconsciemment laissé grandir, à l'extérieur du Studio, un sentiment envers nous qui faisait dire : « Ils croient avoir trouvé quelque chose! Qu'ils aillent au diable! Cela ne peut pas être si formidable que ça! Sinon comment se fait-il que d'autres acteurs aient bien joué avant eux? » Les gens s'imaginent que nous estimons qu'aucun acteur n'est capable de bien jouer s'il ne connaît pas la méthode de Stanislavski. Eh bien non, c'est tout le contraire — comme M. Jourdain dans *Le Bourgeois gentilhomme* qui, parce qu'il ne savait pas qu'il parlait en prose, fut transporté de joie et même légèrement horrifié quand on le lui annonça! Bien avant que Harvey ait découvert la circulation du sang, le sang circulait; la seule différence qu'ait apportée sa découverte fut d'aider à traiter certains problèmes qu'on ne pouvait traiter auparavant de façon méthodique parce qu'on ne connaissait pas le comportement exact de ce système organique. Voilà, essentiellement, ce qui fait la méthode de Stanislavski.

LE TRAVAIL A FAIRE POUR RÉSOUDRE LES PROBLÈMES

Dans le monde professionnel, nous avons souvent peur d'affronter des problèmes que nous affrontons volontiers ici, parce qu'ici nous cherchons des réponses. Les acteurs qui sont payés et qui ont des engagements, qui passent leur temps à aller à Hollywood et à en revenir, et qui, par conséquent, n'ont pas la possibilité de venir ici pendant de nombreuses années, eh bien, ces acteurs reviennent dès qu'ils le peuvent. Ils savent qu'ici on ne résout pas leurs problèmes : on comprend la légitimité de ces problèmes et le droit qu'un acteur a d'en avoir; il n'est pas un benêt ou un idiot simplement parce qu'il en a; ici, il apprend qu'il a les mêmes problèmes que la plupart des acteurs; et c'est là que nous apportons l'espoir : nous sentons qu'il y a là une solution.

Ici, le travail peut être fait sur le principe que, ultérieurement — des mois ou des années plus tard — il aboutira à une solution. Et en même temps, d'après notre expérience collective, d'après le fait que les gens venant d'horizons divers et ayant des intérêts divers, abordent ces problèmes (certains percevant des rapports que d'autres ne verront pas) nous avons la possibilité d'adopter les voies de laboratoire, très répandues dans le domaine des sciences mais rares dans celui des arts. Dans une production, on exige de l'acteur qu'il puisse jouer son rôle demain, quand le rideau se lèvera et que les critiques seront là; dans ces conditions, il est évidemment impossible d'aborder les problèmes que nous pouvons affronter ici.

Nous représentons, en quelque sorte, la conscience du fait que les problèmes des acteurs sont indépendants du temps et de la nationalité et que les problèmes de base de l'acteur existaient il y a deux mille ans dans le théâtre grec, de la même manière qu'on les trouve aujourd'hui dans le théâtre japonais, le théâtre réaliste, et tels qu'ils étaient au XVIIIe siècle dans le théâtre élizabéthain. Les acteurs ont toujours eu à faire face à ces mêmes problèmes parce qu'ils découlent, d'une part du théâtre lui-même, et d'autre part du matériau théâtral, c'est-à-dire de l'être humain.

Nous travaillons sur divers problèmes, et je veux orienter ces commentaires sur leur variété. Nous nous préoccupons d'abord des problèmes individuels, du développement de l'instrument individuel de façon qu'il puisse mener à bien toute tâche que l'acteur se fixera — que cette tâche soit juste ou fausse ne fait aucune différence dans le cadre du développement de l'instrument; quand Horowitz frappe une fausse note sur le piano, cela ne l'empêche pas d'être brillante et aussi vivante que si c'était la note juste. Ensuite vient le problème de l'exploration, c'est-à-dire de voir si la tâche que l'acteur s'est fixée — pas du point de vue technique mais pour savoir si son comportement s'accorde bien avec ce qu'il a décidé de faire — est accomplie de façon à donner d'utiles résultats. En troisième lieu, nous pouvons avoir conscience, en tant que public d'artistes de métier, de certaines choses que l'auteur semble réclamer et qui auraient amené l'acteur à d'autres conclusions s'il en avait tenu compte. En quatrième lieu, il y a le problème théâtral concernant le genre particulier de la pièce, par exemple les problèmes posés par Shakespeare. Trop souvent nous avons tendance à négliger les trois premiers problèmes en faveur du quatrième, oubliant que les trois premiers sont une partie nécessaire du développement qui doit se produire si l'on veut jamais réaliser le quatrième.

Un cinquième stade vient quand un metteur en scène

travaille une scène; un metteur en scène existe dans toute production pour une bonne raison : il établit pour l'acteur les tâches théâtrales qui découlent d'un événement dramatique précis et sur lesquelles un acteur ne travaillerait pas autrement. Ainsi, on donne à l'acteur des choses à faire, on lui ordonne de les accomplir et il en résulte un problème supplémentaire : maintenir le niveau et la continuité de son propre travail tout en donnant satisfaction au metteur en scène.

Jamais nous ne critiquons quelqu'un pour avoir fait quelque chose de bien; même si c'est le contraire de ce que nous vous avions dit de faire, nous applaudissons. Quand vous chipez quelque chose de bon, nous disons : « Bravo, mon ami. » C'est seulement quand vous chipez quelque chose qui n'en vaut pas la peine, quelque chose d'artificiel qui vous entrave, qui vous gêne, que nous le contestons; nous ne contestons rien par principe, seulement quand des difficultés concrètes viennent se mettre en travers de la route de l'acteur.

En recherchant des sources de création, vous devez réaliser qu'elles ne viennent pas des intentions de l'acteur; autrement chacun souhaiterait être Beethoven, Bach, Mozart, Rembrandt, Vinci ou Michel-Ange, et on n'aurait que des Beethoven, des Bach... Il suffirait d'être un critique compréhensif, sensible et conscient pour réaliser ses rêves. Nous savons que l'acteur est un vrai matériau, qu'on peut faire jouer ce matériau comme joue l'esprit d'un poète, que beaucoup de choses affectent le poète et l'acteur d'une manière qui n'a rien à voir avec la logique mécanique; une grande expérience n'est pas nécessairement celle qui l'affecte; quelquefois c'est une toute petite expérience personnelle; ce qui se produit aujourd'hui ne le touche pas nécessairement; c'est parfois ce qui s'est passé il y a quinze ans — et qui, à l'époque, paraissait sans importance — qui touche l'acteur aujourd'hui; cela a créé en lui certains types de comportement, des réactions dont il est, la plupart du temps, inconscient. Nous savons que la connaissance logique qu'un acteur a de son texte, a souvent très peu de rapports avec la connaissance expérimentale qu'il en a. Nous savons que les réactions intérieures et profondes de l'acteur se révèlent souvent de manière conventionnelle ou inconséquente. Notre façon de procéder est donc d'essayer d'amener chaque acteur à résoudre ses problèmes personnels, en accord avec la nature de son matériau particulier tel qu'il nous a été révélé par notre compréhension de la science moderne; il pourra ainsi — sur le plan technique — devenir un parfait instrument.

Un acteur est un instrument parfait quand il peut extraire de lui-même ce qu'il veut ou ce qu'on lui demande. Cela n'a rien à voir avec la pièce; faire une gamme sur un piano n'a rien à voir avec le fait que dans une certaine sonate de Beethoven vous avez la même gamme à jouer; le fonctionnement parfait de l'acteur implique la capacité à faire une « gamme » particulière, mais aussi beaucoup d'autres gammes, de façon à pouvoir satisfaire à sa propre demande et à toutes celles de son metteur en scène. Quand on a recours à l'instrument de l'acteur pour résoudre une scène en particulier, il est généralement trop tard pour travailler les problèmes techniques de son propre instrument. Ce n'est qu'après avoir mis au point une superbe technique que l'acteur est libre de se vouer aux problèmes d'une scène. Au Studio, lorsque nous voyons le travail des acteurs à des stades différents, nous sommes souvent troublés parce qu'il a, en général, peu de rapports avec la solution des problèmes matériels des scènes, et beaucoup trop à faire avec les problèmes de l'instrument de l'acteur.

Je ne peux expliquer les critiques défavorables provoquées par l'aide qu'apporte Strasberg aux acteurs pour la compréhension de leurs propres mobiles psychologiques. Les faits inhérents au conditionnement humain qui commence dès l'enfance et se prolonge à travers toute la vie sous forme d'habitudes et de réactions, sont aujourd'hui un tel lieu commun que leur application pratique ne devrait étonner personne. Peut-être les idées romantiques qu'on se fait des acteurs, bassement encouragées par tout le chiqué de Hollywood, sont-elles profanées par la pensée que d'en venir aux prises avec les problèmes de jeu compromet les rapports francs et ouverts des sujets personnels; les membres du Studio doivent faire des personnalités; Strasberg en fait. Mais ce n'est pas de la complaisance : c'est une activité professionnelle, c'est une façon d'offrir une aide que les acteurs ne trouvent pas ailleurs en général.

Sans aucun doute, il est dangereux de faire intrusion dans l'intimité d'un individu, mais il faut en courir le risque si la solution d'un problème personnel est littéralement une affaire de vie ou de mort pour la carrière d'un acteur. Il est dangereux pour un chirurgien d'opérer, mais il peut être plus dangereux encore de ne pas opérer. Strasberg manie ces problèmes avec grande délicatesse, beaucoup de tact; il veille toujours à ce que la discussion ne devienne pas personnelle au point d'en être nuisible. Mais il n'y a pas d'exagération à dire que le fait de consentir à faire des personnalités est la condition préalable du travail au Studio.

STRASBERG (1960) : Un des auteurs dramatiques, qui assiste aux séances réservées aux auteurs, et aussi à nos travaux, ici, m'a posé une question, dernièrement, après un des exercices faits par un acteur; elle se rapportait à la compréhension du problème personnel de l'acteur; je lui ai téléphoné aujourd'hui pour m'assurer de sa présence.

LE JEUNE AUTEUR : La question m'a paru nécessaire à cause de ce qui s'est passé ce jour-là; mais la même chose s'est produite presque chaque fois que je suis venu au Studio. Je me sens très mal à l'aise et j'ai l'impression qu'il n'est pas nécessaire de discuter de ses problèmes personnels d'acteur après une scène. On ne l'aide pas, et il ne s'aide pas lui-même par ce genre de discussion. J'aimerais entendre un acteur discuter de ce qu'il a essayé de faire de son rôle et nous laisser juger de sa réussite dans le rôle. Parce qu'il a des problèmes personnels de jeu importants pour lui, il pourrait traduire nos commentaires et les utiliser au mieux. Se mettre à nu et discuter ouvertement de ses problèmes me paraît embarrassant; et je crois que c'est stérile.

STRASBERG : Il doit toujours y avoir des connaissances spéciales sur le plan technique dans la façon d'aborder le travail théâtral, quel qu'il soit; les spectateurs en sont exclus mais les observateurs font partie de ceux qui travaillent.

LE JEUNE AUTEUR : Je déteste me trouver en position de sympathie envers l'acteur.

STRASBERG : Si quelqu'un assiste à une opération et s'évanouit, est-ce la faute du médecin? Je suis désolé, mais vous allez au théâtre pour voir des pièces. Si ce travail vous était présenté sur un plateau ouvert au public, nous serions prêts à accepter votre jugement. Mais ici, c'est différent; la présence de gens de métier et même d'ouvriers de métier est basée sur leur consentement à accepter le fait qu'ils voient ici la progression d'un travail, un travail fait sur l'individu et non un travail de production. Mais ne vous inquiétez pas, car votre question, à laquelle je vais laisser répondre les acteurs, est très bonne.

ACTRICE C. : Je ne peux parler que d'expérience personnelle. J'ai mis trois ans avant de pouvoir cesser de me préoccuper du public, ici, et commencer à explorer toutes les facettes de mon talent; en général, on rabat tellement les oreilles des acteurs de la présence du public et de l'obligation dans laquelle on se trouve de le « prendre », qu'on en devient littéralement noué. Quand on écrit, on laisse d'abord tout sortir, puis on édite; l'endroit où nous, nous pouvons laisser tout sortir, est ici; c'est le seul endroit de notre pays où cela peut avoir lieu, où l'on choisit ce qui vous convient et est efficace pour votre talent, sans vous faire répéter des « trucs » — ni vous limiter à faire et à refaire toujours la même chose. Ici, on explore, on découvre. C'est exactement ce que Lee essayait de me faire faire, mais je m'en suis défendue pendant des années avant de comprendre. « Il faut que je parle fort; il faut qu'ils comprennent ce que l'auteur veut dire; il faut que je sois efficace et originale » et ainsi de suite; voilà exactement le contraire de ce qui vous permet de vous épanouir; ce que ne comprennent pas les auteurs, c'est que nous recherchons les pensées qui permettent à leurs mots de sortir avec un sens profond.

ACTEUR D : Deux années de questions posées à tort et à travers, de rebuffades m'ont été nécessaires pour m'entraîner à regarder, à écouter, à essayer de comprendre; aucun acteur ne peut jamais se livrer à un travail sans y mêler ses problèmes personnels. Ainsi, je travaillais un jour dans un spectacle à Broadway; le metteur en scène nous faisait travailler avec une telle intensité que je me sentais noué des pieds à la tête; il me fallut trouver le moyen de me détendre à nouveau, en tant qu'acteur; je choisis une scène, l'amenai au Studio et dis que je voulais seulement la travailler dans la détente; sans doute, cela n'aurait rien eu d'embarrassant pour vous, mais pour moi, c'était un problème personnel. Si vous aviez le temps d'assister plus longtemps à nos séances de travail, vous remarqueriez que de temps en temps, quand un acteur commence à expliquer quelque chose, Lee l'arrête en disant : « Assez, cela devient trop personnel. » Nous avons en lui un homme au jugement sûr.

ACTRICE E. : Il y en a parmi nous qui se sont observés les uns les autres pendant quatre, cinq ans, quelquefois dix ans. Si vous pouviez attendre un peu, vous verriez que c'est efficace. Ici, nous nous occupons de nos carrières. Peut-être que cela nous fait du bien de nous lever et de dire : « Comment vais-je transformer en moi cette qualité? » Supposez que les gens me disent : « Tu n'es bonne que pour les rôles de névrosées. » Je ne veux pas passer le reste de ma vie à incarner des névrosées; je veux de temps en temps incarner de belles femmes, heureuses, souriantes : « Aidez-moi! » Voilà un problème personnel, et c'est un problème d'acteur. C'est la raison pour laquelle nous sommes ici, et il y en a parmi nous qui ont vu leurs camarades buter longtemps sur ces problèmes.

ACTEUR A. : Vous devez comprendre que, lorsque nous venons travailler ici c'est pour trouver des racines; je viens ici pour une raison particulière, personnelle; je suis très souvent en désaccord avec Strasberg, mais, il représente un catalyseur, une conscience, une façon de travailler, un doigt constamment pointé vers moi. J'ai goûté à la coupe du succès, et je dois avouer que sa saveur est plutôt fade; j'ai cherché le moyen de l'épicer un peu; Strasberg connaît la recette. Voilà pourquoi je viens au Studio.

STRASBERG : Le théâtre est l'art le plus personnel; tous les autres arts sont exercés avec un matériau objectif; seul le théâtre utilise la présence vivante de l'être humain. Pendant des milliers d'années, les acteurs ont eu conscience de ce problème, sans savoir le résoudre; personne, en dehors des gens de métier, n'en a conscience; quand on laisse entendre que c'est un problème réel, les gens sont souvent peu disposés à laisser l'acteur le résoudre de son propre effort, en y mettant le temps qu'il faut. On trouve des acteurs apparemment tout à fait compétents, parfaitement capables de faire certaines choses et pourtant, lorsque tout à coup ils se révèlent incapables de les faire, leurs excuses semblent illogiques ou même sottes. Une actrice de premier rang, une star, quelqu'un à qui l'on donne dix pour cent des recettes, dira : « Je ne peux pas faire cela. Je vous en prie. Je ne veux pas le faire. Ne m'y forcez pas », et pourtant c'est une actrice qui devrait être capable de le faire; la pièce en a besoin, l'auteur le réclame et l'actrice ne peut le faire. D'après l'observation de telles expériences à travers une longue période de travail, nous avons été amenés à une grande compréhension de la façon dont un acteur travaille; et c'est ce que nous essayons d'utiliser.

Nous ne sommes pas ici pour porter des jugements basés sur le goût ou la croyance; si l'on juge sur la base du goût ou du dégoût, on travaille en admettant l'hypothèse que tout bon travail sera aimé. Il n'en est rien. Rubens est un des plus grands peintres du monde; je n'aime pas sa peinture; je n'aime pas ses femmes; je n'aime pas même ses merveilleuses couleurs; je sais que la peinture a été faite par un maître; je peux suivre les sinuosités des formes, mais cela ne m'intéresse pas, cela ne me passionne pas, je n'aime pas. Mais dire : « C'est de la mauvaise peinture; il ne pourra jamais s'améliorer de cette façon » serait supposer que tout dépend du goût.

Je peux paraître avoir des idées très arrêtées — et c'est vrai — mais la plupart de mes opinions, vous ne les connaîtrez jamais vraiment; je dis rarement ce que je pense réellement d'un acteur ou d'une scène; nous travaillons avec chaque individu sous l'angle de ses propres possibilités; nous ne jugeons jamais un acteur en le comparant à un autre; la confusion naît quand on oublie qu'ici les idées sont des idées en cours d'utilisation; il faut en faire l'essai; la seule chose que je demande toujours, c'est que l'acteur l'essaie avant de me dire qu'elle ne vaut rien; quelquefois, nous faisons remarquer qu'elle ne semble pas valable parce qu'elle est mal employée; si l'acteur répond : « Certes, je peux le faire de cette façon », et le fait, et dit ensuite : « Mais, je ne veux pas le faire de cette façon », il en a parfaitement le droit, techniquement parlant.

Je suis très réticent lorsqu'il s'agit d'intervenir au cours d'une production professionnelle, parce qu'une remarque involontaire — faite pour attirer l'attention sur quelque chose qui nous a frappé mais qui n'a aucune importance pour le metteur en scène — peut parfois gêner le travail de l'acteur d'un point de vue purement professionnel; j'évite de parler aux acteurs pendant les répétitions; je sais combien de petites remarques faites avec le désir d'aider ou de flatter, attirent l'attention de l'acteur sur quelque chose de précis et gâchent la représentation parce que justement son attention est fixée sur ce point précis. Après tout, nous n'allons pas accomplir des miracles avec ce genre d'appréciations; les miracles se réalisent après un dur travail! même un saint travaille très, très dur!

Je n'admets de personne, pas même de moi, qu'on établisse pour un acteur, ou pour n'importe quel autre artiste, ce qui est permis et ce qui ne l'est pas dans une pièce ou dans toute autre activité artistique; c'est une des choses sur lesquelles je suis inflexible; je ne sais pas ce qui est permis; les artistes ont souffert — le Tintoret fut appelé devant les tribunaux de l'Inquisition parce que les autorités de l'Église n'aimaient pas la façon dont il peignait le visage du Christ; le Tintoret est maintenant un des plus grands peintres, accepté par l'Église et par tout le monde. Il y a des gens parmi vous qui semblent savoir ce qui est juste, l'Église semblait le savoir aussi; mais, moi pas; je ne peux qu'essayer de voir quelle est l'intention de l'acteur et si elle vient de quelque chose de profond, d'un besoin précis, si elle semble résoudre certain problème précis auquel il s'est attelé; je peux alors exercer mon goût, et dire que la manière de l'acteur n'est pas celle que j'aurais choisie pour réaliser cette chose précise. Mais de dire d'une façon dogmatique que sa manière n'est pas la bonne — cela, je ne me le permettrai ni ici ni en aucun autre endroit.

Quand on observe des scènes données au Studio, il faut les voir sous l'angle des besoins de l'acteur. Quand nous voyons des œuvres d'art, la plupart du temps nous ne voyons que quelques-unes des œuvres de chacun des grands maîtres. Le Greco, par exemple, est un de mes peintres préférés. On peut aller dans les musées et voir des œuvres fantastiques : *La Vue de Tolède* ou *Le Cardinal;* ces peintures sont de grandes peintures; il était né grand; il fait grand; et cependant, si vous consultiez le meilleur livre sur le Greco, qui contient toutes les peintures qu'il ait jamais pu faire et quelques croquis, vous seriez étonnés; certaines d'entre elles semblent puériles, d'autres primitives; une bonne partie n'est qu'une imitation de ses maîtres; d'autres sont des copies d'autres peintres. Mais dans chaque œuvre — si on l'observe avec soin — on pourra voir au fur et à mesure de la progression de son travail, les éléments de son art devenir plus raffinés, plus définis, plus clairs et finalement commencer à prendre le dessus.

Rembrandt n'a pas surgi en plein épanouissement! Regardez les centaines de croquis qu'il a faits! Vous le voyez déconcerté par ses problèmes; que donnera cette composition, que serait-elle, comme ceci, comme cela? Vous voyez un croquis inachevé, puis un autre au crayon, puis un autre refait à l'encre, et puis un autre entièrement nouveau, et vous ne dites pas : « Voyons, Rembrandt, décidez-vous; allez-vous nous peindre un Rembrandt, ou bien allez-vous continuer à bricoler? Qu'est-ce que ça veut dire? Regardez-moi ce croquis; vous l'avez fait et refait une quinzaine de fois; si vous ne savez pas ce que vous voulez, alors que le diable vous emporte; ne soyez pas un peintre; si vous voulez être Rembrandt, alors décidez-vous et peignez. » Eh bien, c'est exactement de cette manière qu'un artiste se décide : il fait, il corrige, il recommence, il se casse la figure.

On se souvient d'un auteur, on se souvient d'un acteur aussi, mais malheureusement au bout de quelque temps personne ne peut plus dire pourquoi on se souvient d'un acteur; pour l'auteur, on a son texte; cela fait trois cents ans qu'on lit Shakespeare et qu'on se demande ce qu'il a voulu dire; dans les autres arts, les œuvres continuent de vivre, et les erreurs de jugement faites hier peuvent être corrigées demain; mais, en ce qui concerne l'acteur, nous pouvons dire aujourd'hui : « Ceci est intéressant, mais je ne comprends pas tout à fait », et cinquante ans plus tard on ne pourra pas dire du même acteur — comme on l'a fait pour Strauss, Berg, Bartok, Wagner, Brahms, Stravinski et tous les grands compositeurs qui ont vécu sur cette terre, y compris Mozart et Beethoven : « Maintenant, nous le comprenons. »

Au temps de Shakespeare, les gens l'évaluaient pièce par pièce; ils ont vu sa première pièce et n'ont pas été très enthousiastes; ils ont vu la seconde, mais Dekker en avait écrit une meilleure; ils virent la troisième, mais Heywood en avait écrit une plus parfaite, cette même année. Ils virent la quatrième et encore une fois, cette année-là, il y eut trois ou quatre œuvres dramatiques de différents auteurs d'égale valeur. C'est seulement une fois que l'on connaît toute l'œuvre de Shakespeare, que l'on peut dire : « Personne ne peut rivaliser avec lui. » Il y a un livre merveilleux écrit par Alfred Harbage : *Les Annales du drame élisabéthain.* On y voit, année par année, toutes les pièces qui ont paru. C'est ahurissant! Quand j'ai vu ce compte rendu, je me suis dit : « Tiens, Marlowe avait déjà écrit sa meilleure pièce! Il est mort presque tout de suite après. » Il fallut quinze ans à Shakespeare avant que ses pièces dominent celles de Marlowe. Ainsi, quand nous considérons l'ensemble d'une époque passée, nous pouvons réévaluer chaque artiste. Au théâtre, c'est impossible : l'art de l'acteur meurt tandis qu'il le crée.

Ici, nous prenons quelquefois un peu trop l'habitude de juger de tout comme si aujourd'hui était le jour du jugement dernier, comme si, sur la base d'une scène, on pouvait décider de votre entrée au ciel. Eh bien, même si Stanislavski est un des juges là-haut, il nous faut réaliser que cette scène, l'acteur va la rejouer encore et encore; nous devons donc faire attention à ce que nous disons; autrement chacun ici devrait tenir compte, peut-être pas de votre opinion parce que votre opinion peut n'être pas acceptée, mais de la mienne quand je parle de la façon dont chaque scène devrait être jouée; c'est une terrible responsabilité; je ne la prends pas volontiers. Le poids d'une opinion peut être destructeur, pas seulement pour le genre de travail que nous accomplissons ici, mais pour n'importe quel travail créateur fait n'importe où; ici, nous observons un travail en progression et nous devons percevoir dans ce travail les semences sous-jacentes.

Ma grande fierté est de constater que tous ceux qui ont travaillé avec moi — alors même qu'ils travaillent à leur manière de façon créatrice — n'imitent jamais personne, ni moi, ni les autres, ni eux-mêmes. Prenez Kazan, R. Lewis ou d'autres acteurs comme ceux-là; chacun a son style propre. Ce n'est pas le style de Lee Strasberg, bien que j'espère avoir contribué à ce qu'ils font; ce serait un suicide de dire que chaque scène doit être faite selon l'interprétation de Lee Strasberg; ce serait la destruction de cela même que nous cherchons à faire, c'est-à-dire aider chaque individu à réaliser sa propre puissance créatrice.

Quand nous regardons un film de la Duse, en mauvais état à tous points de vue, si quelqu'un dit : « Ça me gâte mon plaisir », il est clair que cette personne a le droit de faire une telle réflexion, mais que cette réaction dénote un manque total d'observation professionnelle.

Faire des observations, ici, c'est prendre des responsabilités. Si un acteur s'assied au milieu de la scène pendant cinq minutes pour préparer son entrée, vous avez le droit de dire : « C'est long et c'est ennuyeux », car c'est vraiment long et ennuyeux; mais il est clair aussi que, s'il s'agissait d'une représentation, le rideau se lèverait à la fin de ces cinq minutes et non pas au commencement. Vous avez le privilège, ici, de voir ce qui se passe avant le lever du rideau, parce que ces cinq minutes sont le moment où l'acteur crée ce qui va le conduire aux résultats que vous voyez.

La preuve d'une opération réussie n'est pas dans la vie ou la mort du patient mais dans la nature de l'opération telle qu'elle a été faite; dans le cas d'un chirurgien dont le patient meurt, il n'y a pas là de preuve que l'opération ait été ratée; elle a peut-être été brillante et aventureuse; peu de chirurgiens auraient peut-être eu le courage de la tenter. Je dois tout le temps souligner ceci : alors même que votre plaisir de voir une scène peut être gâté par le fait que vous n'aimez pas la scène, ou certaines personnes qui la jouent, ou la façon dont elle est interprétée, cela n'a rien à voir avec la faculté d'observer un travail.

Quand notre apprentissage, ici, a dépassé le premier stade et commence à présenter les éléments essentiels de la concentration, nous pensons tous beaucoup trop souvent que le problème de la formation professionnelle est résolu; nous oublions tout simplement que les autres artistes travaillent pendant des années à parfaire leur technique; même un Heifetz fait parfois une faute, même les chanteurs qui ont travaillé dix ou quinze ans et qui ont de bonnes et belles voix chantent faux quelquefois; mais si nous demandons à un musicien bien entraîné de jouer vite un morceau lent, il peut le faire grâce à sa technique; il ne discute pas avec le chef d'orchestre et ne dit pas : « Je ne peux pas jouer aussi vite »; il se contente de penser que le chef d'orchestre est cinglé de vouloir faire jouer ce morceau à toute vitesse. Il l'a toujours joué lentement avec Toscanini, mais si celui-ci le veut rapide, bah! par tous les diables, il le jouera vite; sa technique est bien entraînée. De même, l'entraînement technique de l'acteur auquel nous nous sommes voués, ici, est destiné à rendre l'acteur capable d'accomplir la tâche qu'on lui assigne ou qu'il s'est assignée lui-même.

UN SYSTÈME IDÉAL DE FORMATION TECHNIQUE

A la fin de l'année 1960, Strasberg se rendit à Montréal pour voir les représentations de l'Opéra de Pékin — le théâtre officiel chinois, qu'il décrivit par la suite, au Studio, à la séance de rentrée.

Ce fut une expérience merveilleusement enrichissante; jamais je n'avais vu une technique d'acteurs aussi excitante; elle était fabuleuse. Ce n'est pas du tout un genre de technique que nous ne pourrions pas obtenir; avec un peu d'application, nous pourrions en utiliser une partie tout de suite; l'autre partie, nous ne pourrions pas l'utiliser si rapidement, car il faut le temps de l'apprendre. Jamais je n'avais vu une aisance, une sécurité, une force, une telle volonté de se sentir à l'aise et détendu sur scène, en même temps qu'une aisance acrobatique telle que celle de ces acteurs; leurs représentations n'étaient pas simplement stylisées selon le style de leur théâtre.

Nous sommes allés en coulisses pour rencontrer ces gens; la plupart d'entre eux étaient jeunes, avec des visages juvéniles et frais; alors nous leur avons dit : « Depuis combien de temps vous entraînez-vous? » Ils nous répondirent : « L'entraînement dure huit ou neuf ans. » Je demandai à une jeune fille qui venait d'accomplir quelque chose d'extraordinaire en scène : « Quand avez-vous débuté? » Elle dit :

« J'ai débuté à dix ans, je viens de réussir mon examen, après huit ans de travail! » Un des jeunes gens avait commencé à douze ans et avait travaillé neuf ans. Leur formation prend tout ce temps et cela en vaut la peine — parce que ces acteurs ne sont pas entraînés pour un style extérieur comme les Japonais, mais uniquement pour la flexibilité. Après avoir vu certains exercices au Théâtre Meyerhold de Moscou, j'avais été très impressionné par le fait que l'entraînement de l'acteur se composait non pas de danse là où il lui fallait apprendre un pas, non pas de diction là où il lui fallait apprendre un certain genre de discours, mais d'une flexibilité et d'une agilité du corps, de la parole et de l'esprit qui tiennent lieu d'adresse presque acrobatique. Le Théâtre chinois est le premier que j'ai vu corroborer la manière du Théâtre Meyerhold. Chez l'acteur chinois, j'ai pu voir la réalisation parfaite de ce genre d'entraînement, entraînement unilatéral bien sûr, puisqu'il ne prépare pas l'acteur à jouer en même temps qu'il le rend bon acteur — ce que notre genre d'entraînement, lui, réussit à faire.

Depuis mon retour, j'ai réfléchi à la manière dont on pourrait réunir les deux enseignements, celui du Studio et celui du Théâtre chinois; cela représenterait une dépense de deux à trois mille dollars pendant une période de cinq ans. Je n'insiste jamais sur les ressources philosophiques et mentales de l'acteur avant qu'il ait environ dix-huit ans; avant cet âge, l'acteur n'est pas encore formé physiquement et pas du tout mentalement ni émotionnellement; commencer notre travail plus tôt serait inutile et dangereux. Pourtant, afin d'obtenir cette remarquable aisance et cette agilité, la formation chinoise doit commencer tôt; dix-huit ans, c'est trop tard; seize ans, c'est presque trop tôt; la formation doit être une sorte de formation de danseur de ballet, qui commence de très bonne heure.

Peut-être pourrait-on faire un test : choisir des gens âgés de quatorze à seize ans — des filles de quatorze ans et des garçons de quinze ou seize ans — qui sont encore lourds et informes et que l'on peut encore former selon la méthode — genre ballet — qui est celle des acteurs chinois. Si l'on donnait à ces jeunes gens un enseignement de quatre ans, en insistant sur le côté de l'aisance acrobatique, on pourrait en même temps leur apprendre à affermir leur voix et leur diction, sans pour cela leur apprendre à jouer avec la voix, ce qui serait un suicide, à mon avis. Grâce à un entraînement purement physique on arriverait à créer simultanément la force et la résonance de la voix, la liberté et la souplesse du corps et de la diction. Pendant ces quatre années, on leur donnerait aussi un minimum d'éléments pour l'entraînement de l'imagination, pour l'improvisation, ce qui n'est pas trop demander à des êtres jeunes; cela les laisse libres, évite cette espèce de sclérose, qui nuit aux théâtres chinois et japonais; leur style finit en effet par être démodé dans notre monde actuel.

Après quatre années de travail, les filles auraient dix-huit ans, les garçons, dix-neuf ou vingt; c'est à ces âges-là que j'accepte les gens à mes cours privés; on donnerait alors à ces jeunes trois ou quatre ans d'un enseignement solide, différent de celui du Studio, beaucoup plus systématique. Je crois qu'à la fin, je pourrais garantir que les acteurs seraient, non pas les plus grands acteurs parce qu'on ne peut acheter le talent, même de cette façon, mais des acteurs capables de faire des choses qu'aucun autre acteur n'aurait pu faire auparavant, grâce à une combinaison d'éléments dont on a toujours rêvé; il serait possible de commencer à créer de semblables acteurs, tels ceux qu'imaginait Gordon Craig; malheureusement, il eut la mauvaise idée de les appeler *übermarionettes*, ce qui amena une grande confusion; en réalité, son idée revenait à demander à l'acteur une habileté plus grande, la capacité de faire tout ce qu'on pourrait demander à un être humain, sur le plan physique, mental, émotionnel, etc. Bien entendu, le Studio n'est pas conçu de façon à pouvoir donner un tel enseignement.

PRAGMATISME ET IDÉALISME

A cause des conditions posées par le théâtre commercial, l'idée s'est récemment développée qu'on ne pouvait l'aborder de façon systématique; et que l'acteur n'avait pas le temps de se soucier de Stanislavski ou de Meyerhold : il ne peut se permettre ce luxe; il doit tout découvrir tout seul. En médecine, en science, dans les autres arts, si l'on déclarait que chaque individu doit passer sa vie à découvrir ce que d'autres ont déjà trouvé, on vous rirait au nez; dans ces domaines-là, il ne viendrait à l'idée de personne de faire une telle déclaration; et pourtant, dans le théâtre commercial, cette étrange idée a pris racine.

Ici, nous avons montré une capacité remarquable à travailler selon les normes du théâtre américain; aucune autre organisation théâtrale n'a eu auparavant le même genre de capacité; elle est particulière au Studio. Toutes les autres organisations ont demandé que leur lieu de travail soit transformé de façon à répondre à leurs besoins : « Si vous voulez un Studio, il faut créer un théâtre. » — « Donnez-moi un théâtre et je vous donnerai un Studio. » — « Donnez-moi de l'argent pendant dix ans, et je vous donnerai des acteurs. » Nous, nous avons réussi à montrer nos capacités à travailler dans les conditions actuelles du théâtre, affrontant une à une toutes les difficultés, ne les acceptant pas, mais les surmontant, prouvant qu'elles peuvent être surmontées, qu'elles ne sont pas, comme on le pense trop souvent, des entraves ou des contraintes insurmontables.

Dans mes cours privés, le travail est très systématique et continu; il n'est interrompu que dans la mesure où les gens s'absentent pour faire un film ou une pièce. Le travail que nous faisons a été créé pour faire face aux conditions — quelque mauvaises qu'elles soient — de notre société. Quelquefois nous, Américains, sommes tentés de passer par une voie pragmatique; et de ce fait nous sommes amenés à nous satisfaire des conditions existantes; et nous sombrons; mais quelquefois, nous les surmontons et même les utilisons.

Nous portons aujourd'hui une responsabilité; pas seulement envers nous-mêmes, mais envers le théâtre américain, les films, la télévision, parce que nous avons été capables — sans en avoir les moyens financiers — de faire ce qu'ils n'ont pas réussi à faire. Aujourd'hui, le regard de l'Amérique et même du monde se pose sur notre groupe, et nous met devant nos responsabilités.

Les conditions ne seront jamais idéales au théâtre; c'est pourquoi l'attente d'une espèce d'idéal semblable à celui que Gordon Craig a espéré toute sa vie, est une attente vaine.

Quand on proposait à Craig de monter une pièce, il disait : « Oui, très bien. Donnez-moi un théâtre. Laissez-moi travailler pendant dix ans avec ma compagnie; donnez-moi des garanties et à la fin de cette période, je monterai vos pièces. » Mais personne n'avait envie d'attendre dix ans pour voir ce qu'on pouvait faire.

Il y a un grand désir de théâtre, chez le public, le même que celui que nous portons en nous lorsque nous abordons le théâtre; une étrange sensation de magie qui, petit à petit, n'est plus qu'un fond de teint qui coule et des lumières mal réglées, des décors qui fonctionnent mal, de telle sorte que cette sensation finit par mourir. Mais elle n'est pas morte chez le public et je crois que cela explique les réactions, les questions, les lettres que nous recevons du monde entier, même du fin fond de l'Afrique d'où quelqu'un nous a écrit : « J'essaie de faire du théâtre ici, et la seule chose à laquelle je puisse penser est l'Actors Studio. Je ne sais pas si on m'y accepterait, mais pouvez-vous m'aider? me conseiller? car c'est ce que vous faites que je veux. »

Si l'on considère combien le travail au Studio est irrégulier, peu systématique, combien de choses n'avaient même pas été mentionnées ici avant que des discussions extérieures sur « la Méthode » nous amènent à en parler, nous pourrons constater les remarquables résultats atteints. Certains des exercices que nous avons commencé à utiliser ont produit des résultats extraordinaires chez ceux qui en avaient besoin; nous n'avons pas attendu le moment ni le lieu idéal.

Maintenant (1957), nous avons un lieu de travail qui est nôtre, et nous convient; il n'est ni moderne ni élégant, mais propre; bien conditionné pour le futur; car nous avons pris grand soin de ne pas fermer la porte au futur.

Nous avons été idéalistes en évitant que le Studio soit contaminé par le mercantilisme. Un producteur de télévision très connu m'a téléphoné dernièrement en me demandant s'il pouvait venir visiter les lieux, mais lorsqu'il m'a dit qu'il était en train de faire une distribution, je lui ai répondu : « Désolé, je ne peux vous permettre de venir quand vous êtes en train de faire une distribution. » Quand la femme d'un très fameux producteur de films — qui nous avait fait un don important — me dit : « Je voudrais voir vos acteurs », je lui demandai : « Pourquoi ? » Elle me répondit : « On fait une distribution en ce moment; ce serait une bonne chose pour tous. » Je dis alors : « Vous pouvez vous asseoir dans mon bureau et regarder entrer les gens, mais à mon grand regret je ne peux vous permettre d'entrer dans le Studio; je ne veux pas que les acteurs aient la sensation qu'on vient les voir ici pour d'éventuelles distributions, cela corromprait notre travail. » Et Dieu sait que la pression est assez grande quand seuls les membres du Studio observent leurs camarades; mais c'est un suicide de leur donner l'impression qu'ils sont obligés de travailler ici parce que cela contribue à leur carrière.

Certes, le travail au Studio contribue à leur carrière — heureusement. Mais quand on travaille sur cette base-là, alors tout est fait sur le principe de « Que vont-ils en penser ? ». Dieu merci, nous avons évité cela. Les gens sont disposés à venir ici et à tenter leur chance parce qu'ils savent que notre état d'esprit est bon; c'est une manie, je le sais, mais j'estime qu'elle est positive.

Franchement, nous pourrions gagner beaucoup d'argent de mille manières. Il y a des gens qui m'ont offert dix mille billets pour faire entrer quelqu'un au Studio; c'était proposé dans les formes, bien entendu. Nous n'aurions rien eu d'autre à faire que d'accepter une très jolie fille au Studio; mais nous n'avons jamais fait cela et c'est pourquoi le Studio a son essence particulière. Nous ne valons rien, en un sens, nous n'avons pas un rond, nous nous cassons la tête pour savoir comment faire marcher la boutique, tout en ayant toutes ces merveilleuses idées sur ce qu'on doit faire au théâtre; mais n'oubliez pas que même les milliardaires considèrent le Studio comme un endroit qu'ils ne peuvent acheter, qu'ils ne peuvent avoir, avec lequel ils ne peuvent même pas flirter; ils peuvent s'en occuper, c'est tout, et j'en suis fier.

KAZAN : Moi aussi. C'est le seul endroit propre, au théâtre.

STRASBERG : Peut-être que cela répond à un certain idéalisme de ma jeunesse que je n'ai jamais tout à fait réussi à oublier; de cette manière, j'ai comme l'impression de « rendre la pareille au monde »; je voulais démontrer la valeur de l'idéalisme et j'y ai réussi : on ne peut nous acheter, on ne peut nous vendre.

DEUXIÈME PARTIE

L'acteur et lui-même

Chapitre II

L'ART DE L'ACTEUR

L'acteur est l'élément caractéristique de l'art théâtral. Au théâtre tout commence par le jeu. Peu importe que les idées de l'auteur soient brillantes, que son esprit, son texte soient étincelants; si toutes ces choses ne peuvent être exprimées à travers l'acteur, elles comptent bien peu au théâtre. De plus, le bon théâtre n'est pas simplement un choix entre une bonne ou une mauvaise façon de jouer; il est possible de choisir entre différents types de jeu, et cette possibilité doit être appréciée à sa juste valeur non seulement lorsqu'il s'agit de former un acteur, ou d'écrire une pièce à son usage, mais aussi quand il s'agit d'aborder la façon de jouer un rôle particulier.

Trop souvent, l'acteur n'a qu'une idée générale de ce que peuvent faire les acteurs; fréquemment, il ignore tout de ses capacités personnelles; et le fait que souvent il ne fait pas vraiment ce qu'il croit être en train de faire complique encore la situation. Strasberg fait remarquer qu'aujourd'hui les acteurs utilisent d'ordinaire « les caractéristiques superficielles de leur art; leur conception de la réalité est d'être naturel, simple et direct; on doit les amener à comprendre que la réalité consiste à s'occuper avec précision et intensité de tout ce qui concerne la pièce ».

A une époque technique comme la nôtre, les gens considèrent inconsciemment le théâtre comme un processus industriel basé sur la division du travail; pour eux, c'est la seule façon — pour un groupe — de créer quelque chose, et ils ne peuvent comprendre qu'il en soit autrement. Ils supposent qu'une fois le texte écrit par l'auteur, le metteur en scène découvre les intentions de l'auteur, élabore une série de mouvements pour présenter l'histoire et éviter aux acteurs de se marcher les uns sur les autres, puis fait répéter ces mouvements. Les acteurs vont où on leur dit d'aller, et disent le texte de l'auteur à haute et intelligible voix, le plus efficacement possible. Si la pièce est de Shakespeare, l'acteur fait tout cela dans un style classique; si la pièce est moderne, il le fait dans un style naturaliste. En fin de compte, le produit de ces diverses opérations est mis en circulation et vendu. Il n'y a pas un Américain sur mille qui ait vu une représentation jouée par de grands acteurs travaillant en groupe dans une troupe théâtrale; tout aussi rares sont les grandes représentations individuelles. La plus grande partie de l'Amérique n'est desservie que par des amateurs enthousiastes, des spectacles de Broadway redistribués par les tournées, les shows de la télévision et la pacotille de Hollywood. La subtilité et la force d'un ensemble, qui ne peut se développer qu'à la suite de longues années de formation et de travail en groupe, sont tout simplement exclues de la conscience théâtrale américaine.

D'ailleurs, les conditions du théâtre commercial ne permettent pas aux artistes d'un théâtre de faire entre eux des recherches dans le domaine de la création; ce genre de travail a été possible au Studio, en 1962-1963, grâce à quinze ans de travail collectif. Un metteur en scène, quelques acteurs et un auteur prirent une des œuvres — terminées mais jamais produites — de cet auteur; ils y travaillèrent pendant six semaines — deux fois plus de temps que celui consacré, à Broadway, aux répétitions — mais au lieu de mémoriser des mots et des gestes, les acteurs commencèrent par improviser la pièce; leurs impressions furent enregistrées et d'après ces enregistrements, l'auteur réécrivit son texte; cette nouvelle version fut alors mise en répétitions puis jouée; voilà exactement le contraire d'une façon industrielle de procéder.

Il y a plus de vingt ans, Strasberg commença la description de son travail en disant : « On ne peut affronter les problèmes de la formation de l'acteur de façon adéquate, si l'on ne possède pas le sens des valeurs et la mesure et l'idée du genre d'acteurs et du genre du jeu théâtral que l'on veut créer. » Ce sens des valeurs et de la mesure préside à tous ses commentaires au Studio, et c'est pour en illustrer l'importance que nous avons réuni dans ce chapitre un certain nombre de remarques particulières. Il admire certaines façons de jouer, en déteste d'autres; il admire l'auteur qui a pleine connaissance de ce que l'acteur peut apporter. Il admire Tchékhov et Shakespeare parce qu'ils ont su, mieux que tous les autres auteurs dramatiques, que la réalité l'emporte sur le simple fait de nouer une intrigue ou d'écrire des mots, quelque ingénieux qu'ils soient. Tchékhov et Shakespeare font preuve de cette faculté dramatique que Strasberg définit comme étant la capacité de s'élever au-dessus du sens littéral, superficiel et conventionnel. L'idée de la réalité renferme le sentiment que « seule la nature permet à de telles choses de se produire ». Cela implique un sens de ce qui n'est pas dit ni spécifié, et incline à croire que la réalité elle-même ne peut jamais être réduite complètement à des mots. Le talent de l'acteur à faire ressentir cette réalité inexprimée est son indispensable contribution à l'œuvre, et il doit le faire « avec précision et intensité ». Strasberg travaille à permettre aux acteurs de « servir » l'auteur en créant l'expression entière de la réalité; cela est rendu possible grâce à leur « matériau humain ».

Pendant ces soixante dernières années, les leaders du théâtre ont recherché un ton nouveau sur scène, plus proche qu'autrefois de l'expression, de la pensée, du sentiment et du comportement. Auparavant, on s'occupait surtout du problème de l'efficacité. Voyez les notes prises au cours de la fameuse discussion entre Gordon Craig et Stanislavski au sujet de Hamlet : comment doit-on dire le texte de Hamlet? Ils étaient tous les deux d'éminents personnages du théâtre; Craig venait du théâtre anglais qui, à la fin du XIXe siècle avait été sur le point de résoudre le problème shakespearien; on avait trouvé le moyen de rendre Shakespeare plus vrai, grâce à l'utilisation de groupes homogènes; on voyait naître chez d'aucuns une certaine façon de composer les personnages, comparable à celle de grands acteurs comme Garrick ou Kean. Craig avait joué avec Irving, il était le fils d'Ellen Terry; et Stanislavski était à la tête du Théâtre d'Art de Moscou, qui à ce moment-là (1911) était au sommet de sa gloire; on y trouvait les plus grands acteurs du monde et sans doute plus d'acteurs hors pair qu'il n'en existât jamais en même temps dans aucun autre théâtre, tout au long de l'histoire du théâtre. Stanislavski et sa femme, Lilina, lisaient le texte de Hamlet à Craig, et Craig critiquait; puis Craig lisait le texte, et Stanislavski critiquait; *ces deux êtres étaient les plus grands esprits créateurs au monde;* et ils étaient là à essayer d'attraper ce ton qui n'avait pas encore, à cette date, été saisi.

Beaucoup d'acteurs qui utilisent notre façon d'aborder le travail, n'en retirent qu'une seule amélioration : ils se servent mieux et plus *logiquement* d'eux-mêmes; ils pensent mieux; peut-être sont-ils servis par un peu plus de sensations; pourtant, jamais la sensation ni la spontanéité ne deviennent pleinement expressives. Nous n'avons jamais vraiment vu sur scène la vie de l'esprit humain, sauf chez ces grands acteurs qui sont capables d'atteindre ce niveau grâce à quelque processus intérieur; et même, ils n'atteignent ce niveau que sporadiquement; ils n'y arrivent pas quand ils le veulent; parfois quand ils souhaitent le faire, ils n'y parviennent pas. Mais quelquefois, lorsqu'ils ne sont pas tendus, qu'ils n'ont aucun problème, quand ils ne pensent pas : « Quelqu'un est dans le public, alors il faut que je le fasse », quelque chose se passe qui permet à l'impulsion de s'exprimer, et qui transfigure. Voilà ce qu'est un grand acteur; ce n'est pas seulement la libération de l'impulsion, mais un rapport vrai entre l'impulsion et l'expression; pas seulement beaucoup d'émotion, mais un juste degré d'émotion équivalent à l'expression. A dire vrai, bien peu de gens parmi nous sont assez libres pour que le corps, l'esprit, la pensée et la matérialisation de l'idée par le mot puissent se combiner en une pleine et réelle expression.

J'ai eu de la chance! J'ai vu cela chez au moins quatre acteurs; la Duse y était arrivée; et dire que Chaliapine y parvenait dans le domaine musical serait inutile. Grasso y arrivait souvent dans son jeu; Jacob ben Ami y parvenait merveilleusement dans ses grands rôles. Laurette Taylor, Pauline Lord y étaient arrivées dans leurs toutes premières représentations. En dehors de cela, je n'ai éprouvé ce sentiment que sporadiquement. Il y a eu de ces moments au Théâtre d'Art de Moscou; nous en avons eu au Group Theatre, mais viciés, noyés dans un fatras d'autres choses, de sorte que la vie n'y était jamais aussi fraîche, aussi excitante, aussi vivante, aussi poétique que nous l'imaginions. Je n'ai jamais vu cela totalement exprimé sur scène. C'est l'art du théâtre dont je rêve.

Peut-être qu'un jour nous pourrons pleinement expérimenter ici cet art. On me rappelle souvent les expériences que nous avons faites, il y a quelques années, quand Clifford Odets nous apporta une bande magnétique sur laquelle il avait enregistré la conversation de son oncle et de sa tante en vue d'une pièce future; nous avons transcrit les mots et les avons fait lire par l'un de nos acteurs; il les lut très bien, très simplement et, semblait-il, avec beaucoup de logique et de sincérité; après cela, nous avons mis la bande magnétique : et ce fut étrange et passionnant de constater combien le ton de la vie humaine est totalement différent de celui du théâtre;

nous avons entendu de vraies personnes prononcer les mots avec une plénitude d'émotion, une vivacité de réactions, de brusques et poétiques jaillissements dans l'expression. La manière dont son oncle passait brusquement d'une remarque ordinaire à *(criant avec passion)* « dix ans de ma vie » et revenait à *(sur le ton de la conversation)* « Eh bien, je veux dire qu'elle est idiote » était fantastique. C'était des mots dits par un homme ordinaire qui parlait avec un accent, et une voix enrouée, mais cette voix ordinaire devenait si vivante si expressive à travers le mélange de l'émotion, du son et du sens, que c'en était passionnant; entendre ce ton-là sur scène serait bouleversant.

On peut tout voir poétiquement. Si nous disons que la nature même des cornflakes ne peut pas être poétique, nous refusons, dans le jeu théâtral, ce que nous acceptons dans d'autres arts. Une des plus grandes peintures de tous les temps est celle que Van Gogh fit de ses chaussures : elles sont représentées de façon réaliste; mais Van Gogh semble les avoir dotées d'une signification écrasante qui provoque une expérience précise; cette expérience est esthétique, poétique, tragique; elle est tout ce que vous ressentez, et pourtant le sujet n'en est qu'une paire de chaussures. Les fameuses pommes de Cézanne transmettent manifestement autre chose qu'une image extérieure et réaliste de pommes; avec un pareil éclairage et une semblable disposition, on peut y voir tout ce qu'on veut; on peut en intensifier la signification en y introduisant un sens pictural, littéraire ou théâtral, au hasard de l'imagination.

Il y a des moments où, en ramassant ses chaussures, on revoit toute sa vie; ce sont les moments tragiques et poétiques de la vie; ils n'impliquent pas forcément des mots; mais la sensation de voir un aspect de la vie à travers un objet proche, donne à ce moment une importance significative; en réalité, l'importance n'est pas plus grande : c'est l'importance qui existe réellement mais qui est restée vague et amorphe jusqu'à ce que votre attention y soit attirée à ce moment précis et de cette façon particulière.

L'essentiel dans un dialogue — de quelque nature qu'il soit — est de retrouver derrière les mots, l'expérience et le comportement qui leur donneront vie, de façon qu'ils jaillissent logiquement du personnage en scène. Pareil problème est plus facile à résoudre dans des pièces réalistes que dans des pièces poétiques parce que le lien entre les mots et l'expérience est plus facile à imaginer.

Quand, dans une pièce réaliste, une actrice doit se lever, la nuit, et dire : « J'ai froid », elle sait qu'elle doit faire quelque chose dans le genre de s'enlacer de ses bras; mais s'il y a une phrase manifestement poétique à dire à propos du froid, elle peut facilement oublier que la phrase poétique n'a de sens que si l'on crée la sensation du froid; et si elle doit ensuite se recoucher et dire quelque chose de la bonne chaleur des couvertures, cela n'aura de sens que si elle a auparavant créé la sensation du froid.

Quand on se lève, la nuit, avec de la fièvre, celle-ci rend la sensation du froid très pénétrante; on enfile ses bas de manière inhabituelle. Quand un malade se lève au milieu de la nuit, il a une raison — par exemple l'envie de manger; la nourriture n'a pas un bon goût quand on est malade, et pourtant le corps sent le besoin de se sustenter de sorte qu'on mange des cornflakes avec appétit mais sans goût; puis on ressent le froid, et le besoin de s'étendre; alors, on peut tirer les couvertures à soi et dire : « Oh, comme c'est bon de me sentir au chaud! » Mais si, auparavant, toutes ces choses n'ont pas été créées, qui vous croira? Je me moque éperdument de la façon dont vous direz la phrase; cela m'est égal que vous la disiez en latin ou en grec; cela m'est égal de n'entendre que le son des mots et pas les mots, ou que vous disiez la phrase de façon poétique ou réaliste ou surréaliste; ce à quoi nous réagirons et en quoi nous croirons, c'est un ton plein de chaleur et de plaisir opposé à la sensation précédente de quelqu'un qui souffre du froid.

Les mots sont parfaitement logiques et crédibles sur scène, dans la mesure où ils portent en eux l'expression de la réalité du moment. Les premières pièces de Shakespeare ne manquent jamais de sens dramatique, et pourtant elles sont très poétiques et parfois très formelles; au fur et à mesure qu'il écrit ses pièces, sa manière devient plus libre; certains personnages se mettent à employer un langage ordinaire, réaliste; d'autres utilisent une sorte de vers libre, et d'autres, le discours formel du début, mais seulement parce que cela coïncide avec la forme de leur pensée. Shakespeare finit par être capable de contrôler l'usage qu'il fait de ces subdivisions formelles et de ces formes; elles sont dramatiques, non parce qu'elles sont ou non poétiques, plus ou moins formelles, réalistes ou non; elles sont dramatiques parce qu'elles naissent d'un personnage placé dans une situation précise, dans des circonstances particulières.

Les gens ont commencé à dire : « C'est très bien d'utiliser la Méthode pour des pièces réalistes; manifestement les acteurs du Studio sont bons, parce qu'ils s'en tiennent à leur propre répertoire; ne les laissons pas approcher des pièces poétiques. » Je ne peux accepter cette division ni dans la vie ni dans l'art. Pour moi, ce qui est externe est aussi vrai que ce qui est interne; la seule façon dont vous me regardez m'intéresse et me touche; en tant qu'être humain, je peux apprécier l'extérieur — humainement, réellement; ce n'est pas une valeur fausse; ce qui est externe ne devient faux que lorsque d'autres éléments ne coïncident pas avec lui.

Vous rappelez-vous cette pièce où la jeune fille n'avait qu'un seul mot à dire à la fin? Elle devait rester assise tranquillement pendant toute la pièce, et elle était merveilleuse; elle avait une telle qualité que vous pouviez laisser libre cours à vos pensées en la regardant, tandis qu'elle restait assise, là; vous pouviez même penser les pensées de l'auteur à travers ce que disaient les autres acteurs; et puis, tout à la fin, elle ouvrait la bouche pour dire — littéralement — un mot, et soudain tout ce qui était extérieur devenait faux parce que son mot ne coïncidait pas avec ce que nous avions vu.

Je ne peux séparer la poésie de la vie; la plus grande poésie est invariablement toujours venue de la vie. La vision du poète telle qu'elle est exprimée dans une pièce est un moment intense de pensée et de sentiment qui requiert, sur scène, une expression élevée parce qu'elle découle d'un moment de la vie qui a besoin d'une telle expression.

La faculté dramatique n'est pas explicable en elle-même. Le drame implique que quelque chose a dû se passer; il suppose qu'il y a quelque chose que nous devons connaître de façon à pouvoir comprendre ce qui se passe maintenant. La faculté dramatique nous fait désirer un autre acte ou une autre scène, et quand nous avons découvert ce qui se passe dans cette scène, nous sommes poussés à demander : « Alors, dans ce cas, qu'arrive-t-il ensuite? » La faculté dramatique peut créer une situation dans laquelle, bien que connaissant tous les faits, nous ignorons ce qui va se passer ensuite; elle nous mêle aux événements au fur et à mesure qu'ils se déroulent.

Malheureusement, les auteurs ne donnent pas souvent aux acteurs les mots justes; ils craignent que le public ne comprenne pas certaines choses, parce qu'ils ne sont pas conscients du nombre de choses qu'un acteur peut faire par lui-même; ils essaient donc de tout mettre dans les mots. Un exemple des plus typiques est celui d'un de nos auteurs dramatiques les plus doués, Irwin Shaw; sa manière d'écrire est excellente et pourtant il a rencontré de grosses difficultés au théâtre.

Nous avons fait ici l'expérience — très révélatrice — de jouer les romans et nouvelles d'Irwin Shaw, écrits dans un style très nerveux; nous avons découvert qu'ils étaient beaucoup mieux faits pour la scène que ses pièces de théâtre. Nous avons essayé d'en trouver la raison et il semble que cela provienne du fait que dans ses nouvelles et ses romans, ce qu'il fait dire à ses personnages est vraiment dit dans un langage quotidien; il expose tout le reste dans son style personnel; il décrit en romancier ce qui se passe, ce que pensent les gens. Dans ses pièces de théâtre, il met tout cela dans le dialogue; les scènes en sont alourdies; l'acteur a tant de mots à dire qu'il est empêché de faire ce qu'il pourrait normalement faire; il est inutile de faire dire à un acteur : « Quelle chaleur aujourd'hui » pour qu'on comprenne que la journée est chaude. Irwin Shaw ne laisse pas tourner la machine théâtrale et dramatique, parce qu'il essaie de s'assurer de notre compréhension uniquement par des mots; la part de son dialogue qui, dramatiquement serait viable, perd son efficacité parce qu'elle est noyée dans ce fatras, dans ce bouillonnement de mots.

Tchékhov avait l'art du dramaturge; il nous apporte la logique, mais pas une logique ordinaire; pourtant une fois qu'on sait tout, cette logique est très complète. Il détestait le jeu trop voyant, le style évident; il n'aimait pas Ibsen parce qu'Ibsen nouait ouvertement ses intrigues. Tchékhov disait :

« Ça, c'est une pièce fabriquée », et estimait que les pièces d'Ibsen étaient surfaites. Tchékhov sentait qu'il représentait autre chose, mais jamais il n'exprime ce sentiment autrement que par une attitude; on le voit clairement dans *La Mouette*, quand le jeune auteur décrit les difficultés de l'écrivain; il dit que d'autres écrivains semblent savoir exactement ce qu'ils doivent faire et quand le faire; ils mettent leur matériau dans la pièce, pavoise et tout est dit! Mais ce qu'essaie de faire ce jeune auteur est très difficile, parce qu'il ne sait jamais exactement s'il a atteint son but, s'il a attrapé la lune ou seulement son reflet.

Tchékhov voulait des acteurs qui n'aient pas l'air de jouer; il avait le sentiment que, dans la vie, le jeu théâtral n'est pas dramatique et il ne voulait certainement pas dire par là qu'il souhaitait voir le jeu théâtral sur scène n'être pas dramatique; il voulait que celui-ci ne soit pas manifestement dramatique. Par exemple, si l'on veut écrire une pièce sur le jeu, on choisit le personnage d'un millionnaire prodigue : entraîné à jouer, il perd ses millions, rentre chez lui et se suicide. C'est une intrigue de films, on s'en sert dans tous les films sur Monte-Carlo, et nous nous écrions : « Bien sûr, on comprend! Voilà comment les choses se passent, mais qui diable a encore envie de voir ça ? » Tchékhov avait eu une idée sur le jeu pour une de ses nouvelles; il l'a inscrite dans son carnet de notes : un homme se laisse entraîner à jouer; il gagne un million de roubles; il rentre chez lui, se couche et se suicide. C'est tout! Il est clair que la situation est beaucoup plus dramatique.

Vous connaissez tous les faits et pourtant vous voulez en savoir davantage : Pourquoi? Vous réalisez que la réalité ne suit pas toujours le chemin conventionnel; pourtant elle est logique parce que notre sens de la vie nous avertit que de telles choses peuvent se passer; mais la situation n'est pas totalement explicable; on veut en savoir davantage : tous les éléments d'un début de pièce sont réunis. Voilà la manière de Tchékhov.

Tchékhov avait eu l'idée d'une nouvelle : un homme va chez le médecin, apprend qu'il a le cœur malade et doit faire attention car il peut mourir d'un moment à l'autre; comme il s'attend toujours à mourir, il profite de chaque moment :

tout le monde lui accorde sa sympathie; il mène une vie merveilleuse. Un jour, il retourne chez le docteur, et le docteur lui dit : « Tout va très bien maintenant; vous n'avez plus rien. » Sa vie est alors gâchée; que va-t-il faire? Il n'a plus aucune raison de vivre; c'est un moment dramatique. Voilà la manière personnelle de Tchékhov, et c'est la vraie vision dramatique.

Tchékhov s'oppose toujours à ce que la vision dramatique soit truquée; il n'aime pas le sentiment; il n'aime pas que les acteurs soient trop conscients de leur jeu, il n'aime pas que l'on fasse ressortir ses arguments de façon trop emphatique sur scène, ni même hors de scène. Si la vision de Tchékhov est la vraie, comme je le crois, cela veut dire que nous avons une raison artistique — et pas seulement technique — de réaliser ce que nous essayons de faire. Ce n'est qu'avec notre façon d'aborder le théâtre qu'on peut atteindre le genre de réalité évanescente que ressentait Tchékhov. Un jour, quelqu'un a fort bien décrit Tchékhov en disant : « Tchékhov est comme quelque chose qu'on voit se refléter dans l'eau. » Je comprends ce qu'il voulait dire. Tchékhov a l'étrange pulsation des événements réels; il a le sens du « quelque chose de plus » de la vie. Ce qu'il écrit semble toujours vouloir se transformer en quelque chose d'autre, chargé d'un autre sens et d'une autre signification et qui cependant, d'une certaine façon, garde sa forme — la forme est là, elle est simple; ce n'est, après tout, que de l'eau; ce n'est pas une cascade; pourtant nous y apercevons le reflet d'autre chose.

J'ai vu au Théâtre d'Art de Moscou toutes les représentations des œuvres de Tchékhov, sauf *La Mouette;* j'ai vu les créateurs des rôles. Ces représentations étaient comme du bon vieux vin, et je ne les oublierai jamais. Pourtant, aussi impressionnantes qu'elles aient été — aujourd'hui encore je peux décrire les personnages et des scènes entières — j'avais l'impression qu'elles ne correspondaient pas exactement à ce que souhaitait Tchékhov; il recherchait un certain genre de simplicité, une étrange signification à travers l'insignifiance, une poésie qui n'était pas poétique, une émotion qui n'était ni sentimentale ni manifeste. Il y a encore beaucoup à faire pour réussir à saisir ce que cherchait Tchékhov; personne n'y est encore arrivé, je crois.

Le Théâtre d'Art de Moscou était superbe dans son genre. On ne peut le critiquer que sur la base d'autres possibilités à découvrir. Il y avait dans les réalisations de ce théâtre une légèreté de touche semblable à celle que nous voyons chez les peintres hollandais; on a presque envie de toucher leurs peintures pour voir si elles sont vraies; la sensualité des étoffes y est grande. N'oublions pas que Tchékhov faisait vraiment partie de l'école impressionniste et qu'il admirait des impressionnistes tels que Liebermann, et des demi-expressionnistes comme Israëls. Il aimait un genre de peinture simple, facile, avec — cependant — une trame solide à travers laquelle tranparaît quelque chose de moins manifeste; c'est ce qu'il a essayé d'obtenir dans ses pièces.

Il est possible que le travail technique fait ici — qui débarrasse l'acteur de toute affectation théâtrale — nous amène à réaliser les intentions de Tchékhov; il ne voulait pas que l'acteur se préoccupât de donner aux mots la couleur convenable; il ne voulait pas qu'on se souciât de quoi que ce soit d'évident. Nous pouvons donc promettre que le genre de recherche à laquelle nous nous livrons ici renferme la possibilité de découvrir la manière dont on doit jouer Tchékhov. Après tout, il aimait certains acteurs plus que d'autres!

J'ai eu l'occasion de voir, dans des cours, de jeunes acteurs trouver la solution de scènes de Tchékhov d'une façon que je n'avais jamais vue sur scène. Une fois même, j'ai vu deux débutants — auxquels on avait donné un problème technique à résoudre — jouer la dernière scène de *La Mouette* d'une façon que je ne reverrai sans doute jamais; et d'ailleurs ils n'auraient peut-être jamais été capables de refaire ce qu'ils firent ce jour-là; c'était simplement deux jeunes gens d'un cours, dont je ne me rappelle même pas le nom. Quand ils commencèrent la scène, ils ne créèrent pas le moindre sens de la réalité; je les arrêtai et dis au garçon qui jouait Treplev : « Attendez une seconde; si vous êtes censé écrire, écrivez; essayez vraiment d'écrire. » Je ne savais pas où cela le conduirait; je voulais simplement qu'il se concentre; je donnai à la jeune fille une occupation du même genre. Le résultat fut épouvantable. Je me rappelle très clairement que le garçon écrivait quelque chose et le déchirait aussitôt, de sorte que lorsque entrait la jeune fille, il était entouré d'un monceau de bouts de papier qui jonchaient le sol! Sa seule préoccupation, alors, était d'éviter qu'elle ne remarque sa maladresse; la façon dont il essayait de ramasser ces bouts de papier pour les mettre au feu vous déchirait le cœur. Et soudain, on se rendait compte que ce garçon se considérait comme un raté, comme quelqu'un qui est incapable de coucher sur le papier ce qu'il voit et ce qu'il souhaite que les autres sachent et comprennent; on se rendait compte qu'il enviait l'aisance et la sécurité de Trigorine, sans la désirer vraiment. Je me souviens qu'il observait Nina tandis qu'elle parlait de l'affaire Trigorine, et qu'il s'éloignait d'elle parce que c'était difficile à encaisser; il allait s'asseoir et la regardait comme un animal. Vous avez tous vu une bête qu'on a battue et à laquelle on dit : « Va au coin »; l'animal y va et regarde; ce garçon vous faisait penser : « Il vaut mieux surveiller ce gosse; il va faire une bêtise; il va sûrement se suicider. » Et ce n'était que deux jeunes gens d'un cours! Ce qui se produisit au cours de cette scène et en quelques autres occasions m'a permis de voir ce qu'on pouvait trouver chez Tchékhov.

Le Théâtre d'Art de Moscou avait une qualité tout à fait différente. La puissance émotionnelle du jeu de ses acteurs était telle que de les regarder était un bain de vie émotionnelle. Je me rappelle Stanislavski — dans le rôle de Verchinine — venant dire au revoir à Macha, dans *Les Trois Sœurs;* tous deux ont essayé de se cacher leur amour réciproque; l'orchestre jouait; ils se regardèrent longuement, puis se saisirent vivement l'un l'autre; je n'oublierai jamais cette étreinte; je me rappelle m'être littéralement cramponné à mon fauteuil. La réalité toute simple de cet au revoir, de ces deux êtres s'étreignant comme s'ils ne voulaient plus jamais se séparer et se raccrochant l'un à l'autre, restera toujours dans ma mémoire. Les réalisations du Théâtre d'Art de Moscou étaient riches, mais Tchékhov ne les appréciait pas; toute sa vie, il a cherché à saisir l'impression de capturer la vie et de la retenir comme un oiseau; quand on tient un oiseau, il faut faire très attention; on le tient et on sent cet étrange tremblement; l'oiseau est là, on peut presque sentir sa peur, et cependant il reste là; tant que la main est ferme, il reste; mais dès qu'elle tressaille, même légèrement, il s'envole. Tchékhov était presque parvenu à ce sens de la réalité.

J'aimerais que l'on fît, ici, un effort pour saisir cela sur scène; si on n'en attrapait qu'une infime partie, je serais très heureux.

Ce qu'il y a d'extraordinaire dans le jeu théâtral, c'est qu'on utilise la vie elle-même pour produire des résultats artistiques. Dans tous les autres arts, les moyens employés ont seulement l'air d'avoir un rapport avec la réalité; la musique peut souvent saisir les choses plus profondément que les autres arts, mais elle ne fait que vous parler de la réalité; la peinture nous parle du peintre, du sujet peint et de la combinaison des deux. Pour l'acteur, étant donné qu'il est un être humain, il ne fait pas semblant d'utiliser la réalité : il utilise littéralement tout ce qui existe : la pensée — pas celle qui est transposée en traits et en couleurs par le peintre, mais la pensée authentique, vraie — la sensation vraie, le comportement vrai. Cette réalité véritable est le matériau de notre métier.

Ce qui a nourri les grands acteurs du passé en tant qu'êtres humains était une telle force et une telle sensibilité que lorsque ces deux éléments s'ajoutaient à un effort conscient, ils conduisaient — inconsciemment ou subconsciemment — aux résultats que l'on voit chez tout grand acteur et aux grandes représentations données par des gens qui, si on les interrogeait, diraient : « Je ne sais pas comment j'ai fait. » Il y avait en eux, en tant qu'êtres humains, certaines facultés de sentir et certaines capacités qui leur permettaient d'atteindre à ces grands moments tout en restant inconscients des moyens employés.

La nature humaine de l'acteur ne rend pas seulement possible sa grandeur, mais est également la source de tous ses problèmes. Ici, au Studio, nous avons pris conscience que le contraire est possible aussi et qu'un individu peut posséder des moyens techniques et avoir tout de même des difficultés à s'exprimer à cause de sa vie émotionnelle ou des problèmes de sa vie personnelle. La façon d'aborder les problèmes de cet acteur sera d'abord de le soulager des difficultés inhérentes à sa propre personnalité, qui gênent sa liberté d'expression et bloquent ses capacités.

Tous les acteurs qui ont travaillé leur métier ont toujours

trouvé difficile de décrire ce qu'ils ont fait. Stanislavski rencontrait des difficultés parce qu'il ne savait pas penser abstraitement; mais d'un autre côté, c'était un avantage parce qu'ainsi il évitait les conclusions abstraites dont la plupart des gens s'étaient contentés jusque-là. On croit souvent avoir résolu un problème quand, en fait, on n'a abouti qu'à une formule; celle-ci satisfait peut-être celui qui l'a trouvée mais aux yeux des autres elle n'est ni assez concrète ni assez convaincante pour signifier quelque chose.

L'exposé le plus clair et le plus précis que l'on puisse trouver sur le jeu théâtral est un essai de quinze pages écrit par le grand acteur Talma, un des plus grands acteurs de tous les temps [1].

Talma y expose tout ce qu'on a besoin de savoir sur le jeu théâtral. Par exemple, il dit que la sensibilité sans intelligence ni contrôle est mauvaise; il faut qu'il y ait unification des ressources intérieures et extérieures. L'essai de Talma est le meilleur qui ait jamais été écrit sur le jeu théâtral, mais personne ne peut le comprendre s'il n'a déjà découvert par lui-même ce qu'expose l'auteur; l'ouvrage n'eut aucun retentissement sur le théâtre parce qu'il était trop abstrait.

Une des plus brillantes descriptions qui ait été faite des problèmes de l'acteur est celle de Jacques Copeau. Il décrit les difficultés de l'acteur « avec son sang » comme il dit. L'acteur dit à son bras : « Allons, mon bras, tends-toi, fais ce geste », mais le bras reste de bois. Le « sang » ne coule pas, les muscles ne bougent pas; le corps se bat à l'intérieur de lui-même; c'est terrifiant. Pour quelqu'un du dehors, ceci n'est que mots et littérature; mais nous savons trop bien, pour l'avoir souvent ressenti, ce que cela veut dire d'être là, debout, sur scène, faisant ce qu'on sait parfaitement n'être pas ce qu'on avait l'intention de faire, voulant bouger le bras autrement, s'avancer vers le public avec aisance et chaleur, au lieu de quoi on reste figé comme un morceau de bois. Copeau appelle cela : « La lutte avec le sang de l'acteur. » Il fut le premier à attirer mon attention sur la merveilleuse phrase de Shakespeare concernant le jeu théâtral; il fait dire à Hamlet : « N'est-il pas monstrueux que ce comédien, ici,

1. *Réflexions sur l'art de l'acteur* (Paris, 1825).

pour une simple fiction, pour l'ombre d'une douleur, puisse plier si fort son âme à son idée... » N'est-il pas monstrueux en effet que quelqu'un puisse avoir cette capacité? La profession d'acteur, la base de l'art de l'acteur est une chose monstrueuse parce qu'elle est faite de la même chair, du même sang, des mêmes muscles que ceux que vous utilisez pour accomplir des gestes ordinaires, des gestes vrais. Le corps avec lequel vous faites vraiment l'amour est le même que celui avec lequel vous faites semblant de faire l'amour avec quelqu'un que vous n'aimez pas, que vous haïssez, contre qui vous luttez, par qui vous détestez être touché; et pourtant vous vous jetez dans ses bras avec la même sorte de vivacité, d'enthousiasme et de passion que si c'était votre véritable amant — et pas seulement votre véritable amant, mais le plus véritable de vos amants!

La base du jeu théâtral est ce que William Gillette appelle « l'illusion de la première fois ». Il faut donner l'impression que rien ne s'est jamais produit auparavant, que personne n'a jamais rien vu de pareil, que cette actrice n'a jamais fait cela auparavant et qu'en réalité elle n'est pas une actrice. Même dans les formes stylisées du théâtre — à moins d'avoir l'impression que ce que vous voyez à un moment précis est créé sous l'effet de l'inspiration — vous vous dites : « Il répète », ou bien : « C'est très bon, mais cela paraît mécanique, imitatif », ou bien encore : « On dirait qu'il est fatigué de jouer cela. » Les conditions mêmes du jeu théâtral demandent que vous sachiez d'avance ce que vous allez faire, alors que l'art de l'acteur demande que vous ayez l'air de l'ignorer. On pourrait en déduire qu'il est impossible de jouer; heureusement, il n'en est rien; il y a simplement une légère confusion à ce sujet.

Un piano est un instrument précis; il existe, en dehors de nous; quand nous disons qu'un pianiste fait quelque chose de vrai, nous voulons dire qu'il connaît la musique, et qu'avec un doigt précis d'une main précise, il frappe une certaine note; il sait parfaitement qu'il a l'intention de la frapper avec une certaine énergie, un certain sentiment, non seulement avec une poussée physique, mais rythmique aussi, et conforme à son humeur du moment. Cependant — et voilà ce qui maintient l'illusion de la « première fois » — quand sa main arrive sur le piano, le son qui jaillit est le résultat précis de la quantité d'énergie utilisée, parce que l'instrument est un instrument réel qui ne peut être induit en erreur par une intention du pianiste. L'acteur n'a — hélas — pas de piano; chez lui, piano et pianiste sont une seule et même chose; quand un acteur tente de frapper une note en lui — une humeur, une pensée, un sentiment, une sensation — ce qui sort n'est pas nécessairement ce qu'il pensait avoir touché, mais ce qu'il a vraiment touché. Il peut, consciemment, suivre un procédé utilisé auparavant pour obtenir la réaction désirée, mais quelque motif inconscient peut très bien faire surgir une réaction tout à fait différente et involontaire. Pareille situation n'existe dans aucun autre art.

Sur un violon, quelque grande soit ma forme ou ma passion, quand je gratte une note, elle gratte, et je le sais : c'est un vrai violon que j'ai entre les mains, pas un violon truqué; le violon est truqué quand je fais semblant de jouer et que, derrière un rideau, quelqu'un fait tourner un disque. Au théâtre, je truque quand je fais semblant de ressentir quelque chose pour la première fois alors que je ne fais qu'imiter ce que je faisais pendant les répétitions ou ce que d'autres acteurs ont fait dans le même rôle. Quand on joue, le danger vient de ce que l'acteur peut se tromper lui-même et croire que ce qui est arrivé est exactement ce qu'il pensait devoir arriver. Si l'acteur était un piano, il ne pourrait absolument pas se tromper lui-même parce qu'il saurait que « cela sonne faux ».

Edwin Booth était un acteur intelligent mais peu fougueux. Un jour qu'il jouait Hamlet, sa fille était assise dans une loge, et, tandis qu'il commençait à parler d'Ophélie, l'idée que sa fille pourrait se trouver dans la même situation qu'Ophélie le frappa; il se troubla, s'émut; les larmes coulèrent; à la fin du spectacle, il fut surpris et choqué quand les gens lui dirent : « Vous avez mal joué, aujourd'hui. Que s'est-il passé? » Il croyait avoir donné une très bonne représentation.

L'être humain qui joue est le même que celui qui vit; c'est une situation terrifiante. L'acteur joue une fiction, un rêve; dans la vie, les stimuli auxquels nous réagissons sont toujours réels : l'acteur doit constamment répondre à des stimuli imaginaires. Et pourtant, tout doit se produire exactement comme dans la vie, ou plutôt, d'une façon plus expressive et plus pleine que dans la vie. Il y a mille choses qu'un acteur fait très facilement dans la vie et qu'il a du mal à réaliser en scène dans des conditions fictives, parce qu'en tant qu'être humain, il n'est pas équipé pour jouer simplement à imiter la vie; il doit y croire en quelque sorte, et être capable de se convaincre lui-même de la justesse de ce qu'il fait, sinon il ne pourra se donner à fond sur scène.

Quand l'acteur sort de scène, il sait, souvent, que « quelque chose n'a pas marché »; mais à cause de son ego, il en a honte en général, et craint de demander des explications aux gens qui lui disent : « Que diable vous est-il arrivé aujourd'hui ? » Ce n'est pas simplement par peur d'avoir été mauvais : l'acteur craint bien davantage de découvrir qu'il se trompait lui-même en trouvant mauvais ce qui en réalité était bon; cela voudrait dire qu'il ne sait absolument pas ce qui se passe en scène, et qu'il joue sans savoir où il va; sa situation est alors désespérée; car pour pouvoir continuer, il faut soit qu'il y ait une éclipse momentanée de son ego — ce qui est impossible — soit qu'il ait une confiance en soi tellement énorme, que c'est également impossible.

Dans le théâtre moderne, nous avons commencé à prendre conscience de la relation intrinsèque qui existe entre les capacités de l'être humain et ce qu'il advient de ces capacités quand il se met à jouer; les choses qui affectent l'acteur en tant qu'être humain conditionnent son comportement et ses réalisations sur scène dans une bien plus grande mesure qu'on ne l'imagine généralement.

Les enfants, quand ils jouent, ont une merveilleuse qualité de naïveté qui subsiste jusque vers huit ou neuf ans; ils jouent et se moquent du reste; quand vous entrez dans la chambre, ils disent : « Prends le bébé », et « Voici le bac à douche »; votre présence ne les gêne pas; ils vous englobent dans leur fiction. Vers neuf ans, vous les voyez commencer à fermer la porte. « Allons jouer », disent-ils et ils partent dans la pièce à côté dont ils ferment la porte; quand vous l'ouvrez, ils crient : « Non, non, allez-vous-en. » La foi commence à faiblir.

Ce processus se développe, de sorte qu'à l'heure où l'être humain décide de devenir acteur, des habitudes mauvaises pour le jeu théâtral lui ont été inculquées. La foi naïve, si merveilleuse chez les enfants, et l'abandon à l'imagination ont été chassés de son être. Le rapport entre « ce que je pense » et « ce que je dis » a été inhibé. L'enfant a appris à se conduire comme un être humain, mais pas comme un acteur. On amène un enfant au professeur de danse quand il a cinq ou six ans; l'enfant se met alors à danser chez lui tout le temps et vous dites : « Ne fais donc pas cela. » Mais quand il vient du monde, vous lui dites : « Danse un peu pour nos amis. » Si l'enfant veut également jouer pour ces amis, vous vous écriez : « Je t'en prie, pas de ça, va dans ta chambre. »

Ainsi les manières, habitudes et besoins de la société créent un obstacle qui, par la suite, entrave la liberté de réaction et d'expression de l'acteur. Vous souvenez-vous de l'acteur F. ? Il vient d'un milieu très sophistiqué; un jour, nous avons fait ici un exercice très intéressant au cours duquel il reconnut que, dans son milieu, on n'employait jamais certains mots, et qu'une des choses les plus difficiles pour lui, en tant qu'acteur, était de dire des gros mots en scène; la conscience qu'il en avait était déjà un avantage pour lui, car pour la plupart, nous ignorons tout à fait ces difficultés. D'ailleurs, il n'y a rien de terrible à ce processus du conditionnement social; l'acteur doit quand même être un être humain, c'est-à-dire un être social; mais, quand, vers dix-huit ans, il veut s'entraîner à devenir acteur, on ne lui propose trop souvent qu'un genre d'enseignement qui est la continuation du processus social consistant à donner à l'enfant toutes les règles du comportement; l'enseignement ainsi conçu ne libère pas l'instrument et ne permet pas au processus de la création artistique de s'établir.

Dans la vie, la vie elle-même est une norme sûre, car si l'on ne traite pas la vie selon la réalité, elle réagit de telle façon qu'elle vous oblige à vous corriger. Sur scène, dans l'art en général, les erreurs ne se remarquent jamais, à moins que l'on ne soit assez sensible et assez disposé à réfléchir. Le public arrive au théâtre dans un état de passivité, il ne devient actif qu'en fonction de ce que font les acteurs. Voilà pourquoi le problème fondamental de l'acteur n'est pas de savoir comment il utilise son matériau par rapport au public, mais comment il rend vivant ce matériau par rapport à lui-même. Une fois que sa compréhension de la pièce est allée au-delà des expériences conventionnelles, il doit affronter le problème de la création plus pleine et plus réelle de ces expériences sur scène.

En face de ces problèmes, il y a deux écoles : l'une, la française, les résout par une très profonde observation; son enseignement a été primordial pour la formation de l'acteur jusqu'à nos jours; un acteur de l'école française, au mieux de sa forme, sait voir ce qui se passe en scène et essaie de se comporter en conséquence; il se demande : « Que faut-il choisir de faire? » La façon de jouer des Français et des Allemands, quand elle est réussie, est superbe; les détails sont atteints, ils savent faire ressentir la différence entre l'agitation de quelqu'un qui ignore pourquoi il est agité et un sentiment de peur. Ils sont capables de faire quelque chose à chaque ligne : un clignement de l'œil, un mouvement de la main, un léger regard, un essoufflement passager; et cela réussit à capter l'image de ce qu'ils essaient de créer.

L'autre école, la nôtre, commence de la même façon. Dans tout bon jeu théâtral, l'acteur perçoit la réalité de ce qu'il doit jouer, mais les moyens d'y parvenir sont différents. Quand il s'agit de suggérer ou de démontrer, nous pouvons le faire aussi bien que n'importe qui, parce que c'est facile; mais, nous croyons que l'acteur n'a pas besoin d'imiter l'être humain, il est lui-même un être humain, et peut créer à partir de lui-même. L'acteur est le seul matériau dans l'art capable d'être à la fois le matériau et la réalité, de sorte qu'on ne peut pour ainsi dire pas les distinguer l'un de l'autre; c'est seulement au théâtre que nous avons les émotions, l'âme, l'esprit et les muscles de l'acteur comme matériau artistique; nous croyons qu'une fusion de tous ces éléments avec la réalité de ce qu'il faut jouer — plus grande que celle réalisée par l'école française — peut avoir lieu. C'est pourquoi nous conseillons certaines méthodes de travail, à la base desquelles il y a le fait de reconnaître la grande différence entre la réalité conventionnelle — pour laquelle opte la plupart des bons acteurs — et le genre de réalité telle que notre école en a la vision.

La réalité conventionnelle n'a pas de sens; elle n'intéresse pas le public; elle ne dit pas au public ce dont il s'agit dans une scène; elle peut être efficace, mais rien ne se produit au-delà de cette efficacité. Nous croyons que l'art a pour but de donner quelque chose au public sans quoi il serait moindre, moins humain, moins vivant, moins intéressé, moins amusé, moins distrait, pas d'un vague point de vue de délassement mais du point de vue le plus haut dont soit capable le théâtre.

Un jour que deux personnes travaillaient ici une scène de *Macbeth*, un observateur étranger vint assister à la séance et dit, avec beaucoup de gentillesse : « Si vous voulez vraiment travailler *Macbeth*, je peux vous recommander quelques bons livres. » Je lui répondis : « Il aurait fallu envoyer ces livres à Shakespeare; il est clair que cela l'aurait aidé. » On gêne constamment l'acteur en lui faisant croire qu'avec un ou deux livres, des idées justes, et quelques bonnes explications d'une scène, il deviendra un grand acteur. Ce que nous essayons, ici, de saisir, c'est le processus fondamental de la création qui existe dans tous les arts, qui est le même et qui a toujours été le même dans tous les arts.

Mme Siddons, qui fut sans doute la plus grande Lady Macbeth de tous les temps, a raconté comment — lorsqu'elle devait jouer certains rôles — elle demeurait dans les coulisses et observait toutes les scènes qui se déroulaient avant son entrée; autrement, elle ne pouvait jouer sa scène. Elle ne connaissait pas la manière de se mettre dans la scène telle que nous prétendons la connaître aujourd'hui; elle ne connaissait pas la psychologie de l'imagination; elle ne connaissait rien à la concentration en tant qu'élément défini de la conscience; elle ne connaissait rien de ce sur quoi Stanislavski et d'autres ont attiré notre attention; elle ne connaissait qu'un seul problème de l'acteur : celui de recourir à son imagination. Elle, l'une des plus grandes actrices de tous les temps, éprouvait la même difficulté que nous à se lancer dans une scène, à se mettre en train; et cependant, elle comprenait aussi bien que n'importe qui le sens de la pièce.

Le recours à l'imagination, à l'inconscient, au subconscient est le levier le plus puissant dans le travail artistique. Les qualités essentielles de la disposition créatrice quand quelque chose commence à se produire, quand l'acteur commence inconsciemment à jouer, sont la relaxation et la présence de quelque chose qui excite l'acteur subconsciemment. Ce « quelque chose » n'est pas une espèce de connaissance mentale qui donnerait à l'acteur des réponses sans aucun sens pour lui; ce « quelque chose » n'est pas non plus une réponse qui lui permette de savoir pourquoi il fait ce qu'il fait. C'est le genre de réponse subconsciente qui l'anime, le nourrit, fait travailler son imagination et lui fait sentir que « maintenant, je peux me lever et jouer, j'ai envie de jouer, tout marche bien pour moi ».

Je ne parle pas de l'ignorance de ce que l'on fait; je ne parle pas de l'hystérie, de l'hypnose ou de quoi que ce soit du même genre; je parle de l'usage inconscient ou subconscient des connaissances que nous avons, des expériences accumulées mais que nous ne pouvons pas saisir aisément ou rapidement au moyen de l'esprit conscient. Je parle de l'usage dans le jeu théâtral des connaissances qui agissent dans nos rêves où nous atteignons des choses qui semblent n'avoir aucun sens, des choses qui sont arrivées il y a des années mais qu'on supposait oubliées depuis longtemps.

L'inconscience ne signifie pas le manque de conscience; elle signifie une conscience souterraine, enfoncée très profondément en nous du fait de la vie. Quelquefois l'acteur dit : « Jamais une chose pareille ne m'est arrivée! », alors que, si par hasard vous connaissez sa vie, vous savez que cela lui est effectivement arrivé. Comment a-t-il bien pu oublier? D'ordinaire les choses importantes, et surtout celles qui ont certaines résonances douloureuses, sont repoussées dans l'inconscient, sinon la vie serait trop dure. Néanmoins ces choses profondément enfouies restent actives, de sorte que le fait d'avoir recours au subconscient ne signifie pas avoir affaire à quelque chose dont on n'a pas conscience; cela signifie avoir affaire à un certain domaine de la conscience qui n'est évoqué ni facilement ni rapidement, mais qu'on doit trouver le moyen d'atteindre.

Cependant, s'il me faut travailler pour tout ce que je fais sur scène, c'est ou bien que je ne suis pas un acteur, ou que j'ai si peu confiance en moi que je ne laisse pas l'impulsion agir et se développer en moi. L'acteur a affaire aux soubresauts de l'imagination, car l'imagination d'un acteur peut avoir sa force et ses faiblesses; l'essentiel étant qu'elle soit là de la même façon que celui qui apprend à chanter doit, avant tout, avoir une voix. L'acteur doit avoir une imagination active, il doit non seulement être disposé à faire le premier pas, mais son imagination doit être disposée à le suivre; on ne peut dire de quelqu'un dont l'imagination ne travaille pas : « Ça ira, je vais lui apprendre à jouer. » C'est impossible.

Je sais que si je saute en parachute, il va s'ouvrir; c'est un parachute automatique; inutile de s'en faire; on peut tout préparer à l'avance, tout calculer; mais aucun calcul au monde ne me fera quitter quelque chose de solide et sauter dans le vide! Par conséquent, je ne serai jamais parachutiste! Il faudrait que quelqu'un me jetât dehors car je crois vraiment que, quelles que soient les circonstances, je ne pourrais pas me forcer à sauter; donc, dans cette profession, je ne peux m'arracher au solide; je ne peux démarrer.

Si on n'est pas disposé à imaginer, à se lancer avec cette chose imaginée et à voir ce qui se passera, tout le travail de l'acteur, si bon soit-il, tournera court.

L'essentiel, pour un acteur, est de savoir s'utiliser luimême, d'avoir la bonne volonté de se faire confiance à luimême, d'avoir confiance dans le public et de se lancer dans la scène. Sur scène, un acteur ne peut être un tiers acteur, un tiers critique, et un tiers public. Il doit être quatre-vingt-dix-neuf pour cent acteur et un tout petit peu critique, et un tout petit peu public; s'il est cent pour cent acteur cela ne vaut rien, il ne sait pas ce qu'il fait; il faut qu'il lui reste une petite partie de lui-même qui le rende conscient de ce qu'il fait, et ne lui permette jamais de perdre le contrôle de lui-même — bien que le point où l'acteur perd son contrôle soit, en général, bien au-delà de celui où il commence à craindre de le perdre.

L'acteur doit se garder de la recherche de solutions parfaites, nous n'en trouvons ni sur scène ni dans la vie. Cependant, souvent, quand on sait qu'on doit trouver quelque chose pour éveiller en soi l'émotion, on entre en scène sans l'avoir trouvé et en disant : « C'est curieux, je n'arrive pas à trouver une expérience qui m'émeuve à ce point »; pourtant le public vous verra créer avec une parfaite mesure l'exact degré d'émotion voulu. Un acteur n'a donc pas besoin de faire quelque chose à cent pour cent pour le réussir : un peu de café, c'est du café; un peu de n'importe quoi contient toujours les éléments du tout; une goutte de sang contient tous les éléments du sang. Sur scène, si l'on veut bien se concentrer et s'abandonner à un problème, on est déjà en train de traiter ce problème; la bonne volonté d'aller pas à pas sans se soucier d'obtenir du cent pour cent, est le grand secret du jeu théâtral.

L'expression, chez l'être humain, se manifeste sans qu'il s'en soucie le moins du monde; l'acteur est un instrument attentif; le résultat de cette attention se manifeste par l'expression; elle apparaît même quand il a l'impression de ne rien exprimer. Je ne parle pas de l'énergie ni de la puissance vocale; je parle uniquement de la force d'expression; je parle de l'art d'exprimer qui fait partie des moyens d'action fondamentaux de l'être humain, et par conséquent de l'acteur.

La faculté de jouer la comédie existe chez tout être humain; son importance est différente selon chaque individu, d'où les divers degrés de talent; l'inspiration est à l'intérieur de l'acteur; quelque chose la fait démarrer. Si on pousse un bouton et que l'électricité ne s'allume pas, rien ne se passe; l'électricité ne vient que de là où il y a de l'électricité et non de là où il y a un interrupteur. Chez l'acteur, en général, l'électricité et l'interrupteur sont tous deux inconscients; souvent, l'interrupteur semble être extérieur à l'acteur, mais il ne l'est pas en réalité. Quand des personnes observent une même chose et que parmi elles une seule est inspirée, ce n'est pas l'inspiration que tous observent; autrement, ils seraient tous inspirés. L'inspiration — le recours à l'imagination de l'acteur et son fonctionnement — est à l'intérieur de l'acteur. Le problème de la création pour l'acteur est le problème du démarrage de l'inspiration. Comment se rend-il inspiré?

Les autres artistes sont libres de créer quand ils veulent; en eux l'inspiration peut prendre place spontanément, accidentellement même; ils peuvent l'attendre; ils peuvent la ressaisir en corrigeant ce qu'ils ont déjà fait. Nous ne le pouvons pas. Heureusement, l'être humain est conçu avec un besoin inné de répéter; il a besoin de répéter; il répète; malheureusement, la seconde fois, il répète froidement ce qu'il a fait la première fois par impulsion; c'est pourquoi dans le jeu théâtral, non seulement nous avons besoin de répéter, mais nous devons veiller à ce que l'impulsion reste fraîche; s'il en est ainsi, la réaction et l'expression produites auront invariablement tendance à se reproduire; petit à petit, la répétition conditionne l'acteur, de telle sorte que chaque fois que jaillira cette impulsion précise, le besoin de l'expression qui y est associée surgira.

ACTRICE G. : Peut-on inventer une impulsion?

STRASBERG : C'est ce que nous faisons constamment. La substance même de ce que Stanislavski a découvert et défini jusqu'à un certain point, ce pour quoi il a établi des exercices, c'est l'idée que l'on peut aider l'acteur à penser réellement en scène, au lieu de le laisser penser de façon artificielle. Une fois que l'acteur commence à penser, la vie commence et il ne peut y avoir imitation. « Faire semblant de penser » est une conception mentale de la pensée, une paraphrase plutôt que la pensée réelle d'un être humain. Avant Stanislavski, on critiquait les acteurs comme étant mécaniques, conventionnels, imitatifs, mais personne ne s'était jamais donné la peine de chercher à savoir ce que cela voulait dire. Il est clair que l'acteur cherche à être bon, original et à faire impression. Stanislavski fut le premier à réaliser que le cliché, l'idée conventionnelle de ce qu'on doit faire en scène, satisfait un besoin très profond de l'acteur et de l'être humain; que le cliché fonctionne comme une réaction habituelle; que c'est tout au plus une caricature de ce qui arrive effectivement dans la vie; et que, si par hasard la réaction habituelle est arrêtée par quelque chose d'imprévu, le cliché s'évanouit parce que l'acteur doit alors vraiment penser en scène.

Quand l'actrice H. jouait, ici, *The Millionairess*, elle eut un trou de mémoire; j'ai dit : « Ne lui soufflez pas le texte. Qu'elle continue. » A ce moment précis, il se passa quelque chose. Auparavant, elle avait oublié son texte, avait demandé qu'on le lui soufflât, l'avait repris et rien ne s'était passé; elle marchait de-ci de-là; elle ne faisait que jouer; mais cette fois-là, quand elle fut obligée de s'arrêter, forçant ainsi quelque chose en elle-même à penser et à se ressaisir, il se produisit vraiment quelque chose grâce à cette pensée réelle; il s'ensuivit chez elle des choses merveilleuses, une liberté, un abandon, un vrai rire; toute une nouvelle gamme de couleurs s'échappa d'elle et se répandit sur la scène.

L'acteur doit croire pleinement à tout ce qu'il dit et fait en scène; une grande partie du travail routinier consiste à trouver des substituts à cette foi et à cette croyance. Mais quand l'acteur peut vraiment croire, quand il se laisse aller à penser vraiment, quand son imagination fonctionne vraiment, il n'a pas besoin de clichés ni de conventions, parce que le déroulement naturel de son jeu lui fait sentir qu'il travaille; alors quelque chose se passe en lui d'où il tire son assurance et un sentiment de sécurité qui lui permettent d'aller de l'avant.

Le point fondamental sur lequel insiste Stanislavski est que son enseignement n'est pas destiné directement à une production sur scène. Le travail de formation apprend aux acteurs les moyens par lesquels ils peuvent exciter cette imagination qui agit et lui fait dire : « Je crois savoir ce que c'est; je ne saurais l'exprimer, mais laissez-moi faire. » Alors l'acteur a envie de jouer, il ne sait pas exactement ce qu'il veut faire, mais il est comme projeté en avant. Il est créateur. Toutes les recherches de Stanislavski, le but de « la Méthode » ou de notre technique sont de trouver le moyen de faire démarrer en nous ce processus de création, de façon qu'une bonne part de ce que nous savons mais dont nous ne sommes pas conscients, soit utilisée en scène pour créer ce que l'auteur nous demande de faire.

Chapitre III

LA FORMATION : LA RELAXATION

La première chose que fasse Strasberg, aussi bien dans ses cours privés qu'au Studio, c'est de vérifier l'état de relaxation des acteurs. Très peu d'entre nous sont vraiment détendus dans la vie, mais nous ne sommes pas conscients de cette tension tant qu'elle ne devient pas extrême et ne se manifeste par une douleur. La tension peut être un état si normal chez quelqu'un que lorsqu'on provoque chez lui la relaxation, il se sent vraiment soulagé d'un poids énorme, comme si la force d'attraction du centre de gravité avait été diminuée. La puissance d'observation de Strasberg lui permet de signaler les manifestations de la tension dans le corps des acteurs, dans leur voix et même dans l'expression de leur visage.

Il y a longtemps déjà, Strasberg disait : « Lorsqu'on est tendu, on ne peut ni penser ni sentir. » Mais il soulignait aussi constamment le côté opposé et positif de cette idée : l'être humain est naturellement expressif. Quand il est vraiment détendu, qu'il pense vraiment ou qu'il prête attention à quelque chose, même quand des pensées vagabondes traversent son esprit, on peut voir sans cesse des impulsions se transformer en expression pure. La voix change. Les contorsions de la tête, du corps, des bras, disparaissent. L'expression du visage se transforme et la personne semble revêtir une apparence nouvelle.

Strasberg sait que le fait d'attirer l'attention de l'acteur sur ses différents points de tension est le premier pas vers la détente. A la longue, l'acteur doit être reconditionné afin de pouvoir fonctionner en état de relaxation; on y parvient en le rendant conscient des causes précises de sa tension. Relâcher la tension produite par des années de mauvais travail peut nécessiter de longues années de dur labeur conscient au cours duquel la relaxation volontaire joue un rôle à tous les niveaux de l'activité. On travaille la relaxation comme une activité à part, mais on en fait aussi une partie consciente de tout le travail du jeu théâtral. Et au fur et à mesure que l'acteur en vient à comprendre ce qui cause sa tension et la mesure dans laquelle il peut naturellement réagir quand il est détendu et concentré, sa confiance grandit; celle-ci, en retour, incite à une plus grande relaxation. On n'insistera jamais assez sur le fait que la tension ne peut être extirpée en se payant de paroles.

La tension est la maladie du métier d'acteur. La relaxation est la base de presque tout le travail de l'acteur; Stanislavski déclarait qu'elle est pour l'acteur une véritable activité professionnelle; une certaine dose de relaxation nous fait dire qu'un acteur est bon, même si on n'est pas toujours exactement conscient de ce qu'il fait, et qu'on parle de son aisance ou de son autorité; en fait c'est sa relaxation que nous remarquons.

Un acteur ordinaire réussit parfois à obtenir tout seul cette relaxation à force de jouer; mais cela prend à peu près vingt ans. Si l'on observe le développement d'un acteur on voit qu'au début, il est jeune, énergique et tendu. Après dix ans environ, il commence à surmonter une partie de cette tension, mais rien ne se passe vraiment. Ce n'est qu'après une vingtaine d'années qu'une chose merveilleuse se produit, qui n'a presque rien à voir avec le fait qu'il soit bon ou mauvais acteur : il ressent tout simplement que lorsqu'il vient en scène, il y vient pour y rester; il acquiert cette merveilleuse aisance qui est un côté de la médaille que l'on gagne pour avoir été sur scène pendant un certain temps.

Stanislavski insiste sur la relaxation; c'est, dit-il, le point essentiel du travail théâtral. Sans elle, beaucoup de choses qu'un acteur pense pouvoir faire convenablement seront déformées en entrant dans son instrument, parce que l'instrument lui-même lui opposera une résistance en raison de sa tension. Quand cela se produit, l'acteur ne peut établir une relation réelle entre ce qu'il pense et l'expression qui fait partie de cette pensée; l'expression est viciée.

Stanislavski a dit que beaucoup d'acteurs croient suivre ses conseils, mais qu'en réalité — à cause de leur tension — ils continuent à jouer comme auparavant. L'acteur peut penser le contraire et même dire qu'il se sent transformé, mais l'impulsion qui pénètre le corps ne fait que revêtir le même aspect qu'avant et ne peut réellement s'exprimer comme une impulsion nouvelle, une réaction fraîche.

Récemment, après avoir relu Stanislavski et constaté encore une fois combien il suppliait l'acteur de faire un effort pour se détendre, j'ai essayé, dans mes cours privés, d'insister sur ce point avec certaines personnes qui avaient des difficultés; leur travail avançait, mais lentement; les résultats obtenus étaient, en quelque sorte, disproportionnés par rapport à ce qu'elles semblaient en mesure d'accomplir. Je leur dis : « Voyons un peu. Donnons-nous du temps pour nous détendre. On vous a dit de vous détendre, mais vous n'êtes manifestement pas encore détendus. Consacrez tout le temps dévolu aux exercices à vous détendre, si c'est nécessaire. Cela m'est égal que vous ne fassiez rien d'autre. »

J'ai souvent été surpris de voir que, dans certains cas, la tension était si forte que rien ne pouvait transparaître. Parfois, quand l'acteur commence tout juste à se détendre, la libération de l'impulsion est si grande qu'on jurerait que l'acteur s'exprime délibérément; cependant, lorsque à la fin de l'exercice vous lui demandez : « Eh bien, qu'avez-vous essayé de faire ? », il vous confond en répondant : « Rien, j'ai simplement essayé de me détendre. » La relaxation permet à beaucoup de choses — enfermées dans l'instrument — de se manifester.

La tension est à la fois physique et mentale; Stanislavski presse l'acteur d'utiliser une façon très particulière de traiter sa tension : l'acteur doit apprendre à contrôler chaque muscle séparément. Je crois qu'il a raison, mais on n'arriverait jamais à jouer si l'on procédait de façon aussi détaillée.

J'ai trouvé une manière plus facile de s'entraîner à la relaxation; cela prend beaucoup de temps, mais pas autant qu'avec Stanislavski : où que soit l'acteur, assis ou debout, il adopte une position confortable dans laquelle il pourrait s'endormir. Par exemple, si vous voyagez de nuit en train ou en voiture, il n'est pas facile de s'endormir, et pourtant on gigote jusqu'à ce qu'on trouve la position qui soulagera notre corps de toute tension et nous permettra de nous détendre physiquement; c'est alors seulement qu'on peut s'endormir.

Nous demandons à l'acteur d'essayer de trouver une semblable position; nous ne voulons pas qu'il s'endorme vraiment mais nous voulons qu'il en vienne au degré de relaxation qui lui permettra de dire : « Ça y est; j'y suis; si je restais ainsi je pourrais, si je le voulais, m'endormir. » C'est difficile à faire, mais cela permet de vérifier parfaitement la relaxation de l'acteur.

Nous procédons alors à la seconde phase du travail. La part de relaxation qu'on n'arrive pas à obtenir sur le plan physique, nous essayons de l'obtenir sur le plan mental. Pour moi, la tension mentale est un ennemi bien pire que la tension physique; cette dernière est plus ou moins facile à observer; mais pour la tension mentale, c'est beaucoup plus difficile. J'ai découvert qu'il y a trois régions qui dénotent la tension mentale; cette découverte n'est pas le résultat d'observations ou de théories scientifiques, mais tout simplement de la pratique.

La première de ces régions est celle des tempes, où l'on trouve ce qu'on appelle les veines bleues. Quand quelqu'un est tendu, on le voit presser ses tempes du bout de ses doigts, sans s'en rendre compte. Les maux de tête sont localisés à cet endroit; il y a beaucoup de nerfs et de vaisseaux sanguins desservant le cerveau. Nous demandons simplement à l'acteur de prendre conscience de cette région et de permettre à ces nerfs de se détendre. Vous seriez surpris de voir comment, dans la vie, on peut vraiment s'alléger d'un poids en disant : « Attendez un peu, laissez-moi voir si je suis tendu ou pas », et en se forçant à détendre cette partie du corps. Mais nous n'encourageons jamais aucun acteur à faire des gestes avec les mains; il ne peut en effet se mettre à se frotter les tempes pendant qu'il joue Hamlet; il doit être capable de contrôler sa tension par la concentration intérieure.

La seconde région va des ailes du nez aux paupières; je n'ai remarqué que récemment combien cette région est mêlée, dans la vie, à beaucoup de réactions automatiques; elle réagit si vivement que si la main de quelqu'un s'approche brusquement de mes yeux, les paupières se ferment; pourtant, je ne sais pas que cette main a de mauvaises intentions, mais les yeux se protègent eux-mêmes si automatiquement qu'ils se ferment avant que l'esprit puisse examiner s'il y a danger. Dans la rue, dès qu'une poussière touche un cil, les yeux se ferment; ce mécanisme défensif est si actif et tellement automatique qu'une forte tension peut venir se placer là; on la relâche en laissant simplement tomber les paupières; au moment où celles-ci se baissent on sent de nouveau comme un allégement effectif. Quelquefois, quand on détend cette région, on a l'impression étrange de perdre le contrôle de soi-même; on s'est tellement habitué à ce que la tension soit l'état normal de notre équilibre que, lorsqu'on se détend, les muscles ne peuvent momentanément pas trouver leur propre niveau.

La troisième région est celle de la bouche; dès le plus jeune âge un des processus les plus automatiques commence à se manifester en cet endroit; la pensée est immédiatement rendue par des mots. Avant même que l'enfant sache le mot qu'il va dire, il l'a déjà prononcé; vous pouvez donc imaginer à quel point les muscles de cette région sont actifs et vivants; ils savent ce que vous allez dire avant que vous le sachiez vous-même; ils sont si actifs et automatiques qu'une forte tension vient souvent s'y loger, car au fur et à mesure qu'on vieillit il y a beaucoup de choses qu'on a envie de dire mais qu'on retient; le prix de cet effort est la tension; on doit détendre la région de la bouche en donnant libre cours à l'énergie logée là, exactement comme si on était ivre; peu importe alors la façon dont on parlera.

Ainsi à l'acteur qui veut réellement, ici au Studio, découvrir ce que peut faire pour lui la relaxation, je dis : « Faisons cet exercice uniquement dans le sens de la relaxation. » Nous prenons une demi-heure environ, au cours de laquelle je ne fais rien mais où l'acteur fait tout; d'abord il se détend physiquement de la façon que j'ai décrite; une fois qu'il est détendu physiquement, il examine les trois régions dont je viens de parler; il essaie de détendre la région des tempes, des yeux, et toute la région de la bouche de façon à réduire au maximum la tension. Nous avons obtenu d'extraordinaires résultats grâce à cet exercice.

Quelquefois, le talent de l'acteur se révèle pour la première fois si pleinement et d'une façon si imprévue qu'on en reste bouche bée; l'acteur devient tout à fait sensible; son instrument fait entendre une nouvelle gamme de résonances; l'émotion qui d'ordinaire est retenue, déferle brusquement. L'acteur devient vrai — pas simplement naturel; sa concentration se fait complètement; il dévoile totalement des aspects et des éléments insoupçonnés de sa personnalité avec un tel degré d'aisance et d'autorité qu'il semble littéralement avoir ôté un masque et émerger d'un déguisement qui cachait auparavant sa vraie personnalité.

Et pourtant, il n'a rien fait d'autre que de se détendre.

Chapitre IV

LA FORMATION : LE DÉCLENCHEMENT DE L'IMAGINATION

Dans le jeu théâtral, l'imagination revêt trois aspects : l'impulsion, la conviction et la concentration. L'impulsion, ce bond de l'imagination, peut, à l'origine, être consciente ou inconsciente; mais elle est inutile sans la conviction, qui est la croyance de l'acteur que ce qu'il fait, dit et ressent est à la fois intéressant et juste. La concentration produit en même temps les résultats de l'impulsion et la conviction. L'acteur qui est assez convaincu et assez volontaire pour suivre son impulsion est, d'ordinaire, concentré. D'autre part, une grande partie du travail de l'acteur consiste à se rendre sensible en créant une expérience; ceci implique une recherche délibérée des objets ou moyens propres à permettre la concentration. A son tour, l'état de concentration amène l'impulsion et la conviction. Autrement dit, l'acteur ne peut réellement penser en scène que s'il est vraiment concentré et il ne peut être concentré que s'il pense vraiment. L'imagination agit donc par l'intermédiaire de ces trois facteurs à l'action réciproque; ce n'est que lorsqu'ils opèrent tous les trois que l'imagination fonctionne vraiment dans le jeu. Former l'acteur à être vraiment vivant suppose qu'il ait été conditionné de façon à recevoir ses impulsions de stimuli imaginaires, à les rendre vrais, c'est-à-dire croyables pour lui — et ainsi à éveiller les réactions sensorielles, émotionnelles, motrices qui conviennent.

LES EXERCICES DU DÉBUT

Quand un acteur abandonne devant le public ce qu'il est en train de faire, ou bien quand son désir de toucher le public commence à s'évanouir et le pousse à faire des choses sans se soucier de leur justesse, c'est qu'il a des problèmes de concentration. La concentration est une exigence essentielle de la technique de l'acteur; quand elle disparaît ou quand vient la tension, l'acteur est perdu.

Les deux premières découvertes fondamentales de Stanislavski — primordiales pour les conseils qu'il donne à l'acteur — sont la relaxation et la concentration. Stanislavski a découvert que la seule chose sûre qu'ait l'acteur pour combattre et se débarrasser de la tension est la concentration. La tension, en dehors de ce qu'on peut faire séparément pour la soulager, est très efficacement extirpée par la concentration sur une tâche quelconque, qui ne semble même pas avoir de rapports directs avec la pièce, mais qui éveille la conviction de l'acteur et son sens de la liberté, libérant ainsi son esprit créateur. L'acteur sent qu'il peut faire tout ce qu'il veut parce que : « Je suis débarrassé de la tension »; rien ne le tracasse; son cœur, son âme, ses sens et son imagination sont ouverts à ce qui arrive.

Il est important que l'acteur ait quelque chose de concret sur quoi se concentrer; la concentration ne peut être abstraite. Si je me contente de me dire : « Concentre-toi », sur quoi vais-je me concentrer? La concentration suppose un objet qui intéresse l'acteur. La concentration qui consiste simplement à essayer d'être assez convaincu pour pouvoir commencer, n'est qu'un faux-semblant; cette façon d'aborder le problème conduit à une concentration factice. La vraie concentration implique un objet réel, un objet qui force l'acteur à se concentrer. Ce genre de concentration est toujours efficace [1].

A L'ACTEUR J. : Vous, par exemple, vous faites continuellement un effort pour voir quelque chose par la fenêtre, mais vous n'y parvenez jamais tout à fait; je ne sais jamais

1. La concentration comprend plusieurs sortes d'attention. L'attention involontaire provient d'un stimulus objectif et ne demande aucun effort; c'est le genre d'attention qui caractérise la vie de tous les jours et l'acteur essaie de l'éviter dans son jeu, car elle devient de la simple distraction. L'attention volontaire, pour être soutenue, demande un effort. L'attention spontanée est provoquée par quelque chose qui offre un intérêt ou un attrait personnel. La concentration dans le jeu est une combinaison de l'attention volontaire et de l'attention spontanée.

si vous arrivez à être convaincu de ce que vous voyez ou pas, si vous voyez quelque chose ou s'il y a des choses que vous ne pouvez pas voir. Vous vous comportez toujours comme si : « Je n'ai pas besoin de me donner de mal parce que je sais ce que je suis supposé voir. » N'importe qui peut s'en tirer comme cela : « Je ne vois strictement rien; je ne vois que les croisillons de la fenêtre; je ne fais pas d'efforts, mais étant donné que j'ai une idée de ce que je devrais voir, il est inutile que je fasse autre chose. » Non! Si vous devez voir quelque chose par la fenêtre, il faut faire l'effort d'y arriver. *(Faisant la démonstration :)* Tenez, en cet instant, il faut que je voie la statue de la Liberté par la fenêtre. Bon, très bien, il faut que je décide à quelle hauteur elle va se loger dans ces deux vitres, là; mais ma concentration est un peu troublée parce que, pour une raison quelconque, mon œil est attiré par le milieu de la vitre, et je n'arrive pas à voir la statue de la Liberté là, dehors. Je voudrais me créer pour moi-même une statue de la Liberté de l'autre côté de cette vitre, mais mon regard revient sans cesse au milieu de la vitre. Ainsi, bien que je n'arrive pas à voir cette statue de la Liberté à travers la vitre, je commence quand même à faire un effort pour m'occuper de ma concentration. J'essaie vraiment de voir si je parviendrai à rendre vivant pour moi ce que je désire voir; peut-être y réussirai-je, peut-être pas.

Ce que vous faites, c'est de définir l'objet, mais votre pensée ne va jamais au-delà de la pensée. La concentration sur un objet implique la croyance en cet objet; il faut le voir d'une façon si précise que vous devenez réellement convaincu de son existence; de sorte que vos sens sont aussi vivants que dans la vie quand vous voyez un objet réel. Dans la vie, l'objet est vraiment là et le fait de le voir suffit à donner vie aux sens, aux émotions et à faire marcher l'imagination. Mais vous, vous ne faites que définir les objets de votre esprit, de sorte qu'ils appartiennent à une suite logique de choses. Ce n'est pas de la vraie concentration. Ces objets ne font rien pour vous; c'est vous qui leur faites quelque chose.

A L'ACTEUR K. : Vous, alors que vous avez une bonne relaxation physique, votre attitude mentale envers la concentration est : « Fais cela ou autre chose. » Mais nos sens ne travaillent pas de cette façon. Par exemple, dans l'exercice, vous avez travaillé à obtenir la sensation de mettre du savon sur vos mains; vous avez tenu votre main d'une façon particulière, afin d'essayer d'obtenir la sensation du savon, mais il était clair que vous ne l'obteniez pas. Bien que vous ayez mis du savon sur vos mains des milliers de fois dans la vie, ici, quand vous n'avez pas de vrai savon, vous ressentez de la difficulté à créer la sensation. Mais si vous n'obtenez pas la sensation de cette façon, vous devriez en essayer d'autres. Vous devriez vous dire : « Attends une minute, est-ce que j'ai au moins recréé le poids de l'objet, sa forme? Qu'est-ce que j'ai exactement? Voyons, je tiens quelque chose là; je ne sais pas bien quoi... si, je crois que j'ai la forme de l'objet maintenant... » Ainsi vous essayez d'obtenir la sensation d'un vrai morceau de savon. En fait, votre concentration était très forte mais vous posiez la main sur votre savon imaginaire comme si vous disiez à vos sens : « Ou bien vous le ferez à ma façon ou vous ne le ferez pas. » Ce genre d'ultimatum ne permet au sens que de travailler à demi; pour qu'ils travaillent pleinement, ils doivent toujours se sentir partiellement libres de faire ou de ne pas faire, d'être ou de ne pas être. Des sens auxquels vous ne pensez pas fonctionnent quelquefois inconsciemment pour l'acteur, mais ils ne travaillent pas si vous êtes trop déterminés à obtenir exactement ce à quoi vous pensez. Si vous n'essayez pas trop énergiquement de sentir le poids du savon, peut-être n'obtiendrez-vous pas la sensation du poids, mais vous en saisirez peut-être la forme, la couleur, l'odeur, ou peut-être même cette humidité un peu gluante particulière au savon. Bien que vous soyez débarrassé de toute tension physique, je vois une bataille entre votre volonté et vos sens; il ne doit y avoir ni lutte ni compétition; vos sens sont parfaitement disposés à travailler pour vous si vous faites appel à eux de façon correcte; le processus du recours aux sens est le même que lorsqu'on perce un trou : le vilebrequin tourne et tourne; si on tapait dessus comme sur un clou, cela ne servirait à rien.

Dès que je me pose de simples questions dont j'ignore les réponses, je dois redoubler d'efforts et d'attention : « Voici une table, concentrons-nous! » C'est une table ordinaire! Sur quoi faut-il me concentrer? Cette façon d'aborder le travail est trop générale et ne peut mener à la concentration;

mais celle-ci pourra commencer dès que je dirai : « Voyons un peu, quelle peut être la largeur de cette table ? sa longueur ? sa hauteur ? Comment sont ses pieds ? Ils sont plus larges en haut qu'en bas, peut-être quelques centimètres de différence, je ne suis pas sûr, disons deux centimètres, mais c'est peut-être plus ou peut-être moins. » Dès que je me pose des questions dont les réponses me sont inconnues, je suis encouragé à regarder et à penser vraiment; la vraie concentration s'ensuit.

La vraie concentration est toujours efficace. Même si je ne me sens pas particulièrement intéressé par l'objet à ce moment précis, néanmoins la concentration opérera. L'acteur aura peut-être l'air ennuyé et fatigué, mais sa concentration n'en sera pas diminuée pour autant; la qualité en sera peut-être moins active, émotionnelle ou engagée; malgré tout, si l'on aborde correctement le problème de la concentration, elle opère toujours.

L'objet et la concentration qui résulte de l'attention qu'on lui prête est la base du travail de l'acteur. C'est l'élément de base, tout comme les notes du piano sont les éléments fondamentaux de l'art du pianiste; celui-ci obtient toujours la note qu'il veut en posant son doigt sur la touche correspondante de son instrument. Les objets sur lesquels se concentre l'acteur opèrent de la même façon et produisent ainsi un sentiment de croyance en ce qu'il fait, de foi et d'engagement; ceci conduira à son tour à l'expérience inconsciente et au comportement.

Les objets sont, bien sûr, de différentes sortes; ils peuvent être matériels, imaginaires, ou bien des objets dus à la mémoire sensorielle, comme, par exemple, la sensation du chaud et du froid, la qualité d'un son particulier. Ce sont des objets immatériels sur lesquels l'acteur peut se concentrer; ainsi il lui est possible de recréer vraiment sur scène la sensation originale provoquée par ces objets. Les objets peuvent être mentaux ou imaginés; ils peuvent être des situations, des événements, des rapports, des personnages, ou bien des éléments de chacune de ces choses, tels qu'ils sont créés par l'auteur. L'acteur, à travers sa concentration, rend tout cela vivant.

On a tendance à se fier davantage à de vrais objets plutôt

qu'à leurs doubles imaginaires; les objets réels provoquent toujours la croyance; s'ils produisent quelque chose, c'est de la vraie concentration. L'acteur doit se rappeler que ces différents genres d'objets ou moyens de se concentrer ne sont nécessaires que parce qu'il ne peut se fier à une clé magique qui lui ouvrirait la porte de chaque scène. C'est surtout lorsqu'il a conscience que la scène doit être « grande » mais ne sait comment faire, que l'acteur doit utiliser des objets au lieu de tenter de l'aborder d'une façon vague, générale et déclamatoire, qui ne sert qu'à le dérouter. Un acteur convenablement entraîné apprend à ne pas se fier seulement à sa technique, mais à une grande variété et à toute une gamme d'objets; il a ainsi plus d'une corde à son arc.

La définition d'un objet ne peut jamais être absolue. Ce qui permet à un acteur de se concentrer ne permettra pas à un autre de le faire. Un simple objet matériel peut servir à un moment donné, tandis qu'à un autre moment il faudra avoir recours à un objet plus compliqué et immatériel. La sûreté de fonctionnement d'un objet dépend non seulement du degré où il opère pour un acteur particulier placé dans une situation donnée, mais aussi du fait de savoir s'il sera efficace chaque fois qu'un acteur l'utilisera. Un objet qui n'est efficace qu'au cours de trois représentations sur huit ne peut être considéré comme sûr. D'ailleurs, un objet qui sert à la concentration de l'acteur dans une pièce peut très bien ne pas lui servir dans une autre; ce qui convainc un acteur dans une composition peut ne pas le faire dans une autre. Cependant, une fois que l'acteur a été formé de façon que ses sens répondent promptement à des objets ou stimuli imaginaires, il est équipé pour rechercher tout seul les objets particuliers qui serviront à faire naître en lui une vraie concentration dans une situation imaginaire créée par un auteur.

Nous croyons que la concentration est engendrée par des exercices sur des objets se rapportant à la mémoire des sens, c'est-à-dire sans que les objets réels soient là. Ce processus commence par des exercices aussi simples que d'essayer de voir la statue de la Liberté derrière la fenêtre, de se laver les mains avec de l'eau et du savon, de se coiffer ou de se maquiller. Nous savons que ces exercices très simples éveillent et centralisent les impulsions de l'acteur et engendrent la foi en sa capacité de réagir à des éléments qui ne sont pas physiquement présents.

Dans ces exercices élémentaires, l'acteur n'essaie pas d'imiter une action ou de faire passer la rampe à ses réactions. Son effort doit chercher plutôt à re-saisir les stimuli et les efforts musculaires qu'impliquent des actes aussi ordinaires que de mettre ses chaussures ou ses bas, de ramasser une tasse et sa soucoupe, de goûter un citron. L'acteur a rencontré mille fois ces réalités toutes simples dans ses expériences quotidiennes; elles sont claires, objectives, sans émotions; on n'a pas besoin de recourir à une profonde perspicacité ni à un effort d'imagination. Et cependant, le fait de travailler avec ces simples réalités augmente la capacité de l'imagination de l'acteur à s'occuper des réalités bien plus difficiles et bien plus complexes qu'il doit habituellement affronter sur scène; elles servent à vérifier si l'acteur éprouvera, par la suite, des difficultés à créer des réalités émotionnelles ou autres, qui ne sont présentes que par l'intermédiaire de son imagination.

Bien des tâches qu'un auteur demande à un acteur d'accomplir — mourir, par exemple, ou tuer quelqu'un — n'ont évidemment pas d'équivalent dans la vie de l'acteur. Ces réalités ne sont jamais vraiment créées sur scène, mais le sentiment de leur accomplissement est provoqué chez le public par l'usage purement imaginatif que l'acteur fait de ses ressources physiques, mentales, sensorielles et émotionnelles. Cela veut dire, en fait, que l'acteur utilise sa concentration sur les objets pour parfaire ces résultats désirés, parce que seule la concentration donne libre cours à ses ressources et les met à sa disposition. Ainsi, ces exercices élémentaires de mémoire sensorielle ont pour but la pleine possession, chez l'acteur, de ses moyens essentiels — le genre de mécanisme qui pourra jouer à volonté.

Tout être humain possède une mémoire sensorielle; chez certains elle conduit facilement à de fortes réactions; chez d'autres elle fonctionne moins aisément. Des exercices de mémoire sensorielle utilisent des objets qui ont une existence matérielle réelle — tels que le savon et l'eau — et amènent l'acteur à être plus conscient dans la vie; ceci, à son tour, l'amène à être plus conscient de sa mémoire, et cette conscience amènera ses sens à mieux réagir. Ainsi on entraîne les sens à se rappeler davantage et plus vivement, de façon qu'ils répondent à la concentration de l'acteur d'une manière plus vivante. Mais si l'acteur essaie de passer outre à ces exercices avec des objets matériels et va tout de suite à des objets tels que la douleur — qui n'implique que la mémoire — il découvrira que la mémoire sensorielle n'est pas vraiment entraînée; il n'aura aucun moyen objectif de juger l'efficacité de ce qu'il fait. Au lieu de cela, il rappellera ce dont il se souvient, mais ce dont il ne se souvient pas restera tout simplement dans l'ombre, et il ne sera pas plus avancé qu'auparavant.

D'autre part, alors qu'il m'est égal de voir un acteur apporter au cours — à l'occasion — quelque objet lui appartenant, pour stimuler son imagination par rapport aux réalités fictives qu'il doit créer, un usage trop étendu d'objets réels de ce genre peut avoir l'effet contraire. On en devient dépendant; ils deviennent la réalité et par conséquent échouent dans leur propos qui est d'inciter l'acteur à croire et à saisir fortement la réalité. Pour en arriver là, il n'existe pas d'autre intermédiaire, sur scène, que l'acteur lui-même.

Si l'acteur désire apporter une bouilloire de chez lui parce que cette bouilloire a un sens spécial et précis qui la lui rend réelle, très bien, mais je ne veux pas d'une bouilloire-accessoire! Je veux voir son imagination travailler avec la bouilloire qui a pour lui un sens précis; je veux qu'il la rende vivante; voilà la tâche de l'acteur : il fait vivre, sur scène, des objets sans existence; il commence par les rendre vrais pour lui-même, de façon à transmettre cette réalité au public.

Les « bouilloires-accessoires » et autres objets terre à terre non seulement entravent le développement de l'acteur en bloquant son imagination, mais le font revenir à des habitudes de comportement ordinaires, prosaïques! Dans la vie, ces habitudes n'ont pas trop d'importance, car nous sommes environnés d'objets réels qui stimulent continuellement nos émotions et nos expressions inconscientes. Sur scène, il n'y a pas d'objets réels — sauf ces accessoires très terre à terre — de sorte qu'il n'y a pas, à l'extérieur de l'acteur, de forte continuité réelle qui lui donne vie. Si nous nous fions uniquement à ces objets prosaïques, nous avons tendance à utiliser des habitudes d'expression prosaïques. La chose même que nous essayons de créer meurt parce que, après tout, elle n'est pas vraiment vraie. On ne peut la rendre vraie que par le genre de concentration qu'il est au pouvoir de l'acteur d'utiliser.

Dans les premiers stades de l'éducation de sa concentration, l'acteur doit répéter ces exercices inlassablement jusqu'à ce qu'il les ait maîtrisés. Strasberg ne permet pas à un acteur en cours de formation de s'attaquer à une tâche plus difficile avant qu'il n'en ait posé les bases convenables.

Les cours privés de Strasberg suivent une progression logique, depuis le rappel de simples expériences sensorielles habituelles et extérieures jusqu'aux exercices qui commencent à explorer les réactions émotionnelles de chaque individu. Comme premiers exercices, Strasberg conseille une « mémoire sensorielle » sur une boisson telle que café ou jus d'orange. Le deuxième exercice commence à éveiller chez l'acteur la conscience de lui-même, en tant qu'objet physique : les filles font l'exercice de se maquiller, les garçons de se raser; mais l'essentiel est d'arriver à se voir dans la glace. Le troisième exercice — un bain de soleil — utilise encore un stimulus extérieur; le quatrième — une douleur aiguë — éprouve la capacité de l'acteur à recréer une sensation qui ne provient pas d'une source extérieure. Les cinquième, sixième et septième exercices se rapportent successivement au goût, à l'odeur, à la vue et à l'ouïe. La synthèse de plusieurs sensations peut être faite dans un exercice assez complexe — le huitième — qui consiste à prendre une douche ou un bain : l'acteur peut expérimenter la sensation de l'eau chaude ou froide, celle du savon, ou celle que l'on éprouve en s'habillant ou en se déshabillant. Ces exercices sensoriels, quels qu'ils soient, peuvent parfois amener des réactions émotionnelles; cela dépend du conditionnement antérieur de l'acteur. Le neuvième exercice est le premier à rechercher directement une réaction émotionnelle : l'acteur doit trouver un objet réel qui ait pour lui un sens très précis et très personnel. Dans le dixième exercice, l'acteur travaille simultanément avec deux objets — l'un, intérieur; l'autre, extérieur. Le onzième exercice, celui que l'on appelle « le moment privé », sera décrit au cours de ce chapitre; on l'utilise pour aider les acteurs qui ne réagissent pas de façon satisfaisante aux précédents exercices. Le dernier exercice — dont le contenu n'est pas fixe — traite des problèmes individuels dans le domaine des réactions émotionnelles; c'est là qu'on commence à travailler avec la technique de la mémoire effective (voir plus loin).

Ce genre d'entraînement systématique est plus caractéristique de l'enseignement que Strasberg donne dans ses cours privés que de celui qu'il dispense au Studio. Au Studio, il se préoccupe plutôt de rechercher les domaines où la capacité de l'acteur pourra se développer, et il le pousse à s'en servir plus pleinement. Ceci se fait le plus souvent par l'intermédiaire d'improvisations sur des scènes, plutôt que par de simples exercices. D'ailleurs, l'initiative des travaux à faire est prise par les membres du Studio plutôt que par Strasberg lui-même en tant que professeur. Néanmoins, il arrive très souvent que certain problème d'acteur révèle un mauvais entraînement ou un manque de formation à la base; il peut avoir des difficultés à faire les choses les plus simples sur scène. Beaucoup de membres du Studio ont — pour cette raison — entrepris de travailler aux cours privés de Strasberg, d'autres ont réussi à parfaire leur entraînement à l'intérieur même des classes faites au Studio. Certains membres plus âgés ont ouvert des classes d'exercices pour les plus jeunes. Mais les conditions mêmes dans lesquelles fonctionne le Studio rendent difficile la formation d'un absolu débutant — quel que soit son talent.

Tous les exercices de concentration sont accomplis individuellement en utilisant des objets bien définis tels que chaussures ou bas, mais aussi des objets moins précis tels que la chaleur, le froid, la douleur; on peut conjuguer deux activités, telles que celle d'écouter de la musique tout en se coiffant. L'acteur peut également travailler individuellement une scène entièrement basée sur des éléments sensoriels : une personne tentant de s'empoisonner, par exemple. Dans son livre : *The Art of the Actor*, Strasberg décrit un genre de scène encore plus compliquée, bâtie autour de la création par l'actrice d'un sentiment de froid, de fièvre, de faim, de chaleur, de nuit. Finalement on demande à l'acteur de créer une situation basée sur des objets sensoriels que le professeur changera de façon arbitraire pendant l'exercice. Par exemple, une personne préparant un repas en tête à tête reçoit un mot lui annonçant que son invité ne viendra pas; elle doit alors finir de préparer le repas pour elle seule.

Tandis que se développe la concentration de l'acteur et qu'il devient plus expert dans l'art d'utiliser les objets, il commence à faire des exercices avec d'autres acteurs. La première chose qu'ils doivent apprendre à faire ensemble est de « commencer là où ils sont », c'est-à-dire d'assumer la réalité de leur existence. Leur concentration se dirige alors vers ce que chacun doit vraiment faire, penser et ressentir; ainsi ils perdent immédiatement le sentiment de gêne qu'ils pourraient avoir l'un vis-à-vis de l'autre. Ces exercices en groupe procèdent ensuite à partir de scènes très simples, largement basées sur des objets sensoriels (une scène de repas), passent ensuite par des scènes dans lesquelles chaque acteur doit créer un rapport simple mais individuel entre lui et une situation donnée (un dîner au cours duquel l'un des convives est affamé, un autre ivre, et un troisième impatient...); puis viennent les scènes où chaque acteur crée un personnage basé sur un élément simple mais soigneusement défini (un repas d'affaires avec un membre très âgé, un autre chroniquement malade, un troisième soupçonneux jusqu'à la morbidité...). Finalement, les acteurs font un exercice dans lequel ils inventent une situation — de caractère dramatique — mais sans dénouement prévu. Chaque acteur essaie de créer pour lui-même la sensation de ce qu'il est, de ce qui lui est arrivé auparavant, de ce que peuvent être ses principaux traits de caractère et de ce que sont ses rapports avec la situation présente. Ainsi, la concentration de l'acteur est graduellement appliquée non plus seulement à de simples objets, mais aux objets plus compliqués que sont une situation, un personnage, et un événement.

Un autre exercice individuel, que Strasberg a vu pour la première fois dans la classe de Maria Ouspenskaya à l'American Laboratory Theatre, est généralement utilisé après que l'acteur a pratiqué les exercices en groupe — c'est « l'exercice de l'animal ».

L'exercice de l'animal a un résultat très simple dans la formation de l'acteur. Quand celui-ci arrive en scène pour jouer un personnage, il se dit en général : « Bon, c'est un homme, je suis un homme », et par conséquent il se conduit comme s'il était lui-même, sans essayer de trouver les différences qu'il y a entre lui et le personnage. Il arrive ainsi que beaucoup de jeunes personnes qui décident de jouer Juliette se disent : « Je suis Juliette », et quand elles décident de jouer Lady Macbeth, elles se disent de même : « Je suis Lady Macbeth »; elles se lancent dans le personnage, mais ne font que dire les mots de la pièce. Quand vous dites à quelqu'un : « Jouez un animal », l'acteur dit tout de suite : « Comment le pourrais-je? Je ne suis pas un animal. » On le force alors à utiliser l'observation pour détailler les caractéristiques d'un animal précis et pour découvrir comment lui, acteur, peut les concrétiser. Il apprend alors qu'il peut et doit accomplir beaucoup plus de choses, en tant qu'acteur, que ce qu'il croyait initialement être la concrétisation de sentiments et de réactions.

Parce qu'il doit choisir des éléments définis de façon à créer cet animal, il découvre que cet exercice est le point de départ de toutes les compositions — sur le plan physique. Il diversifie son propre personnage, en endossant des attitudes qu'il n'a pas normalement, dans la démarche ou dans le rythme de son comportement et dans son allure. Ainsi cet exercice donne à l'acteur des éléments qu'il trouverait difficilement de façon aussi vivante dans la sphère humaine, mais qu'il trouve plus ou moins facilement dans la sphère animale.

Un autre stade de cet exercice passe dans le domaine de l'entraînement émotionnel. Ici, l'acteur utilise les éléments émotionnels et mentaux plutôt que les caractéristiques physiques de l'animal. Cependant, l'exercice de l'animal est fondamentalement utilisé pour aider l'acteur à contrôler ses muscles, de façon qu'il soit capable de réaliser complètement des tâches dénuées de toute émotion. Ces tâches-là doivent être accomplies à travers un contrôle musculaire parfait; on ne peut les accomplir par le sentiment.

Les exercices qui ont été décrits jusqu'à présent exercent la concentration de l'acteur plus que son imagination ou sa spontanéité. Cependant, d'autres exercices ont pour but d'accroître son aisance mentale, physique et émotionnelle; ils insistent très particulièrement sur l'élément spontané de l'imagination en forçant l'acteur à improviser de telle manière qu'il ne puisse se fier à aucun modèle conventionnel ou habituel.

Dans le Group Theatre nous avons fait beaucoup de travaux pour montrer à l'acteur ce qu'il peut faire en imagination, avec une scène ou même avec un mot. A l'époque où nous travaillions *Les Hommes en blanc*, nous avions fait deux exercices, l'un après l'autre. Le premier avait trait à l'atmosphère très particulière de la scène de l'opération. Pour nous stimuler, nous l'avions travaillée au son du second mouvement de la *Septième Symphonie* de Beethoven... Nous avons d'abord joué la scène comme une pantomime, avec des points de concentration, mais avec une opération — différente de celle de la pièce — au cours de laquelle le patient mourait. C'était très triste et émouvant. Immédiatement après, les mêmes acteurs faisaient le second exercice qui était une version commedia dell'arte de la même scène. Les acteurs découpaient le patient, le recousaient et après l'avoir recousu découvraient qu'ils avaient laissé tous leurs instruments dedans. Aucun des deux exercices n'avaient un rapport direct avec ce qui se passait vraiment dans la pièce, mais ils aidaient à exciter l'imagination des acteurs et leur permettaient ainsi de se mettre « dans les mots de la pièce » et au centre de l'événement qui se déroulait.

Un autre exercice, l'improvisation sur un mot, se pratique en général avec un seul individu. C'est un exercice fait pour obtenir une impression immédiate plutôt qu'une série d'impressions. On donne à l'acteur un mot, et un laps de temps d'une minute; au bout de cette minute, il est supposé jouer le mot en pantomime, pas d'une manière quotidienne, mais subtile, vivante et théâtrale. On peut lui permettre d'émettre des sons, mais pas des mots; le but de cet exercice est d'encourager le corps de l'acteur à avoir, en quelque sorte, une idée claire des choses.

Je me rappelle très particulièrement deux de ces improvisations, elles furent exécutées au Group Theatre. Le mot choisi était : Amérique. Une des actrices se leva et alla prendre sur scène la pose de la statue de la Liberté; c'était plutôt banal, mais il n'y avait rien à redire; elle resta un moment immobile dans cette attitude et soudain la torche qu'elle tenait dans sa main droite se mit à descendre lentement et se transforma en un verre d'alcool; la statue de la Liberté tituba légèrement; elle était un peu grise! c'était aussi l'Amérique!

Clifford Odets fit une improvisation sur ce même mot au moment où il écrivait ses premières pièces. Au départ, son personnage était endormi; le réveil sonne, il se lève, s'habille en vitesse, se précipite dans le métro, joue des coudes pour entrer dans le wagon, sort en courant, se précipite dans son bureau, enlève son manteau, range ses affaires, s'assied dans son fauteuil et, posant les pieds sur la table, sort un gros cigare qu'il se met à fumer avec placidité! Voilà aussi une image de l'Amérique, humoristique et convaincante.

L'improvisation sur un mot entraîne l'imagination de l'acteur à saisir des possibilités de pensée, à se laisser stimuler et pousser par elles vers un comportement immédiat, car cet exercice ne peut être exécuté qu'à l'aide de faits précis et de gestes.

Un autre genre d'improvisation utilisé par les membres

du Group Theatre était destiné à montrer qu'on peut dire n'importe quelle phrase et qu'elle peut vouloir dire n'importe quoi, selon les circonstances dans lesquelles elle est proférée et le caractère qu'on veut y attacher; ceci tend à prouver que les mots n'ont pas un sens fixé une fois pour toutes, comme nous avons tendance à le croire en général. Les mêmes mots dans des situations différentes et énoncés par des personnages différents peuvent avoir un sens diamétralement opposé. Cet exercice développe l'imagination de l'acteur en lui montrant que les mots tirent leur signification de ce que fait l'acteur.

L'improvisation sur trois mots est généralement exécutée par deux personnes. On leur donne trois mots et un délai d'une minute. Elles sortent, et pendant cette minute elles doivent non seulement choisir une situation de base mais aussi trouver à chacun des trois mots un sens intéressant et totalement différent de l'ordinaire. Alors elles reviennent sur scène et jouent la situation. Aucune d'elles ne sait ce qui va se passer. Par exemple, on donne à un garçon et à une fille les mots : sucrerie, whisky et musique. Ils pourraient imaginer que lui va assassiner quelqu'un, qu'elle est un agent du F.B.I. et que le mot sucrerie veut en réalité dire poison, whisky, explosif et musique, le plan des opérations. L'important est d'apprendre à voir derrière les mots, à ne pas les considérer comme une sauvegarde, mais à leur donner toujours un sens imaginaire qui prolongera le chemin de la pensée. L'improvisation entraîne le consentement de l'acteur à jouer sans connaître le résultat final et permet en même temps le jeu de l'imagination.

LE TRAVAIL ÉMOTIONNEL

Jusqu'à présent toute la formation de l'acteur a été centrée sur le travail de préparation de son instrument aux exigences du travail émotionnel. Il est clair qu'une grande partie du jeu de l'acteur met en cause les réactions émotionnelles, mais Strasberg prend grand soin de souligner qu'une bonne part aussi est dénuée d'émotions; il insiste sur le fait que le travail non émotionnel doit précéder le travail émotionnel dans tout système de formation convenable. L'acteur n'a la permission de commencer à travailler sa mémoire affective que lorsqu'il a parcouru les stades précédents de sa formation.

Mme Siddons avait un mari et des enfants. Elle devait, en plus de son métier de comédienne, s'occuper d'eux et accomplir les diverses tâches d'une maîtresse de maison, de sorte qu'elle ne pouvait travailler ses rôles que tard dans la nuit, quand tout le monde était au lit. Elle commençait parfois à minuit et, parce qu'elle ne pouvait le faire ailleurs, elle travaillait dans le grenier; c'est dans ce grenier qu'elle commença à travailler le rôle de Lady Macbeth; elle a décrit dans ses souvenirs comment elle se mit à lire le texte de Lady Macbeth tard la nuit, dans le calme de ce grenier, et comment tout à coup elle fut envahie par la peur; le texte avait pris possession de tout son être; elle sortit en courant du grenier et la bougie qu'elle tenait à la main s'éteignit. Elle demeura pétrifiée. C'est ainsi, dit-elle, qu'elle apprit à jouer Lady Macbeth.

Edmond Kean disait que quand il jouait Hamlet — ce n'était pas un de ses meilleurs rôles — il lui fallait, pour certains passages, rechercher l'émotion en dehors du texte parce que certains mots et certaines situations de Shakespeare ne l'émouvaient absolument pas. Il y avait pourtant une scène qui se déroulait toujours bien pour lui, c'était celle où il ramassait le crâne de Yorick. Les larmes lui venaient toujours aux yeux, et il adorait ce moment-là — comme un acteur peut l'adorer — parce qu'il avait pour lui une signification très particulière. Chaque fois qu'il ramassait le crâne de Yorick, il pensait à l'un de ses oncles qui lui avait — le premier — fait connaître Shakespeare et lui avait appris à jouer. Voilà pourquoi ce moment était toujours réussi pour lui.

Mais jamais il ne tira de conclusions de cette expérience; il n'a jamais recherché une loi selon laquelle un être humain doit réagir et qu'il pourrait utiliser dans les moments où la pièce « ne marche pas naturellement, et inconsciemment », moments où il en aurait eu particulièrement besoin. A vrai dire, si nous parcourons l'histoire du jeu théâtral, nous trouvons des quantités de merveilleuses expériences de ce genre qui prouvent que les acteurs du passé savaient parfaitement comment ils pouvaient obtenir les réactions convenables. Mais ils le découvraient pièce après pièce; jamais ils ne se demandaient : « Comment pourrais-je introduire ici ce que j'ai découvert dans la pièce précédente? » Cette découverte là, bien entendu, a été le grand et durable apport de Stanislavski.

Un acteur peut, inconsciemment, travailler des émotions dans une pièce. Elles peuvent lui venir facilement sans aucun travail conscient, mais le fait est là : demain, il faudra recommencer. Le travail accompli pour essayer de traduire les émotions en scène doit prévoir la capacité de répéter cela à volonté.

La mémoire affective n'est pas la simple mémoire, c'est une mémoire qui engage l'acteur personnellement au point que des expériences émotionnelles profondément enracinées commencent à réagir. Son instrument s'éveille et il devient capable, sur scène, de recréer cette façon de vivre qui est essentiellement « revivre ». L'expérience émotionnelle originale peut être une expérience heureuse, ou effrayante, ou affreuse; elle peut avoir trait à la jalousie, la haine ou l'amour, cela peut être une maladie ou un accident; cela peut être tout ce vers quoi se dirige votre esprit quand vous vous demandez : « Est-ce que quelque chose d'étrange, d'inhabituel, de passionnant m'est arrivé? » Si votre esprit ne se rappelle pas tout de suite ce genre d'expérience, c'est généralement signe que cette expérience a été faite mais qu'elle a été enfouie dans l'inconscient et n'aime pas en être tirée. De tels phénomènes se produisent tous les jours chez l'être humain, surtout quand on est jeune; ils conditionnent notre comportement ultérieur pendant toute notre vie.

Si l'acteur commence juste à utiliser la mémoire affective, il est prudent de retourner au moins sept ans en arrière pour trouver des expériences émotionnelles; en fait, plus la mémoire peut revenir en arrière (jusqu'aux années d'enfance, même) mieux elle fonctionne pour l'acteur. Plus le conditionnement est ancien, plus grande est sa tendance à travailler de façon continue, sans altération. Plus l'expérience est proche, plus elle a tendance à se travestir à l'usage, sur scène.

La réaction émotionnelle provoquée par la mémoire affective ne peut être déterminée à l'avance; un être humain ne fonctionne pas avec la précision d'une machine; l'acteur doit explorer abstraitement l'expérience primitive — comme un exercice de jeu théâtral — et voir ce qui se produit; quelquefois, il ne se passe rien; bien que l'acteur se rappelle très bien l'expérience, elle ne produit pas la réaction escomptée. Quelquefois, l'acteur croit que telle expérience n'apportera pas grand-chose, et c'est le contraire qui se produit; il doit trouver ces expériences en les mettant à l'épreuve. Nous ne permettons à personne de dire : « Je ne me rappelle pas »; il faut faire un effort car, en général, à une personne qui dit : « Non, rien ne m'est arrivé », il est en réalité arrivé des choses importantes! Elle a simplement eu tendance à les mettre inconsciemment de côté; l'acteur doit apprendre à les affronter car ce n'est qu'au travers de lui-même qu'il peut faire des expériences sur scène.

L'important, dans l'utilisation de la mémoire affective est de maintenir sa concentration, non pas sur l'émotion, mais sur les objets sensoriels ou les éléments qui font partie de l'expérience originale qu'on se remémore. Voilà pourquoi l'acteur doit savoir maîtriser les exercices de concentration de la mémoire sensorielle avant d'attaquer le travail de la mémoire émotionnelle; dans celle-ci on essaie de voir les gens qu'on a vus, d'entendre les choses qu'on a entendues, de toucher maintenant les choses qu'on touchait alors; on essaie de se rappeler, à travers les sens, le goût qu'on avait dans la bouche, les vêtements qu'on portait et la sensation que ces vêtements procuraient à notre corps. L'émotion elle-même, on n'essaie pas du tout de se la rappeler.

A L'ACTRICE L. : Si vous dites : « Je me souviens que j'étais debout dans la chambre quand j'ai fait cette expérience », cela suppose que vos pieds touchaient quelque chose. Qu'est-ce qu'ils touchaient? pouvez-vous vous rappeler quelle partie de vos pieds touchait le tapis et quel genre de tapis c'était? Pouvez-vous vous rappeler la sensation que ce tapis donnait à vos pieds? De plus, le fait d'être debout dans la chambre implique une chambre; est-elle éclairée? Si oui, pouvez-vous voir la source de la lumière? Pouvez-vous voir l'ombre qu'elle projette sur le mur? Si, par hasard, vous n'arrivez pas à voir avec précision un objet que vous vous rappelez avoir vu là, ne vous en faites pas. Passez à l'objet suivant, mais faites un véritable effort pour le voir. « Debout dans la chambre » peut signifier : « Je portais une robe qui me grattait dans le dos; j'avais chaud; je transpirais et la transpiration coulait jusque-là et à cet endroit ça me démangeait; je me rappelle parfaitement cette démangeaison. » Il faut que vous continuiez à recréer les objets sensoriels, les réalités et la chambre dans laquelle vous vous trouviez. S'il ne se produit aucune émotion, il ne faut pas s'en inquiéter, mais si l'expérience réussit, vous pouvez vous dire : « Voilà, une de mes clés d'or. »

Parmi cent expériences de mémoire affective, il peut n'y en avoir que six qui « marchent », quoique les autres puissent fonctionner dans une certaine mesure; mais le conditionnement émotionnel est permanent et il se renforce avec le temps. Quand une mémoire affective semble s'user, cela provient en général de ce que l'acteur anticipe sur ce qui devrait arriver. Il se propulse trop énergiquement vers les objets; la tension s'interpose alors entre lui et son émotion.

Si pareille chose se produit, nous lui demandons de s'asseoir, de se détendre et de recommencer cette mémoire affective; cela réussit en général. Une fois qu'une mémoire affective a fait ses preuves, elle est théoriquement capable de toujours fonctionner.

Cependant, même si l'acteur accomplit correctement une mémoire affective, elle peut ne pas fonctionner la première fois; cela implique qu'un conditionnement contraire est, en quelque sorte, intervenu et que l'expérience originale a perdu de sa force émotionnelle. De plus, la valeur émotionnelle de l'expérience peut avoir changé. On peut commencer par se remémorer une expérience heureuse et finir en pleurant parce que ce bonheur, aujourd'hui, n'est plus. On peut se rappeler quelque chose de triste qui tout à coup vous apparaît comme une blague. Néanmoins, en essayant bon nombre de mémoires affectives, l'acteur se procure petit à petit un stock de souvenirs qui sont permanents et deviennent plus faciles à évoquer au fur et à mesure qu'il s'en sert.

Après que l'acteur a découvert une mémoire affective réellement utilisable, il doit encore affronter le problème de l'amener dans la scène qu'il joue. Il doit faire fusionner sa propre émotion avec l'événement et le personnage qu'il incarne. Par exemple, pendant que son partenaire parle, l'acteur écoute et répond avec naturel, mais en même temps il essaie de se concentrer sur ses propres objets et ainsi de faire fusionner son propre matériel avec celui de l'auteur; il découvrira par la suite — surtout s'il n'a pas de texte — que le processus de la mémoire devient plus rapide, de sorte que l'accomplissement de la mémoire affective ne prend réellement pas plus de deux minutes. Au Group Theatre où l'on travaillait ces mémoires affectives au cours des représentations, nous accordions à l'acteur un certain laps de temps; on avait besoin d'une minute avant le moment de l'émotion, pour mener à bien la mémoire affective. Quand une réaction émotionnelle était nécessaire à un certain moment, au milieu d'une scène, l'acteur savait qu'il devait commencer sa mémoire affective soixante secondes avant, et que sa réaction émotionnelle serait prête exactement à la réplique voulue.

Vakhtangov a décrit la mémoire affective comme essentielle à la compréhension de tout le processus de la réalité dans le jeu théâtral. La compréhension ordinaire de cette réalité suppose que l'acteur dise, par exemple, : « Frappez-moi; allons, frappez-moi de façon que je me sente en colère contre vous. Faites-moi mal, de façon que ma réaction soit vraie. » Ce n'est pas jouer! N'importe qui, si on le frappe, aura une réaction provenant d'une émotion réelle; mais on ne peut se fier aux émotions réelles, sur scène; elles sont sujettes à variations; l'acteur ne sait pas exactement ce qu'elles sont. Vakhtangov disait : « En art, nous n'utilisons jamais d'émotions vraies, c'est-à-dire littérales, mais seulement des émotions provenant de la mémoire affective, autrement dit des émotions qu'on se remémore »; ce sont les seules que l'on puisse contrôler, et le fait même qu'elles soient remémorées offre le moyen de les répéter; elles évitent que la représentation donnée par l'acteur soit accidentelle. L'émotion qu'on se rappelle, qui a une continuité, une logique et qui, par conséquent, offre une prise, est la seule qui puisse être la base de l'art. Wordsworth l'appelait « l'émotion qu'on se rappelle dans la tranquillité ». Quelqu'un d'autre a dit qu'une chose doit rester dans l'esprit jusqu'à ce que son souvenir se refroidisse, avant qu'on puisse l'utiliser en art. Vakhtangov résumait tout cela en disant que, dans le jeu théâtral, toute émotion est, en réalité, mémoire affective de l'émotion — vraie, réelle mais pas littérale.

Si l'acteur essaie de pousser son émotion, de lui donner un coup de main, avant qu'il ait le temps de s'en apercevoir, son jeu est devenu tendu et l'émotion disparaît. Elle s'engendre elle-même et continue à se déverser comme l'eau quand on ouvre le robinet. Elle est comme un petit enfant; si vous accourez trop vite vers lui, il se sauve; alors vous prenez un sucre d'orge et vous dites : « Oh, je viens d'acheter un joli sucre d'orge. » L'enfant s'arrêtera. Vous dites alors : « Tu aimes les sucres d'orge? j'en ai un autre si tu veux. » Petit à petit, l'enfant se rapprochera de vous. Mais si vous lui dites alors : « Viens vite chercher le sucre d'orge », il va se sauver à nouveau parce qu'il veut l'obtenir de par sa propre volonté; même s'il a envie du sucre d'orge, il continuera à dire non! L'enfant n'aime pas qu'on le force.

Parfois un acteur essaie de forcer une émotion dans une scène en tâchant de se remémorer directement l'émotion qu'il a éprouvée au cours d'une expérience personnelle. Nous ne voulons pas qu'il fasse cela. L'être humain ne peut pas forcer l'émotion; elle jaillit comme le résultat d'un genre d'action différent. Par exemple, très souvent quand nous sommes émus et que nous essayons d'arrêter cette émotion, nous n'y parvenons pas. Il faut que nous fassions autre chose — que nous prenions un cachet, une douche... ou que nous prenions le temps de faire une longue promenade — toutes choses qui nous détendent et par là même exercent un contrôle indirect sur l'émotion.

Si vous vous donnez l'ordre de penser à tel ou tel lieu, vous le faites facilement. Si vous vous donnez l'ordre de penser à un certain événement, c'est encore très facile à réaliser; vous pouvez même vous voir à un moment où vous ressentez une vive émotion, mais cela ne produira pas une réaction émotionnelle; on ne peut se donner l'ordre de ressentir une certaine émotion, parce que l'émotion n'est amenée que par la concentration sur les objets qui sont en rapport avec elle. Tel est le processus de la vie. Nous aimons certains endroits; ils nous font cet effet sans que nous sachions exactement pourquoi; certes, des événements ont dû s'y passer qui produisent cette impression; d'autres endroits nous font l'effet contraire; ils ne sont pourtant pas intrinsèquement différents mais nous disons : « A...a... ah! je n'aime pas cet endroit »; et quand les gens essaient de nous raisonner : « Mais voyons, c'est un endroit merveilleux », nous continuons à dire : « Je ne sais pourquoi, mais je m'y sens mal à l'aise. » Incontestablement, il s'est passé dans cet endroit quelque événement maintenant oublié dont le souvenir continue à faire naître un sentiment de malaise.

Une réaction émotionnelle est une réaction conditionnée. Elle peut être évoquée par la concentration sur les facteurs associés au processus particulier du conditionnement. Quand on éprouve une émotion dans la vie, elle est vraie; elle fait partie d'un vrai processus de vie. Quand on aborde un passage émotionnel — sur scène — la situation dont elle fait partie est pure fiction, un produit de l'imagination. L'acteur a, de ce fait, l'impression qu'il doit faire quelque chose de spécial pour créer l'émotion. Sa tendance est d'anticiper sur les résultats émotionnels recherchés. Il se dit : « Je veux cette émotion; allons, émotion, viens. » Et l'émotion... disparaît immédiatement! Quel que soit le mal qu'il se donne, rien n'arrive. Mais souvent, s'il cesse de faire des efforts, tout à coup l'émotion est là. En travaillant à faire naître une émotion, l'acteur doit créer le sentiment de : « Je ne veux pas vraiment cette émotion, peu m'importe qu'elle vienne ou pas. »

La mémoire affective est la base du travail qui permet de re-vivre en scène, et par conséquent la base aussi de la création d'une expérience sur scène. Ce que l'acteur répète au cours des représentations, ce ne sont pas seulement les mots qu'il a dits hier et les mouvements qu'il a faits, mais le souvenir de l'émotion qu'il atteint à travers le souvenir de la pensée et de la sensation.

Les exercices de mémoire affective commencent par la traduction en paroles du souvenir des objets associés à l'émotion; ceci n'est fait que pour vérifier chez l'acteur la correction de sa façon de procéder. Strasberg lui demande ensuite de cesser de traduire ce souvenir par des mots, mais de continuer à se concentrer intérieurement tout en accomplissant une tâche ordinaire; cela l'amène à se servir d'un dialogue simple tout en s'efforçant de retenir l'expérience affective. A ce moment, savoir jusqu'où l'acteur peut aller, n'est plus qu'une question de talent et de travail soutenu; il utilisera progressivement un matériel plus difficile, de façon à accroître sa capacité à s'identifier avec le rôle sur tous les plans.

Cependant, il y a certains acteurs qui ont du talent et des capacités émotionnelles mais chez lesquels les réactions émotionnelles — ou n'importe quelle vraie concentration — ne peuvent se produire en scène. Ils ont l'air parfaitement détendus, mais ne le sont jamais vraiment. Ils se donnent beaucoup de mal et paraissent avoir des difficultés particulières dans leur volonté d'accomplir les tâches prescrites; leurs efforts ne paient pas. Dans les exercices de concentration, ils ont du mal à « partir de l'objet ». Ils « jouent » toujours — jusqu'à un certain point — les résultats. Quand ils se lancent dans une mémoire affective, quels que soient les résultats obtenus, ils sont toujours conventionnels et « pas vrais ». Pourtant ces acteurs aux possibilités et au talent réels ont passé des années à travailler dur et à s'entraîner. Ils font tout ce qui devrait leur permettre de jouer, mais ils restent déficients dans un domaine essentiel : la capacité de s'utiliser soi-même.

Pour de tels acteurs, Strasberg a mis au point un exercice qui donne souvent des résultats étonnants. Il l'appelle « le moment privé ». Cet outil permet à l'acteur d'aller directement au plus profond et au plus inconscient de lui-même, là où l'impulsion reste à découvert; il se rapporte au processus fondamental de l'imagination et conduit à l'étape suivante du travail de l'acteur, celle de l'expression.

Aux acteurs qui ont cette difficulté, Strasberg permet de faire cet exercice assez rapidement; toutefois, à ceux qui ont des problèmes relevant de la psychiatrie, il refuse obstinément de le faire faire.

Le moment privé est une variation sur le thème des exercices de concentration; j'ai commencé à l'utiliser en 1956 et en 1957. Je l'ai trouvé très utile à certaines personnes; il a une grande valeur pour l'acteur qui a des difficultés à s'engager complètement de façon à donner libre cours à ses réactions sans se préoccuper de jouer pour le public. Les gens qui aiment faire des choses en public n'ont aucune difficulté dans ce domaine, et pour eux, le moment privé est dénué d'intérêt. Pour ceux qui aiment faire des choses émotionnelles, le moment privé ne serait que... continuer à manger des bonbons quand on est déjà en train d'en manger; c'est inutile.

L'exercice vient de la pure logique, et ce n'est qu'après avoir commencé à l'utiliser que j'en découvris la pleine valeur. Je relisais les livres de Stanislavski et tombai sur le passage dans lequel il déclare que l'essentiel, dans le jeu théâtral, est d'apprendre à se conduire en public comme si on était en privé. J'avais lu cela plusieurs années auparavant, mais cela ne m'avait pas particulièrement impressionné. Cette fois, je me rendais compte que c'est vraiment ce que nous essayons de faire dans les divers exercices de concentration. Quand je relus la phrase : « il faut se conduire en public comme si on était en privé », je m'aperçus tout à coup que dans les exercices, je n'avais rien fait pour mettre en valeur ce que ces exercices sont censés réaliser. Je me dis : « C'est vraiment la chose importante; je connais beaucoup d'acteurs qui développent leur concentration et pourtant le public n'a jamais l'impression de les suivre là où ils sont; car ce sont eux toujours qui viennent rejoindre le public. » C'est la différence essentielle entre deux genres de jeu théâtral; le premier vient à vous, montre, touche et démontre; le second exige que vous alliez là où il va. Même quand vous ne l'aimez pas, quand vous détestez même ce qu'on est en train de faire, ce genre de jeu vous entraîne là où il va. Le résultat est que vous ressentez non seulement de la joie et du plaisir, mais aussi les choses mêmes que ressent le personnage. Bien que connaissant beaucoup d'exercices de Stanislavski, je ne pouvais m'en rappeler un seul qui se rapportât directement à cette nécessité où se trouve l'acteur d'agir « en public, comme s'il était en privé ». Je me demandai donc : « Que se passerait-il si je demandais à ces acteurs de faire quelque chose qu'ils font dans la vie mais qui, même dans la vie, est une chose tellement privée que, bien qu'il la fasse et qu'elle soit vraie, ils se sentent obligés de s'arrêter dès que quelqu'un arrive ? Même dans la vie, ils ne peuvent agir privément qu'en privé. Qu'arriverait-il alors ? »

Nous avons commencé à pratiquer cet exercice, et deux choses s'ensuivirent : l'exercice donna de merveilleux résultats dans le domaine de la croyance que l'acteur accorde à ce qu'il fait, et produisit une libération de l'émotion et un accroissement de l'énergie théâtrale que je n'avais pas soupçonnés auparavant chez ces acteurs. Les objets de l'exercice, tirés en quelque sorte de l'intimité particulière à chaque individu, étaient assez puissants pour engendrer ce genre de concentration. En même temps, le caractère d'improvisation de l'exercice les laissait libres de poursuivre ce qu'ils étaient poussés à faire.

Mais on découvrit encore autre chose, que je n'avais pas prévu. Dans la vie, les gens agissent avec une liberté d'expression bien plus vivante, bien plus grande qu'en scène, même dans les moments où ils jouent bien. Des personnes qui, sur scène, étaient paralysées dans leurs mouvements, firent ces exercices avec une étonnante aisance. Une des actrices avait travaillé avec moi pendant deux ans. Elle avait fait des progrès lents mais réguliers, sans que rien ne lui arrivât vraiment en scène. Avant de venir chez moi, elle avait travaillé avec presque tous les professeurs d'art dramatique. Pendant ces deux années, son travail avait été profond et simple, mais il était toujours mental, toujours précis. C'était un billet de banque qui avait simplement l'air d'être authentique; sa réalité semblait cachée sous un voile.

Je demandai à cette actrice de jouer devant nous un moment privé; ce fut une révélation : elle fit des choses que les filles n'aiment pas qu'on sache en général : elle arrachait les cheveux des gens et autres choses du même genre. Ce n'était pas trop personnel, assez cependant pour être le comportement dont on ne parle pas et qu'on ne voit pas d'ordinaire sur scène. On vit alors un aspect totalement inconnu de sa personnalité et tout à fait différent de tout ce qu'elle avait apporté sur scène jusque-là. Je lui dis : « Continuez, pensez-y. » Un jour, elle revint en disant qu'elle avait un autre moment privé mais qu'elle n'était pas sûre d'arriver à le faire. Elle apporta un disque de musique turque et un autre de danses modernes qu'elle avait déjà utilisés dans un exercice. Puis elle s'isola un moment, comme si elle était seule, étendue sur son lit dans sa chambre, selon son habitude. Puis elle mit le disque de musique turque et commença à danser. Jamais je n'ai vu chez une jeune femme un tel abandon sur scène; c'était ce que j'appellerais une danse excitante, passionnante et choquante dans le sens qu'on n'imaginait pas pareille chose venant d'une telle personne.

Cela agit sur elle comme un tonique; à partir de ce moment son travail changea; il y eut vraiment une rupture dans la continuité monotone de son travail, sa voix se transforma, de nombreuses couleurs vocales commencèrent à se faire voir; elle se mit à penser réellement en scène, et la pensée commença à prendre possession d'elle. Nous l'avons encouragée à choisir des scènes dans lesquelles quelque chose de semblable à ce moment privé pouvait avoir lieu; nous vîmes jaillir chez elle une aisance et une plénitude dans les réactions que nous ne soupçonnions pas et finalement, dans une scène, elle partit... partit... plus loin... encore plus loin... jusqu'au moment où tout à coup elle explosa, comme dans son exercice du moment privé. Ainsi, nous avons pu contrer ses habitudes — enracinées depuis longtemps — de ne pas exprimer aussi pleinement qu'elle le pouvait ce qu'elle ressentait.

Certains acteurs confondent le moment privé avec l'idée d'être simplement seul ou personnel. Ce n'est pas ce que nous voulons dire. Quand on est seul, cela ne veut pas forcément dire qu'on soit intime. Beaucoup de choses très personnelles ne sont pas intimes, on ne craint pas d'en parler devant les gens et on n'est pas gêné qu'elles se sachent. Elles sont très personnelles mais cela nous est égal de les partager. Nous disons : « C'est difficile d'en parler, mais un de ces jours, je vous le dirai », et on le fait. Ce sont donc des choses personnelles mais pas intimes; les choses intimes, on ne les fait que seul et on se sent incapable de continuer à les accomplir si quelqu'un entre dans la chambre; s'il ne s'agit que de choses personnelles, on devient timide et embarrassé, mais on continue.

Un moment privé est précis et concret. L'acteur s'observe et dit, par exemple : « J'ai remarqué que lorsque je réfléchis, il y a des moments où je ne pense pas seulement à moi-même, mais à quelque chose de précis me concernant; quand cela arrive, je fais d'ordinaire ceci ou cela, que je ne me permettrais jamais de faire devant quelqu'un, sauf peut-être, de façon indirecte. Je sais que cela m'arrive, par conséquent, je sais que je peux le faire; je n'ai aucune difficulté à le faire en privé. » L'acteur prend alors cette expérience à son début et suit un processus très simple. D'abord, il essaie de recréer à travers la mémoire sensorielle le lieu où ce moment privé a généralement lieu. Il essaie méticuleusement de faire vivre ses sens dans le cadre de ce lieu qu'il recrée, tâchant d'accroître sa concentration et sa croyance en une activité privée par l'intermédiaire de sa croyance en le lieu qui lui est associé. Pour cette raison, nous lui permettons d'apporter ici des objets personnels — livres, disques et autres objets de ce genre; ils servent à renforcer sa sensation d'être seul; il essaie par exemple de recréer sa chambre, jusqu'à ce qu'il puisse se dire : « Voici le lit, voici la table », jusqu'à ce qu'il puisse voir, toucher, sentir les objets de cette chambre, jusqu'à ce que cette chambre ait pour lui le genre de réalité que toute réalité sur scène doit avoir. Il dit alors : « Je vais, dans cette chambre, choisir le moment où je pense à cette chose précise me concernant, quand, par exemple, je m'inquiète de ma vie professionnelle ou de ma vie privée ou de mes rapports avec les gens, quand je fais de grands discours à des gens qui ne sont pas là ou quand je danse follement ou quand je chante ou m'habille ou me déshabille. » Il fait cela aussi pleinement que possible, mais sans faire de l'imitation; il faut qu'il le fasse avec autant de facilité que possible. Il dit : « Je vais voir jusqu'où je peux aller dans cette direction; je ne ferai pas de choses que le bon goût me défend de faire sur scène mais je vais essayer de m'approcher au plus près de mon " moment privé "; si je me rapproche trop d'une chose que le bon goût ne me permet pas de faire en scène, je sortirai de scène; je ne suis pas sûr d'arriver jusque-là, mais si c'est nécessaire, je quitterai la scène et ferai en coulisses ce que je ne peux pas faire sur scène; puis je reviendrai et je verrai ce qui arrivera. Je vais voir si je peux le faire avec autant de force et de plénitude que lorsque personne ne m'observe. »

Un moment privé inventé de toutes pièces n'aurait pas les mêmes résultats, parce qu'il n'y aurait rien pour encourager l'inconscient de l'acteur. Un vrai moment privé consiste en quelque chose que l'acteur est sûr de pouvoir faire; le vrai problème c'est de savoir s'il peut le faire en public; dans un moment vraiment privé, le fait que l'intimité est réelle met l'imagination en marche et l'excite. Cet exercice est particulièrement utile parce qu'il évite les problèmes d'interprétation; on ne peut pas dire : « Vous auriez dû faire ceci... ou cela »; ça n'aurait aucun sens, car il n'y a ni scène ni intrigue, mais seulement le problème essentiel du jeu, le fond même du problème : la conviction d'une certaine chose et la façon dont elle fait se comporter l'acteur. L'idée de Stanislavski est ainsi mise en pratique dans un exercice et cela permet à l'acteur de garder, en public, un certain comportement qui, non seulement a un caractère privé, mais souvent dépasse en vigueur tout ce qu'il pourrait créer par l'intermédiaire de ce qu'on appelle d'ordinaire une bonne façon de jouer.

FORMATION AVANCÉE

Une fois que l'acteur a acquis la capacité de réagir émotionnellement, il est arrivé au point où il peut commencer le travail de fusion entre lui-même et le personnage qu'il joue.

Cette forme d'éducation très avancée de l'acteur est particulièrement difficile à comprendre au début parce que l'acteur doit commencer par renverser les principes sur lesquels il travaillait jusqu'ici. Au début de sa formation, l'acteur se demande — selon la formule de Stanislavski : « Qu'est-ce que je ferais, si j'étais le personnage de cette situation ? » Ses sens sont mis à contribution. Ses impulsions sont stimulées; ses réactions émotionnelles recherchées.

Mais maintenant, il doit apprendre à prêter ses ressources au rôle. Il doit se demander — selon la formule de Vakhtangov : « Que devrais-je faire pour arriver à faire ce que le personnage fait dans cette situation ? » La ligne qui sépare la réaction émotionnelle et la fusion de cette réaction avec celle du personnage est une de ces frontières invisibles que l'acteur doit franchir; il ne la franchit pas en comprenant simplement l'idée qu'il doit agir ainsi, ni en se faisant une image mentale du personnage. Il faut qu'il apprenne « par le corps » et, jusqu'à ce qu'il y parvienne, l'acteur ne peut jamais dépasser un certain niveau... prometteur. Mais une fois que cette frontière invisible est franchie, la formation de l'acteur cesse de n'avoir trait qu'à lui-même; elle devient double : l'acteur doit se préoccuper à la fois de provoquer ses réactions et de les adapter aux exigences du rôle.

LA LOGIQUE DE LA PIÈCE

Éventuellement, l'acteur devra se préoccuper d'objets mentaux qui lui seront donnés directement par la logique d'une pièce particulière; ceux-ci — comme d'autres objets — peuvent ou peuvent ne pas produire l'effet souhaité chez un acteur; dans le cas négatif, il peut avoir recours à divers moyens — que nous allons décrire par la suite — et qui l'aideront à s'attaquer à de pareils « moments de difficultés ». Mais on ne peut ignorer ces objets, et l'imagination de l'acteur devra les traiter d'une façon ou d'une autre, parce qu'ils sont le squelette de ce qu'il essaie de faire revivre.

Chaque pièce a une logique complexe, mais parmi les objets que nous donne la logique de la pièce, il est possible de distinguer et de séparer la logique des circonstances antérieures, celle des personnages, celle des objets sensoriels essentiels, celle de la situation et enfin, de l'événement précis. Strasberg met toujours les acteurs en garde contre l'idée d'une logique mécanique : la logique ne peut être mécanique.

Lorsqu'on découvrit les antibiotiques, ils apparurent comme le remède miracle capable d'effacer toutes sortes de maladies sérieuses et courantes qui nous inquiétaient depuis de longues années; et pourtant ils posent déjà des problèmes parce qu'ils créent des générations de virus qui échappent à leur contrôle. Telle est la logique de la vie; c'est la logique réelle, pas mécanique. Un déluge est une bénédiction pour une région asséchée, mais il se transforme facilement en inondation et la bénédiction devient alors destruction. La logique de la réalité est différente de la logique mécanique qui fait dire : « Nous avons prié pour la pluie, comment pourrait-elle être néfaste. »

Toute chose a une manifestation réelle. Une cause réelle a un rapport réel avec un résultat réel et ce rapport — si on ne le perçoit pas — peut faire des dégâts dans notre compréhension.

Si la réponse à chaque problème de l'acteur commençait avec la pièce, il n'y aurait pas de difficulté. Quel est l'acteur qui pense à autre chose qu'à la pièce qu'il joue? Quel metteur en scène commence jamais son travail sans dire : « Telle est *mon* interprétation » ? Si nous pensions mécaniquement, nous supposerions qu'une façon d'aborder le travail d'une pièce, concentrée sur la pièce même, doit invariablement conduire à un travail profond, créateur, utile et excellent. Malheureusement il n'en est rien; la difficulté vient de ce qu'on se méprend sur le rapport qu'il y a entre le travail de l'acteur et la scène.

Quand vous posez à un grand acteur des questions sur un rôle qu'il joue remarquablement, il devrait — logiquement — pouvoir expliquer ce rôle, car s'il ne le comprend pas, comment peut-il le jouer si bien ? Néanmoins, beaucoup de grands acteurs vous répondront : « Je ne sais pas ce que vous voulez dire, je vais simplement en scène et je joue ! » Mais si on pose les mêmes questions à des acteurs ordinaires qui donnent de mauvaises représentations, ils vous expliqueront par le menu toute la philosophie, le fond et les intentions de la pièce. Dans l'histoire du théâtre, je ne me souviens que d'un seul grand acteur qui ait laissé une description précise d'un rôle : Mme Siddons pour Lady Macbeth; elle nous a fait une très brillante description de l'interprétation de ce personnage, totalement différente de celle qu'elle a jouée!

La création ne vient pas uniquement de ce que l'acteur a l'intention de faire; les sources de la création sont partout où quelque chose peut éveiller la puissance consciente ou inconsciente de l'imagination. Telle est la véritable logique de la vie créatrice chez l'acteur.

A l'acteur M. : Nous nous sommes donné beaucoup de mal pour vous débarrasser de cette attitude terriblement préoccupée que vous aviez en arrivant au Studio, préoccupation qui concernait la pièce. On ne pouvait rien voir d'autre, chez vous, que votre souci de la scène, ou plutôt l'inquiétude que vous ressentiez et qui pourrait être formulée en ces termes : « Que vais-je faire pour que ce sacré public comprenne ce que je veux qu'il sache au sujet de cette scène. » Vous avez, heureusement, fait de continuels efforts pour vous défaire de cette attitude. Aujourd'hui, ces efforts ont été merveilleusement payés de retour dans la première moitié de la scène que vous nous avez jouée. Vous étiez vraiment pris par la scène. Pendant que vous étiez assis là, votre visage a changé; c'est une des premières fois que je vous ai vu croire vraiment à ce que vous faisiez; quelque chose se passait, le jeu a paru continu jusqu'au moment de violence; alors, dans cette seconde partie de la scène, vous vous êtes fié inconsciemment aux répliques et à toutes ces choses par l'intermédiaire desquelles vous aviez l'habitude de jouer. Ensuite, vous ne saviez plus exactement où aller, alors vous avez décidé d'endormir votre personnage. Vous avez essayé de coller aux répliques parce que, en réalité, le manque de foi en votre propre logique vous démonte; ce qui vous a gêné, c'est tout ce que vous n'aviez pas résolu dans le personnage et dans la scène; vous n'aviez pas le sens de votre propre vie; après le moment de violence, vous n'aviez plus aucune solution.

ACTEUR M. : Je ne voyais pas la logique.

STRASBERG : Vous voulez dire que vous avez essayé de faire au mieux, mais le jeu ne consiste pas à faire au mieux; un docteur n'essaie pas de faire au mieux. Pour n'importe quel individu en possession de ses moyens techniques, un problème est une mise à l'épreuve de son talent.

Une actrice avait travaillé une des dernières scènes d'*Été et Fumées* dans laquelle Alma est finalement rejetée par le Docteur. Dans cette scène, la logique des circonstances passées était le fond du sujet.

A L'ACTRICE N. : Vous étiez suffisamment consciente des problèmes pour rendre concrètes quelques-unes des choses qui vous auraient aidée, telles que d'observer sa maison depuis la vôtre, et de regarder se nouer une situation qui rendait nécessaire une visite de votre part. Vous nous avez parlé des autres personnages de la pièce; vous nous avez montré à travers vous-même ce qui arrivait au Docteur, et par conséquent ce qui vous amenait à venir à son bureau. Mais vous avez laissé de côté ce que *lui* aurait pu voir s'il avait observé *votre* maison.

Qu'aurait-il vu? Quelles tribulations avez-vous affrontées avant d'en venir à cette scène qui vous amène dans son bureau? Vous n'aviez pas prévu de venir ici; qu'aviez-vous éprouvé pour en arriver là? sans doute quelque chose de tout à fait inhabituel. Vous vous sentiez malade. Est-ce que cette scène est la continuation de ce sentiment de malaise, ou bien vous a-t-il abandonnée? Il m'a semblé que vous ne vous étiez pas posé toutes ces questions. En réalité, cette jeune femme a eu une dépression; pendant des mois, elle est restée là sans parler à personne, elle avait l'esprit dérangé, mais maintenant elle est sortie de cet état; mais de quel état précis est-elle sortie et quelle a été son attitude pour en sortir? Vous n'avez pas créé dans cette scène la qualité qui résulte de l'expérience à laquelle elle se réfère quand elle dit : « Nous sommes faibles, mais nous trouvons parfois la force de regarder la vérité en face. » Voilà ce qui est arrivé pendant sa maladie; elle a laissé se consumer tous ses sentiments antérieurs; elle a passé par une terrible épreuve et en est sortie purifiée; jusque-là, elle avait été calme et recueillie, mais pendant sa convalescence, elle s'est regardée droit dans les yeux pour la première fois. Voilà pourquoi elle se dit, juste avant que commence la scène : « Voilà ce que je veux et voilà ce que je dois obtenir. »

J'ai eu conscience de l'absence de cette expérience antérieure, dès le moment où vous êtes entrée en scène. Malgré le fait que vous étiez, ici, dans son bureau, il était clair que vous n'aviez pas encore pris la décision d'y venir, alors qu'Alma Winemiller a mis six mois à la prendre; les doutes, les inquiétudes et les préoccupations que vous avez merveilleusement rendus aujourd'hui sont toujours là, mais il doit y avoir aussi les autres choses qui l'ont obligée à se regarder en face et l'amènent à affronter le Docteur dans cette scène; je ne sais pas exactement ce que c'est, je ne sais pas si c'est de la force ou autre chose, c'est à vous de trouver; votre façon de le faire, votre imagination, votre conscience peuvent être différente de celles de quelqu'un d'autre, mais ce qui vous est arrivé avant cette scène est vital pour la scène et, ça, je ne l'ai pas vu.

Strasberg a discuté la logique d'un personnage avec l'actrice O. après qu'elle eut travaillé la scène de l'acte IV des *Trois Sœurs*, dans laquelle Tusenbach dit adieu à Irina avant le duel.

STRASBERG : Qu'elle soit jeune ou vieille, que désire Irina plus que tout au monde?

O. : L'amour.

Strasberg : Exact. Elle cherche l'amour; toute personne qui éprouve ce besoin est encore jeune.

O. : Mais en réalité elle ne veut pas de Tusenbach.

Strasberg : Je vous en prie; oubliez cela pour l'instant. Le père de ces trois sœurs est mort, il y a quelque temps; une partie de la vie, telle qu'elle était de son vivant, a disparu maintenant; les problèmes de la vie ennuient et préoccupent les trois sœurs, mais Irina, la plus jeune, cherche l'amour. Elle est sentimentale; elle sent qu'il existe quelque chose comme l'amour qu'elle n'a pas encore trouvé, mais qu'elle trouvera peut-être si elle n'abandonne pas la partie. Si vous ne créez pas cette qualité, il n'y a pas de scène. Que devez-vous faire pour créer ce personnage en quête d'amour?

O. : Y penser tout le temps.

Strasberg : C'est exact.

O. : Quand Irina entend la voix de celui qui appelle, elle pense à Macha et à son mari, au vide des sentiments de Macha...

Strasberg : Non, non, non! Ne pensez pas à Macha! Mais à vous, seulement. Ne vous préoccupez pas de la pièce; je ne veux pas de philosophie ni de romans policiers.

O. : Elle est rêveuse.

Strasberg : Savez-vous ce que cela veut dire? Nous avons tous été dans cet état, qui nous fait nous promener, l'air vague, de sorte que les gens demandent : « Qu'est-ce qu'il y a? » Quelquefois, on répond : « C'est le printemps. » Quelquefois on dit autre chose. Voilà le genre de qualité qu'il faut trouver ici pour créer Irina dans cette scène; c'est ce qui vous permettra d'endosser sa personnalité, encore jeune, encore rêveuse, encore en quête d'amour. Elle s'est levée tôt le matin, les gens s'en vont; il y a dans son cœur plutôt un peu plus d'émotion que moins, car le moment où nous abandonnons quelque chose pour en accepter une autre est le moment précis où cette chose mourante a un dernier sursaut et brûle de tous ses feux avant de disparaître. Son humeur envahit inconsciemment tout son être; il faut y travailler, parce qu'il n'y a rien dans la scène qui puisse vous inspirer cela directement; il n'y a rien que les choses qu'Irina va accepter, pas cette autre chose qu'elle désire encore et à laquelle elle croit qu'elle va renoncer.

O. : C'est très clair pour moi; je commets toujours la même erreur. J'ai ce besoin de nier l'évidence.

STRASBERG : Ce n'est pas une simple affaire de négation; c'est aussi un problème de création.

La « logique d'un personnage » se rapporte à la fois à la conscience qu'on a des qualités du personnage et au degré d'expérience nécessaire pour reproduire ces qualités. Strasberg a discuté ce point avec l'actrice P. après ue scène où elle avait travaillé le rôle de Nicole dans *Tendre est la nuit.*

C'est un monologue très difficile; vous nous l'avez prouvé en disant que vous aviez dû en laisser une partie de côté parce que vous ne trouviez aucune logique sur laquelle baser votre travail. Cependant la scène que vous avez jouée ne nous permettait absolument pas de voir dans quelle mesure vous en aviez une réelle connaissance. Après la scène, vous nous avez dit que la femme est censée être un peu dérangée mentalement; ce monologue est le genre d'expression qui lui vient dans les moments où elle éprouve ce dérangement. Qu'avez-vous fait pour créer cela? Vous vous êtes dit : « Quand elle passe par une crise de dérangement mental, elle a des migraines; donc, je vais me donner la migraine. » Avoir la migraine ne conduit pas du tout à être dérangée mentalement! Il faut que vous ayez plus d'imagination et que vous trouviez quelque chose qui éveillera un sentiment de malaise. Autrement dit, vous vous êtes arrêtée trop tôt; vous vous êtes fait une idée du problème, mais dans votre choix des choses qui pourraient affecter votre imagination et résoudre le problème, vous vous êtes arrêtée net.

Au cours de la scène, vous avez laissé tomber la migraine, non seulement parce que votre concentration s'est portée ailleurs, mais aussi parce que vous ne perceviez pas de rapport réel entre la migraine et le dérangement mental. La migraine n'a rien déclenché en vous qui fût en rapport avec le dérangement mental, de sorte qu'elle a, en réalité, gêné votre concentration.

Voyons si vous pouvez exciter votre imagination au moyen

de questions; ne vous en remettez pas à moi. Que se passe-t-il quand une personne est seule et que cette solitude déclenche la peur que quelque chose ne tourne pas rond en elle, ou la peur du mal qu'elle a fait à quelqu'un, ou avec quelqu'un? On ne peut pas se satisfaire de choisir une chose comme la migraine pour créer quelque chose d'aussi vaste que la schizophrénie; la migraine vous a aidée à faire quelque chose de plus concret mais ne vous a pas permis de trouver une solution logique; l'expérience de cette femme ne peut être créée à partir de moments séparés; il faut la créer à partir du centre même, à partir du fait qu'elle est — au départ — dans un certain état d'esprit.

Techniquement, il est parfois possible de trouver la clé qui ouvre toute une maison en choisissant un seul objet très simple; d'autres fois on a besoin d'une clé spéciale pour chaque chambre; bien que vous puissiez ne pas être capable de créer d'un seul coup l'expérience centrale dans une scène comme celle-ci, vous devez néanmoins voir le rapport étroit de chaque élément séparé avec l'expérience centrale, de façon à pouvoir les créer séparément.

MOMENTS DE DIFFICULTÉ

Supposez qu'un acteur ait passé plusieurs années à apprendre son métier. Peut-il jouer maintenant? Et s'il le peut, est-ce seulement le résultat de ses années d'études? Une grande confusion peut naître de ce point si l'on ne garde pas présentes à l'esprit certaines des idées fondamentales de Strasberg. L'acteur court le danger d'essayer d'utiliser sa formation comme un « système » de jeu théâtral au lieu de se servir de lui-même comme d'un instrument entraîné à jouer.

L'idée principale de Strasberg est que la formation théâtrale ne donne pas le talent à l'acteur; elle développe le talent et l'aide à se débarrasser de ses mauvaises habitudes; elle lui enseigne des moyens de contrôler son talent, l'aide à développer une technique personnelle; mais la technique ne permet pas plus à l'acteur de jouer, que le souffle ne lui permet de respirer. La technique peut l'amener à faire une véritable expérience sur scène, mais cette expérience jaillit en fin de compte de son talent et de sa nature humaine, pas de sa technique elle-même.

Strasberg a beaucoup d'idées très précises sur la façon dont un acteur doit aborder un rôle — quelques-unes d'entre elles sont développées dans le chapitre IX — mais la Méthode n'est pas un système de jeu théâtral. Il est vrai que — selon la phrase de Stanislavski — la Méthode offre « des réflexions pour les moments de difficulté »; mais si l'acteur n'a pas reçu une formation profonde, beaucoup des idées développées par Stanislavski lui seront inutiles.

Une grande variété de formules — dont je citerai une demi-douzaine d'exemples — devrait être prête dans l'arsenal de l'acteur pour ces moments de difficulté. S'il a des ennuis avec une réaction émotionnelle précise, il peut se servir d'une « mémoire affective ». Si son travail sur un rôle demeure vague, général et manque de foi, il peut avoir recours à la personnalisation ou à la particularisation. La personnalisation est une formule qui donne à l'acteur de la concentration en l'amenant à se rappeler concrètement et soigneusement une personne réelle qui lui servira de modèle pour le personnage que l'acteur représente, ou dont il parle, ou devant lequel il réagit sous les traits d'un partenaire. Dans la particularisation, l'acteur définit les objets dont il parle de façon qu'ils aient pour lui la signification qu'impose l'auteur. Ainsi Strasberg a instruit l'actrice R. dans cette technique en lui suggérant de répéter un exercice basé sur *Butterfield 8* de John O'Hara.

Vous avez choisi dix objets; le comportement relatif à chacun d'eux est en rapport avec le moment — dans la pièce — où vous souhaitez utiliser ce genre de réalité; vous devez découvrir la réalité derrière chacun de ces objets; chez vous, vous devez travailler avec chacun de ces dix objets, séparément; consacrez cinq heures à chacun d'eux, une journée entière, une semaine, peu importe; prenez le temps qu'il vous faut pour explorer le genre de réalité que chacun de ces objets représente pour vous; c'est là le matériau dont vous avez besoin pour la scène.

L'étape suivante consistera à vous limiter, c'est-à-dire à ne vous accorder qu'un certain laps de temps pour créer chaque objet. Par exemple vous pouvez vous dire : « Je travaillerai chacun des objets avec toute l'intensité possible pendant cinq minutes. » Vous vous donnerez peut-être un peu de temps pour le premier objet de façon à faire démarrer votre concentration, mais une fois qu'elle est là, vous devez être capable de créer chacun de ces objets en cinq minutes, maximum. Si l'objet est, par exemple, l'ennui, vous devez pouvoir créer cette sensation en cinq minutes; vous pouvez utiliser n'importe quel élément sensoriel que vous savez pouvoir avoir pour vous une signification en rapport avec l'idée d'ennui, mais il ne faut pas vous accorder plus de cinq minutes pour le faire; il faut travailler aussi vite que possible.

Tout ce processus pourrait être comparé à celui qui consiste à apprendre à l'enfant à s'habiller; au début, cela prend des heures; plus tard, quand il faut aller à l'école, on commence à se dépêcher, on fait de brusques mises au point. Imaginez par exemple que vous mettiez d'ordinaire trois quarts d'heure à vous habiller; aujourd'hui vous vous réveillez en retard, vous n'avez que cinq minutes pour mettre vos vêtements; eh bien, vous le faites, et vous le faites tout aussi bien qu'en trois quarts d'heure! Une fois que vous êtes capable de faire tout ce qu'il faut faire, le temps peut facilement être ralenti ou accéléré, à volonté. Mais tout dépend de votre aptitude à trouver les éléments qui stimuleront ce genre de réalité et la signification associée à chacun des dix objets.

Quand vous ferez cet exercice au Studio, je veux que vous me donniez la liste de chacun des objets choisis — numérotés de un à dix — et un mot ou une phrase indiquant la nature de chacun d'eux, c'est-à-dire, le sens qu'ils ont pour vous... qu'il soit dramatique, lyrique, ou simplement un passe-temps ou une rêverie; nous ne vous ferons faire que cinq de ces dix objets dans la scène; nous vous donnerons environ dix minutes pour le premier pour vous mettre en train, et au fur et à mesure que vous poursuivrez l'exercice, je vous dirigerai; je vous demanderai par exemple de sauter au huitième objet parce que quelque chose exige soudain du lyrisme; et je vous démontrerai ainsi que le fait d'avoir des objets dont on a profondément exploré la signification et de les intégrer à la scène peut vous conduire à une véritable mise en scène.

Quand un acteur a construit sur de bonnes bases un immeuble de deux étages et que quelqu'un dit : « Si on en ajoutait un troisième », l'acteur peut répondre : « D'accord »; les fondations peuvent le supporter; il pourrait ajouter dix étages si ses fondations sont solides; sinon, même les deux premiers étages s'écrouleront.

La « préparation » est une technique de concentration pour l'acteur qui a des difficultés à éveiller son imagination au tout début d'une représentation ou d'une scène.

La préparation stimule chez l'acteur une logique de pensée, de sentiment et de comportement qui l'empêche de se limiter à un ton ou à une composition conventionnels comme ceux qui ont tendance à surgir lorsqu'on s'attache à l'expression trop immédiate des mots. Si la matière est dramatique et théâtrale plutôt que simplement rhétorique, la préparation place l'acteur dans l'enchaînement vital dont ces mots font partie, qu'il joue Hamlet, Macbeth, ou un personnage de Thomas Wolfe. La préparation permet de s'assurer que « le sel entre bien dans la composition de la soupe » qu'on veut faire; son but est d'étayer la foi de l'acteur en ajoutant aux mots une vélocité émotionnelle; elle crée aussi une continuité de comportement caractéristique de l'être vivant — continuité hors de laquelle les mots de l'auteur peuvent jaillir logiquement.

Ses grands acteurs d'autrefois ont inconsciemment utilisé la préparation. Quand Mme Siddons se tenait dans les coulisses pendant toute la partie de la représentation qui précédait son entrée et écoutait les autres acteurs, elle se préparait. Quand Salvani jouait Othello, il arrivait au théâtre à six heures et s'y promenait un moment; puis il allait se maquiller et revenait encore se promener sur scène; puis il mettait son costume et refaisait la même chose; cela n'a rien de fou ni de stupide; c'est une méthode très logique pour se mettre dans la peau d'un personnage difficile.

Les acteurs non réalistes ressentent aussi ce besoin de préparation. Dans le Théâtre japonais, le processus de préparation est fait inconsciemment, mais néanmoins de façon précise; les acteurs y suivent des rites où les diverses étapes du maquillage sont soigneusement établies et au cours desquelles on ne doit pas les distraire. Puis vient la cérémonie du thé, la prière et d'autres éléments traditionnels; tout cela a fort peu de rapports avec la religion mais beaucoup affaire avec l'approfondissement de la concentration de l'acteur, de son sentiment que « ce que je fais est important; je dois me débarrasser de ma conscience ordinaire pour atteindre une conscience plus profonde », et aussi avec la plénitude et la vivacité de ses réactions — toutes choses qui sont contenues dans le fait de jouer sur scène.

La préparation doit être réduite au minimum. Quand l'acteur n'est pas tout à fait formé, il n'y a aucune raison pour qu'il ne prenne pas le temps de venir longuement dans un endroit comme le Studio pour voir en quoi la préparation peut l'aider; si elle l'aide, qu'il s'en serve, mais il faut qu'il fasse très attention à passer de moins en moins de temps à cette préparation, car moins il lui faudra de temps, plus sa réaction sera fraîche et spontanée. L'acteur doit apprendre à ne pas se fier uniquement à la préparation consciente pour entrer dans la peau d'un personnage ou dans une scène; cette technique devrait, en réalité, être utilisée si adroitement et si rapidement que, quelle que soit la scène, l'acteur n'ait pas besoin de plus de cinq minutes ou même une ou deux minutes avant le lever du rideau, pour sa préparation. Il est vrai que l'acteur peut, inconsciemment, commencer cette préparation dès qu'il arrive au théâtre, et pendant qu'il se maquille; ainsi, un nouveau conditionnement a lieu en dehors de la technique consciente.

La préparation consciente est importante quand l'acteur doit entrer en scène dans un état de grande émotion; trop souvent il croit que le fait d'utiliser beaucoup d'énergie et de tension donnera l'impression que quelque chose se passe; la seule chose qui arrive, c'est qu'il crie et hurle, et que le public se dit : « On ne sait pas ce qui se passe et pourtant il a l'air de se passer quelque chose. » Mais s'il sait exciter rapidement son imagination par la préparation, il n'a aucune difficulté à arriver sur scène dans un état de stimulation suffisante.

Au Studio, les acteurs qui ont tendance à jouer de façon caricaturale ou stéréotypée ou faussement théâtrale, sont encouragés par Strasberg à faire cette préparation en public. Par exemple, l'acteur S. et l'actrice O. ayant joué Richard et Anne dans la scène des funérailles de *Richard III*, Strasberg leur demanda de rejouer la scène et aussi la préparation qui la précédait.

A L'ACTRICE O. : Prenez votre temps et faites cette préparation. Asseyez-vous sur cette chaise mais avancez-la un peu de façon que nous puissions tous vous voir. Essayez de construire en vous-même la sensation de la présence d'autres personnes sur scène. Tâchez de nous faire voir ce qui se passerait vraiment si vous pouviez trouver la raison pour laquelle Lady Anne s'arrête à cet endroit. Que faites-vous vraiment en vous arrêtant ? L'émotion que vous créez alimentera le sentiment de deuil que vous éprouvez au souvenir de votre mari, mais la raison pour laquelle vous vous arrêtez nourrira la logique de votre comportement.

A L'ACTEUR S. : Je veux que vous commenciez sur la chaise; elle est là pour votre préparation; dès que vous vous lèverez, vous commencerez la scène; cela voudra dire que le rideau est levé; tant que vous serez assis, vous pourrez faire tout ce que vous voudrez : il fait chaud vous venez de faire une longue marche... c'est ça, mon garçon, voilà ce que je veux; mais, attendez une seconde! Je veux la main; je veux savoir exactement ce qui cloche avec cette main, jusqu'à quel point il y a vraiment difformité dans le corps, et ce qu'elle est; jusqu'à présent, vous vous êtes contenté de cacher votre main et, tandis que mon imagination allait bon train, je n'ai jamais pu savoir ce que vous *faisiez*.

S. : J'ai décidé que les doigts étaient comme ceci.

STRASBERG : Je sais que vous l'avez décidé, mais je crains que vous ayez pris cette décision afin d'être plus original que les autres qui s'attachent en général à une représentation plus littérale de la chose; je ne suis pas sûr qu'essayer d'être original vous aide; vous avez, un peu plus tard, un passage où vous parlez de cette difformité. Je ne crois pas qu'une main dont les doigts sont seulement légèrement plus maigres que ceux de l'autre justifie de la part de Shakespeare tout un discours dans lequel le personnage demande au soleil de briller de façon qu'il puisse voir l'ombre de sa difformité en passant. Je veux que vous trouviez quelque chose qui mette en éveil la sensation que vous devez avoir, et que vous poussiez votre travail jusqu'au point où il viendra nourrir votre comportement.

Vous arrivez maintenant sur scène avec l'intention de faire tout ce qu'il faut pour la scène et pour votre partenaire, mais rien pour vous; vous faites de très bonnes choses que nous voulons vous voir garder, mais si vous vous contentez de cela, c'est que vous êtes prêt à servir la nourriture avant qu'elle ne soit cuite.

Un des plus grands handicaps de l'acteur se trouve dans le fait qu'il doit jouer la scène; tout son travail revient à cela, mais trop souvent, il anticipe; il se trouve alors en train de jouer la scène au lieu de faire d'abord ce qui la rendrait possible. Donc, prenez votre temps; je taperai du pied quand j'estimerai que la scène doit commencer.

Il y a cependant une autre technique pour les moments de difficulté; elle consiste à utiliser une « action », formule que Strasberg a décrite après une scène de *Vies privées* de Noël Coward, dans laquelle l'actrice T. jouait le personnage d'Amanda.

Imaginons qu'un metteur en scène considère ce genre de scène, et se dise : « C'est très bien, mais j'aimerais que l'actrice me donne davantage l'impression d'être une femme préoccupée de son apparence »; il ne sait pas exactement pourquoi il souhaite cela; et il voudrait la voir un peu plus perspicace et un peu plus vivante; comme il sait qu'elle a été formée par Lee Strasberg, il n'osera pas formuler ce désir parce qu'il sait qu'elle répondra probablement : « Pourquoi diable? Quelle sera ma motivation? »; là, il sera coincé parce qu'en vérité il ne connaît pas très exactement la réponse. Alors, il finira par ne rien demander du tout, et par s'irriter contre elle, Lee Strasberg ou contre lui-même.

Comment pourrait-il présenter ce genre de requête à l'acteur? Comment peut-il obtenir la qualité qu'il veut? Dans un cas comme celui-ci, au lieu de discuter avec son metteur en scène, l'acteur peut l'aider en se servant d'une « action ». On utilise souvent ce mot, mais en l'interprétant de travers. Les gens s'imaginent qu'il ne veut dire qu'une seule chose : une paraphrase littérale des mots de l'auteur, l'équivalent de ce qui se passe sur scène, ou bien une analyse logique de la scène; or, nous savons que de se concentrer sur la logique d'une scène ne permet souvent pas de créer les couleurs nécessaires. Une action qui ne diffère guère de la façon conventionnelle et mécanique d'accomplir une tâche n'apporte rien.

Les « actions » sont valables dans la mesure où elles définissent des zones de comportement qu'autrement l'acteur ne créerait pas.

Par exemple, si j'étais metteur en scène, je pourrais dire à T. que son action, au début de la scène, consiste à chercher à voir si elle a changé au point de ne plus pouvoir songer à regagner son ex-époux. Voilà une action; elle n'a rien à voir avec les mots de la scène, et ne vient pas d'eux; l'actrice ne songerait certainement pas à jouer cela de son propre chef; il faudrait, par exemple, que quelqu'un lui dise : « Jusqu'à ce que vous décrochiez le téléphone, votre " action " consistera à essayer de voir à quel point vous avez changé; il s'agit pour vous de découvrir si vous avez une chance de pouvoir faire le poids en face de la petite jeune fille que votre mari vient de ramasser et si vous pouvez améliorer quelque chose en vous qui vous permettra de l'impressionner autant que vous le désirez. » Voilà une action.

Une action est une activité délibérée, bien que toutes les actions ne soient pas aussi physiques que celle qui consiste à se concentrer sur son apparence. Il y a des actions qui sont uniquement mentales; d'ailleurs, dans l'action que nous venons de décrire, il y a une part de pensée : « Qu'est-ce que je vaux dans certains domaines de la vie, dans quelle mesure ai-je changé dans ce domaine précis depuis mon ancien mariage, dans quelle mesure mon ancien mari m'a-t-il donné du plaisir, combien mon récent mariage me paraît monotone... », etc. Il faut vraiment que vous sentiez à quel point votre premier mari va perdre au change, et à quel point il lui sera difficile de trouver chez une autre ce que vous savez être seule à pouvoir lui donner.

Mais en même temps que ce processus de pensée, l'action doit englober un véritable examen de vous-même; il faut que vous vous regardiez vraiment pour voir à quel point vous avez changé, comment vous va votre robe... etc., de façon que lorsque vous direz le texte de l'auteur : « Mon Dieu, je crois que je vais mourir. Oh! mes nerfs m'abandonnent; si je n'arrive pas à me tirer de cette situation, je crois que je... », vous fassiez vraiment des choses qui découlent de votre action — tout à fait en dehors des mots.

Si le metteur en scène se contente de dire : « Soyez simplement préoccupée de vous-même », cela implique que l'actrice doit faire quelque chose de mécanique ou d'artificiel sans savoir exactement pourquoi. Une action lui donnera quelque chose de réel sur quoi jouer et à quoi penser et apportera au metteur en scène la qualité qu'il désire, qualité que l'actrice ne créerait pas autrement, sauf de manière accidentelle.

A l'occasion, le metteur en scène peut donner à l'actrice une action en établissant pour elle les circonstances à partir desquelles la perspicacité et la vivacité qu'il recherche pourront naître. Il pourra dire : « Faisons une improvisation dans laquelle vous serez en train de vous habiller, la nuit suivant votre second mariage. Je ne vous dirai pas quoi faire; je vous dirai simplement que la nuit précédente vous vous êtes aperçue que le deuxième mari n'était pas tout à fait aussi formidable que vous le croyiez, et vous ne savez pas si c'est parce que vous n'avez pas su l'exciter ou si c'est à cause d'autre chose. Vous êtes maintenant dans une scène où vous recherchez avec votre premier mari les raisons de cela. » Cette improvisation sur une situation tout à fait fictive pousserait l'actrice vers une action, sans même que le metteur en scène ait à lui dire ce qu'est cette « action ». Ainsi, l'idée de l'action est, à certains moments, la clé de certains problèmes qu'autrement l'acteur ne pourrait définir, parce que le texte lui-même ne l'y aide pas.

Chacune des techniques exposées ci-dessus — mémoire affective, personnalisation, particularisation, préparation et action — quand on les utilise dans des moments de difficulté, reviennent à peu près à faire ce que Vakhtangov indiquait par la formule : « Que devrais-je faire de façon à faire ce que le personnage fait dans cette situation. »

L'acteur se trouve parfois devant une des deux difficultés suivantes : il a tout essayé et cependant son imagination ne marche pas; ou bien, il ne sait pas quoi essayer et par conséquent ne peut se mettre à exciter son imagination. On remédie à ces deux difficultés par un processus semblable. Quand l'acteur a tout essayé, en vain, Strasberg conseille de repartir à zéro; autrement dit, quand l'acteur ne sait pas quoi essayer, Strasberg lui conseille de « commencer à partir de là où il est ».

A L'ACTRICE U. : Travailler sans savoir n'est pas forcément déraisonnable pour l'acteur. Au contraire, Stanislavski conseille de le faire à certains moments de difficulté, moments où l'acteur fait correctement tout ce qu'il doit faire, où il sent que toutes les actions sont à leur place, que les ajustements sont appropriés, qu'il s'est préparé, qu'il a bien étudié le rôle mais que malgré tout, « ça ne marche pas ». Il a fait tout ce qu'il doit faire et pourtant le rôle semble mort. A un moment pareil, Stanislavski dit à l'acteur : « Oubliez tout, ne faites rien, restez simplement assis pendant cinq minutes; repartez à zéro et puis essayez d'être logique, simple et direct. »

Quand vous abordez une pièce, beaucoup d'idées vous viennent à l'esprit; vous n'êtes pas une coquille vide; vous avez choisi beaucoup d'idées, beaucoup de choses que vous souhaitez faire, beaucoup de choses que vous savez sur les rapports entre un homme et une femme. Dans une scène comme celle-ci, toutes ces choses peuvent et doivent alimenter votre imagination; donc vous n'avez pas trop besoin de vous inquiéter si, à ce moment-là, vous vous sentez comme mort, à condition que vous continuiez à faire l'effort de ne pas perdre contact avec votre partenaire et que vous vous efforciez de garder le comportement logique du personnage. Si vous ne vous inquiétez pas, vous obtiendrez vraisemblablement le résultat suivant : la libération du mécanisme inconscient qui se mettra à déverser tout le matériel qui y a été accumulé.

A L'ACTEUR M. : Quand vous jouez une scène, vous avez tendance à vous préoccuper à la fois de ce que vous faites sur scène et des réactions du public; nous essayons de faire naître en vous le sentiment d'être tellement pris par votre personnage que vous cessiez d'être désarçonné par les réactions du public. Évidemment, rien ne peut effacer complètement la présence du public; l'acteur n'en est jamais inconscient, mais cela ne devrait pas le démonter au point de le rendre incapable de poursuivre pleinement ce qu'il est en train de faire. De ce point de vue, l'exercice que vous avez fait n'était pas mal, sauf que vous avez raté quelques-unes des tâches sensorielles mineures que vous deviez créer.

M. : C'est ma faute, j'ai tout fait de façon superficielle.

STRASBERG : Peut-être un peu, mais pas autant que vous le prétendez.

M. : Je ne pensais pas réellement à ce que j'avais établi, et j'ai été incapable de penser de vraies pensées.

STRASBERG : Ça n'existe pas! Il n'existe rien qui puisse vous faire dire : « Je n'étais pas assez détendu pour penser de vraies pensées. » On peut toujours penser de vraies pensées, même si ce n'est que : « Mince de mince, je n'arrive à penser à rien en ce moment. » Nous pouvons surmonter n'importe quel problème soi-disant insoluble, à condition d'être disposés à considérer qu'il n'est pas insoluble!

Si nous arrivons sur scène en disant : « En ce moment, je suis censé être jaloux et j'essaie de penser à quelque chose ou à quelqu'un dont je suis jaloux. Oh, zut, je n'y arrive pas. Ciel! Pourquoi est-ce que je n'y arrive pas? Je peux pourtant le faire à d'autres moments. Quand je n'en ai pas besoin! Pourquoi ne suis-je pas vraiment jaloux en ce moment? Est-ce que je suis gêné par le public? suis-je timide? ou embarrassé? » En commençant à penser de cette façon, vous découvrirez que vous devenez vraiment capable de penser, parce que vous partez sur la base de la réalité que vous avez.

Si je m'assieds devant un piano et frappe une note, et que la note soit fausse et que je me dise : « Fichtre! Ce piano est mal accordé, il faut que je l'accorde », je prends une attitude qui convient parfaitement à la situation; si je n'accorde pas ce piano, jamais je ne pourrai améliorer cette note; n'importe quelle personne survenant à ce moment et me voyant préoccupé par cette fausse note conclurait que j'agis de façon tout à fait logique. Mais si je m'assieds au piano, que la note soit fausse, que tout le monde le sache mais que je me dise : « Oh, cette note est fausse; je n'y peux rien; je suis coincé », et que je continue à jouer, tout le monde se mettra à rire et dira : « Il ne sait pas que la note est fausse; il ne sait pas comment faire pour éviter de la toucher », je me diminue ainsi à leurs yeux. Mais si je dis : « Qu'est-ce qui se passe avec cette note? qui diable a donc accordé ce piano? Oh, tant pis, je jouerai quand même », cette attitude paraîtra logique au public car, à ce moment-là, vous ne pouvez vraiment pas vous arrêter pour accorder le piano.

Si l'acteur n'a même pas conscience qu'il lui faille accorder quelque chose, et qu'il ne puisse, par conséquent, suivre le processus d'action normal en pareille occasion, il devient faux, illogique, peu convaincant; il agit à contresens plutôt que selon le bon sens qui consisterait à créer sur scène des étapes logiques et des enchaînements croyables, non seulement par rapport à ce que fait le personnage mais par rapport à ces modifications dans la croyance et l'expérience que l'acteur éprouve par moments. Action et croyance doivent fusionner comme elles fusionnent dans tout art et tout métier.

Si je suis un violoniste en train de donner un concert, et qu'une des cordes de mon instrument se détende et que je continue sans réparer la chose, les gens diront : « Qu'est-ce qui lui prend? » Si je continue à jouer de cette manière, je perds mon public; mais si je profite de la première occasion pour retendre la corde, le public dira : « Quelque chose avait lâché, c'est tout à fait plausible. » Voilà ce que nous voulons dire quand nous employons la formule : « L'acteur doit commencer à partir de là où il est. » Sans cette connaissance, l'acteur devient un truqueur, en qui on ne peut croire, parce qu'on voit en lui deux choses qui ne fusionnent pas, comme dans une gravure en couleurs quand les plaques n'ont pas été convenablement superposées et qu'on voit deux traits là où il ne devrait y en avoir qu'un seul.

L'important n'est pas que la fusion soit parfaite; la perfection est un but rarement atteint, mais même si on ne l'atteint pas, l'acteur doit faire l'effort correspondant, de façon à dominer le public. Si le public a conscience que l'acteur n'a pas accompli cette fusion, et se conduit comme s'il l'avait faite, alors il voit que l'acteur est faux, qu'il fait quelque chose à quoi on ne peut croire et qui n'est convaincant ni pour lui-même ni pour le public.

Si l'acteur pense toujours en termes de perfection, il sera invariablement conduit vers une imitation des choses, parce que l'imitation est le seul moyen qu'il ait pour répéter quelque chose exactement de la même manière. Au contraire, s'il n'a pas peur de commencer à partir d'un moment où il se dit : « Eh bien, me voici; j'essaie de me concentrer mais je n'y arrive pas. Où suis-je tendu? Où suis-je détendu? que faut-il que je fasse maintenant? » Alors il commence à partir d'un moment de réalité qu'il a, et se met à utiliser les ressources qui jaillissent réellement de lui; cela devient une étape dans le travail de création qui conduit à des résultats appropriés.

Donc, il n'existe rien de semblable à ce que vous venez de dire, car jamais un acteur ne doit être faux sous prétexte que son imagination ne travaille pas assez fort. Il est des moments d'incertitude où la réalité peut être un peu moins pleine, un peu moins pénétrante; mais dans la vie également, il est vrai que nous nous asseyons tous les jours pour manger sans ressentir tous les jours la même faim; la façon dont nous mangeons est toujours en rapport avec notre faim. Nous disons parfois : « Il faudrait que je mange, on m'a préparé des plats si merveilleux, je n'ai pas vraiment faim, mais, enfin... hummm... c'est fameux. » De la même manière, nous arrivons petit à petit à nous convaincre sur scène de façon que notre imagination commence à travailler.

Très souvent ce qui vous trouble et vous démonte, c'est le fait de reconnaître que la scène devrait être plus vraie, plus juste ou plus forte et que vous n'y arrivez pas; à ce moment, vous abandonnez la réalité que vous avez, en vous disant qu'elle est fausse et inutile, au lieu de bâtir à partir de cette réalité, de la sauvegarder à tout prix, de la nourrir, de la développer de façon qu'elle devienne presque aussi bonne que ce dont vous avez besoin. Vous pouvez alors vous contrôler de plus en plus; l'imagination se fortifie dans la croyance et la concentration. Vous devenez capable de créer tout ce qui doit être créé, que ce soit un objet, une pensée, ou une sensation, de la même manière qu'un pianiste peut créer le ton nécessaire à n'importe quel passage; nous disons alors qu'il a une bonne formation technique. Par conséquent, ce sur quoi vous avez appelé notre attention est essentiellement pour nous un point de départ.

Chapitre V

LA FORMATION : VOLONTÉ ET DISCIPLINE

A L'ACTRICE V. : L'acteur peut accomplir une grande partie de sa formation chez lui, dans l'intimité de sa propre vie. Chaque jour est une suite d'événements réels pour un être humain; de vraies choses lui arrivent et la capacité de répéter des choses vraies est l'essentiel du métier d'acteur. Tout comme un auteur prendra des notes auxquelles il pourra se référer par la suite, ainsi l'acteur découvre que les événements quotidiens méritent d'être notés pour tester son aptitude à les répéter.

A la fin de chaque journée, revoyez-en le déroulement afin de trouver ce que vous aimeriez re-saisir, et demandez-vous : « Comment puis-je saisir cela à nouveau ? » En cherchant les réponses, vous serez soutenus par les impulsions que vous avez expérimentées et par les objets avec lesquels vous êtes entrés en contact et qui, par conséquent, ont pour vous une certaine vie. L'acteur peut faire une grande partie de ce travail tous les jours; au bout de quelques années, cela devient une seconde nature. Le résultat est que, lorsque vous commencez une scène, les choses vous viennent inconsciemment à l'esprit, vous n'avez même pas besoin de poser de questions.

Malheureusement, parfois la lumière jaillit puis s'éteint, si vous ne vous êtes pas exercés à répéter de diverses manières, l'inspiration s'évanouit et vous ne pouvez pas vraiment utiliser l'impulsion et l'expérience que vous avez.

Jusqu'à notre période contemporaine, le travail conscient des acteurs a porté principalement sur les moyens extérieurs; mais le travail, qui a vraiment motivé les grands acteurs et les a rendus merveilleux, était subconscient; quand ils se promenaient, quand ils étaient dans l'intimité de leurs chambres et seuls avec eux-mêmes, ils faisaient ce travail intime et inconscient parce qu'ils étaient acteurs, et que leur profession était de jouer.

Aujourd'hui, c'est à peine si l'on peut dire que jouer soit une profession; beaucoup d'acteurs jouent rarement, de temps à autre. Autrefois, c'était une routine quotidienne qui réaffirmait les problèmes et les besoins de l'acteur journellement en communion avec ces phénomènes; chaque soir, son talent était en activité et de nouveaux problèmes ainsi que de nouvelles zones de préoccupation exigeaient le plein usage de ce talent; car le talent doit être utilisé pour être éveillé, et il doit être éveillé pour pouvoir être utilisé.

Je suis déconcerté par la façon dont certains d'entre vous restent à ne rien faire, estimant que le travail des autres aidera à développer leur talent. Vous ne prenez même pas l'initiative de rechercher « les rôles qui sont pour moi » et vous ne vous demandez pas : « Quel est mon répertoire? qu'est-ce que j'aimerais jouer? »

Il y a un genre d'ego qui fait trouver à l'acteur ses rôles, par lui-même. Il dira : « Oh, le Hamlet que je vais créer sera tel que personne n'en aura jamais vu de semblable; attendez voir! » Voilà le genre d'ego qu'il faut avoir, à condition de ne pas rester assis à répéter : « Quand on me donnera ma chance... je leur ferai voir. » C'est à soi-même qu'il faut le faire voir! L'acteur doit travailler chez lui, en privé : « Que ferai-je dans cette scène? je vais y être formidable, mais c'est une scène rudement difficile; qu'est-ce qu'il s'y passe réellement? » et vous laissez partir votre esprit. Que vous soyez en taxi, en autobus ou chez vous, les idées qui vous viendront vous surprendront; c'est là le moyen qu'emploient tous les artistes pour obtenir ce qu'ils recherchent.

Je suis étonné de voir comme vous lisez peu d'œuvres sur le théâtre; je ne suis jamais allé au collège, je n'ai même jamais terminé mes études secondaires, mais à l'époque où je suis arrivé à l'American Laboratory Theatre — où j'entrai pour la première fois en contact avec le travail technique que nous faisons ici —, j'étais déjà parvenu aux principes essentiels; je vous dis cela simplement pour vous prouver que c'est dans les choses possibles; j'avais lu des vies d'acteurs et tous les livres concernant le jeu théâtral. La seule chose que je ne savais pas, c'était comment faire! Je savais déjà tout, mais j'ignorais ce que je savais vraiment.

A cette époque, Boleslavski avait dit, dans une de ses premières causeries : « Il y a deux façons de jouer : la première part du principe que l'acteur peut vraiment expérimenter sur scène; la seconde, qu'il peut seulement indiquer ce que le personnage expérimente sans le faire vraiment lui-même. Nous militons pour un théâtre d'expérience réelle, où l'essentiel est que l'acteur apprenne et agisse, non par l'intermédiaire d'une connaissance mentale, mais par connaissance sensorielle. » Soudain, je me dis : « C'est cela! », c'était la réponse que je cherchais depuis toujours. J'avais déjà lu Freud et je savais tout ce qui se passe inconsciemment à l'intérieur de l'être humain; je savais aussi tout ce que disait Boleslavski, mais il me montra ce que cela voulait dire.

Supposez qu'un membre de l'Actors Studio ait suffisamment de volonté pour s'enrichir de cette façon. Il doit en même temps développer sa force d'autodiscipline, sans laquelle il ne peut ouvrir les portes de ses réserves ni utiliser ce qui s'y trouve. Toutes les portes qui conduisent aux réserves de l'acteur sont protégées par deux serrures; la relaxation en ouvre une; l'autre est ouverte par l'aptitude de l'acteur à définir pour lui-même avec précision ce qu'il espère accomplir au cours des répétitions ou au cours de sa formation. Définir ce que l'acteur espère accomplir est un processus d'autodiscipline. Si l'acteur attend que son professeur ou son metteur en scène le fasse pour lui, il est souvent trop tard; c'est comme si la serrure avait rouillé et que la clé ne puisse plus tourner.

Cependant, l'acteur doit comprendre la distinction vitale qui existe entre définir une difficulté scénique — ce qui peut n'être qu'un problème de production — et définir une difficulté individuelle. Dans l'un et l'autre cas il peut voir surgir des problèmes dans toute production où il sera distribué; il doit pouvoir distinguer ces deux aspects du problème et les résoudre s'il désire voir s'améliorer son jeu théâtral. Il y a toujours deux éléments dans tout problème de production : l'acteur et la pièce, et tous deux doivent être pris en considération.

Mais en résolvant les problèmes de jeu personnel, l'autodiscipline de l'acteur doit lui permettre de ne pas perdre de vue certaines autres considérations; faire un exercice pour surmonter une difficulté précise ne requiert pas d'émotion, et ne peut dépendre de l'inspiration; ce qu'il faut accomplir doit être clair et concret; l'individu doit vraiment avoir une difficulté et éprouver le besoin de la résoudre. Et par-dessus tout, il ne doit pas confondre son problème personnel avec le problème d'obtenir des résultats scéniques.

La valeur précise de ce que fait un acteur pour s'aider lui-même dépend de ce qu'est le problème et de savoir s'il l'explore avec des moyens convenablement choisis. Si le problème est mal défini ou si les moyens employés pour le traiter sont imparfaitement précisés, ce que fait l'acteur n'a pour ainsi dire aucune valeur; c'est comme s'il accomplissait un travail parce qu'il n'a rien d'autre à faire.

Rien de ce que fait un être humain n'est mauvais, si cela fait partie d'une expérience. Quand un savant dit : « Je vais voir ce qui arrive » et se fait sauter deux doigts de la main, c'est mauvais parce qu'il a perdu deux doigts; mais du point de vue scientifique, cela peut être bon, si le savant apprend quelque chose. S'il fait une expérience et n'en retire aucune connaissance supplémentaire, c'est qu'il l'avait mal conçue. Et si ce qu'il apprend est déjà connu, l'expérience était inutile; il n'avait pas besoin de courir le risque de se faire sauter deux doigts.

Quand un acteur commence à chercher sa propre façon de travailler, il a tendance à aborder chaque problème et chaque scène comme si c'était difficile; un acteur a besoin d'apprendre quand il doit travailler et quand il peut s'en passer; il doit avoir assez confiance en lui-même pour réaliser que certaines choses sont simples; c'est seulement lorsque ce qu'il doit faire devient difficile qu'il doit se préoccuper de s'aider lui-même; autrement, il se met souvent des bâtons dans les roues.

Il est vrai, aussi, que l'acteur pense quelquefois n'avoir aucun problème dans certains domaines, où, en fait, il en a. Il a tendance à se satisfaire de résultats qui ne sont pas assez bons, pas assez convaincants ou excitants. Mais il lui faut veiller à ne pas faire passer ces problèmes du plan de la formation au plan du bon goût. Un des buts essentiels de la formation est justement de rendre l'individu conscient de ses propres besoins techniques; il apprend ce pour quoi il doit travailler. Ainsi un acteur robuste, fort, et qui a les pieds bien sur terre ne travaille pas à obtenir ces couleurs dans une scène qui les requiert; il recherche plutôt la sensibilité, et des qualités autres que celles qu'il a déjà. Mais si l'acteur appelé à jouer ce rôle n'est pas ce genre de personne, il lui faudra travailler à obtenir cette robustesse et cette force; de même, il n'y a pas de problème de sensibilité pour un acteur qui a de la sensibilité.

En ce qui concerne le progrès de l'individu, nous nous préoccupons de savoir s'il est capable de venir à bout de toute tâche qu'il s'impose; si l'acteur s'impose certaines tâches et qu'il ne parvienne pas à les accomplir, il est inutile qu'il passe à de nouvelles tâches. Si un violoniste a du mal à jouer les notes, et que vous lui disiez : « Il faut jouer cela plus vite », son jeu ne s'améliore pas, au contraire; il lui est déjà difficile de jouer lentement! Quand vous arrivez à jongler avec deux balles, puis trois, puis quatre, cela veut dire que vous développez graduellement votre talent; une fois que l'habileté est acquise, vous pouvez jongler même si vous devez penser à autre chose en même temps.

La nature de tout exercice est abstraite; quand on s'exerce à jouer une gamme extraite d'une sonate, on ne se préoccupe ni de conviction ni de sentiment; on essaie de la jouer aussi vite et avec autant de précision que possible de façon à pouvoir, par la suite, la jouer dans n'importe quelles conditions; tenter de la jouer tout de suite avec sentiment serait s'entraîner à ne la jouer que de cette manière; le jour où il faudrait la jouer avec un autre sentiment, les doigts ne répondraient pas.

Ainsi, il y a un niveau dans la formation — et aussi, en général, dans l'étude d'un rôle — où l'on n'aide pas l'acteur en lui donnant à faire des choses en vue du résultat final de la scène; à ce stade-là, il ne faut pas se préoccuper de savoir si le problème est juste ou faux par rapport à la logique de la scène; il faut aider l'acteur en lui donnant à faire des choses qui feront naître en lui le genre de réaction qu'il est capable d'avoir dans n'importe quelle pièce et dans n'importe quelles conditions; à partir du moment où il est capable de faire ces choses, il peut se préoccuper de rechercher si ce qu'il a choisi convient à la scène et se demander s'il ne ferait pas mieux de l'aborder d'une façon plus logique qui lui permettrait de créer en lui-même une plus grande conviction, une plus grande facilité à s'absorber dans la scène et une plus grande richesse de comportement.

Quelques-unes de ces techniques intérieures utilisées au Studio produisent de si merveilleux résultats que l'acteur est tenté d'y avoir recours dans n'importe quelle situation. Strasberg le met constamment en garde contre cette tentation; il rappelle tout le temps aux membres du Studio que l'autodiscipline sur le plan de la diction et de la technique est absolument indispensable. Je ne peux trouver aucune preuve aux ragots selon lesquels on encouragerait les acteurs du Studio à travailler de façon indisciplinée, aussi bien pendant les répétitions que pendant les représentations; au contraire, Strasberg est très rigoureux dans ses exigences.

La conscience de nos imperfections techniques est plus importante pour nous que pour d'autres acteurs qui ne sont pas entraînés ou ne font aucun effort pour travailler dans le domaine de la technique intérieure et qui, de ce fait, ne souffrent pas de certaines de nos difficultés. Un acteur qui est toujours calme et recueilli, qui ne permet jamais à son imagination de prendre son essor ni à son émotion de s'épancher vraiment n'a pas de trop grands problèmes; il apprend ce qu'il doit faire, il le fait avec une relative habileté, qui ne varie guère; il n'a pas de brusques arrêts ni de soudaines impulsions qui détruisent sa capacité à maintenir son contrôle et son aisance musculaire. Nous autres, nous souffrons de ces difficultés parce que nous permettons à ces imprévus émotionnels et imaginatifs de surgir en nous, et ils sont, en réalité, très difficiles à contrôler.

Mais nous adoptons trop souvent une attitude désinvolte en face de ces problèmes techniques sous prétexte qu'il y a d'autres choses plus importantes. Au contraire, ces choses techniques représentent le minimum de ce qu'on doit pouvoir faire, parce que, pour les faire, on n'a besoin que d'une habileté très superficielle; c'est une question de temps et d'effort; cela ne demande ni intelligence, ni talent, ni aptitude spéciale, mais simplement de la pratique. Les compétences techniques ne prouvent rien sinon qu'on a travaillé sa technique.

Un acteur ne doit jamais esquiver un problème sous prétexte qu'il ne peut le résoudre que par des moyens purement techniques. Si l'auteur d'une pièce dit, par exemple : « Cette personne doit étouffer cette autre », il n'est pas permis de dire : « Je n'en ai pas envie. » Non! Il faut faire un effort pour accomplir la chose aussi simplement et aussi réellement que possible. N'oubliez pas que si je mets la main sur la trachée-artère de quelqu'un et si je fais semblant de serrer, le simple effort physique donnera une assez bonne imitation de ce qu'on doit faire même si on n'est pas tout à fait convaincu... il est très rare d'être convaincu à cent pour cent sur scène; un simple effort suffit parfois.

Certains acteurs viennent au Studio avec des intonations bien définies adaptées à telle ou telle situation, avec des voix mal entraînées, sans résonance et sans force, et en ignorant l'art de contrôler leur souffle et de garder une intensité suffisante dans les moments qui requièrent un supplément de souffle; ces ressources sont nécessaires en scène, pas dans la vie. Un chanteur peut avoir une bonne voix, mais s'il doit faire des vocalises, en scène, et chanter une note précise et la maintenir pendant un certain nombre de mesures tout en gardant le rythme de la musique, il ne peut le faire que si sa voix est bien entraînée. L'entraînement du chanteur consiste à renforcer ce qu'il a déjà; chez l'acteur, ce sont des problèmes techniques.

Les exercices que Sarah Bernhardt s'obligeait à faire, afin de pouvoir parler le plus vite possible tout en restant facile à comprendre, étaient purement techniques; ce genre de capacité ne s'acquiert pas par des moyens émotionnels, mais seulement par la pratique, purement extérieure et technique qui permet aux organes de la parole d'être contrôlés avec rapidité et précision.

A L'ACTEUR W. : Ainsi, quand vous essayez de faire certaines choses, vos lèvres se pincent; elles ne fonctionnent pas tout à fait; elles ne permettent pas au son de sortir aussi rapidement que la poussée d'air qui vient des poumons pourrait le permettre; cela crée une espèce de raideur et même un certain nasillement; je crois que vous devriez aller au cours de diction que nous avons ici au Studio, pour voir si vous pouvez travailler ce problème avec précision et technique.

A L'ACTEUR X. : Vous vous êtes donné pour tâche de travailler délibérément à vous éloigner de la façon très particulière que vous avez de parler; c'est une façon très plausible de poser le problème, mais n'oubliez pas que ce n'est pas un problème de jeu théâtral, mais de diction, que vous devez travailler sur un plan purement technique dans une classe de diction; dès que vous le transformez en problème de jeu théâtral, vous doublez la difficulté : vous êtes forcé de travailler la scène en même temps que vous essayez de vous éloigner de votre façon de parler ordinaire.

L'habileté extérieure ne devient une affaire de principe esthétique que lorsqu'elle est dissociée de la technique intérieure; on ne peut l'estimer juste ou fausse, car il n'est possible de la juger que par rapport à l'habileté ou au manque d'habileté de l'acteur. Nous estimons qu'il y a aussi une technique intérieure qui peut aider à combattre les difficultés auxquelles chaque acteur doit faire face. En fait, les seuls outils que possède l'acteur pour combattre ces difficultés qu'il est normal de rencontrer — tel le sentiment de gêne, le sentiment que « les choses vont de travers, je ferais mieux d'abandonner » — c'est sa volonté et sa concentration; à travers elles seulement il peut contrôler son imagination; s'il abandonne concentration et volonté, il est perdu. Les grands acteurs sont plus sujets à ces fluctuations et à ces difficultés que les acteurs ordinaires, mais leur extrême sensibilité et leur émotivité compensent ces difficultés en fonctionnant bien plus inconsciemment, pour eux, que pour les acteurs ordinaires. Pourtant, lorsque leur émotivité et leur sensibilité ne fonctionnent pas, ces grands acteurs n'ont souvent aucune technique intérieure qui leur permette de se soumettre au contrôle de la volonté et ils ne savent littéralement pas quoi faire.

Il y a une chose que nous n'acceptons jamais au Studio, c'est de permettre à quelque chose d'arriver sans que la volonté de l'acteur en soit renforcée et accentuée. Si je travaille à mon développement musculaire et que je dise : « Je crois être assez fort maintenant pour soulever ce poids; je ne pouvais pas le faire la semaine dernière, mais aujourd'hui, je dois pouvoir le faire », et que j'essaie de le faire sans y parvenir, je me dis alors : « Bon, je suis désolé... je le ferai la semaine prochaine et, dans l'intervalle, je vais m'entraîner encore. » Je n'abandonne pas la partie, je prends plus de temps et fais des efforts supplémentaires pour faire ce que je veux faire, ce que j'ai besoin de faire; sinon, j'entraîne ma volonté à abandonner la partie quand s'élève la moindre difficulté.

Un artiste de cirque ne s'arrête jamais dans son numéro quand par hasard il rate quelque chose; il ne se contente pas de saluer et de sortir, l'esprit empoisonné par l'idée que « je n'y arriverai peut-être même pas la prochaine fois », il se reprend immédiatement et refait son numéro; j'en ai vu le refaire plusieurs fois et le public, satisfait, applaudissait; il comprend la difficulté, tandis que l'artiste ne l'admet pas; pour lui, abandonner serait s'en remettre au hasard; or, la volonté ne doit pas être placée dans une condition aussi précaire et instable; voilà pourquoi l'artiste de cirque lutte jusqu'à ce qu'il réussisse.

La même chose devrait se produire dans notre entraînement ici, surtout dans le travail que l'acteur fait sur lui-même en face du public du Studio. Ainsi, quand un acteur se trouve devant une difficulté, il devrait toujours dire : « Voilà une difficulté; je vais me donner une bonne demi-heure pour ne travailler que cela; je ne renoncerai pas à la surmonter; si je veux écouter mon partenaire, je vais essayer de l'écouter attentivement, je sais que je suis capable de le faire; si je ne le peux pas, c'est que quelque chose en moi me pousse à aller ailleurs, m'empêche de contrôler ce que je fais. » Et l'essentiel pour un acteur en matière de contrôle, c'est sa volonté.

L'erreur la plus répandue, à propos du jeu théâtral, est de supposer que l'acteur puisse invariablement faire ce qu'il est censé faire si on attire son attention dessus; et l'erreur est doublée lorsqu'il arrive à l'acteur de ne pas faire réellement ce qu'il est censé faire et ce que son talent devrait lui permettre de faire.

L'acteur doit développer sa faculté de contrôler ce qu'il fait sur scène, sinon, il ne peut travailler avec ses partenaires ni mener à bien sa tâche professionnelle d'acteur qui est de jouer la pièce devant un public. Il s'agit de savoir si un individu a réussi à développer en lui le genre de volonté et de discipline qui lui permettra de faire ce qu'on réclame de lui en tant qu'individu; de ce point de vue, l'acteur ressemble à une machine; aucune dose de fierté, d'exhortation, ne l'aidera à faire ce qu'il doit faire ni à exprimer ses impulsions, si l'état de son instrument rend cette réalisation ou cette expression impossible; cela reviendrait à vouloir faire marcher une voiture quand elle a des défaillances techniques.

D'autre part, l'acteur est parfois paresseux et mal informé; il a besoin de pratiquer son métier et de corriger ses idées préconçues sur la façon de travailler.

On confond souvent la volonté avec l'énergie; en réalité, le phénomène est beaucoup plus compliqué. Nous avons vu déjà que de forcer l'organisme à utiliser l'énergie ne sert qu'à faire naître la tension et même la frustration de cela même qu'on recherchait. En fait, la volonté ne peut ni fonctionner ni être formée comme un élément isolé dans le jeu. Voilà pourquoi Strasberg commence — dans la mesure du possible — l'éducation de l'acteur par un travail simultané de relaxation, d'imagination et de volonté en rapport avec ces éléments et avec l'expression. L'expression « bonne volonté » conviendrait peut-être mieux, car former la volonté de l'acteur revient à le rendre prêt à suivre l'expression de son imagination plutôt qu'à pousser son instrument à exprimer. Il y a une si grande part d'inconscience dans le fonctionnement de l'imagination et de l'expression qu'on pourrait décrire la volonté comme ce qui conduit l'acteur à utiliser ses ressources inconscientes et à permettre, en fin de compte, à ses ressources de se répandre dans son instrument. Une grande partie de la formation de la volonté est en réalité une formation de la conscience de soi. Cela implique le développement de la conscience de l'acteur dans le domaine de la connaissance du fonctionnement inconscient de son organisme, du conditionnement de ses impulsions, et de ce qui arrive quand il essaie de conduire ses impulsions jusqu'à l'expression. Il doit surtout avoir conscience de toute tension dans son instrument; il évitera ainsi les expressions « sur commande », mais pourra se donner l'ordre de permettre à l'expression de se manifester et de poursuivre ce travail une fois que l'instrument sera devenu expressif. C'est surtout lorsque l'acteur travaille à s'explorer lui-même qu'il doit être disposé à prendre son temps, mais à ne pas s'arrêter. La volonté est rarement la locomotive; elle fonctionne beaucoup plus souvent comme le conducteur en chef qui met la machine en marche et la dirige en la maintenant sur les rails.

Ainsi Strasberg ne fait avec l'auteur aucun travail consacré uniquement à la volonté; mais dès le début, la volonté pénètre dans toutes les phases de la formation; on ne permet à rien de se produire sans que « la volonté de l'acteur en sorte fortifiée ».

Un seul exemple illustrera à quel point Strasberg se préoccupe de la volonté dans le travail quotidien du Studio. L'acteur Y. est « un type d'acteur très intéressant qu'on peut distribuer dans beaucoup de petits rôles; il a manifestement plus de talent qu'il ne le laisse voir dans ces rôles, mais il ne sait pas très bien comment l'utiliser; il a tendance à se diriger toujours vers le genre de petits rôles qu'on lui distribue. Le travail qui serait le plus valable pour lui, celui qui lui permettrait vraiment de se concentrer et de mettre en valeur les divers éléments de son instrument, il ne veut pas le faire. Il essaie toujours de s'échapper en escaladant d'impossibles montagnes, et il vacille inévitablement; ainsi, il excuse d'avance son échec; même lorsqu'il essaie de faire des choses personnelles très simples, il ne sait littéralement pas comment démarrer ».

Quand Strasberg fit ces remarques à l'acteur Y. à propos d'une scène de *Le Deuil sied à Électre* il n'essayait ni de le pousser ni de l'exhorter à obtenir des résultats utiles à la pièce; il l'encourageait plutôt à maintenir sa concentration, à ne pas s'arrêter, et à devenir conscient de ses impulsions, de ses points de tension pendant toute la scène, de façon à forcer sa volonté à s'occuper consciemment des difficultés qu'il a sur scène.

A L'ACTEUR Y. : Vous commencez à traiter les problèmes auxquels vous devez faire face et qui, pour le moment, me semblent tous provenir de vous; jusqu'à présent, les problèmes que je vois n'ont rien à voir avec la facilité ou la difficulté de la scène, ou avec votre compréhension ou votre incompréhension du problème. La semaine dernière, vous avez très bien compris la scène; mais vous refusez de faire l'effort d'accomplir le travail qui vous amènerait à la solution de ce problème que vous comprenez; et les raisons pour lesquelles vous refusez sont sans rapport avec le jeu théâtral, bien qu'elles en affectent les résultats; elles ont trait à votre sentiment d'insécurité, votre manque de concentration, vos doutes, votre conscience de vous-même qui vient de votre façon de penser à votre apparence extérieure et à l'impression que vous faites sur les gens et du sentiment que certaines choses se passent en vous au moment où vous commencez à jouer : vous vous effrayez à l'idée que peut-être nous allons voir les sentiments que vous éprouvez et que nous allons mal les interpréter. A ces moments-là, il vous faut avoir des objets simples mais suffisamment convaincants pour permettre à votre concentration de ne pas lâcher prise; il vous faut une image mentale qui vous excite inconsciemment davantage qu'une simple image-souvenir, une image qui ne soit pas choisie par accident mais qui soit en quelque sorte en rapport avec vous-même de façon que votre subconscient puisse être amené à travailler. Aujourd'hui, vous avez commencé votre travail avec une image de ce genre et votre subconscient s'est mis à travailler; avec ce petit filet, vous avez réussi à attraper pas mal de papillons très délicats qu'on ne peut songer à saisir avec les mains. Même si les gens vous regardent comme si vous étiez fou et se moquent de vous, c'est le seul moyen — j'en suis désolé — d'attraper les papillons! il faut que vous soyez disposé à ne pas vous interrompre et à vous enfermer dans votre concentration avec les choses que vous avez choisies pour vous aider.

Vous vous êtes donné beaucoup de mal pour trouver la signification précise des choses dont vous parlez dans la scène afin qu'elles aient pour vous la signification prévue, mais l'important est qu'au début vous soyez resté assis là pendant cinq minutes; j'ai pu vous voir lutter pour obtenir votre concentration, puis revenir en arrière, recommencer et penser : « Peut-être devrais-je commencer à parler? », et puis tout à coup vous vous êtes dit : « Non, non, c'est difficile de parler; j'ai peur, ça y est, j'ai tout perdu »; alors vous êtes revenu à zéro, et vous avez recommencé à construire. J'ai vu alors une très bonne concentration vous envahir et puis, quand vous avez commencé à parler, votre bouche s'est légèrement tordue comme pour dire : « Hé, retiens-toi; je ne sais pas..., je ne suis pas sûr de pouvoir y arriver », et à vrai dire le premier son n'est pas sorti; je me suis dit : « Ça y est, il a reculé de nouveau »; alors, vous avez semblé dire : « Non, il est temps de parler maintenant; je vais continuer et je ferais mieux de ne plus m'arrêter »; alors les sons se sont mis à sortir. En même temps que les sons, j'ai vu se former une terrible tension et une lutte avec les muscles de votre bouche, preuve d'un grand combat intérieur. A l'avenir, je ne veux rien revoir de tout cela; je ne veux rien voir de ce combat, il doit être intérieur; je veux que vous vous asseyiez et que vous éprouviez des sensations, mais sans bouger. Souffrez! je ne veux pas voir le moindre mouvement; quand quelque chose se produit, vous avez l'habitude de vous passer la langue sur les lèvres; à l'avenir, je ne veux même pas de cela. Souffrez! Ces hésitations et ces manifestations involontaires ne font que permettre à vos impulsions de s'échapper.

Au moment où l'on en vient à l'expression, je ne veux vous voir faire aucun effort pour diriger les mots là où vous voulez qu'ils aillent. Croyez en vos propres pensées, pas à ce que vous allez faire avec les mots; autrement, vous avez l'impression de ne pas « en faire assez »; aujourd'hui, vous avez beaucoup fait et je vous ai observé avec soin pour voir si, en partant d'une base simple, vous pourriez aller plus loin. Et dans la partie vraiment agressive de la scène, que feriez-vous? Eh bien, chaque fois que vous avez voulu gagner un échelon, vous l'avez gagné, avec simplicité. La voix est sortie; jamais, auparavant, je ne vous avais entendu parler aussi clairement, avec autant de précision et autant de couleurs dans la voix; ce ne sont pas les critiques qu'on vous a faites ici qui ont produit ce résultat, mais de vous être dit : « Je ne vais pas m'interrompre, qu'il pleuve ou qu'il tonne; je ne me laisserai pas glisser quand je ne me sentirai plus en sécurité; je continuerai et je rendrai précis ce qui est vague. »

Nous nous préoccupons de vous donner le plus grand contrôle possible sur vos moyens et par conséquent la capacité la plus grande de créer ce que vous désirez créer au moment voulu. J'aimerais vous voir faire ce travail d'une façon encore plus énergique. Asseyez-vous. Ne bougez pas. Essayez vraiment de vous dire : « Où suis-je tendu? allons, détends-toi; Mon Dieu, je tremble ici; mon menton est tendu... mais détends-toi donc! »

Voilà pour vous le genre de travail le plus important. Quand le public écoute Heifetz, il ne se préoccupe que du résultat, mais Heifetz se préoccupe de savoir si son violon est bien accordé, s'il a mis assez de résine sur l'archet, parce qu'il sait que tout cela l'aidera à produire la mélodie merveilleuse que vous entendez; il sait que si le violon est mal accordé, il aura beau joué de tout son cœur, ce sera horrible. Les résultats que vous avez obtenus jusqu'à présent sont peu concluants; je ne peux donc, actuellement, que vous encourager à affronter réellement votre problème et à le travailler.

Il est juste de distinguer les problèmes de volonté des problèmes de discipline, c'est-à-dire les tâches que l'acteur veut faire sans y parvenir, et celles qu'il peut facilement accomplir quand il s'y décide. Mais cette distinction est rarement définie avec netteté. Si quelqu'un a un problème de volonté ou de discipline, est-ce plutôt le premier ou le second dont il s'agit? ou bien est-ce un peu des deux? Souvent ce n'est qu'après une profonde observation que Strasberg peut en décider.

Les mécanismes inconscients qui affectent la volonté opèrent de façon détournée; avant même que l'acteur en soit au stade de la scène, ils peuvent contrôler déjà ses choix — ou son absence de choix — devant un problème ou une tâche. Quelquefois, le problème de l'acteur est qu'il ne parvient absolument pas à définir son problème.

L'acteur Y. essaie d'échapper à l'obligation d'affronter ses problèmes en « escaladant d'impossibles montagnes ». D'autres acteurs se protègent inconsciemment contre la peur de se révéler eux-mêmes ou la crainte de l'échec, en choisissant des tâches très simples qu'ils ne mettent pas vraiment en rapport avec leurs propres besoins. Ainsi, l'acteur Z. a commencé à travailler au Studio quand il était très jeune. Parfois, on ne peut absolument pas savoir ce que va devenir un jeune acteur, ce que sera son métier. Il se met à travailler en se disant : « John Barrymore a travaillé comme moi au début. Si John Barrymore a travaillé et que je travaille également, je peux devenir exactement ce qu'est devenu John Barrymore »; mais il faut du temps pour découvrir ce que le matériel de chacun lui permet de faire. Ainsi, après quelque temps, Strasberg dut signaler à l'acteur Z., non pas qu'il était sur la mauvaise voie, mais qu'en réalité il n'était sur aucune voie. Il lui dit alors : « Vous avez posé vos problèmes de façon à satisfaire, en quelque sorte, vos exigences, vous avez choisi des choses qui n'ont aucun sens pour vous, parce que vous avez pensé que c'était là les problèmes dont nous voulions que vous vous préoccupiez. Il est temps maintenant que vous vous occupiez de trouver ce qui doit réellement se passer en vous; jusque-là, il vous sera impossible de résoudre les problèmes posés par une scène. »

L'actrice G. est une personne chez laquelle « le rapport entre la vie personnelle et ce qu'elle fait sur scène est très marqué. Quand sa vie personnelle et son jeu théâtral ne sont pas suffisamment séparés ou quand elle n'utilise pas assez sa vie personnelle dans son jeu, elle se trouve plongée dans des conflits inconscients qui l'empêchent de fonctionner ». Bien que son talent lui ait permis de faire des progrès, G. éprouva toujours des difficultés à définir le travail nécessaire à chaque stade de son développement — problème fondamental que Strasberg a essayé plusieurs fois d'éclaircir pour elle, dans des occasions comme la suivante.

Vers la fin de sa vie, la Duse était très préoccupée des rapports mère-enfant, et elle jouait des rôles qui impliquaient ce côté maternel. Il y avait également dans l'élément « mer » quelque chose qui l'affectait, de sorte que toutes les pièces traitant des rapports mère-enfant, ou de la mer, l'attiraient; voilà comment ce qui est personnel, et dont un acteur n'est souvent même pas conscient, affecte ses rapports avec le matériau artistique.

Ce qui est personnel vous touche de façon différente : d'un côté, vous essayez de faire des exercices simples; de l'autre, vous vous efforcez de gagner la guerre en une bataille. Je comprends ce que vous essayez de faire, mais en même temps vous essayez de résoudre d'un seul coup tous vos problèmes personnels, c'est impossible, cela demande du temps; le travail doit être fait de manière continue et avec constance de façon à perdre l'habitude de tout transformer en un jugement sur vous-même et à adopter une attitude professionnelle. Un médecin essaie de soulager la douleur, mais il sait ce qu'il peut et ne peut pas faire; cette même attitude professionnelle doit se développer dans le travail de l'acteur; il faut que vous soyez beaucoup plus simple, plus précise et plus logique dans votre façon de définir les problèmes pour avoir une vraie raison de faire un exercice particulier; celle-ci ne peut pas être quelque chose comme : « Il m'a semblé... alors j'ai décidé de faire cet exercice. » Vous avez toujours joué à cache-cache en adoptant cette attitude genre « au petit bonheur la chance »; elle vous suit et vous la prenez encore. Vous avez une façon de considérer les problèmes sans vraiment les affronter; vous n'osez même pas affronter une chose très simple à faire; vous dites : « Il y a beaucoup de choses qui vont de travers chez moi, n'est-ce pas, docteur? » et vous avez l'air de dire : « Donnez-moi des pilules; après tout, je n'y peux rien. » Voilà l'attitude inconsciente que vous avez qui annihile cela même que vous cherchez à accomplir.

L'acteur A. est un exemple plus terrifiant encore : tandis que l'actrice G. essaie de résoudre tous les problèmes en une fois et de ce fait, n'en résout aucun, l'acteur A. se trouve parfois dans l'impossibilité absolue de définir le moindre problème; il se met ainsi dans la situation de quelqu'un qui va sur scène sans savoir le moins du monde ce qu'il fait. D'un exercice à l'autre, il est incapable d'expliciter ce qu'il essaie de faire; dans son cas, définir le problème est beaucoup plus une question de volonté que de discipline.

Vous ne pouvez vous contenter de dire : « Étant donné que tout est impulsion et que je ne sais vraiment pas par où commencer dans ce que je veux faire, je ferai n'importe quoi pour voir si cela suffit. » Rien ne peut être accompli si vous ne savez, mentalement, ce qui est censé s'accomplir.

A. : A quoi devrais-je penser?

STRASBERG : Je ne sais même pas encore ce que vous essayez de faire.

A. : Je voulais simplement voir... si je pouvais éviter de devenir de glace. Je voulais... en quelque sorte... faire ce que j'avais envie de faire.

STRASBERG : Mais alors il faut que vous vous donniez quelque chose de difficile à faire et que vous voyiez si vous pouvez l'accomplir! Décider de faire n'importe quoi peut vous amener de grosses difficultés; cela peut impliquer des choses personnelles qui peut-être ne vous serviront pas à grand-chose, et vous n'y gagnerez rien. Je ne sais pas sur quoi vous travaillez. Vous dites : « Je veux travailler. » Ce que vous voulez dire en réalité, c'est que vous voulez grimper aux murs; je ne sais pas ce que vous espérez en tirer. Si vous me disiez par exemple : « Je veux construire un bâtiment », je vous dirais : « Cessez de grimper au mur et faites ceci ou cela. » Mais si vous dites : « Je veux faire quelque chose qui sera une impulsion », je ne vois pas ce que vous voulez faire.

A. : Est-ce que le moment privé n'est pas un exercice de ce genre? j'avais peur d'y apposer l'étiquette moment privé parce que je n'ai jamais fait cet exercice.

STRASBERG : Vous vouliez faire de ceci un moment privé?

A. : Non... je voulais dire... par rapport à la concentration.

STRASBERG : Tout est concentration, tout implique la concentration; le genre de concentration que vous utilisez n'a de valeur que par rapport au problème. Maintenant, si vous vouliez me définir ce problème, je vous dirais quoi faire. Je ne sais pas ce que vous avez dans la tête; vous vouliez faire quelque chose. Qu'était-ce? et pourquoi?

A. : Je crois que je voulais réussir à contrôler les impulsions et découvrir ce qu'elles étaient : tout ce que j'ai envie de faire, je vais le faire; je vais suivre mes impulsions. Je me suis fixé une tâche simple : venir en cet endroit et le visiter à nouveau; et d'abord j'ai essayé autant que possible de faire de cet endroit...

Strasberg : Vous voulez dire que cet endroit dont vous parlez est un endroit réel? Une minute! Je vous en prie, répondez-moi. N'essayez pas de me deviner et ne me répondez pas des choses que je ne veux pas savoir et qui ne servent à rien. Cet endroit est un endroit réel?

A. : Oui.

Strasberg : Ne vous préoccupez pas de ce que vous en avez fait. Donnez-moi d'abord des faits. Cet endroit est réel; un endroit où vous n'êtes pas venu depuis longtemps; il a pour vous une signification spéciale? est-ce là ce que vous voulez dire? Dans cet endroit, certaines choses se sont passées et vous n'y êtes pas retourné depuis lors. Vous vouliez voir ce qui se passerait si vous y reveniez en imagination, sans savoir d'avance ce qui se produirait ou ne se produirait pas, si ce serait intéressant ou passionnant. Cela devait être une improvisation, un exercice qui vous permettrait de voir ce qui sortirait de cet objet de concentration, de cet endroit. Aviez-vous des raisons de croire qu'il se passerait quelque chose?

A. : Quand j'y ai pensé, j'ai été emporté par moments, et cela m'obligeait à m'arrêter.

Strasberg : « Emporté? » Je ne sais pas ce que vous voulez dire.

A. : Je me laissais aller dans certaines zones, et puis je devenais... émotionnel; je me disais alors : « Maintenant, attends un peu; je ne veux pas encore faire cela. » Et je m'empêchais de continuer à y penser.

Strasberg : C'était après avoir choisi de faire l'exercice?

A. : Exactement.

Strasberg : Alors, oubliez cela, je vous prie; ne me parlez pas de l'exercice; moi, je vous parle de cet endroit réel; je vous demande des choses et vous m'en répondez d'autres. Cela ne m'aide pas; j'essaie de trouver ce qui se rapporte à cette chose réelle, pas au jeu théâtral. Ne m'embrouillez pas, et ne vous embrouillez pas vous-même. Vous aviez des raisons de supposer que cet endroit réel avait pour vous une certaine signification; mais saviez-vous quelle signification? Non, non, pas après que vous ayez décidé de faire l'exercice, avant, avant!

A. : Je le savais avant.

STRASBERG : Oui? et cela a éveillé certaines émotions...

A. : Oui.

STRASBERG : Mais alors, pourquoi avez-vous voulu faire l'exercice; si vous connaissez la signification de la chose, vous pouvez faire un exercice de mémoire émotionnelle et créer la réaction! Dans tout le travail que vous m'avez présenté jusqu'à présent, il y a toujours eu ce terrible laisser-aller; vous grimpez aux murs et je n'arrive pas à comprendre pourquoi; je n'ai jamais vu dans votre travail une volonté d'avancer pas à pas vers la réalisation de ce que vous voyez en imagination; vous faites des déductions qui ne sont pas basées sur ce que je vous ai demandé ou dit, mais qui s'évadent dans ce que vous pensez qu'il faut faire; même quand vous réalisez quelque chose, vous le faites si vaguement que cela ne touche pas le but que vous souhaitez.

L'exercice qui s'est révélé le plus efficace en matière d'éducation de la volonté est l'exercice « chant et danse ». Au début de la formation de l'acteur — surtout dans le travail très systématique des cours privés de Strasberg — Strasberg demande à l'acteur d'abord de se relaxer, puis de faire des exercices de concentration et troisièmement de faire l'exercice « chant et danse ». Il y a deux parties dans cet exercice, et toutes deux ont des éléments intérieurs et extérieurs.

L'acteur se tient debout devant Strasberg et le public. Il doit essayer d'être complètement détendu, physiquement et mentalement, mais il doit également maintenir sa concentration sur ce qu'il fait et garder contact avec le public. Il n'est pas nécessaire qu'il travaille « à faire passer quelque chose au public », mais il ne faut pas qu'il esquive le public. Il commence à chanter n'importe quelle chanson qu'il connaît très bien de façon à n'avoir à se préoccuper ni de l'air ni des paroles; tout en chantant, il s'efforce de demeurer parfaitement détendu; il ne bouge ni pieds, ni jambes, ni corps, ni mains, ni bras, ni tête.

Il chante la chanson note par note. Chaque note part de la poitrine avec une liberté et une plénitude complètes d'expression, et elle doit être maintenue dans sa plénitude, sans se terminer par un diminuendo. Ceci est l'élément extérieur de la première partie de l'exercice et il est clair que la volonté, la concentration, l'expression et la relaxation de l'acteur y sont essentielles. L'élément intérieur est la tentative de l'acteur d'être conscient de ses propres sentiments et impulsions pendant qu'il fait ce qui vient d'être décrit. Parce que son matériau n'est qu'une suite abstraite de sons, il peut fixer son attention à la fois sur ce qu'il s'ordonne à lui-même de faire et sur la nature des impulsions qui surgissent en même temps.

La première partie de cet exercice est aussi un instrument très utile qui permet à Strasberg de diagnostiquer les difficultés particulières d'un acteur dans le domaine de la volonté ou de l'aptitude à s'exprimer. Toute tension, arrêt, hésitation ou expression involontaire révèle à l'œil exercé de Strasberg quelque problème ou quelque gêne dont l'acteur devrait avoir conscience, mais dont il resterait peut-être tout à fait inconscient si on n'y attirait pas son attention.

Dans la seconde partie de cet exercice, l'acteur continue à chanter comme auparavant, mais en même temps il bouge ou danse sur une série de rythmes différents. Il ne sait pas d'avance quel rythme sera choisi, ni à quel moment. Il se peut qu'il se déplace en cercle, qu'il saute, en écartant largement bras et jambes, qu'il balance son torse d'un côté et d'autre, qu'il change de direction, qu'il fasse des rythmes de jazz, ou qu'il combine plusieurs de ces éléments.

Cette seconde partie fournit l'occasion d'être conscient de soi. Après l'exercice, Strasberg discute généralement de ce qu'il a observé et pose souvent toute une série de questions pour éclaircir davantage encore la conscience qu'a l'acteur de ce qui s'est passé pendant l'exercice.

Nous avons découvert qu'il y a une différence entre les gens qui sont sensibles mais ne peuvent s'exprimer parce qu'ils sont inhibés, et ceux qui sont sensibles et ne peuvent s'exprimer, bien que n'étant pas inhibés : ils n'ont tout simplement pas trouvé dans la vie une puissance d'expression compatible avec la force de leurs réactions. Souvent, en canalisant la sensation puis — au moment où jaillit le sentiment ou l'impulsion — en permettant à l'acteur de faire des choses qu'il n'a jamais faites auparavant, sans savoir d'avance ce qu'il va faire, on l'aide à se dégager de ses modèles établis. Il se met à trouver de nouveaux moyens d'expression en rapport avec les fortes réactions qui étaient restées, non pas inhibées, mais inexprimées.

Nous avons des exercices — tel celui chant et danse — qui traitent ce problème et aboutissent souvent à des résultats extraordinaires. L'exercice chant et danse permet d'atteindre directement les zones fondamentales de l'effort humain, de les traiter avec une précision plus grande que nous ne pouvons généralement le faire dans le jeu théâtral et dans les problèmes de la scène, où elles restent cachées la plupart du temps.

J'ai commencé à faire pratiquer l'exercice chant et danse parce que j'avais des élèves qui étaient chanteurs en même temps que comédiens. En chantant, l'accent est mis avec tant de force sur la ligne musicale qu'il devient très difficile aux chanteurs de s'en dégager pour jouer; invariablement, un chanteur chante selon le rythme et selon la forme qu'on lui a apprise. Nous avons donc voulu former ces chanteurs au jeu théâtral en brisant ce moule musical-verbal. Je leur ai dit : « Au lieu de faire ces choses avec des mots, faisons-les avec des chansons; mais au lieu de chanter la chanson, séparons les sons de façon que vous puissiez simplement apprendre à faire ce que vous voulez faire, sans vous préoccuper de savoir si c'est juste ou faux. Vous formerez votre volonté en l'obligeant à accomplir quelque chose qui va à rebours. »

Au début, on a trouvé que ce n'était pas facile à faire; puis certains acteurs ont essayé l'exercice et cela nous permit de découvrir des choses très curieuses : quelques-uns des acteurs avaient des difficultés particulières à s'en sortir; et pourtant, il s'agissait d'acteurs qui ne paraissaient pas émus, chez lesquels il semblait que rien ne se passait; on aurait pu les croire parfaitement capables de contrôler cette simple exigence de séparer les notes; mais cela leur était difficile; ils avaient également des difficultés à bouger leur corps selon différents rythmes sans savoir d'avance ce que serait ce rythme. Extérieurement, ils donnaient l'impression de se contrôler parfaitement, d'être parfaitement équilibrés et capables, et pourtant il leur était impossible d'accomplir une chose qui paraissait relativement simple.

Il devint alors évident qu'à travers cet exercice, nous étions, en quelque sorte, capables de voir plus loin à l'intérieur de nous-mêmes que nous ne l'avions fait jusque-là. En réalité, ces exercices plutôt simples sont devenus des sortes de rayons X dans les problèmes de volonté et de rapports entre la volonté et l'achèvement, c'est-à-dire dans l'aptitude de la volonté à mener à bien ce que l'acteur essaie de réaliser.

C'est ainsi que nous en sommes venus à nous préoccuper de ce problème; nous y avons ajouté certaines mises au point telle que « de prendre contact avec les impulsions ». Tandis que l'acteur se tient debout devant le public, il commence à sentir des choses se passer à l'intérieur de lui-même; elles ont rarement des manifestations extérieures, bien que parfois nous percevions quelque chose; parfois ces impulsions voilées se révèlent par le fait que certaines parties du corps se mettent à tressaillir et à bouger; autrement dit : « des expressions nerveuses involontaires » se manifestent; l'acteur apprend alors à prendre contact avec ces impulsions, et ceci se fait sans l'aide des mots; il se demande simplement : « Qu'est-ce qui se passe? Quelle sensation est-ce? Quel genre d'expérience? Est-ce cette espèce de réaction ou cette autre? Est-ce de la peur ou de la gêne, de la timidité, de la colère? Pourquoi suis-je en colère? « En réalité, l'exercice ne fait que permettre aux impulsions qui existent dans le subconscient ou l'inconscient de l'acteur de se manifester plus vivement qu'on ne le leur avait permis jusque-là; une expression de ce genre est, d'habitude, retenue par l'interdiction qu'y opposent le conditionnement et le comportement humain.

Dans l'exercice chant et danse, l'acteur laisse ses impulsions suivre leur propre cours. Très souvent, pendant les répétitions précédant un spectacle, on voit des choses commencer à se produire chez l'acteur; mais il les combat. Par exemple, un acteur a le sentiment qu'il va pleurer, mais il ne veut pas se laisser aller parce que cela ne se fait pas de pleurer sans raison au milieu d'une scène; à de tels moments, on peut réellement voir les muscles se mettre en activité sur la base de leurs réactions habituelles; dans l'exercice chant et danse, on détend ces muscles de façon que les réactions habituelles puissent faire surface. Alors, il arrive que les acteurs se mettent à rire ou à pleurer, à réagir ou à s'effondrer; ils ne savent pas vraiment pourquoi, mais cela prouve que l'acteur est amené à devenir un instrument plus expressif, comme un piano qui ne gêne pas le pianiste.

Quand le pianiste frappe une note, le piano répond par un son, tandis que lorsqu'un être humain frappe une note, il y a tout un processus de conditionnement qui souvent entrave l'expression. Un être humain pense à quelque chose mais sait qu'il ne devrait pas le dire; quand il devient adulte, il n'est même plus conscient de cette espèce de censure; voilà pourquoi des gens abordent le théâtre avec de puissants impératifs tels que : « Il ne faut pas parler ou se comporter contrairement aux besoins de la scène et parfois même contrairement à leurs propres désirs. » Ils ne se rendent pas compte que, une fois prêts à jouer, ils seront devenus des instruments figés qu'il faudra rééduquer, reconditionner pour leur permettre de faire ce qu'on veut qu'ils fassent.

En fait, c'est l'une de mes grandes découvertes sur le plan du travail. D'ordinaire, nous pensons que si l'acteur est un bon acteur et s'il comprend ce qu'il veut, il l'accomplira; c'est que nous n'avons pas vraiment saisi la difficulté de ce problème que tous les acteurs ont décrit; cela nous paraît encore plus difficile à comprendre quand nous constatons que plus l'acteur est grand, plus souvent il rencontre cette difficulté; il semblerait logique que le contraire se produisît : plus l'acteur est grand et moins il devrait avoir de difficulté.

Très souvent, un acteurne fait pas tout ce qu'il voudrait faire; ses intentions sont détournées par des habitudes dont il est la plupart du temps inconscient. Au lieu de cela, fait il des choses dont il est tout aussi inconscient parce qu'elles découlent d'un comportement mécanique, automatique. Une part essentielle de la formation de l'acteur consiste à le rendre conscient de ce qu'il fait au moment où il le fait; autrement, il ne saura jamais s'il doit forcer ou non son action; voilà la différence entre le jeu théâtral et la vie; dans la vie, il est parfaitement possible à un individu d'être inconscient de ce qui arrive, même dans les moments de grande intensité; mais il est essentiel que l'acteur sache tout le temps : « Ce que je fais pendant que je fais cela. » Cette conscience dédoublée, que Stanislavski nomme « le tâtonnement à la recherche de la vérité », doit se développer comme une sorte de sixième sens mais pas aux dépens de la croyance de l'acteur ni de sa concentration ou de son implication dans ce qu'il fait.

On croit en général que si un acteur est très pris par ce qu'il fait, il n'est pas conscient; ou bien que s'il est conscient, il ne peut pas être pris complètement par le jeu. Mais nous savons de par notre expérience d'être humain que c'est tout à fait impossible; dans les moments de grande émotion, nous sommes souvent très conscients de ce que nous faisons et nous disons : « Mon Dieu, regardez ce que je viens de faire! N'est-ce pas curieux? Jamais je n'aurais cru que je me comporterais de cette manière », mais cela ne nous empêche pas d'accomplir ce que nous faisons car les impulsions, les stimulants, dans la vie, sont très forts. Sur scène, ce que nous faisons peut souvent s'arrêter parce que le stimulant est imaginaire et par conséquent pas assez fort.

Une des erreurs les plus graves des acteurs est de croire que de jouer de manière croyable et vraie signifie oublier ce qu'on fait : ça, c'est de l'hystérie, dans la vie aussi bien que sur scène. Quand une personne oublie, cela veut dire qu'elle est allée au-delà du point où elle fait délibérément quelque chose; or, l'art est toujours une création délibérée bien que, parfois, il ait des résultats imprévisibles; ces résultats proviennent des différentes sources intérieures de l'être humain, ainsi que de sa conscience et de sa volonté; cependant, pour être capable de répéter — et c'est, sur le plan professionnel, une exigence normale du métier d'acteur —, il faut qu'il y ait certains éléments actifs de conscience, et, en dépit du malentendu courant sur ce point, ce niveau de conscience n'est pas contraire à la possibilité ni au besoin de l'acteur de faire fusionner son propre être avec celui du personnage, ou de se donner complètement à son rôle; bien au contraire, la conscience est essentielle, s'il doit accomplir cette fusion et cet engagement de tout son être.

Le fait de fractionner la chanson en une série de notes, et de changer le rythme à volonté dans la danse, est utile pour évaluer l'aptitude de l'acteur à se donner tout entier — avec liberté et souplesse — à l'accomplissement d'un ordre, sans savoir d'avance comment il va le faire; la plupart des gens n'agissent pas de cette façon; on ne fait que ce qu'on a l'habitude de faire; si l'on sait d'avance qu'on veut franchir telle marche, on a l'air plus ou moins libre dans sa façon d'agir, mais en réalité, on n'est pas libre du tout; on est lié par l'habitude que le corps connaît; le corps peut accomplir avec facilité ce qui est habituel; mais si on donne à l'acteur l'ordre de faire quelque chose d'inhabituel, il peut perdre tous ses moyens parce que son corps n'est pas entraîné à exprimer l'impulsion produite en lui.

Sous ce rapport, l'exercice chant et danse traite un autre problème essentiel du jeu théâtral : l'acteur doit savoir ce qu'il va faire quand il monte en scène, et pourtant il doit se permettre de le faire de telle façon que cela ait l'air de se produire pour la première fois; cela veut dire que le corps, la voix, toutes les facettes de l'expression doivent suivre les changements naturels de l'impulsion; bien que l'acteur répète soir après soir les mêmes choses, la force des impulsions peut, elle aussi, différer d'un jour à l'autre. L'acteur fait l'exercice chant et danse tout au début de sa formation; à ce moment-là, d'autres exercices traitent le problème de la création de la réalité chez l'acteur, grâce auxquels il apprend à se donner à l'événement, à l'objet, à l'expérience qu'il essaie de créer, en y croyant. Les exercices de concentration et beaucoup d'autres exercices traitent le problème de la création des impulsions; l'exercice chant et danse s'occupe de l'autre côté de la médaille. Quand l'acteur se donne l'ordre de changer le rythme de la danse, ou quand il obéit à mon commandement, il ne sait pas ce que va être le nouveau rythme; cependant, en exécutant le tout premier mouvement, il reconnaît le rythme et est capable de le suivre. Ainsi, on forme l'aptitude particulière de l'acteur à être libre, mais en voulant cette liberté, il se donne une action, un objet défini; il est conscient de ce qu'il fait pendant qu'il le fait; l'impulsion se déverse et peut alors s'extérioriser dans l'expression. Nous avions l'habitude de faire les exercices de concentration, sans l'exercice chant et danse; les acteurs créaient des impulsions, l'imagination commençait à travailler, mais le jeu théâtral ne s'améliorait pas; autrement dit, l'instrument n'était pas libre de répondre avec la force même des impulsions que les exercices de concentration réussissaient à créer.

L'exercice chant et danse n'est pas de ceux qui aident si on ne le fait qu'une seule fois; il faut le répéter inlassablement, parce qu'on y traite les habitudes; or, nous savons qu'on peut les briser, mais que cela n'est pas facile.

Chapitre VI

LES PROBLÈMES : LE BLOCAGE DE L'IMAGINATION

Jouer est une activité organique qui fait appel à toutes les ressources physiques et psychologiques de l'acteur; toute difficulté — aussi banale qu'elle soit — a tendance à empoisonner l'organisme : elle bloque l'impulsion, diminue ou divise la concentration, ébranle la croyance. L'acteur ne sait pas s'il souffre « d'un rhume de cerveau » ou « d'une maladie mortelle »; or, s'il ignore ce qui ne va pas, il ne peut y remédier, il se paralyse de plus en plus; son imagination hésite; cela peut ne pas gêner un acteur ordinaire, mais pour l'acteur de talent, c'est plus grave : il est pris de panique, cette panique étouffe davantage encore son imagination... et le cercle vicieux se referme.

Il y a quelque chose de plus important encore chez Strasberg que son étrange aptitude à observer les « moments de difficulté » d'un acteur et à en diagnostiquer la cause : c'est son habileté à le faire sans nuire aux bons éléments qui fonctionnent activement chez l'acteur, exactement comme un médecin sait soigner un mal sans utiliser des médicaments ou des techniques nuisibles au malade. Avec sa grande expérience, Strasberg possède l'objectivité du médecin qui se tient à côté du corps qu'il soigne. Il se rend compte quand une façon trop générale d'aborder le jeu théâtral n'a aucune valeur pour la solution de problèmes tels que les suivants :

INTERPRÉTATION SUBJECTIVE DE PROBLÈMES TECHNIQUES

Vous apprenez à vous servir d'une batte de cricket avant d'être en présence du lanceur et vous vous dites : « Mon Dieu, je sais bien m'en servir maintenant! Je pourrais marquer des buts sensationnels! » Le lanceur se met à lancer la balle et vous vous dites : « Il y a quelque chose qui ne tourne pas rond! ça marchait si bien avant! » C'est que vous venez de rencontrer une vraie difficulté : vous avez appris à vous servir de la batte; mais un nouvel élément entre en jeu et vos capacités habituelles en sont ébranlées. Dans les autres métiers, il y a un instrument extérieur que l'on peut contrôler; dans le jeu théâtral, vous êtes votre propre instrument et celui-ci se ressent de toutes les maladies de la personne. Dès que l'acteur a franchi les premières étapes de sa formation théâtrale, et qu'il aborde une scène et ses difficultés, invariablement il suppose que quelque chose ne va pas bien chez lui; il a tendance à considérer que tout problème est un obstacle, ou une preuve d'incapacité, une insulte à son talent.

Le jeu théâtral est trop souvent entouré d'une sorte de mysticisme, une espèce de crainte qui fait dire : « Voyons, si je commence à me poser des questions, je vais être incapable de jouer; je ne peux jouer que quand je joue; si je m'interroge sur ce problème, je ne saurai plus ni où je suis ni ce que je fais. » Parfois aussi, lorsque l'acteur se pose des questions, ce ne sont pas de vraies questions mais plutôt des doutes; il s'interroge, ou interroge autrui parce qu'il a peur de monter sur scène et de mettre ses doutes à l'épreuve. L'instrument de l'acteur est si proche de ses sentiments subjectifs que l'acteur ne peut les différencier, il est comme étouffé, son imagination se bloque. La solution des problèmes de métier est, pour l'acteur, la même que dans tout autre métier; la technique doit être préparée, étendue, entraînée en vue de pouvoir affronter tout problème, quel qu'il soit.

TROP D'ÉMOTION ET DE SENSIBILITÉ

La sensibilité est la capacité d'un organisme à réagir à un stimulus. La réaction peut être émotionnelle ou non, le stimulus peut être extérieur ou intérieur, conscient ou inconscient, volontaire ou accidentel. Si l'acteur ne peut y réagir, il ne peut être acteur. Cependant, les réactions de sensibilité et d'émotion peuvent être présentes et néanmoins poser des problèmes car si l'acteur ne peut les contrôler, au lieu de lui être bénéfiques, elles deviennent un obstacle pour lui.

A L'ACTEUR B. : Vous avez une grande sensibilité, presque trop; elle n'a pas de base; vous êtes trop jeune, vous avez vécu dans un milieu déterminé où vous avez rarement eu à recourir à votre sensibilité, mais elle est manifestement suffisante pour les besoins du théâtre parce qu'elle vous a amené ici, au Studio, sans que vous ayez eu une grande formation antérieure, ni une grande expérience.

Dans la scène que vous venez de jouer, votre sensibilité était très vive, mais purement physique; ainsi, quand vous venait l'impulsion de lever la main, le mouvement n'allait pas jusqu'au bout : en levant la main, vous refermiez déjà les doigts. Votre sensibilité vous tire à droite, puis à gauche, elle n'est pas détendue, aisée, pleine : au moment de l'impulsion la réaction musculaire refuse d'aller tout à fait jusqu'au bout et de se relâcher après expiration de l'impulsion; celle-ci vous envahit et au même moment vous retient, soit parce que vous n'avez pas l'habitude de laisser jouer les impulsions en vous, soit parce que vous n'êtes pas habitué à vous comporter conformément aux réactions émotionnelles; le phénomène ressemblerait à celui d'un homme luttant contre le vent pour ouvrir une porte : le vent souffle si fort qu'il n'arrive même pas à l'entrouvrir suffisamment pour se glisser à l'intérieur. Pourtant, vous vous dites : « J'ai essayé d'ouvrir la porte! Qu'est-ce qu'il m'arrive? » Il ne vous arrive rien; les résultats que vous obtenez sont valables mais indiquent que vous avez besoin d'apprendre à manier une sensibilité qui est incontestablement en vous.

Votre problème n'est pas un problème de mémoire sensorielle ou de choix des objets; il vient de ce que, en réagissant, vous critiquez tout le temps ce qui se passe en vous; votre énergie démarre mais ne garde pas toujours la direction qui lui permettrait d'arriver au but. Je vous conseille donc de ne pas faire d'exercices émotionnels, de ne pas travailler des scènes d'émotion; votre sensibilité est assez forte pour que vous n'ayez pas à vous en préoccuper; ce qu'il vous faut développer c'est votre aptitude à vous servir d'un simple objet, à travailler avec cet objet en prenant tout le temps nécessaire; une fois que ça marchera, vous devrez alors vous tourner vers nous et dire ce que vous aurez à dire sans la moindre émotion, sans force dramatique, sans rien; vous devez apprendre qu'en faisant ou en disant quelque chose, vous créez une réalité. Le travail le plus salutaire pour vous serait de suivre des cours de pantomime de façon à apprendre à vous contrôler physiquement sans y mêler d'émotion.

L'actrice T. a un « grand talent mais un vrai problème d'hystérie : elle pense que seul le sentiment du rôle est important et, à moins que quelque chose ne parvienne à l'éloigner des sentiments, elle devient hystérique. L'hystérie sur scène n'est pas l'émotion, car l'émotion doit être créée délibérément; l'hystérie est une émotion qui aborde tout et fait ce qui lui plaît sans se préoccuper du personnage ni de la situation ».

A L'ACTRICE T. : Vous avez trop d'émotion, et elle fonctionne à des moments où vous n'en avez pas besoin; aujourd'hui, le résultat est un peu troublant, parce que l'émotion semblait être d'une veine différente de ce que vous faisiez; elle était trop réelle, trop convaincante dans le sens que son expression visuelle ne s'accordait pas avec la réalité de l'émotion.

Si je ne me trompe, je vous ai demandé de ne faire aucun exercice émotionnel; choisissez des objets simples, ou des objets de concentration, pour vous prouver à vous-même que l'émotion viendra toute seule et que vous n'avez pas besoin de la travailler.

T. : Mais je n'ai pas travaillé l'émotion!

STRASBERG : Vous m'avez dit que vous aviez choisi un objet qui vous faisait pleurer, bien que vous ne vous attendiez peut-être pas à ce que le résultat fût si énorme.

T. : J'ai fait un mauvais choix.

STRASBERG : Non seulement vous avez choisi un mauvais objet, mais vous l'avez mêlé à tant d'autres éléments que nous ne savions plus ce qui se passait.

T. : Je ne voulais pas me fier simplement au souvenir d'un objet physique.

STRASBERG : Ce serait très bon pour vous de ne vous fier qu'à une seule chose, cela vous apprendrait à avoir confiance en vous-même et vous ferait constater que vous n'avez aucun problème d'émotion; votre problème c'est le contrôle de l'émotion. Bien entendu, à certains moments, vous avez du mal à obtenir l'émotion exacte que vous voulez, mais vous savez utiliser la mémoire affective dans ce cas. Plus vous vous efforcerez de travailler avec un objet physique — sans vous préoccuper de ce que cela donnera dans la scène ni où cela vous conduira — plus vous aurez confiance en votre aptitude à diriger votre volonté vers la solution des problèmes que vous vous posez ou que votre metteur en scène vous pose.

LE TRUCAGE ET LE « FORCING »

Du point de vue technique — et sans se rapporter à une pièce particulière — un acteur est vrai dans la mesure où son expression s'harmonise avec les impulsions de son imagination. L'acteur B. et l'actrice T. avaient beaucoup d'impulsions. D'autres acteurs font simplement semblant d'en avoir. Ils fabriquent de toutes pièces les réactions qu'ils croient devoir être produites par leurs prétendues impulsions : c'est du trucage. Un troisième genre d'acteurs, à l'imagination active, se sent obligé de la déformer pour obtenir une réaction exagérée; c'est ce que j'appellerais du « forcing ». Tant que l'acteur truque, son imagination ne peut fonctionner, mais tant qu'il force, elle ne peut fonctionner non plus, ni sur le plan de la réalité ni sur celui de la plénitude.

On connaît toujours les éléments de base d'un problème de jeu, mais personne ne sait comment les résoudre; on peut seulement prédire que l'acteur les résoudra dans la mesure où il y travaillera convenablement. C'est le genre de prédiction que l'on peut faire dans tous les domaines de l'effort humain.

J'ai vu, un jour, à la télévision, un programme très soigneusement élaboré sur l'histoire d'un missile; on voyait travailler d'éminents savants qui avaient des millions de dollars à leur disposition; tout était prêt : une certaine personne touchait un certain bouton — mais la fusée ne partait pas. Les savants dirent : « Il faut tout recommencer »; ils ne se sont pas suicidés pour autant, n'ont pas abandonné leur profession; on ne les a pas chassés, ni rayés du syndicat. Ils se rendaient compte que quelque chose n'avait pas marché, sans savoir exactement quoi; il n'y avait donc qu'à tout vérifier afin de pouvoir corriger l'erreur.

Voilà ce qui se passe dans toute activité humaine; le seul domaine où nous ne soyons pas disposés à accepter cette limitation est celui du jeu théâtral; là, nous voulons pouvoir faire tout le travail : nous poussons le bouton et, si la fusée ne part pas, nous voulons à tout prix qu'elle parte quand même. Alors, que se passe-t-il ? la fusée ne part pas... mais nous partons — nous essayons de faire partir la fusée, en faisant semblant.

Dans ce cas, la fusée ne partira jamais, car si on se laisse emporter sans se préoccuper de ce qui va mal et sans construire une autre fusée, on ne crée pas le genre d'activité qui conduira à un autre lancement de fusée ou à la création d'un genre d'activité imaginaire qui, par la suite, dégrossira le problème.

Cependant, lorsqu'un acteur aborde une scène ou un exercice, quand il essaie de travailler honnêtement et d'explorer la pensée, la sensation ou l'expérience personnelle qu'il s'est donné pour tâche d'explorer, très souvent, il ne pousse même pas le bouton; il ne se fait pas confiance à lui-même et n'ose pas le pousser; il préfère utiliser une fusée truquée, une convention, un cliché.

Nous disons toujours qu'au cours de sa formation technique l'acteur doit se contenter de suivre tout simplement le processus correct de travail. Dans une production, quand le public est là à attendre qu'on lui en donne pour son argent, on peut truquer pour le public, si on veut, parce que le public sera satisfait de ce trucage; mais en tant qu'homme de science, vous vous démolirez vous-même si vous vous laissez prendre à votre propre trucage; dans la mesure où l'acteur sait qu'il a truqué aujourd'hui et qu'il se prépare à le refaire demain aussi convenablement, tout va bien; mais si jamais l'acteur se met à prendre le trucage pour de la réalité, il élimine toute possibilité de créer le genre de développement et de progrès que tout acteur souhaite.

A L'ACTEUR C., *après une scène de « Henri V » :* Qu'aviez-vous à la main?

C. : Une épée.

STRASBERG : Eh bien, prenez-la. Qu'est-ce que vous allez en faire?

C. : Maintenant?

STRASBERG : Non... je ne veux pas vous donner de tentation tout de suite!

C. : Dans la scène? ou bien avec moi-même, maintenant?

STRASBERG : Que pouvez-vous faire avec cette épée?

C. : Différentes choses.

STRASBERG : Lesquelles?

C. : Je peux la nettoyer.

STRASBERG : Que pourriez-vous faire avec cette épée qui répondrait à sa raison d'être?

C. : Je pourrais... couper, frapper, tuer...

STRASBERG : Tout ça, c'est trop général; vous ne pourriez rien faire de tout cela maintenant, tout cela c'est du faux-semblant.

C. : Mais... alors, je ne peux rien en faire maintenant.

STRASBERG : Pourquoi cela? Pourquoi pas? Vous pouvez tenir l'épée dans votre main?

C. : Je croyais... C'est ce que je fais!

STRASBERG : Non, je ne crois pas un seul instant que vous teniez une épée à la main; vous avez l'air d'agiter un accessoire, sans raison précise; ce n'est pas une façon de tenir une épée; vous ne nous avez pas montré que vous étiez conscient de tenir une épée et qu'elle avait une raison d'être! Si je vous donnais une batte de base-ball, vous sauriez vous en servir? La tiendriez-vous de cette manière? Je ne le crois pas. Quelque chose dans le maniement de l'objet aurait indiqué que vous saviez vous en servir. Vous me dites : « Je ne sais pas comment tenir cette épée »; très bien; mais alors, si vous ne le savez pas, pourquoi la tenez-vous en faisant semblant de savoir? évitez-la plutôt, et vous ne ferez pas semblant de faire quelque chose, montrant par là que vous ne savez pas vous en servir.

D. est une actrice « de très grand talent », qui se connaissait très mal; son travail d'actrice était frais, comme sa personnalité, mais si elle avait continué à travailler comme elle le faisait, cette fraîcheur même aurait fini par devenir un faux-semblant, un maniérisme; tout le monde aurait dit : « Eh bien, c'est tout ce qu'elle peut faire. » Quand elle est arrivée au Studio, elle n'avait pas la technique nécessaire pour utiliser son talent et ses aptitudes. Le Studio a essayé de la révéler à elle-même, de la soulager de ses craintes, de lui donner de nouveaux problèmes et de nouvelles tâches sur lesquels fixer son attention, afin d'éviter qu'elle ne se considère simplement comme une fille des bas quartiers et qu'elle se limite à cette couleur.

A L'ACTRICE D. : Nous essayons de vous prouver l'inutilité de cet effort que vous faites pour exprimer ce qui se passe en vous, comme si vous n'y croyiez pas vraiment ou que vous doutiez du fait que nous le voyons. C'est un effort complètement inutile qu'il faudrait abandonner de façon à vous permettre d'en faire davantage en d'autres domaines.

Je veux que vous arriviez à avoir la confiance de tout bon ouvrier qui cherche à faire ce qu'il veut aussi pleinement que possible, et c'est impossible si vous vous dites tout le temps : « Est-ce que cela suffit au public ? » Ce souci, vous pourrez l'avoir plus tard, quand vous en serez au stade de la représentation. Il faut cuire la nourriture avant de se préoccuper de servir un plat.

L'expression n'a pas besoin d'être forcée; une des capacités fondamentales de l'être humain est de penser, d'expérimenter et d'exprimer; il crée des résonances chez celui qui observe, qui a payé sa place et qui en veut pour son argent.

LE MOULE VERBAL

Tout le travail de Strasberg tend à aider à trouver la réalité du personnage, de la situation, de l'événement qui se tient derrière les mots d'une pièce. Mais l'imagination de l'acteur n'est jamais éveillée si son effort reste fixé au niveau des mots, c'est ce que Strasberg appelle « adhérer au moule verbal ».

A L'ACTEUR M., *après une scène de Tennessee Williams extraite de « Mooney's Kid Don't Cry » :* Il y a eu des moments où ce qui vous poussait venait plus des mots que de votre propre imagination, c'est-à-dire de la couleur conventionnelle du texte plutôt que de son vrai sens. Si nous parlons du fleuve Saint-Laurent, nous disons : « Quel grand fleuve ! Il coule là-bas, et il est aussi bleu que le ciel ; il est si bleu que c'en est terrifiant. » Mais dans la pièce, le texte dit : « Il est aussi bleu que le ciel », et vous, vous avez dit ces mots d'un ton fade, sans plus. Je suis désolé, le Saint-Laurent ne peut pas être bleu comme le laisse entendre ce ton truqué, et lorsque vous pointiez le doigt, ce n'était pas un fleuve que vous montriez, mais un ciel ! Quand une rivière est bleue, ce bleu est dans la rivière. Ce geste vague que vous avez fait vers les toits prouve qu'à ce moment, vous vous nourrissiez d'une impulsion conventionnelle qui venait seulement du texte, des mots.

A l'actrice G. : L'être humain est souvent poussé par des modèles inconscients associés aux mots ; quand les mots ne sont pas les vôtres, mais vous sont donnés par un auteur, ils produisent immédiatement une intonation et une façon de parler conventionnelles, parfois même ils ont une signification jaillie de l'inconscient. Par exemple, vous avez à deux reprises dans cette scène quatre mots prononcés à la file et vous les avez dits comme quatre-mots-prononcés-à-la-file. Vous avez parlé de vos premiers contacts avec-un mari-avec un ami-avec-un amant-avec-un enfant. Vous avez vraiment parlé-les-mots-de-cette-façon. Au bout du quatrième mot, vous avez laissé tomber la voix ; il était clair qu'au fond de votre esprit vous saviez qu'il y avait quatre mots et pas un de plus.

G. : Comment peut-on ne pas le savoir ?

Strasberg : Ou bien un acteur le sait, ou bien il essaie de penser. S'il sait, il dit : « Il n'y en aura que quatre : un mari, un ami, un amant, un enfant. » Quand nous l'entendons le dire, nous savons pertinemment qu'il n'y en a pas davantage. Quand une personne essaie de penser, comme vous aviez l'air de le faire, alors elle ne sait manifestement pas qu'il n'y en aura que quatre ; elle essaie de penser : « Combien y en a-t-il ? », et dit : « La première fois qu'on entre en contact avec son mari, ou — avec un ami, ou — avec — je ne sais pas moi — un amant —, bien sûr, c'est même, jusqu'à un certain point, plus vrai avec un amant —, ou — avec un enfant — bien que là ce soit vraiment différent... » En réalité, ces quatre choses auxquelles elle pense font le tour des principales relations des êtres humains; mais c'est ainsi que chemine la pensée; elle n'anticipe jamais, sinon il est évident que ces quatre mots jailliraient de façon inconditionnelle et continue. Si on émet les-mots-de-cette-façon-il est clair aussi que le sens est seulement joué, présupposé, et qu'aucune signification réelle n'en sort. Les mots tombent inconsciemment dans ce « moule verbal » que nous avons tous. Dès que nous en venons à faire un enchaînement, notre inconscient reconnaît tout de suite que c'est un enchaînement.

Un individu peut jouer une scène dont il n'a pas très bien mémorisé le texte; il saute des mots, des répliques entières et pourtant chaque détail de la ponctuation est à sa place; si vous lui demandez combien de signes de ponctuation il y a dans le texte, il vous regardera comme si vous étiez fou; et pourtant chacun de ces signes est à sa place lorsqu'il parle. Cela vient sans doute de ce que notre première impression d'un texte est saisie à travers la ponctuation, de sorte que nous créons inconsciemment une espèce de stencil de cette ponctuation qui nous sert — inconsciemment encore — de guide. Cette première impression est très forte et risque souvent de gêner l'acteur.

L'ANTICIPATION

Stanislavski a sans doute été le premier à découvrir le sens de cette maladie de l'acteur qu'on appelle l'anticipation. Quoi qu'il se dise et quoi que lui dise le metteur en scène, l'acteur sait qu'il est sur scène pour faire exactement ce qu'il a fait hier, ce que le metteur en scène veut qu'il fasse et qu'il espère faire. L'acteur sait des choses que le personnage ne peut pas savoir et, de ce fait, tend inconsciemment à jouer de cette connaissance; il a tendance à jouer le résultat plutôt qu'à le provoquer.

Le personnage ne sait pas ce qui va se passer; il n'a pas lu la pièce; la pièce le concerne; l'auteur a écrit la pièce à partir de lui. Nous conseillons toujours à l'acteur de se demander : « Que se passerait-il ici, si cette scène n'existait pas? Qu'est-ce que je ferais vraiment? »

La pièce de Strindberg intitulée *The Stronger* se passe dans un café pour « dames seules » à Stockholm, le soir de Noël. Mme X., une actrice mariée, arrive là après avoir fait ses achats de Noël, et rencontre Mlle Y., une actrice célibataire. Dans la pièce, Mlle Y., dont le rôle était tenu au Studio par la comédienne D., n'a pas de texte.

A L'ACTRICE D., *après l'exercice :* Qu'est-ce que vous voulez nous faire voir? nous dire? Un acteur passe son temps à dire des choses au public; même si ce n'est que : « Je ne veux pas que vous sachiez quoi que ce soit pour l'instant », il le dit si délibérément que nous savons qu'il nous envoie une espèce de message mystérieux; il n'existe rien de tel qu'un acteur refusant de renseigner le public, même au cours d'un exercice d'improvisation comme celui-ci.

D. : Que devrais-je dire? Je veux que vous sachiez une seule chose : je suis là.

STRASBERG : La pièce établit clairement une chose : quoi qu'il arrive à travers la première partie, Mlle Y. est la plus forte; elle est censée être la plus forte dès le début, dans le sens le plus simple des mots; la pièce s'intitule *The Stronger*, ce n'est pas sans raison. Il est clair que si vous êtes au début la même que celle que vous êtes censée être devenue à la fin de la pièce, il n'y a pas de pièce. Cela revient à dire qu'au début vous devez avoir l'air d'une chose, et d'autre chose à la fin. Quelle que soit votre activité au début, elle ne doit pas révéler la fin.

D. : Je n'en avais pas l'intention.

STRASBERG : Je regrette! Si Mme X. entre et vous regarde, vous dit quelque chose sans que vous y prêtiez attention, quelque chose ne colle pas. Pourquoi avez-vous fait cela?

D. : C'est que je ne m'intéresse pas à elle. Je suis invulnérable, pour l'instant. Je m'occupe de manger, de boire et de lire mon journal.

STRASBERG : Mais vous l'avez déjà lu, ce journal! Vous êtes

assise là depuis des heures ! Vous ne venez pas d'arriver, n'est-ce pas ?

D. : Non.

STRASBERG : Non, en effet ; vous avez passé ici la plus grande partie de la soirée, vous avez lu ce journal ! cinquante fois ! combien de fois peut-on lire un journal ?

D. : Je n'ai pas pensé à cela.

STRASBERG : Parce que vous commencez la scène comme une scène et comme un problème de jeu, sans essayer de séparer le problème de jeu de votre préoccupation de vous-même. Vous n'avez pas fait le rapport entre le problème de jeu et quelque chose que vous découvrez dans la scène par l'intermédiaire de vous-même. Vous voyez ce que je veux dire ?

D. : Non.

STRASBERG : Bon. Voici ce que je veux que vous fassiez : au lieu de cacher votre visage derrière le journal, et de vous cacher derrière toutes ces choses qu'inconsciemment vous mettez devant vous comme un écran...

D. : Oui, je vois.

STRASBERG : Très bien. Donc, pour être précis, au lieu de faire cela je veux que vous fassiez exactement le contraire. Quand le rideau se lève, je veux voir votre visage ; je veux savoir que vous êtes assise là depuis des heures à remuer dans votre tête des pensées très personnelles, dont quelques-unes sont intéressantes, d'autres moins... tenez, exactement comme vous le faites en ce moment ; vous n'avez pas besoin du verre de bière pour vous aider, ni du journal, ni du metteur en scène, ni de personne, parce qu'il y a une foule de choses à l'intérieur de vous-même qui peuvent vous aider à résoudre ce problème important pour le personnage. En effet, Mlle Y. se sent à l'aise ; c'est le genre de soirée où elle paie le prix de ce qu'elle a fait ; autrement, elle obtient tout ce qu'elle veut ; tous les hommes qui retournent vers leurs épouses, un soir comme celui-ci, lui appartiennent ; il est vrai que ce soir, il faut qu'elle les rende à leurs familles, mais elle est quand même « la plus forte » ; du moins, c'est ce qu'elle pense au début de la scène jusqu'au moment où, tout à coup, l'équilibre est renversé parce qu'à travers Mme X., elle découvre une chose qui lui montre qu'elle n'est pas réellement la plus forte.

La façon dont vous réfléchissez en ce moment, là, devant moi, est ce que je veux sur scène, et vous ne l'avez encore jamais fait sur scène. Savez-vous ce que vous êtes en train de faire ? je ne sais pas comment le dire ; vous avez le sentiment de vous-même en ce moment ; vous réalisez que nous parlons de vous et en quelque sorte, cela vous intrigue tout en vous inquiétant... car le terrain est glissant ; mais vous ne craignez pas de glisser ; voilà ce que j'aimerais voir sur scène. Votre personnage croit avoir ce pouvoir, Mlle Y. en est sûre bien que ce soir elle ne s'en serve pas ; elle est persuadée qu'elle tient en son pouvoir tous les gens que justement elle n'a pas ce soir ; alors, n'anticipez pas la fin ! Quand Mme X. arrive et se met à parler, il faut que vous soyez prête à répondre tout ce que vous avez envie de répondre ; essayez de répondre, mais en faisant cette tentative, tâchez de penser : « Cet imbécile d'auteur ne me donne pas une phrase à dire ; il en a fait un tour de force et je peux en faire autant si je veux » ; vous devez continuellement ressentir l'envie, le besoin de parler, puis, inconsciemment une nouvelle idée vous vient : « Elle ne dit jamais les choses à fond », qui vous donne un certain genre de réaction, la seule que vous ne reteniez pas, parce que vous savez que dans la pièce on ne la verra plus jamais.

Si, au moment où entre Mme X., vous avez envie de lui sourire, allez-y. Pensez en vous-même : « Les gens se préoccupent d'un tas de bêtises pendant ces jours de fêtes ; ils courent à droite et à gauche, achètent des cadeaux ; on m'achète des cadeaux, mais moi, je n'en achète pour personne. » Chaque femme se préoccupe de son mari... mais il n'est pas vraiment son mari... je veux dire, il ne lui appartient pas en propre. Donc, je veux vous voir faire sur scène, ce que vous faites en ce moment. C'est cela... Mona Lisa ! c'est son secret ! Vous êtes forte, vous connaissez votre pouvoir ; et tout le temps que Mme X. parle, je veux voir que vous savez ce qui s'est *vraiment* passé avec son mari ; c'est un point dont vous êtes sûre ; vous pourriez, n'importe quand, faire un signe avec votre petit doigt et il accourrait ! Vous l'aurez quand il vous plaira mais pour l'instant, vous n'en avez pas envie ; vous en avez d'autres. Il ne doit pas y avoir, au début, une trop grande conscience de ce dont nous deviendrons conscients par la suite ; car c'est là que l'anticipation inconsciente joue un grand rôle et souvent épuise le travail de l'acteur, lui ôte sa valeur et parfois même le détruit.

LA PEUR DE SE LAISSER EMPORTER

L'ACTRICE R., *après un exercice de « moment privé » :* Au début, j'ai été contrariée parce que je voulais utiliser quelque chose de très personnel. Et j'avais peur.

STRASBERG : De quoi?

R. : De me laisser emporter.

STRASBERG : Et qu'arriverait-il?

R. : Je ne voulais pas le faire à fond... mais juste assez pour monter... dans ce métro et m'arrêter à toutes les stations. C'est exprès que je ne me suis pas laissée aller... je ne voulais pas en travaillant mêler... mes propres sentiments... avec...

STRASBERG : Qu'est-ce que cela veut dire? Si je suis peintre et que je cherche un modèle pour Vénus et que je tombe amoureux de quelqu'un et que je peigne cette personne sous les traits de Vénus et puis que je dise ensuite : « Je ne veux pas mêler mes propres sentiments avec... » Qu'est-ce que cela signifie? Comment puis-je peindre si je ne suis pas disposé à mêler mes sentiments à ce que je peins? Il faut alors que j'aie le talent et les moyens de rendre apparents à d'autres gens — qui n'ont pas la même attitude que moi — *ma* vision, *mes* sentiments, *ma* pensée. Mais je ne peux travailler qu'à partir de mon attitude personnelle sinon, comment pourrais-je le faire?

C'est une des choses que j'admire tellement chez Kazan. Quand on aborde certaines situations où je pourrais m'attendre à le voir discuter, il ne le fait pas. Je me mets en colère, je discute la pièce comme si les arguments pouvaient provoquer quelque chose. Lui, se contente de dire : « Je regrette, voici ce que je pense; j'ai peut-être tout à fait tort; je ne sais pas; mais je ne peux faire que ce que je pense. Vous avez sans doute raison, mais il faut que je le fasse à ma façon »; et c'est quand il en est à ce point que jaillit la création.

Si quelqu'un essaie toujours de satisfaire son prochain,

comment peut-il faire quoi que ce soit autrement que d'une façon conventionnelle? Pour le public, cela n'a pas d'importance, mais l'artiste, lui, n'accomplira jamais rien d'important de cette manière; c'est impossible; quand vous montez sur scène, ce doit être avec l'idée de donner *votre* vie au personnage; en lui il n'y a pas de vie; mais seulement un enchaînement de choses qu'exige l'auteur; sa vie sera votre vie, voilà ce que vous lui donnez.

L'actrice C. a « un talent énorme mais aussi de graves problèmes émotionnels, dans sa façon d'utiliser ce talent. La plupart du temps on voit son talent jaillir comme de la lave et se détruire plutôt que de se laisser canaliser et de créer quelque chose dans la pièce ». Strasberg a essayé de « lui donner de la concentration, de la volonté — ces éléments de jeu que l'on considère toujours comme acquis — de façon que ses vives impulsions puissent être contenues. Il faut resserrer les petites vis sinon, à plus de deux cent cinquante kilomètres-heure, la voiture de course tombe en morceaux ».

A L'ACTRICE C. *après un exercice de « moment privé » :* Chez vous, le jeu est toujours contraint, parce que vous avez le sentiment que si vous vous arrêtez un moment « tout sera perdu »; comme si quelque chose devait obligatoirement disparaître si vous cessiez un instant de jouer pour nous! Votre attitude dans le travail, que ce soit dans les films ou sur scène, révèle une utilisation inconsciente de vous-même. Même dans le travail superficiel et purement mécanique, vous essayez de vous affirmer en broyant systématiquement ce qui est à l'intérieur de vous; voilà le genre de personne que vous êtes; voilà ce qui contribue à l'intensité, à la véracité de votre jeu. Vous n'avez aucun problème de talent, mais votre contrainte vient de la peur que tout acteur de grande intensité ressent — celle d'en révéler « *plus* » qu'on ne pense devoir en révéler.

Pour l'acteur, ce « plus » n'existe pas; ce que l'acteur révèle est toujours en rapport avec ce qu'il crée; il révèle ce qui se rapporte à un objet ou à un événement particulier. Il doit dire : « Oui, je suis disposé à vous donner du cent pour cent; peut-être qu'aujourd'hui je ne vous donnerai que soixante-quinze pour cent, mais ce ne sera pas exprès, car je veux vraiment vous donner tout ce que j'ai. » En réalité, l'acteur ne donne jamais cent pour cent de lui-même, mais il donne cent pour cent de sa bonne volonté. Chez vous, la bonne volonté de concevoir, de vivre, de donner aux choses le temps de se produire en vous, de vous y abandonner, n'est pas présente dans toute son amplitude; vous vous arrangez toujours pour que « un petit peu » ait l'air d'être « plus »; je veux le contraire; je veux que ce soit « plus ».

Je me rappelle seulement deux acteurs qui n'avaient aucune peur de se révéler en scène, mais je ne trouve aucune actrice; avec la plupart des grands acteurs, c'est le contraire qui se produit; ainsi, la Duse éprouvait cette peur à un point extraordinaire; elle souffrait mille morts avant chaque représentation. A l'âge de quatorze ans, elle a joué Juliette, et après la représentation elle était tellement envahie par cette peur qu'elle courait dans les rues; elle s'enfuyait et ne pouvait supporter de voir personne; elle était hypersensible et particulièrement habile à se laisser emporter par ce que crée l'acteur; elle conserva ce trait toute sa vie. Parfois, quand elle montait sur scène, elle avait l'impression que le public pensait à ce que D'Annunzio avait écrit sur elle, et elle y était si sensible qu'elle ne pouvait bouger; elle était prête à continuer, mais quelque chose la désarçonnait et elle annulait la représentation.

Le métier dont nous discutons ici, est souvent plus nécessaire aux grands acteurs qu'aux moins grands, car le grand acteur ressent cette peur, s'inquiète et doute plus que les autres. Le petit acteur, celui qui est ordinaire, superficiel, mécanique ne la ressent pas du tout. Pour lui, jouer est simple et facile : « Vous allez d'ici jusque-là; quand vous êtes là, vous dites votre réplique de cette façon. Qu'y a-t-il là de difficile? Pourquoi en faire toute une histoire? » Il n'a aucun des problèmes de l'acteur sensible qui est en quelque sorte touché par ce qui entre dans le jeu.

L'actrice E. « est arrivée au Studio avec une qualité très intéressante; mais elle était si timide, si inhibée, tellement incapable de s'utiliser elle-même, sauf dans le domaine de la timidité, qu'elle semblait avoir une qualité... désincarnée Il a fallu la rendre consciente d'elle-même en tant que femme et en tant que personne ». Strasberg lui a demandé « de faire l'effort de s'habiller différemment et d'utiliser son corps de façon inhabituelle; de ce fait, elle a fortement augmenté le nombre des rôles qu'elle pouvait jouer. Ce travail l'a amenée aussi à intensifier et à approfondir son expérience sur scène. Dans sa précédente façon de jouer, la réalité consistait simplement à être naturelle, à ne rien faire de façon exagérée, ce qui est purement négatif, car le bien, dans ce cas, n'est que l'absence d'erreur, mais pas encore la présence de ce qui est juste ».

A L'ACTRICE E., *après qu'elle eut joué Eurydice dans une scène d' « Eurydice » d'Anouilh :* L'honnêteté et la franchise de votre jeu vous maintiennent toujours à flot dans n'importe quelle condition. Même si le personnage est très compliqué, vous le faites avec une telle aisance et une telle simplicité que cela devient du grand théâtre.

Mais, pour le moment, je vous encouragerais plutôt à rechercher de mauvais résultats; je veux que vous vous laissiez aller; je ne veux pas que vous jouiez correctement une scène, car, pour l'instant, c'est ce qui entrave votre talent.

Le talent est comme le feu; aussi bien contrôlé qu'il soit, l'étincelle doit s'échapper et les flammes bondir; un feu qui n'aurait ni flamme ni étincelle est un feu électrique, mécanique. Pour être un vrai feu, il faut qu'il y ait ce jaillissement, cet éclatement et même de la fumée qui vous étouffe un peu mais qui prouve que « ça brûle » et que tout va s'embraser.

Nous ne vous encourageons pas à faire simplement du bon travail; vous le faites déjà, mais l'instrument que vous avez est actuellement un peu trop retenu par des habitudes, des coutumes, des manières et un comportement que vous vous êtes encouragée à avoir; tout cela n'aboutit qu'à une extrême tranquillité et à une grande simplicité. Votre travail est toujours très profond, très bon, très bien fait, il a de la réalité, de la conviction, il est merveilleusement modulé et plein de bon goût. Je voudrais surmonter cela, en partie tout au moins; j'aimerais que votre travail soit brut et mauvais; je voudrais vous voir vous vautrer un peu dans votre comportement; actuellement, votre grande sensibilité et votre impulsivité sont trop renfermées; j'ai vu — au cours de la scène que vous venez de jouer — de petites choses que vous vouliez faire à un moment où le texte était plutôt suggestif, mais vous ne les avez pas faites; vous ne nous avez pas vraiment fait voir ce que signifiait le texte. Je voudrais que vous vous laissiez un peu aller à découvrir jusqu'où vous pouvez aller dans votre travail; comme beaucoup de jeunes filles vous vous dites : « Je serai sincère; je ne veux tromper personne; je ne veux pas me maquiller de façon à avoir l'air d'être plus jolie que je ne le suis; je ne porterai pas de vêtements qui me rendront plus attrayante; je veux simplement que vous vous rendiez compte que je suis sincère et je veux que vous m'aimiez pour moi-même. » C'est très bien, mais même la sincérité peut être servie élégamment; je vous encourage donc à être sincère et à vous laisser aller bien davantage.

Dans cette scène, vous vous rappelez combien vous étiez romantique avec « lui » : je ne veux pas voir simplement un jeu de scène, mais comment vous vous comportez réellement. Quand vous commencez à vous rappeler la première nuit, vous dites : « Tu te rappelles? Tu m'as prise ce soir-là; tu es entré dans ma chambre et tu m'as prise. » C'est très joli, mais cela ne m'apprend pas ce qui est arrivé ni comment c'est arrivé; Anouilh ajoute : « en pourpoint et hauts de chausses » ce qui peut vous aider à franchir l'obstacle en vous évitant d'avoir réellement à faire quelque chose en scène; il implique par là une activité de théâtre. Je voudrais donc qu'à ce moment vous vous donniez davantage à ce genre de choses dont nous connaissons l'existence dans la vie, mais qu'on ne voit jamais sur scène. Aujourd'hui, quand nous voyons une image de ce genre dans les films français, nous nous écrions : « C'est formidable! » Quand les Lunts [1] se comportaient, sur scène, non plus comme des acteurs mais comme de simples personnes qui n'avaient pas peur de se toucher, cela rendait la situation électrique, comique, pleine d'invention. Mais même eux s'arrêtaient net — sauf dans une scène que je me rappelle.

Je me souviens aussi d'une scène extraordinaire dans leur production de *La Mouette :* celle où Arkadina se bat pour elle-même contre la plus jeune des filles. Le garçon dit à cette dernière : « Je reviens », et il entre dans la maison où Arkadina le retient; à la fin de la scène elle le fait ramper à ses pieds et lui dire : « Je resterai. » Après toutes ces années,

1. Couple comique formé de Lynn Fontanne et d'Alfred Lunt.

je ne me rappelle pas ce que j'ai vraiment vu, mais je me souviens que Lynn Fontanne faisait quelque chose de suggestif sur scène, sans vulgarité d'ailleurs car elle avait un goût très sûr; c'était quelque chose qui suggérait les ruses d'une femme plus âgée connaissant l'art d'exciter un homme. C'était étonnant; elle s'arrangeait pour qu'il vienne près d'elle, l'excitait, lui faisait presque l'amour sans en avoir l'air, de sorte qu'à la fin de la scène il était complètement hébété par cette femme expérimentée, plus expérimentée qu'une jeune fille, et rampait comme un animal en chaleur.

On voit très rarement ce genre de comportement sur scène; c'est un comportement privé. Sur scène, il faut faire attention à la façon dont on le recrée; mais après tout, dans les romans, dans les peintures, il y a des comportements de ce genre. Si l'auteur dramatique traite ce sujet et demande de le représenter sur scène de façon convaincante, l'acteur doit s'en remettre à sa connaissance des faits.

Donc, je veux voir dans des scènes comme celles-ci le comportement de tel personnage vis-à-vis de tel autre; voilà ce que je veux dire quand je vous demande de vous laisser aller; je n'entends pas par là qu'on doive faire les choses n'importe comment ou simplement avoir plus d'aisance extérieure; je veux dire : avoir plus d'aisance intérieure, se permettre un plus grand degré de croyance, présenter des solutions de jeu, faire preuve d'imagination, montrer qu'on reconnaît ce genre d'événement, qu'on est conscient de la façon dont deux êtres font l'amour. Dans un roman, l'auteur mettrait tout cela dans ses descriptions. Ici l'acteur dit le texte mais crée aussi toute la complexité de l'expérience, la réalité et la situation que suggère le texte. Sur scène, deux acteurs doivent jouer de façon à obtenir l'un de l'autre ce que l'auteur désire voir se produire. Voilà ce que j'entends par « se laisser aller ». Quand il y a dans l'expérience de l'acteur quelque chose qui le fait avoir peur d'un certain genre d'événement, c'est un signe certain qu'il y a en lui un matériau merveilleux pour traiter cet événement.

LA PEUR DE NE PAS SE LAISSER EMPORTER

A L'ACTEUR F. : Pour le moment, vous confondez le jeu avec l'excitation et le besoin de faire un tas de choses en scène qui, la plupart du temps, ne sont pas nécessaires. Nous ne devrions pas confondre l'excitation qui est partagée par le public et l'acteur avec une quelconque nécessité de nous exalter jusqu'à ce point d'excitation que nous supposons — à tort d'ailleurs — être nécessaire à l'acteur. Nous devrions nous rappeler des acteurs tels que Macready qui ressentait le besoin de faire de semblables choses. Avant de faire son entrée dans *Macbeth*, Macready avait l'habitude de fendre du bois, de traîner en coulisses, de se « remonter » en quelque sorte. Ce genre d'excitation est physiologique et musculaire et possède une certaine aura émotionnelle, mais ce n'est que de l'émotion générale; cela conduit l'acteur à confondre sa propre émotion avec celle du personnage; or, les deux choses ne sont pas nécessairement les mêmes.

Vous n'avez pas besoin de travailler de cette manière; vous avez un bon instrument, une bonne imagination; vous vous donnez à la scène avec aisance et facilité. Je vous conseillerais plutôt le plus simple, le plus ordinaire des exercices, dans lequel vous n'aurez pas besoin de trop vous engager.

F. : Mais cela me fera mourir d'ennui!

STRASBERG : Peut-être! Mais les neuf dixièmes de toute profession sont très très ennuyeux; à moins d'être disposé à souffrir cet ennui, on ne devient jamais un professionnel. Pour obtenir le talent d'un Horowitz ou d'un Stern, il faut supporter pendant des heures l'ennui de travailler son instrument; le moment de la représentation est basé sur le travail quotidien et ennuyeux de ces heures interminables; les génies, même, ne cessent de travailler, bien que chacun leur dise : « Pourquoi passez-vous tout ce temps à faire des choses pour rien? » Ils les font encore et toujours, d'une façon puis d'une autre et l'on s'écrie : « C'est vraiment un génie! »

Vous avez très peu d'expérience théâtrale et professionnelle; chaque fois que vous jouez une scène au Studio, c'est pour vous un événement important. Vous jouez pour nous; vous essayez vos ailes; ce n'est pas sans valeur, mais la valeur particulière d'un exercice dépend des besoins de chacun; c'est pourquoi je veux que vous vous ennuyiez ferme en scène, que vous appreniez à nous ennuyer et que cela vous fasse plaisir; tant que vous n'y arriverez pas, le jeu théâtral sera pour vous un étrange défi et vous aurez peur; vous n'obtiendrez jamais l'aisance nécessaire à faire en scène ce que vous devez faire parce que vous aurez toujours peur de vous ennuyer ou — pire encore — de nous ennuyer.

Les plus grands moments sur scène sont ceux où l'excitation germe à l'intérieur de nous et où quelque chose de très simple, de très pur et de très facile sort de nous et s'empare — en quelque sorte — pour nous de la nature même de la pièce. Un des événements les plus mémorables de ma vie théâtrale est celui où j'ai vu la Duse dans *The Lady from the Sea* se tenir debout sur scène et sourire; elle ne faisait rien d'autre; les critiques qui étaient venus voir quelque chose de passionnant avaient écrit des articles disant : « Nous n'arrivons pas à comprendre; c'est du très bon jeu théâtral, mais nous avons vu beaucoup d'autres acteurs plus intéressants »; je dois dire que je partageais leur sentiment; en rentrant chez moi après cette représentation de *The Lady from the Sea*, j'étais un peu déçu; moi aussi, j'avais espéré voir quelque chose de renversant et je l'avais simplement vue jouer avec beaucoup d'aisance. Mais en réfléchissant à ce qu'elle avait fait, je me dis : « Mon Dieu, c'est curieux, je n'avais jamais parfaitement compris cette pièce, mais quand elle a souri, j'ai saisi pour la première fois ce qu'est cette femme : en réalité, elle ne veut pas vraiment s'en aller quand elle demande à son mari de la laisser partir; elle veut simplement pouvoir prendre ses décisions elle-même; et quand, le mari, finalement, s'écrie : “ Bon, très bien, si tu veux partir, va-t'en ”, à ce moment, le sourire le plus angélique a envahi son visage et pour ainsi dire tout son corps! elle ne veut pas partir; elle veut la liberté de choisir; je comprends la pièce maintenant. »

Ensuite, je me dis : « Mais qu'est-ce que je raconte? Je n'ai pas été emballé? et je reconnais que par l'intermédiaire d'un seul sourire, j'ai mieux compris la pièce que je ne l'avais fait auparavant en la lisant ou même en la voyant jouée? » Cette petite chose avait été une révélation et pourtant elle l'avait faite très simplement, sans effort musculaire, sans ferveur émotionnelle.

Vous devez maintenant apprendre à vous ennuyer; vous devez travailler le côté professionnel, technique, propre au métier d'acteur, afin de découvrir que ce que vous faites présentement : rester assis avec un cœur qui bat et un esprit qui pense — peut être pour nous la chose la plus passionnante, sur scène.

L'EXIGENCE D'UNE CLARTÉ MENTALE

A L'ACTRICE D. : Nous devons nous rappeler une anomalie intéressante du théâtre; les grands acteurs et les grandes actrices n'ont jamais été des intellectuels; c'étaient des gens qui comprenaient, qui travaillaient beaucoup plus dur qu'on ne le reconnaît en général, mais ils ne se torturaient pas l'esprit devant chacun de leurs rôles.

Kean vint à Londres à vingt-huit ans pour jouer Shylock; les gens qui le virent répéter comme on le faisait alors, c'est-à-dire sans enthousiasme, lui dirent : « Renoncez-y, vous allez vous faire huer; personne n'a jamais joué Shylock de cette manière; jamais il n'a porté une perruque noire; il en a toujours eu une rousse; les gens vont croire que vous êtes fou. » On le suppliait, mais il ne cédait pas. Il avait travaillé ce rôle d'une façon qu'il ne pouvait pas expliquer; il lui fallait porter une perruque noire, mais il ne savait pas dire pourquoi. Il ne pouvait faire le genre d'analyse que Hazlitt — qui le vit dans tous ses rôles — écrivit à son sujet dans les merveilleuses descriptions qu'il a faites de lui.

Souvent des choses peu importantes peuvent stimuler et stimulent effectivement l'acteur à un degré extraordinaire; alors qu'une interprétation froidement et correctement établie le corrompt souvent, l'étouffe, l'inhibe et le constipe. L'acteur sait tout ce qui concerne le rôle mais rien de ce qu'il devrait faire pour le jouer. Il se lie par un tas d'idées qu'il ne peut exprimer; elles ne l'aiguillonnent pas et n'excitent pas son imagination.

L'actrice G. a « un talent inhabituel et beaucoup d'adresse. Elle devrait pouvoir produire la même puissance qu'Anna Magnani, mais elle n'y a pas réussi parce que ses problèmes personnels la retiennent. Elle a du mal à se soumettre à une discipline de formation et même de travail sur des scènes ou des rôles. Seul un travail qui la conduira à approfondir certaines expériences, à les traiter, à rechercher ce qui est vrai, lui permettra d'obtenir ce qu'elle mérite. C'est actuellement une bonne actrice, mais pas aussi bonne qu'elle pourrait l'être.

A L'ACTRICE G. : Je voudrais vous aider à définir ces tâches fondamentales dont il faut que vous vous préoccupiez pour obtenir la liberté d'agir; vous devez trouver ces choses qui doivent être conscientes, pour aboutir à des résultats inconscients bien qu'en réalité vous cherchiez à les connaître pour vous sentir en sécurité. Actuellement vous êtes tellement préoccupée de « savoir » que vous êtes rivée à des choses qui pourraient se produire mais qui ne se produisent pas et de ce fait vous conduisent au pire plutôt qu'au meilleur.

Si, par exemple, vous devez sauter de côté pour éviter d'être écrasée par une voiture, vous déclarez vouloir savoir de quel côté vous devez sauter; est-ce important que vous sautiez à droite ou à gauche? Pas du tout. Le problème est simplement de savoir si vous restez immobile ou si vous sautez; une fois que vous avez décidé de sauter, eh bien, sautez! Vous trouverez diverses manières de le faire et vous découvrirez qu'elles sont toutes valables à condition qu'elles vous écartent du chemin suivi par la voiture.

Actuellement, vous en êtes à dire : « Une minute! Je devrais sauter mais je ne sais de quel côté le faire », alors vous restez immobile et vous recevez le coup; c'est manifestement un mauvais système, mais vous avez tendance à agir ainsi, parce que vous vous préoccupez du mauvais côté du problème. Que vous sautiez à droite ou à gauche ne fait pas la moindre différence; les problèmes qui vous préoccupent sont légitimes, mais vous en cherchez la solution dans la pensée plutôt que dans l'action; ces deux éléments se combattent de sorte que vous n'arrivez pas à résoudre ce qui a besoin d'être résolu.

Je suis très fier — et j'emploie rarement ce mot — qu'il existe un Actors Studio où l'on puisse résoudre les problèmes de personnes comme vous. Un Actors Studio qui ne servirait qu'à aider les acteurs à se développer — comme c'est le cas de beaucoup de gens — se trouve partout; mais un Actors Studio qui soit utile à des talents de tout premier ordre n'est pas aussi courant. Un talent comme le vôtre n'est pas facile à traiter; il peut s'échapper, se laisser décontenancer par le fait qu'il n'y a pas une seule réponse à ses problèmes mais plusieurs; la richesse même de ses réactions peut le troubler.

Il y a différentes sortes de réponses en vous, et toutes sont justes; ce qui est juste à un moment donné dépend de la façon dont l'instrument réagit. Vous avez cinquante réponses, toutes sont justes et possibles.

Laquelle choisirez-vous aujourd'hui? cela dépend de la force de votre motivation et de la force de l'instrument. A quelle vitesse prendrez-vous le tournant aujourd'hui, cela dépend de la vitesse à laquelle vous conduisez. Si vous êtes assez bon chauffeur, vous réussirez à prendre le tournant; mais vous préoccuper de ce qui se passera si jamais une autre voiture arrivait de l'autre côté à toute vitesse et vous dire : « Allons lentement » est justement ce que nous voudrions vous empêcher de faire. Vous vous découragez vous-même en pensant à tout ce qui pourrait contrarier la solution.

La réponse que vous donnerez dans une scène particulière dépendra de votre metteur en scène, de sa bonne volonté à vous laisser libre, de son aptitude à percevoir les détails qu'il veut, et aussi de votre partenaire et de beaucoup d'autres choses. Ce que j'aimerais vous voir apprendre, c'est à vous utiliser vous-même pleinement et complètement sans vous lier à l'avance par un contrat : « Je fournirai cinq livres de ceci », vous en avez bien plus! Dites-moi simplement que vous apporterez quelque chose de votre jardin. Que m'importe que ce soit ceci ou cela! Aujourd'hui vous m'apporterez une chose, demain une autre, car il y en a beaucoup!

L'IMPRÉCISION

A L'ACTRICE N. : Vous travaillez maintenant avec plus de liberté et d'une façon plus personnelle; pourtant, comme vous êtes émue plus personnellement et prise par ce que vous faites, vous évitez, en quelque sorte, de tirer les conclusions, de faire des distinctions ou d'en venir aux idées; par conséquent, vous vous privez de la possibilité de refaire demain ce que vous avez fait aujourd'hui, ou d'y changer consciemment quelque chose de nécessaire.

Il m'importe peu que vous sachiez nous dire, ici au Studio — de la manière que vous pensez devoir nous satisfaire — ce que vous avez fait dans la scène; c'est à vous que vous devez le dire; si vous réussissez à établir clairement pour vous les conclusions auxquelles vous avez abouti ou les expériences que vous croyez avoir eues, nous pourrons peut-être alors partager cette expérience, et voir si nos observations coïncident avec les vôtres. Nous pourrons être, dans une certaine mesure, en accord ou en désaccord avec la voie que vous avez suivie; nous aurons alors à vous soumettre nos raisons, mais les vôtres seront, par rapport à vous-même, beaucoup plus importantes.

Quand vous me dites que vous êtes simplement déroutée, je ne sais pas exactement si cela vient d'une chose ou de l'autre ou peut-être d'un point tout à fait différent que vous ne mentionnez même pas; c'est la raison pour laquelle je vous pousse à me répondre; on croit souvent que je fais cela pour essayer de vous mettre sur la défensive; non! je vous interroge simplement pour trouver une réponse. Vous croyez que je vous demande autre chose, et vous passez votre temps à me parler de cette autre chose parce que vous croyez que c'est ce que je veux; et quand j'insiste, vous me dites : « Je suis déroutée »; je comprends que vous le soyez, mais à quel moment? et vous me répondez : « Je ne sais pas », ce à quoi je rétorque : « C'est impossible. »

Quand je vous dis qu'il est impossible que vous ne sachiez

pas quand vous êtes déroutée, vous avez l'impression que je vous traite de menteuse; en fait, c'est exact parce qu'il est impossible, quand on se sait déroutée, de ne pas savoir quand; cela sous-entend une certaine mauvaise volonté à se demander : « Voyons, quand est-ce que je me suis sentie déroutée? ça n'a pas duré pendant toute la scène; c'était au moment où il m'a tendu la main; franchement, je ne sais pas ce qui s'est passé; d'ailleurs je ne suis pas sûre de m'être troublée à ce moment-là » si vous me parlez aussi honnêtement que cela, il me sera parfois possible de définir pour vous la nature de votre trouble; j'aurais peut-être remarqué quelque chose à ce moment précis que je mettrai en rapport avec ce que vous dites et ainsi je pourrai vous aider.

Le métier d'acteur est une profession où le fait d'agir et la conscience de ce fait doivent cheminer main dans la main *pendant le jeu*, pas après. La conscience est essentielle parce que l'acteur exécute la pièce par l'intermédiaire des exigences qu'elle lui impose.

AISANCE ET NATUREL

On fait beaucoup de commentaires inconsistants au sujet de ce qu'on appelle la désinvolture, le laisser-aller, le jeu littéral de ceux qu'on nomme « acteurs de la Méthode »; on laisse même entendre que la formation selon la « Méthode » est calculée pour produire ce genre de jeu. Rien dans l'enseignement de Strasberg n'encourage le moins du monde la désinvolture ou le laisser-aller. Si certains acteurs des cours de Strasberg ou du Studio ont un problème de ce genre, c'est la première chose à laquelle il s'attaque, car il est très opposé à cette attitude; beaucoup d'acteurs sont affligés de ces difficultés mais elles ne sont nullement engendrées par le Studio.

On dit aussi que les « acteurs de la Méthode ne sont ni vrais ni sincères ». Il est clair pourtant que réalité et vérité sont un idéal auquel les acteurs — qu'ils soient de la Méthode ou non — rendent des hommages peu sincères. Qu'appelle-t-on « vrai » jeu théâtral? et qu'est-ce qui est « sincère »? Ces mots-expédients, ces mots de fortune s'introduisent continuellement dans toute conversation concernant le jeu mais n'ont pas un sens net; aucun groupe d'acteurs ne peut revendiquer le monopole de la « réalité » et de la « vérité ».

Un acteur est « vrai » dans le sens technique du mot quand sa réaction visible n'excède ni ne reste au-dessous de l'impulsion de son imagination. Cependant, il doit affronter le problème supplémentaire de devenir « vrai », dans le sens de la création d'un personnage, d'une situation et d'un événement que l'auteur a conçus et qu'il exige de lui. La difficulté d'être simplement naturel vient de ce que — tandis que cela lui permet d'être « vrai » dans le sens technique du mot — cela ne l'aide absolument pas à se conformer aux exigences de l'auteur; dans ce sens-là, le naturel n'est ni vrai ni sincère.

Parfois la pièce elle-même peut être tellement absurde en matière d'expérience que ce que fait l'acteur semble faux; il est souvent difficile de dire si un acteur fait du bon travail dans une mauvaise pièce ou si une bonne pièce est gâtée par un mauvais acteur. Il y a eu beaucoup d'exemples de pièces proprement idiotes qui ont été animées par un bon jeu théâtral au point que le public croyait vraiment voir une pièce véridique et bonne. Mais si un bon jeu théâtral peut rendre ce service à une mauvaise pièce, les bonnes pièces doivent être traitées sur un plan de jeu situé bien au-delà de celui qui consiste à se contenter simplement de l'aisance et du naturel.

Quand l'acteur explore à fond la réalité de n'importe quel objet donné, il atteint à de bien plus grandes possibilités dramatiques; celles-ci sont tellement inhérentes à la réalité que nous avons une formule courante pour en parler; nous disons : « Ça ne peut arriver que dans la vie. » Nous voulons dire par là que ces choses sont tellement authentiquement dramatiques qu'il serait impossible de les fabriquer.

Ce n'est pas une de mes découvertes, ni une de celles de Stanislavski. Vers 1789, naissait en Allemagne la première académie dramatique destinée, non aux étudiants, mais aux principaux acteurs du Théâtre national de Mannheim. Le baron Dalberg, directeur du théâtre, exposait les problèmes des acteurs concernant le jeu théâtral; les acteurs discutaient pour savoir — par exemple — ce qui était préférable : être applaudi ou pas, ou bien si, dans les pièces historiques, il valait mieux utiliser des costumes d'époque ou des tenues modernes. Une des questions, « Qu'est-ce que la nature? », obtint une réponse remarquable, car parmi ces acteurs, il y en avait un de grand talent, Johann Friedrich Fleck; il déclara qu'il fallait faire des différenciations quand on employait le mot « nature ». D'ordinaire, quand on dit qu'une chose est naturelle, cela signifie qu'elle est ordinaire, commune et de moindre importance qu'une autre; mais par ailleurs, quand nous affirmons que « ceci ou cela n'arrive que dans la nature », nous voulons dire que des choses de proportions si terrifiantes et d'une réalité si intense se produisent uniquement dans la nature.

Le vrai sens de « nature » et de « naturel » se réfère à une chose si intensément vécue et expérimentée qu'un acteur se permet rarement ce genre d'expérience en scène. Seuls de grands acteurs peuvent le faire; mais dans la vie, cela se passe à chaque instant. Sur scène, il faut à l'acteur une mentalité particulière pour s'abandonner à des choses imaginaires avec la même plénitude que dans la vie réelle. L'acteur doit évoquer cette réalité sur scène de façon à la vivre à fond.

A L'ACTRICE H. : En tant qu'exercice, cela a été un bon exercice, mais vous auriez pu aller plus loin; ainsi la chaleur que vous avez cherché à créer par votre concentration aurait pu être plus forte.

H. : Pourtant ma robe est trempée.

STRASBERG : Je ne l'ai pas senti; la robe a bien joué mais pas vous.

H. : Que faut-il faire si ce que je fais ne se voit pas toujours?

STRASBERG : Je ne me préoccupe pas de faire voir. Je parle de ce sur quoi vous aviez placé votre concentration; votre concentration a accepté cette humidité mais n'a pas vraiment travaillé avec cet élément; peu importe que la robe soit trempée; la question est : à quel point l'est-elle? l'est-elle autant que vous le voulez? devrait-elle l'être davantage?

H. : Mais on ne fait pas cela dans la vie, n'est-ce pas?

STRASBERG : Mais, dans la vie, la réalité existe avec ou sans la conscience du participant. Sur scène, il faut la créer. Ceci est un exercice, et vous êtes une actrice; cela ne se passe pas dans la vie; vous le faites délibérément pour jouer; plus vous reconnaîtrez ce côté objectif du travail, et plus il vous aidera et vous amènera à des conclusions que vous méritez, étant donné votre sensibilité; actuellement ces conclusions sont souvent détruites par vos préoccupations, par le fait que vous savez au départ ce que vous faites, mais que vous perdez foi et ne savez plus, alors, quoi faire. Ce qui vous paraît simple, sain et clair devient confus dans votre propre façon de l'évaluer.

L'acteur Q. a été « très sérieusement bloqué ». Strasberg n'a jamais trouvé exactement de quoi cela provenait, mais cet acteur « adhère fortement aux idées mentales; tout est coloré par le sens des mots de sorte qu'il ne fait jamais ce qu'il a l'intention de faire; il se contente d'associer certains gestes ou intonations au sens prévu des mots et à l'effet qu'ils produisent. Le Studio a attiré son attention sur la nécessité d'éviter les scènes ou exercices dans lesquels l'esprit est impliqué, et d'agrandir le champ de ses réactions ». Récemment, les premiers résultats ont commencé à paraître.

A L'ACTEUR Q. : Mon Dieu! Vous avez dans cette scène de quoi faire trois tragédies grecques, mais vous avez tendance à tout vouloir mettre gentiment à sa place. Il est vrai qu'aujourd'hui votre émotion a semblé plus facile; il y avait une plus large progression de réactions et une plus grande échelle d'émotions que dans ce que nous vous avions vu faire jusqu'à présent. Vous vous êtes lancé, mais en réalité, vous n'êtes allé nulle part. Vous ne vous êtes pas dit : « Bon, dans cette scène je vais chercher ce que ces choses signifient vraiment pour moi, quels sont mes vrais rapports avec cette femme que j'aime et dont je suis jaloux. Que va-t-il se passer? Que vais-je ressentir? expérimenter? que ferai-je? » J'ai eu l'impression que vous êtes un peu trop facilement décidé à rechercher les bons résultats, les jolis résultats dictés par l'aisance; ce n'est pas bon pour vous, car cela implique une sorte de non-engagement de votre part, un refus de vous laisser vraiment aller.

Un acteur devrait toujours se laisser aller, ne serait-ce qu'avec la voix; même s'il se borne à cela, au moins c'est du jeu théâtral; une mauvaise façon de jouer est quand même du jeu théâtral, mais parfois une certaine façon de jouer n'est pas tout à fait du jeu théâtral; l'acteur confond son propre sens de l'aisance avec sa recherche de la facilité et de la relaxation, et il confond cette recherche même avec ce à quoi elle devrait aboutir; quelquefois le problème de la relaxation est fondamental. Dans votre cas, j'ai l'impression que l'essentiel serait de chercher à briser certaines habitudes générales de comportement. Une fois que vous êtes ému, qu'une idée vous vient et que vous affirmez en quelque sorte : « Oui, j'y ai pensé », vous vous dites : « C'est vrai, réel. Ça suffit maintenant », et vous restez en deçà de la révélation.

Or, le jeu, c'est la révélation; c'est nous dire que nous connaissons les gens, mais qu'en quelque sorte nous oublions ce qui les concerne jusqu'à ce que l'acteur nous en parle. Même dans la technique extérieure il peut y avoir une recherche de la réalité, mais alors l'acteur ne fait que poursuivre les détails de la réalité : comment se comporter ou comment boire ce verre d'eau, ou comment faire un éclat. C'est une imitation de la réalité, basée sur la réalité, la conscience, l'observation, la reconnaissance de la réalité.

La façon d'aborder le travail que vous avez utilisée aujourd'hui devient une espèce de façon de voir « jusqu'où puis-je aller en restant détendu, sans me forcer? ». Nous ne voulons jamais qu'un acteur se force, mais nous voulons que sa concentration opère vraiment sur les tâches qu'il s'est données.

Si quelqu'un souhaite se sentir à l'aise, il reste chez lui sans rien faire; il ne fait pas l'ascension des montagnes. Mais s'il décide d'en faire l'ascension, il faut qu'il s'y mette; il ne peut pas déclarer : « Je dois grimper en haut de cette montagne, mais en même temps je veux préserver mon petit confort. » Dans ce cas, mieux vaut renoncer tout de suite et rester chez soi. Quand vous partez faire une ascension, c'est avec l'idée d'en retirer une certaine satisfaction, un sens de la conquête, du danger, de l'émotion; vous agissez dangereusement, vous savez que votre vie est en jeu; et cette conquête vous donne un sentiment de bien-être surgi du fond même de cette épreuve.

Aujourd'hui, l'idée que la plupart d'entre nous se font de la réalité, c'est une certaine désinvolture; or la désinvolture n'est que désinvolture ou, parfois, une absence d'affectation. Très souvent le côté accidentel de la vie nous empêche de voir exactement ce qui se passe chez les gens; mais, sur scène, nous nous en rendons compte parce que les acteurs ne nous montrent pas simplement les éléments naturels nécessaires à placer la pièce dans le temps et à la localiser, mais aussi ce qui arrive vraiment. Le jeu théâtral consiste essentiellement à aller vers ces choses qui doivent être créées.

A L'ACTEUR X. : Dans la vie, le comportement — mouvements brusques, gestes rapides, choses que l'on fait tout à coup — indique que les gens pensent. Si vous restiez un jour au coin de Broadway et de la 42e Rue à observer les gens pendant une demi-heure, vous verriez qu'au moins vingt-cinq pour cent de ceux qui sont seuls parlent, remuent les lèvres et prononcent de temps à autre des mots; d'autres font des mouvements avec les mains ou la tête; ils jouent, bougent, ont un comportement; ils ne font pas que marcher; certains se précipitent et veulent dépasser les autres; d'autres cherchent quelque chose sans savoir exactement ce que c'est; donc, marcher n'est pas simplement marcher gentiment et avec aisance en veillant à ne pas bousculer les uns et les autres.

Notre compréhension de ces choses très simples est beaucoup trop littérale. Même pour un comportement simple, nous nous dispensons, en scène, d'y adjoindre les éléments issus de l'observation.

Si vous regardez les gens assis autour de nous, vous verrez que chacun a une pose différente; il n'y a pour ainsi dire pas deux attitudes semblables. Sur scène aussi, les gens s'assoient et écoutent; le metteur en scène dit : « Allons, mettez de la vie dans tout cela », alors les gens se penchent en avant; c'est leur façon de « faire vivant »; or, ici, en ce moment, tout le monde est très vivant, mais pas de façon conventionnelle. Dans toutes ces petites zones que nous qualifions de « naturelles » et d'inaptes à l'expression, il y a une bien plus grande résonance et un comportement bien plus vaste qu'on ne le voit généralement en scène.

J. est une actrice qui a « une longue expérience théâtrale; elle a eu une très bonne formation, et pourtant on ne lui a jamais appris à " s'utiliser elle-même ". Elle est la preuve vivante que la formation n'est jamais une chose acquise; il faut la prolonger toujours pour qu'elle garde son efficacité; autrement, l'acteur s'établit dans un genre de comportement naturel, croyable, mais conventionnel. Quand elle est arrivée au Studio, il a fallu d'abord la rendre consciente du fait qu'elle suivait un modèle extérieur, naturel et croyable, bien que ne réalisant pas ce que le personnage devait accomplir en scène. Le problème était épineux car il fallait la forcer à utiliser d'autres ressources sans la priver de cette aisance qu'elle avait obtenue par un long travail. C'est une expérience de grande valeur, qu'on ne peut remplacer par une autre et qui sert le propos du théâtre; on ne peut en priver une actrice pour la rendre consciente de ce qui devrait réellement se passer et finira par se passer. »

A L'ACTRICE J. : Nous ne disons pas toujours la même chose, et le monde continue de tourner. Mais ce à quoi certaines personnes ici faisaient allusion en vous disant : « Bien sûr, vous pouvez faire ceci; alors pourquoi n'en faites-vous pas davantage » est exactement ce que nous avons essayé de vous faire faire depuis deux ans. Aujourd'hui, pour la première fois, vous l'avez fait, et dans ce domaine nous n'avons aucune critique à formuler; nous sommes désarmés; votre jeu a été simple; pour la première fois, presque tout ce que vous avez fait — même ce qui était faux — coïncidait avec ce qui vous arrivait au même moment; donc, ce problème semble être en voie de solution.

Cependant, il est vrai que nous ne sommes jamais satisfaits; en même temps que nous voyons la solution d'un problème, nous commençons à avoir peur que vous ne vous mépreniez sur le sens de nos paroles et n'en tiriez la conclusion que tout ce que nous voulons, c'est la simplicité; vous êtes bien trop riche, vous avez une imagination bien trop vive, une expérience théâtrale bien trop grande pour vous limiter à la simplicité; nous voulons que tout, en vous, soit nourri par une sorte d'impulsion organique; nous voulons vous voir tout partager avec le personnage, plutôt que de vous voir nous faire une démonstration du personnage, comme un marchand. Cet élément que nous nommons « simplicité » est une étape essentielle de ce travail.

Nous voulons maintenant qu'à partir de cette simplicité, de la concentration que vous avez développée, vous vous préoccupiez de la scène plutôt que de vous-même; le but de la simplicité est de vous permettre d'explorer la scène aussi intensément que vos réactions, votre imagination, votre sentiment de la vérité possible d'un tel événement vous le permettent. Malheureusement, vous n'avez pas été jusque-là, et vous vous contentez de ce que vous avez fait aujourd'hui — ce qui d'ailleurs était une réussite pour vous; nous ne vous avions jamais dit cela auparavant.

J. : Je voudrais dire que je comprends très bien... mais j'avais peur.

STRASBERG : C'est la raison pour laquelle je vous dis cela.

J. : Je dois dire aussi que la première fois que j'ai répété ce rôle, je me suis raconté des histoires sur cette vieille femme, car je suis aussi robuste qu'il est possible de l'être et je ne sais pas quoi faire pour me vieillir ou me donner l'air endormi. Plusieurs fois, je n'ai pas ressenti cette vérité du personnage; mes expériences ne sont pas les siennes; alors, j'ai décidé qu'au lieu de faire ce qui m'est tout à fait étranger, je ferais ce que vous avez vu, c'est-à-dire la simplicité; c'était facile pour moi.

STRASBERG : Vous semblez penser que tout ceci est mauvais. Une grande partie est bonne, au contraire, mais j'ai senti chez vous la peur d'en faire davantage et c'est exactement ce que je ne veux pas encourager chez vous. Si la simplicité, qui est une véritable honnêteté de réactions, vous transporte dans des zones où vous commencez à penser : « C'est mélodramatique », il faudra prendre ce risque; autrement, vous gâcherez un sens théâtral très bon et très sain pour obtenir quelque chose qui sera bon, également, mais qui restera inachevé sans l'apport du reste. J'insiste là-dessus parce que ce que vous avez fait m'a semblé venir de la peur; or, jamais un acteur ne devrait rien faire à partir de ce sentiment.

Je me suis senti en partie responsable de vous avoir effrayée de la sorte; il y a des moments où c'est nécessaire pour vous faire faire ce travail; mais maintenant que vous l'avez fait, les autres ressources — merveilleuses d'ailleurs — que vous avez, doivent continuer à opérer avec la même conviction et la même réalité que celles que vous apportez à ces simples tâches.

LE DÉSIR D'ÊTRE ORIGINAL

A L'ACTEUR S. : Vous vous donnez beaucoup de mal pour accomplir les intentions que vous prêtez à l'auteur; quand l'acteur perçoit cela, il est toujours poussé à faire des choses conventionnelles. Vous essayez de les éviter; pourtant vous ne cherchez pas à vous préoccuper d'abord des objets corrects et impersonnels pour développer la logique du personnage et de la situation et prêter votre propre personnalité à leur achèvement. Au lieu de cela, vous faites un choix subjectif; vous percevez la scène par moments séparés, et vous jouez la couleur de chacun de ces moments.

Vous avez des impulsions contradictoires qui vous font rechercher l'originalité mais vous empêchent de saisir ce qui est nécessaire. Vous recherchez ce qui est nécessaire à la scène, puis vous avez une impulsion contradictoire qui vous fait dire de ce qui est nécessaire : « C'est possible, mais ce n'est plus nécessaire maintenant. » Vous restez trop près de votre propre réalité; vous réagissez tout de suite et ensuite, vous dites : « Eh bien, c'est ça, la réalité de la scène », alors que c'est peut-être seulement « une » réalité, à un certain niveau à l'intérieur de vous même, qui n'a pas forcément rapport avec la scène.

Si vous souhaitez être original, dites-vous : « Je vais choisir deux moments dans la pièce où je ne ferai que suivre mon impulsion. » Vous aimez être original, vous n'aimez pas faire comme tout le monde; bien; mais décidez-vous pour ces deux ou trois choses; faites comme Hirschfeld qui, les soirs de genérale, dessine des caricatures pour le *Times;* dans chacune d'elles il trace le nom de sa petite fille; c'est la première chose que recherchent, dans ses dessins, les gens qui sont au courant de ce détail! Ils disent; « Voyons, où a-t-il placé ce nom, cette fois? », voilà sa petite originalité. Si vous ne pouvez vous décider, si vous cédez à votre désir de tout mettre à la fois, cette recherche inconsciente d'originalité vous fera perdre cela même qui est nécessaire à la scène.

Les connaissances, la sensibilité, et l'originalité que vous avez seront sans valeur.

L'EGO ET LE PUBLIC

Il est rare qu'un acteur ne soit pas affecté par le public; sa présence peut le terrifier ou l'exalter — ou les deux à la fois. En même temps que la concentration et la volonté, l'acteur a besoin d'une sorte d'ego qui le soutienne devant le public; il lui faut aussi cette sorte d'ego qui l'aidera à traverser les vicissitudes et les incertitudes de la profession. Un ego sain, sous la forme d'une croyance bien ancrée est un élément essentiel de l'imagination. Mais l'ego peut aussi être un hasard. Parfois — comme le prouveront les exemples suivants — l'ego peut conduire l'acteur à la nervosité, au contentement ou au mépris de soi, aux chicaneries, ou à la tentative de dominer le public; le résultat en est l'anéantissement du bon fonctionnement de l'imagination.

M. est un acteur « qui ne peut affronter son propre personnage tant ses problèmes personnels sont importants ». Quand Strasberg fit allusion aux difficultés qu'il rencontrait en dehors du Studio, il s'enflamma : « Qui a des difficultés ? » et pourtant, on venait de rompre cinq de ses contrats; on lui en avait refusé cinq autres, mais il persistait à dire : « Qui a des difficultés ? Personne n'a de difficultés. » Strasberg a trouvé nécessaire de le mener doucement, car « à moins d'avoir la volonté d'affronter ses problèmes personnels, tout au moins dans son travail, il est très difficile à un acteur de s'en affranchir ».

A L'ACTEUR M., *après avoir appris qu'il s'était disputé avec sa partenaire pendant les répétitions de la scène :* Le travail était profond; le fait que vous ayez maintenu votre point de vue contre ce que voulait votre partenaire, est une bonne chose, sauf que cela émanait un peu trop de votre ego. Souvent vous faites une chose en donnant une bonne raison alors qu'il serait tout aussi facile d'en faire une autre; mais pour vous, cela signifierait : céder ! et vous n'aimez pas cela. Je vous en prie, faites attention et examinez vos raisons, car à certains moments elles n'ont rien à voir avec la justesse ou la fausseté de ce qui se passe sur scène, mais plutôt avec votre psychologie personnelle.

A L'ACTRICE K. : A travers toute la scène, j'ai senti chez vous une nervosité intérieure; c'est votre problème fondamental; tant que vous ne le surmonterez pas, rien de ce que nous vous dirons n'aura beaucoup de valeur; cela ne vous aidera pas à éveiller en vous les nombreux éléments qui y dorment et qui ne peuvent surgir tant que vous êtes nerveuse. Or, ce genre de nervosité vient essentiellement de votre ego; l'ego est une bonne chose pour l'acteur dans la mesure où il lui donne l'envie de monter sur scène et d'y faire quelque chose; mais il a aussi un côté dangereux, parce qu'il implique l'idée qu' « il faut que je sois tellement bien, que manifestement, je n'y arriverai pas ».

Dans la vie, vous préparez des repas; ils ne sont pas toujours parfaits. Si, chaque fois qu'il y en a de moins réussi, votre mari quitte la maison, la cuisine devient pour vous une expérience terrifiante. Si, chaque fois que vous êtes un peu moins formidable, en scène, votre concentration et votre croyance vous quittent, cela peut devenir terrifiant; nous ne vous demandons pas seulement de mettre un peu plus de bonne volonté à vous sentir libre en scène, mais aussi à vous poser des questions différentes de celles que vous vous posez actuellement; je veux des questions qui découlent de besoins émotionnels et d'un effort pour créer de grandes choses sur scène.

A L'ACTEUR L. : Dans le fond de votre esprit, il y a toujours l'idée qu'un grand acteur jouerait ceci de telle ou telle façon; vous vous jugez continuellement : « Suis-je assez bon pour jouer ceci comme un grand acteur ? »; — à cela, je ne saurais répondre, mais je sais que vous êtes assez bon pour le jouer à votre manière à *vous*, si ce que comporte la scène est pour vous réel, convaincant, vivant, croyable. Évidemment, vous avez à surmonter certaines inhibitions et difficultés musculaires, mentales et émotionnelles qui vous gênent actuellement; mais vous n'avez aucun mal à en venir à bout quand vous n'êtes pas sous pression; quand vous ne pensez pas « à jouer comme un bon acteur », vous vous mettez à croire à la scène, à en être convaincu. Cette difficulté ne surgit que lorsque vous affrontez le problème du jeu sur scène.

Si l'actrice H. n'avait pas été admise au Studio, « elle serait restée simplement ce qu'elle était, c'est-à-dire une actrice de second ordre; elle se serait sans doute spécialisée dans les petits rôles de fantaisie. Le Studio l'a forcée à s'occuper réellement de son talent; à partir de ce moment, elle s'est mise à jouer merveilleusement de petits rôles et petit à petit elle en a obtenu de plus importants. Finalement, elle est devenue une actrice qui peut jouer parfaitement tous les rôles qu'on lui propose ».

A L'ACTRICE H. : Le sens de la vérité que vous avez en vous vient de votre lutte contre votre ego plutôt que d'une réelle conscience de quelque chose sur scène; oubliez-le, je vous en prie; quand vous jugez horrible ce que vous faites, souffrez, mais continuez; faites entrer, en quelque sorte, cette souffrance dans la scène; faites-en une partie du personnage plutôt que de vous-même; vous découvrirez peut-être que c'est une aide précieuse qui nourrira en vous, au début, ce sentiment de sécurité que je ne peux jamais vous garantir pleinement à cause de l'intéressante personnalité que vous avez. Mais la souffrance diminuera petit à petit!

A L'ACTEUR M. : Quand vous vous trouvez devant un public et ne cherchez qu'à l'impressionner, non à jouer ce que vous devriez jouer, vous vous mettez à juger ce que vous faites d'après la façon dont vous vous sentez; si vous vous sentez bien, vous avez l'impression d'aller là où vous voulez; sinon, vous croyez n'aboutir nulle part, votre jugement n'est pas en rapport avec ce que vous êtes en train d'accomplir, mais simplement avec le sens subjectif d'un sentiment d'acteur, non le sens objectif de ce que fait l'acteur.

Dans certains de vos récents travaux, vous avez fait un effort inconscient pour résoudre certaines scènes dans le but de vous satisfaire personnellement, de satisfaire votre ego sur le plan de l'émotion; c'est très dangereux et cela conduit à s'en remettre à un processus émotionnel subjectif; quand celui-ci disparaît, il ne reste rien. Il n'y a pas de logique, pas de vraie concentration; l'imagination ne travaille pas.

L'acteur crée avec sa chair et son sang ces choses que tous les arts essaient, d'une certaine manière, de décrire. Goethe a dit que la carrière d'un acteur se développe en public, mais que son art ne se développe qu'en privé. Le Studio existe pour encourager ce processus privé de création. Je ne sais pas quelles pièces vous allez jouer ni les rôles que vous allez obtenir; je ne me préoccupe que de vous faire trouver un moyen de ne pas vous forcer, de ne pas en venir presque à vous casser la figure pour obtenir de nous un : « Ah, quel grand acteur. » Nous voulons qu'à certains moments, vous travailliez facilement, profondément, simplement, et qu'à d'autres, vous travailliez en dedans de vous-même, car nous savons que, à partir de ce travail fait dans le calme, se forme petit à petit quelque chose de plus grand : l'art de l'acteur. Finalement, en plongeant à l'intérieur de lui-même, l'acteur trouve dans cette communion une connaissance qui va au-delà de ce qu'expliquent les mots : c'est celle que tout art aspire à atteindre.

Chapitre VII

LES PROBLÈMES : L'EXPRESSION

Les problèmes de jeu théâtral — distincts de ceux de l'imagination — peuvent apparaître au niveau de l'expression. L'ampleur de ces problèmes est une des plus importantes découvertes de Strasberg, quoique acteurs et metteurs en scène en aient toujours été conscients. Avant que Stanislavski ait découvert qu'un jeu théâtral sain œuvrait plutôt à travers la stimulation de l'imagination qu'à travers une accentuation de l'expression, l'identité séparée de ces deux phénomènes n'avait jamais été reconnue clairement. Une imagination active ne garantit pas nécessairement une expression convenable. La plupart des problèmes décrits dans ce chapitre peuvent embarrasser les acteurs qui par ailleurs n'ont aucune difficulté à faire travailler leur imagination. Souvent le remède aux problèmes d'expression consiste simplement à rendre l'acteur conscient. Chaque acteur doit, en fin de formation, développer en lui-même une conscience pleine et entière, celle que Stanislavski nomme « le sens de la vérité ». Mais avant d'atteindre ce dernier niveau, il doit souvent se fier à d'autres personnes — professeurs ou partenaires — pour l'informer de la qualité de son expression et suggérer des remèdes à ses problèmes.

Les clichés ou le jeu conventionnel sont évidemment le fait d'un acteur médiocre. Mais des acteurs pleirs de talent peuvent aussi être empoisonnés par le fait que leurs impulsions — pleines et spontanées — sont transformées en maniérisme et prennent un aspect conventionnel au moment où elles s'expriment.

D'autres acteurs ont un autre problème : le manque d'expression; leur imagination semble morte, soit parce qu'ils ont été ponditionnés de façon à ne pas exprimer leurs impulsions, soit carce qu'ils n'ont jamais créé de voies par où leurs impulsions puissent se réaliser sur le plan de l'expression.

Un troisième genre d'acteurs est gêné par des expressions involontaires dues à la nervosité; souvent, ils ne s'en rendent même pas compte ou s'ils en sont conscients, ils ne peuvent les éviter.

Un quatrième problème — l'altération de l'expression — due au « forcing » se rapporte à l'imagination. Il faut se préoccuper du « forcing » de l'émotion au niveau de l'imagination, mais le « forcing » du tempo est un problème d'expression. La solution — relâcher le tempo — est efficace parce qu'elle libère l'acteur et permet à son instrument de répondre aux impulsions de son imagination.

Le dernier problème dont il sera discuté dans ce chapitre est le résultat d'une scission entre l'activité de l'imagination et l'expression; quand l'imagination de l'acteur travaille, il n'exprime rien; quand il exprime, il n'est pas nourri par l'imagination. La solution de ce problème est très importante pour les acteurs du Studio, parce que l'idéal de jeu du Studio réclame une fusion des impulsions et de l'expression plus grande que celle des acteurs en général qui ne recherchent que l'efficacité.

CLICHÉ

Qu'il le sache ou non, l'acteur aborde une scène avec de solides idées — conscientes ou inconscientes — sur la façon dont il faut la jouer. Stanislavski a été le premier à faire remarquer cette situation; d'autres personnes avaient reproché aux acteurs d'être conventionnels, mécaniques ou imitatifs, mais nul, avant Stanislavski, ne s'était vraiment attaché à définir ce que cela veut dire. Pourquoi un acteur jouerait-il de cette façon? Est-ce qu'il ne veut pas être bon? original? remarquable? Est-ce qu'il cherche à imiter? à être mécanique? Évidemment non. Alors, d'où cela vient-il?

Stanislavski fit sur lui-même la preuve de ses idées; il s'observa, vérifia, transforma, expliqua, et put ainsi réaliser que ce genre de jeu théâtral satisfait un très profond besoin de sécurité de l'être humain, quand il monte sur scène; avant même que l'acteur ne commence à travailler une scène, il a déjà une idée sur la façon de la jouer.

D'où vient cette idée? évidemment, de cette inclination de l'être humain vers sa réaction habituelle. Une réaction habituelle dans le jeu théâtral conduit à ce que Stanislavski appelle un « cliché ». Personnellement, j'appelle cela la « ligne verbale », mais ce n'est qu'une différente forme de cliché. Je suis terriblement préoccupé par ce cliché parce qu'il veut dire que la toute première impulsion de l'acteur vers la création se perd et que le travail sur une scène glisse vers des modèles inconscients — d'autant pires qu'ils sont inconscients. Quand on est conscient, on dit : « Oh, regardez ce que je fais, c'est entièrement faux. » Mais quand l'acteur ne sait comment résoudre certains problèmes de jeu, ces modèles inconscients s'imposent et il dit : « J'ai un texte, parfait. Je vais dire ce texte avec énergie et efficacité. » Dès qu'il fait cela, il lui devient impossible de jouer. Je vois tout le temps cette situation dans laquelle l'acteur a une réalité intérieure, où son instrument, son imagination, ses émotions travaillent et pourtant tout est étouffé parce que, au moment où l'acteur commence à travailler, le conventionnel s'impose.

Il est difficile de réaliser à quel point le sentiment : « J'agis, je joue » peut réquisitionner, pour ainsi dire, l'esprit. Il est difficile aussi de réaliser combien l'attachement à un moule verbal et conventionnel peut être fort et presque animal. Il est difficile à l'acteur de se rendre compte de la férocité avec laquelle le « cliché » le tient.

Le moule conventionnel présente à l'acteur l'attrait de la sécurité; après tout, une chose conventionnelle devient telle parce qu'elle a prouvé son efficacité; elle a mis des années à se développer et est à la fois acceptable et impressionnante; cela peut être du toc, mais cela donne des résultats en scène; voilà pourquoi jouer mal est quand même jouer. Le mauvais jeu théâtral se rapporte toujours à certains problèmes qui doivent être résolus en scène.

Le rôle du professeur dans la suppression de la routine conventionnelle est très important. La destruction du « cliché » est son devoir principal envers l'élève, car, après tout, les exercices peuvent se pratiquer chez soi; d'ailleurs, la plus grande partie du travail de l'acteur est accomplie chez lui. Mais ce travail n'aboutira pas à l'expression au moyen de la conviction de la réalité et de la vérité, sans briser le cliché. Écarter l'acteur de ce qui est faux, tel est le domaine où le professeur joue un rôle décisif.

A l'occasion, Strasberg emploie des exercices abstraits pour traiter le problème du cliché; l'un d'eux est un exercice dit de « tolération »; l'autre, l'exercice du « baragouinage » est destiné à placer l'acteur dans une situation qui le force à éviter le cliché.

J'ai un exercice démentiel pour réaliser ce qu'on pourrait traduire par la formule : « Nous voilà, voyons un peu ce qui va se passer. » On l'appelle l'exercice de la « tolération ». L'acteur choisit n'importe quelle tirade ou un monologue. Il se dit : « Je vais m'asseoir et travailler avec ces mots »; il ne prévoit pas *comment* il va dire les mots; il ne se soucie pas de savoir s'il va devenir émotionnel ou non. Le but de l'exercice est de savoir si l'acteur permettra à ce qu'il pense de s'extérioriser dans les mots; il est destiné à libérer complètement l'instrument de façon qu'il réponde à toutes les réactions provoquées, quelles qu'elles soient. Étant donné que, dans cet exercice, les impulsions sont spontanées, elles peuvent aller dans n'importe quelle direction.

Ainsi, la première phrase peut être : « Je dois vous dire quelque chose, je ne sais pas ce que c'est parce que je... », à ce moment quelque chose peut venir nourrir le sentiment de l'acteur : « Ma femme... vous n'aimez pas ma femme »; cela n'a rien à voir avec le texte donné, personne n'a parlé de sa femme. Parfois, ces phrases banales jaillissent avec un sens et une signification qui vous font dresser les cheveux sur la tête. L'exercice est très difficile à faire parce que les phrases que dit l'acteur n'ont, en elles-mêmes, aucun sens; il ne peut qu'y faire entrer le sens de la pensée qu'il a au moment même; s'il y arrive, cela signifie qu'en cet instant il a réussi à se débarrasser de toute idée préconçue qui conduit l'acteur à imiter l'idée conventionnelle qu'on a de la façon dont on doit faire telle ou telle chose.

A L'ACTEUR N. ET A L'ACTRICE O. : Le mot n'est pas la parole. Les mots sont une action. Le mot ne commence pas avec la parole, mais avec un objet qu'il cherche à définir; il prend naissance dans l'effort que l'on fait pour communiquer avec autrui. L'exercice du « baragouinage » enseigne que le mot lui-même, que nous considérons comme une chose acquise tant il nous est familier, ne devrait pas être si facilement considéré comme tel.

Bien que dans la vie d'aujourd'hui nous soyons très libres, il y a cependant un grand manque de force d'expression. Nous ne sommes pas réellement capables d'exprimer ce que nous voulons dire.

L'exercice du « baragouinage » force les acteurs à se comprendre les uns les autres et à se faire comprendre. Ainsi, si un acteur vous dit quelque chose et que vous ne sachiez pas ce dont il parle, vous dites : « Hein, hein, hein... »; il doit alors rendre clair ce qu'il veut dire tout en continuant à baragouiner; de même, vous devez lui faire comprendre ce que vous voulez dire; ainsi vous apprenez l'un et l'autre à écouter d'une oreille neuve et à faire passer le sens de l'expression dans les mots. Mais les acteurs doivent être très stricts les uns vis-à-vis des autres de façon à obtenir un jeu plus convaincant qu'il ne le serait sans ce genre de travail.

A L'ACTRICE O., *après une séance de baragouinage :* Avez-vous compris tout ce qu'il a dit?

O. : Non, pas du tout.

A L'ACTEUR N. : Et vous, avez-vous compris tout ce qu'elle a dit?

N. : En grande partie. Mais pas tout.

STRASBERG : Et pourtant, vous avez tous les deux continué comme si vous vous compreniez parfaitement. L'exercice a été très réussi dans ce sens que vous paraissiez l'un et l'autre très flexibles et pleins de couleurs; mais je doute que vous vous soyez compris mutuellement, autrement que de façon très générale; ce que vous disiez était le plus souvent fort peu clair; cependant, nous avons tous remarqué combien la voix devient plus expressive quand on « baragouine » et comment la pensée qu'on pense vraiment ressort dans le ton.

J'ai utilisé cet exercice au Group Theatre dans un but précis; je l'ai trouvé très utile pour aider les acteurs qui avaient des problèmes émotionnels ou plus exactement qui avaient des sentiments mais trouvaient difficile de les exprimer. Dans une certaine pièce, j'ai eu de grands problèmes avec une actrice, mais aussi avec mes commanditaires qui voulaient à tout prix voir le spectacle achevé de façon à pouvoir le juger! Cependant, à cause des difficultés provoquées par cette actrice, je ne désirais pas achever le travail rapidement, car dans certaines scènes où cette dernière devait se laisser aller émotionnellement, elle le faisait sans y mettre de vie réelle. Tout était conventionnel. Je m'efforçais de la laisser continuellement libre d'improviser dans l'espoir que ce pour quoi nous travaillions finirait par affleurer. Heureusement, l'affleurement se fit durant la dernière semaine, grâce à l'exercice du « baragouinage »; je l'obligeai à faire ces choses émotionnelles et à en parler en baragouinant; le fait d'utiliser des sons qui l'éloignaient de ses habitudes conventionnelles lui permit enfin d'exploser.

Quand l'actrice U. vint au Studio « elle avait déjà un nom; le public la considérait comme une grande actrice mais commençait — avec raison d'ailleurs — à la trouver maniérée. Elle continuait à jouer exactement de la même façon que dans ses premiers rôles; ce qui avait paru naturel au début sembla petit à petit devenir une " manière " d'acteur plutôt que les caractéristiques d'un rôle. Le Studio a tenté de la débarrasser de ce maniérisme, puis de la rendre consciente que cela n'avait aucun rapport avec la réalité. Elle était pourtant tout à fait capable de traiter la réalité d'un personnage, mais personne ne l'avait poussée à aller assez loin dans ce sens. »

Strasberg essaya aussi d'approfondir l'intensité de ses réactions; elle avait tendance à accepter ses émotions très facilement et très vite, mais aussi très légèrement. Son jeu était fait " d'à-coups " qui intriguaient le public et paraissaient bons, mais trop souvent, malheureusement, n'avaient rien à voir avec le personnage ou la situation dont il s'agissait. Ses réactions étaient vives, et de ce fait elle admettait immédiatement que ce qui arrivait se produisait réellement; quand par hasard " ça n'arrivait pas ", on n'y pouvait rien. Strasberg lui suggéra les moyens de faire naître la puissance créatrice, ou la simple bonne volonté de vivre le genre d'expérience que requiert l'auteur, de façon à pouvoir aller au-delà de ce qu'elle avait primitivement pensé pouvoir faire; les réelles possibilités de son tempérament ne se sont pas encore révélées; le public a vu sa sensibilité et la vivacité de ses réactions mais pas encore la profondeur de son talent.

A L'ACTRICE U. : Je vous aime beaucoup, j'aime beaucoup votre travail, et pourtant j'ai l'impression que dans votre cas, ce n'est pas un service à vous rendre que d'être gentil. Ce que vous faites a toujours cette merveilleuse aisance qui nous étonne et nous montre le travail de votre sensibilité. Les neuf dixièmes de votre sensibilité inconsciente agissent remarquablement, mais le dixième restant n'est pas aussi efficace qu'il pourrait l'être; vous admettez que vous pouvez rester dans le vague et fort heureusement vous pouvez vous le permettre, car même alors ces choses merveilleuses continuent de se produire.

J'ai l'impression que vous n'êtes pas aussi vague que vous le dites; je crois plutôt que quand vous abordez une scène, elle vous paraît trop riche pour prendre une décision. Eh bien, ne vous préoccupez pas de ce que vous ferez, mais préoccupez-vous de cette partie du travail qui reste dans le domaine de votre contrôle conscient.

U. : Qu'est-ce que c'est?

Strasberg : Je ne veux pas que vous travailliez avec tous ces accessoires; si *vous* ne savez pas avec quoi travailler, alors que diable, montez sur scène et tâchez de trouver; je crois d'ailleurs que vous le savez; vous ne voulez simplement pas y faire face, même si cela consiste seulement à dire : « Lee, je ne peux pas abandonner cet accessoire; il faut que je m'y raccroche; j'en ai besoin. » Parfait! Mais je veux que cet assessoire, qui est une pomme en l'occurrence, soit un instrument abstrait; je peux trouver n'importe où une atrice qui pèlera cette pomme avec naturel et vérité. Si vous tenez à venir en scène avec cette pomme, je veux que vous vous disiez : « Je vais peler cette pomme de telle manière que jamais de ma vie je n'aurai enlevé aussi peu de peau à un fruit; je ferai tellement attention à cette pomme que je ne lui ôterai pas une parcelle de trop — juste le dessus. « J'aimerais que cette pomme soit le filet qui attrapera en vous les éléments de ce personnage.

Vous avez quand même beaucoup moins vagabondé que d'habitude, dans cette scène; vous avez moins utilisé ces quelques objets très simples que le public accepte toujours mais que je me refuse à accepter parce qu'ils vous déconcertent. Je veux que vous arriviez sur scène sans aucune aide; je veux vous voir nager ou sombrer. Vous n'avez pas besoin de flotteurs et pourtant vous en apportez toujours, je regrette! Vous êtes une bonne nageuse, nous ne vous laisserons pas hésiter; nous n'encouragerons pas en vous cette imprécision, ce maniérisme qui est devenu une petite blague que nous aimons; oui, nous aimons cela, car cela prouve que vous êtes humaine, mais je ne veux pas que vous nous mettiez en position de sympathie vis-à-vis de nous; vous n'avez pas besoin de notre sympathie.

L'acteur Q. est « un acteur parfaitement capable. Il peut donner — au pied levé — une représentation claire, profonde et bonne; mais elle n'émeut ni le public ni lui-même. Quand il explique une scène qu'il a jouée au Studio, il le fait de façon remarquable; mais si vous lui demandez : " Pourquoi n'avez-vous pas fait cela en scène, où était cet élément dans le rôle ", il s'étonne, car il est persuadé d'avoir vraiment joué ce qu'il a décrit ». Le problème — au Studio — a été de le rendre conscient que chez lui la pensée de l'acteur ne le mène pas à agir sur scène. Il a de solides habitudes, de solides modèles de comportement, un solide moule verbal, des émotions solidement inhibées qu'il ne sait pas très bien utiliser. Il a réalisé au Studio un Hamlet étonnant qui eut l'avantage de lui donner, pour la première fois, le sentiment de ce qu'est son problème; il réalise maintenant qu'il est dans une coquille, que le problème de l'acteur ne consiste pas simplement à concevoir les choses, mais à faire croître, en quelque sorte, ces conceptions à l'intérieur de lui-même jusqu'à ce qu'elles enflamment et motivent son être, son comportement, ses pensées et ses expériences. Il a, maintenant, le sentiment de tout cela. Jusqu'où il pourra aller, Strasberg l'ignore.

A L'ACTEUR Q. : Vous dites que vous travaillez davantage les rôles que vous jouez professionnellement que ceux que vous jouez au Studio; et ensuite vous dites que, bien que travaillant moins dur ici, vous obtenez souvent de meilleurs résultats. Vous devriez en tirer des conclusions.

Nous comprenons une chose que ne comprennent pas les gens de l'extérieur; ils s'imaginent que lorsqu'un acteur fait quelque chose de mal en scène, c'est parce qu'il est un mauvais acteur. Nous savons que très souvent un mauvais travail en scène vient des meilleures intentions d'un esprit qui travaille avec un merveilleux éclat, mais quelque chose prend possession de lui; on dit : « Je veux m'arrêter », mais on ne peut pas; on dit : « Je ne veux pas que cela sorte de cette manière » et on ne peut l'empêcher. On dit : « Seigneur, qu'est-ce que je fabrique, je ne veux pas faire ce genre de truc avec cette pipe », et la pipe vous tient et vous force à continuer. Voilà ce que nous voulons dire quand nous parlons de clichés, de façon conventionnelle de jouer : ce que vous croyez devoir faire parce que vous avez vu les autres — de mauvais acteurs en général — le faire de cette manière. Vous n'acceptez pas l'évidence de vos propres sens ni de votre expérience. Pourquoi ?

Il est plus facile de faire ce que Guinness a fait parce que le public l'a déjà approuvé (pas au point que vous pourriez le croire), et parce qu'il y a beaucoup de choses que nous pardonnons à Guinness. Quand il joue à la télévision avec une grande pauvreté de moyens, nous disons : « C'est encore un des trucs de Guinness »; mais il devrait le faire bien; c'est un bon acteur, pourquoi ne pas faire de son mieux ? Hélas, lui aussi s'est installé dans une « manière » Guinness, et pas la manière dont Guinness le ferait s'il n'était pas Guinness. On en vient à voir non pas le jeu de Guinness, mais l'imitation que donne Guinness de la façon dont jouait Guinness. Le même phénomène se renouvelle avec tous les acteurs; c'est la rançon du succès, et c'est pourquoi le succès ne paie pas; car sinon, on ferait une technique de ce procédé.

J'espère que vous comprenez clairement que lorsque je dis des choses de ce genre, c'est en termes purement de « Broadway » que je parle, et non pour afficher des goûts artistiques; je parle de ce qui fera utiliser un talent aussi bon que le vôtre sur les scènes de Broadway; vous savez fort bien qu'actuellement il y a des gens qui vous trouvent un très grand talent, mais ne vous donnent pas de rôles. Pourquoi ? Il y a une raison; ce n'est pas à cause de quelque chose que nous faisons, ici, au contraire; j'essaie de vous faire obtenir les rôles que vous pouvez jouer en vous rendant capable d'utiliser un talent qui est particulier.

Vous vous êtes mené vous-même à une impasse d'où votre travail actuel ne peut vous tirer; il ne peut non plus vous amener à utiliser toute votre conscience, votre imagination, votre esprit. Quoi que vous fassiez maintenant, vous vous retrouverez en train de donner la réponse de quelqu'un d'autre parce que vous voyez trop vite comment quelqu'un d'autre le ferait. Mais les autres le font parce qu'ils sont eux-mêmes, ils ont trouvé leur voie; vous devez trouver la vôtre.

Quand l'actrice O. travailla la scène des funérailles de *Richard III*, elle fit une préparation pour surmonter le « cliché ». Strasberg lui demanda de refaire cette scène à plusieurs séances du Studio, afin de pouvoir commenter certains détails pendant qu'elle jouait; une telle « répétition avec interruptions » est un des outils les plus efficaces de Strasberg pour s'attaquer aux problèmes d'expression, et particulièrement aux clichés, au manque d'expression, à la fusion. L'impulsion passe inconsciemment dans l'expression à tel point qu'en rendant simplement l'acteur conscient de ce qui se passe au moment même, Strasberg peut espérer briser les moules habituels et fortifier la volonté de l'acteur. Strasberg a utilisé cette technique — dont on verra un exemple plus loin dans le chapitre consacré à « l'habitude de l'absence d'expression » — pendant plusieurs années dans son travail avec l'actrice O. Son problème de « cliché » est décrit plus loin. Strasberg ne lui a jamais permis d'établir définitivement les bases dans une première représentation d'une scène, parce que ses habitudes de comportement s'affirmaient toujours d'abord.

A L'ACTRICE O : Vous pouvez maintenant parvenir à une très forte et merveilleuse réalité intérieure; nous avons été très intéressés par vos récents travaux; la qualité en est maintenant très éloignée de la pâle qualité conventionnelle que vous avez montrée dans vos films, et dont vous souffrez à en mourir; cependant, vous n'avez pas encore utilisé cette réalité intérieure sur scène suffisamment pour vous sentir libre et à l'aise, et vous n'avez pas encore élaboré votre propre façon d'exprimer ces émotions profondes, ces choses réelles qui sont la plus vraie et la meilleure part de vous-même.

Une grande partie de votre jeu théâtral tend à être extérieure; il y a de nombreuses années, vous vous êtes forgé d'inconscientes habitudes de jeu. Maintenant quand vous travaillez avec quelque chose d'aussi frais et d'aussi intéressant que vos vraies réactions sur scène, vous avez du mal à laisser ces réactions nourrir les mots.

Quand vous commencez à prononcer les paroles de Lady Anne au sujet d'Henri, elles ont pour vous une qualité conventionnelle de deuil. De fait, au milieu de la scène, si vous vous écoutiez vous-même avec attention, vous pourriez entendre le son monter, chaque note prenant un demi-ton. Fielding, au XVIIIe siècle, a décrit ce procédé dans le jeu de King, qui jouait avec Garrick; il disait : « Oh, et maintenant, je le ferai », puis : « *Oh, et maintenant je le ferai* », puis « OH, ET MAINTENANT JE LE FERAI » en montant chaque fois un peu la voix et en utilisant le ton lyrique conventionnel qu'on emploie en général pour dire ce genre de choses.

Mais ce qui se passe avec vous, c'est que vous avez besoin d'exprimer votre merveilleux sens intérieur. Quelque chose veut sortir et s'accomplir en dehors du conventionnel et ce quelque chose, qui n'est pas satisfait, essaie de se réaliser à travers le ton seulement. Vous faites toujours un effort extérieur pour nous convaincre que vous dites et faites vraiment ce que vous êtes déjà manifestement en train de faire; cela vient de l'insécurité de l'acteur et le conduit à un certain genre d'agitation; de plus, ce qui est en face de vous prend le dessus et vous convainc plus que ce qui est en vous.

Quand j'ai observé ce qui se passait en vous, j'ai vu quelque chose qui aurait pu s'extérioriser en une expression vraie et humaine au lieu de cette manière théâtrale. Quand vous vous êtes mise à pleurer ici, après la scène, vous n'avez pas dit : « Je dois pleurer maintenant à cause de la scène »; non, vous avez détourné le visage, comme si vous disiez : « Excusez-moi, je ne peux pas m'empêcher de pleurer; il faut que je pleure. » Si vous aviez joué la scène avec l'aisance et le naturel que vous avez eus quand vous vous êtes détournée ainsi de nous et que vous m'avez ensuite parlé, vous auriez fait preuve d'un comportement logique et humain. Ce que vous avez montré, en réalité, était le comportement d'un acteur qui remercie le Seigneur et Stanislavski de ce que son émotion fonctionne et se dit : « Très bien; maintenant, je peux me laisser aller; la dernière fois, cela n'a pas marché; mais cette fois, ça marche; c'est tellement merveilleux; je peux vraiment tout laisser aller »; et il s'est alors produit des choses qui — en tant qu'être humain — me donnent envie de me faire tout petit.

Quand vous vous êtes jetée sur le cadavre, je me suis ratatiné aussi — humainement parlant, pas théâtralement. Du point de vue théâtral, j'ai aimé cela. J'ai *vu* des gens faire cela, mais le sentiment de la mort était si clair qu'ils ne traitaient pas le corps simplement comme un objet couché là; mais c'est ce que fait l'*acteur;* le cadavre n'est qu'un objet qui reçoit son impulsion théâtrale et son émotion, ce n'est pas ainsi qu'un être humain traite un vrai cadavre. J'ai été mis à la torture quand je vous ai vu agripper ce corps gluant; j'ai toujours eu beaucoup de mal à regarder ce genre de chose!

Je trouve toujours intéressant de voir un phénomène théâtral se mettre à vivre et ne pas rester simplement théâtral. Pendant de nombreuses années j'avais peur d'entrer dans les églises à cause de certaines choses de mon passé. Or, quand on est en Italie, on ne peut pas ne pas entrer dans les églises parce que de nombreuses œuvres d'art s'y trouvent; donc, bien entendu, j'y entrai. Mais à Venise, nous avons vu quelque chose de merveilleux; on rapportait à la cathédrale le corps d'un pape qui avait été béatifié, avec le même genre de festivités que celles qu'on voit dans les tableaux de Bellini quand il peint le transport par bateau d'un corps bienheureux jusqu'à la cathédrale. Or, tout, les couleurs, les sons, tout se mit à vivre pour moi à cause d'une seule petite chose : au milieu de toutes ces couleurs merveilleuses, de cette procession de prêtres et de leurs acolytes, l'un des prêtres qui marchait dans la procession aperçut soudain dans la foule quelqu'un qu'il connaissait; alors il souleva ce qu'il portait, l'agita en direction de son ami, et toute la cérémonie se mit, en quelque sorte, à vivre. Le spectacle était magnifique, pittoresque, théâtral mais c'était ce petit bout de réalité qui l'avait rendu vivant.

Quand, par la suite, j'entrai dans la cathédrale de Venise, ce qui me fit penser « Maintenant, je peux entrer », ce fut une Italienne typique, vêtue de noir, portant son déjeuner dans un petit baluchon, et qui était fatiguée; elle s'assit sur le socle d'un des piliers, retira ses chaussures et se mit à les nettoyer; je me dis alors : « Voici le temple de Dieu car des êtres humains s'y trouvent. » Si on essayait de mettre en scène des scènes de ce genre, on s'efforcerait d'être théâtral. On aurait tendance à devenir si abstrait que cela deviendrait manifestement théâtral et faux.

Vos émotions, vos pensées, vos idées et vos intentions commencent à fonctionner avec force; vous permettez au sentiment de ce qui se passe de s'exprimer beaucoup plus largement, mais vos précédentes habitudes de comportement théâtral forcent parfois vos impulsions à sortir de façon théâtrale et non humaine.

L'HABITUDE DE L'ABSENCE D'EXPRESSION

L'absence d'expression est un problème encore plus sérieux peut-être que le cliché, car après tout, le cliché est la tentative de donner un sens à la pièce bien qu'il n'y réussisse pas au-delà d'un niveau superficiel; mais l'acteur inhibé est souvent empêché inconsciemment d'essayer même de donner un sens aux choses à travers l'expression; la conséquence de telles inhibitions est littéralement la mort du talent de l'acteur. Strasberg est très préoccupé de ce problème et prend beaucoup de temps pour le traiter.

Il essaie de montrer à l'acteur que les modèles d'inexpression qu'il a suivis toute sa vie se prolongent dans son jeu; quelquefois il essaie d'isoler dans le passé de 'acteur les expériences et les situations qui ont établi de telles inhibitions et il travaille à fortifier la concentration et la volonté de l'acteur. Cependant, il traite le problème en tentant principalement d'amener l'acteur à s'exprimer réellement devant un public.

Étant donné que l'expression est naturelle à l'être humain, il semble que l'inhibition ne doive pas se manifester seulement par le manque d'expression mais par un tas d'émotions que la personne désire exprimer et a besoin d'exprimer sans y parvenir; il en résulte des tensions multiples et un sentiment de frustration; l'acteur peut essayer de surmonter ce blocage en se forçant, mais cela provoque en général une plus grande frustration et une plus grande altération du talent. Un embâcle de bûches est allégé, non pas en maintenant les bûches hors de la rivière, ni en enlevant toutes les bûches de l'embâcle, ni en creusant un nouveau lit pour la rivière, mais en dynamitant la bûche principale, la bûche clé; si l'on parvient à l'enlever, de dramatiques résultats peuvent s'ensuivre.

En employant le « baragouinage » pour forcer l'actrice du Group Theatre à utiliser des expressions sans précédent, Strasberg a pu susciter de tels résultats dramatiques. Son expérience de l'exercice du « moment privé » et de celui de « chant et danse » — qui permet à l'acteur inhibé de montrer et de faire des choses qu'il sait pouvoir faire — illustre les résultats souvent dramatiques de cette libération de l'expression; on peut aussi parfois résoudre le problème en obligeant simplement l'acteur à se détendre.

La sévérité de Strasberg à l'égard des acteurs qui manquent

d'expression provient de ce qu'il sait — de par sa longue expérience — que l'acteur ne peut transiger avec ces types de comportement qui tuent littéralement son talent.

A L'ACTEUR M. : Il y a beaucoup de gens qui sont incapables de chanter; nous avons découvert par expérience que cela se prolonge au-delà du simple fait de chanter et est lié à des réactions émotionnelles; le mécanisme vocal est très fortement lié à la formation première d'un acteur et par conséquent à toutes les facultés de réagir d'un être humain. Le fait de surmonter une incapacité de chanter a beaucoup de rapports avec le jeu théâtral en ce sens que cela aide l'acteur à se libérer de certains empêchements inconscients dans un domaine où tout ce qui se passe à l'intérieur de lui-même se transmet à l'extérieur.

J'ai une élève, dans ma classe, qui a du mal à chanter; quand elle le fait, son énergie et sa concentration sont par moments insuffisantes; l'énergie bat en retraite par peur de commettre une erreur; de ce fait au lieu de donner la note juste, elle est prise de panique; cette fluctuation de l'énergie illustre à merveille le phénomène de l'émotion intérieure.

Dans presque tous les cas, cette difficulté est en rapport avec le domaine émotionnel et non avec une inaptitude physique; presque toujours une personne qui ne se souvient pas très bien si elle chantait étant enfant ni comment elle chantait, se rappellera parfaitement avoir été découragée de chanter.

Il est assez étrange de voir que les femmes sont plus sujettes à cette difficulté que les hommes. Nous essayons de l'expliquer en disant que les hommes sont moins sensibles sur ce point à cause de la mue : à ce moment-là, la responsabilité leur est ôtée; donc quoi qu'il soit arrivé à un garçon dans son enfance, à l'âge où il commence à éprouver des difficultés à chanter, il considère cela non comme un manque d'aptitude individuelle, mais comme un signe de virilité; la plupart des hommes surmontent la difficulté avec aisance.

On ne peut espérer frayer un passage à travers les inhibitions d'un acteur autrement que par l'improvisation. Si un acteur — émotionnellement noué — se contente de répéter et de jouer, il continuera presque inévitablement à utiliser ses modèles habituels d'inexpression. Une des manières de traiter ce problème consiste à lui faire faire un exercice de « moment privé » puis une scène comportant un personnage très proche de lui-même. Il commence par l'exercice, improvisé, bien entendu. Quand sa réalité intérieure a été suffisamment mise en mouvement, il commence la scène — quelquefois improvisée mais pas toujours — et il essaie d'y faire passer la plénitude de l'impulsion et la liberté d'expression qu'il avait obtenue dans l'exercice précédent; de plus, l'expression est stimulée par les ordres que donne Strasberg.

L'actrice R. est arrivée au Studio « très jeune, avec de merveilleuses qualités; elle semblait avoir un talent très vrai, très naturel; ses premiers exercices furent excellents. Mais, dès le début, on pouvait prévoir qu'il lui faudrait payer son écot le jour où elle aurait quelque chose de très précis à faire au lieu de laisser simplement couler ce qui émanait d'elle. Quand elle en vint à s'utiliser elle-même pour traiter un problème défini — tel qu'un metteur en scène pourrait lui en imposer — elle eut des ennuis. Évidemment, ses problèmes de jeu sont en rapport avec de profonds problèmes personnels; elle a du mal à accomplir une tâche sans se laisser aller à s'occuper de quelque sentiment, émotion ou difficulté étrangère, qui n'ont rien à voir avec ladite tâche. On suppose pourtant qu'en général un acteur ne devrait pas se laisser étouffer psychologiquement et que s'il a vraiment un problème de ce genre, il ne devrait pas jouer; on ne se rend pas compte que c'est à partir de cette sensibilité très particulière qu'un acteur joue; chaque artiste travaille sur une sensibilité particulière; sa sensibilité à l'égard des choses avec lesquelles il entre en contact produit les réactions, les attitudes et les expressions qui font de lui un artiste ».

L'actrice R. a travaillé la scène où Juliette attend le retour de la nourrice qui est allée prendre toutes les dispositions pour le mariage (acte II, scène v). Elle commença par une improvisation sur un « moment privé » dans laquelle elle avait inclu de la musique enregistrée. Avant de la laisser refaire son improvisation, Strasberg lui posa des questions sur la méthode qu'elle avait employée pour se préparer à ce travail.

A L'ACTRICE R. : Ne me dites pas exactement ce que vous y avez impliqué; l'important est qu'une activité privée vous procure quelque chose à l'intérieur de vous-même; à partir de là, vous suivez plus ou moins le texte de la scène, et celui-ci vous apporte un certain sens des choses et une certaine disposition d'esprit; vous paraissiez être au bord des larmes, à certains moments, parce que l'idée de ce qui se passe dans la scène vous affecte. Dites-moi, utilisez-vous quelque chose de défini dans votre activité privée? Comme par exemple cette préparation accompagnée de musique?

R. : Quand je rentre chez moi, quand je me démaquille, quand je lave mes affaires et que je suis consciente de quelque chose, je dis mon texte et alors... alors... oui, je fais quelque chose dans le genre de ce que j'ai fait ici.

STRASBERG : J'essaie de faire la différence entre vos deux façons de travailler quand vous êtes seule; la première, vous la choisissez délibérément parce qu'elle vous incite à créer quelque chose que vous trouvez souhaitable pour la scène; la seconde est accidentelle, elle vient quand vous travaillez le texte en vous adonnant en même temps à une autre occupation et vous donne un moyen de jouer le texte; cette seconde manière est fondamentalement accidentelle, elle n'a aucun rapport avec la création d'un état d'esprit ou d'une relation précise avec la scène; elle ne fait que vous permettre de vous sentir naturelle et vraie, et qu'introduire une certaine émotion dans votre façon de dire le texte de manière à produire certaines émotions; mais elles se produisent accidentellement et, comme vous l'avez dit vous-même, aujourd'hui rien ne s'est passé.

Cependant le fait que vous utilisiez de la musique n'est pas accidentel. Vous m'avez dit que cette musique avait pour vous un rapport avec le sens de la scène, un état d'esprit qui serait l'état dans lequel se trouve Juliette au début de la scène, voilà donc une chose nécessaire. L'autre activité est accidentelle. Bon. Quand vous commencez à dire le texte, vous sentez à certains moments que les choses ne vont pas bien; que faites-vous alors?

R. : Je jure et je recommence.

STRASBERG : Oui, mais qu'est-ce que vous faites?... Vous vous arrêtez! N'est-ce pas? Or, si votre état d'esprit et votre émotion sont assez forts pour vous permettre de jurer, pourquoi ne vous en servez-vous pas plutôt pour dire le texte? Juliette est bien ennuyée de ce qui arrive! Vous vous arrêtez tout le temps. Quand vous vous critiquez, vous vous arrêtez. C'est mortel pour un acteur parce qu'à ce moment le moteur tourne à vide; vous savez ce qu'on fait dans ce cas? On met les gaz, car si on arrête le moteur, il cale définitivement. Un acteur ne peut jamais se permettre, sur scène, de perdre sa volonté d'être, d'agir, de continuer; or, vous vous interrompez toujours. Même quand les choses ne vont pas trop mal! Aujourd'hui, en disant le texte, il y a une phrase qui vous a donné envie de pleurer; quand ces émotions ont surgi en vous, vous avez pensé : « Oh, mon Dieu », vous avez prononcé encore un mot, puis vous vous êtes arrêtée; or, c'est juste à ce moment que les choses commençaient à se passer en vous.

R. : Mais elles se sont passées... parce que je n'y arrivais pas, justement! L'impulsion est venue comme une flèche et est repartie.

Strasberg : Que voulez-vous dire par « est repartie »?

R. : Elle est venue quand je ne pouvais m'en servir, et alors j'ai lancé un juron et puis...

Strasberg : Non, je regrette; vous pleuriez avant cela; d'ailleurs vous êtes toujours émue à ce moment de la scène. Mon interprétation de ce qui s'est passé est tout à fait différente de la vôtre; je pense que lorsque quelque chose d'émotionnel commence à se produire, vous ne savez comment utiliser le texte pour donner la pleine mesure de ce qui se produit en vous; vous avez l'impression qu'il y a scission entre ce que vous commencez à ressentir et l'expression de ce sentiment à travers les mots; vous vous sentez tiraillée de deux côtés opposés et vous vous arrêtez; c'est exactement ce que vous ne devriez pas faire.

Il y a dans votre travail actuel beaucoup de moments où vous êtes prête à tirer profit de vos impulsions, mais vous ne le faites pas. Presque chaque fois que vous avez fait cet exercice, à l'instant où vous auriez pu le faire, vous avez renoncé; vous remettiez toujours à plus tard en minimisant ce que vous ressentiez, vous passiez à autre chose et finalement vous vous disiez : « Il est temps de dire le texte maintenant », et vous le disiez; mais quand il se passait quelque chose vous ne parliez pas; au moment où les larmes vous montaient aux yeux vous aviez envie de vous arrêter. A d'autres moments, quand vous ne parliez pas et que quelque chose commençait à se produire en vous, vous refusiez d'utiliser les mots; autrement dit, vous faisiez le contraire de ce que vous auriez dû faire.

Le problème ne consiste pas simplement à se demander comment on doit jouer le personnage de Juliette; cela variera selon les metteurs en scène; chacun vous donnera sa propre interprétation; mais après cela, votre tâche à vous demeurera essentiellement la même : comment arriver à faire ce que vous voulez faire de façon à pouvoir à la fois convaincre le public et croire en vous-même?

Vous vous critiquez tellement, vous vous arrêtez si souvent que vous ne pouvez saisir vos impulsions ni les utiliser; l'expression est annihilée et il se produit une chose intéressante : vous savez que lorsque vous ne parlez pas, des phénomènes émotionnels surgissent en vous, mais dès que vous vous mettez à parler, vous arrêtez en vous cette émotion, et il vous faut alors trouver un autre genre d'émotion pour avoir de nouveau envie de parler. Ce n'est pas un simple problème de théâtre; vous savez très bien que même dans la vie vous avez beaucoup de mal à dire ce que vous pensez et sentez. C'est fondamentalement un problème d'instrument; nous devons donc l'aborder par des chemins détournés.

Dans une pièce, le metteur en scène obtiendrait de vous à sa manière l'expression qu'il veut. Mais une fois la pièce terminée, vous ne sauriez pas nécessairement comment vous exprimer dans une autre pièce. Au cours de la formation de l'acteur, nous essayons de l'aider à créer tout par lui-même, de manière à pouvoir donner au metteur en scène ce qu'il réclame; ce dernier n'a alors besoin ni de soutenir continuellement l'acteur ni de lui dire tout le temps ce qu'il doit faire.

Je voudrais essayer avec vous maintenant une partie du même exercice et une partie d'un exercice différent. Pouvez-vous chanter la musique sans le disque?

R. : Est-ce que je peux simplement le fredonner, ou faut-il chanter les paroles?

STRASBERG : Pourquoi voulez-vous « simplement le fredonner » ? Vous avez peur de ne pas savoir chanter ? ou quoi ?

R. : Je me demande... je crois que je ne saurai pas les paroles sans la musique.

STRASBERG : Bon, je ne veux pas vous ennuyer; alors, commençons avec la musique; je veux que vous essayiez de jouer la scène dans la position que vous aviez sur la chaise.

R. : Sur la chaise ?... à l'envers ?

STRASBERG : Je ne sais pas; vous le savez. Vous étiez comme accrochée dessus.

R. : Je voudrais d'abord vous dire quelque chose.

STRASBERG : Quoi donc ?

R. : Je me sens tellement nouée...

STRASBERG : Justement ! C'est ce que je veux travailler avec vous maintenant...

R. : D'ailleurs, je ne peux rien sentir du tout.

STRASBERG : Ça m'est égal; le fait d'être « nouée » n'a aucun rapport avec le sentiment. Vous pleurez, vous jurez, vous dites des gros mots, par conséquent vous n'êtes pas aussi nouée que vous le prétendez; pas aussi nouée intérieurement, tout au moins; mais vous n'arrivez pas à extérioriser ce qui est à l'intérieur.

R. : Mais j'ai l'impression de ne rien pouvoir avoir à l'intérieur.

STRASBERG : Mais mon petit, si vous pleurez, si vous sanglotez, si vous vous sentez assez mauvaise pour dire de gros mots, il est évident qu'il se passe quelque chose en vous ! La façon dont vous évaluez ce que vous sentez et pensez est manifestement tout à fait erronée; nous avons essayé de vous faire réaliser que vous luttiez contre vous-même, contre votre partenaire, que vous endossiez tout le conflit de la scène, et que si vous vouliez bien *exprimer* ces luttes et ces conflits intérieurs, la scène commencerait à être vivante pour vous. Les choses mêmes que vous refusez de laisser sortir sont celles qui peuvent nourrir votre expression sur scène. Ce n'est pas du tout parce qu'il ne se passe rien en vous que vous vous sentez étouffée, car vous éprouvez vraiment une sensation d'étouffement. Comprenez-vous ? Quand quelqu'un est noué de la sorte et essaie de se délier, que fait-il ? Montrez-moi... pas de façon réaliste, bien sûr.

R. : Eh bien, il se délie.

STRASBERG : Oui, mais comment ? où va son énergie ? Vous êtes nouée, vous essayez de sortir de cet état; que faites-vous ?

R. : Je ne sais pas.

STRASBERG : Je ne vais pas vous le dire. *(Il s'approche d'elle.)* Si quelqu'un vous tient comme ceci et que vous essayiez de vous dégager, que faites-vous ? C'EST CELA : ALLEZ-Y. ALLEZ-Y... Oh, regardez ce que vous avez fait ! Vous avez fait ce geste, et puis vous vous êtes arrêtée ! Maintenant, je ne vais pas être aussi gentil. Bon. Eh bien, tirez maintenant, vraiment. *(Sévèrement :)* ALLEZ-Y. TIREZ VRAIMENT. ALLEZ. MAINTENANT, LAISSEZ TOMBER VOS MAINS. Non, mon petit, non! Vous vous êtes arrêtée de nouveau; vous allez très loin et puis vous vous arrêtez. Parce qu'en esprit, vous vous dites : « J'ai déjà fini; ça suffit. » Non, cela n'est pas fini! Je vous ai laissée vous relever, sinon vous n'auriez jamais pu le faire; je suis plus fort que vous. Vous avez eu l'énergie de pousser, mais vous n'avez pas continué; votre énergie s'est arrêtée. Voilà ce que vous faites avec votre impulsion et votre mouvement alors que je voudrais voir votre énergie poursuivre l'action. Autrement dit, quand vous voulez vous dénouer, il faut libérer toute l'énergie qui est à l'intérieur de vous. Dans l'exercice que nous allons faire, je vous donnerai l'ordre de faire certaines choses à certains moments et je veux que vous les fassiez aussi à fond que possible, et non pas aussi simplement que possible.

R. : Que voulez-vous que je fasse?

STRASBERG : Commencez par votre propre scène; mettez le disque quand vous voudrez, mais quand vous le mettrez, je veux que vous vous blottissiez sur la chaise et que vous commenciez à chanter. En chantant, tout à l'heure, vous avez fait une association quelconque, n'est-ce pas? je veux que vous la refassiez. Après cela, je vous dirai ce que je veux. *(Un temps très long, que l'actrice consacre à l'exercice du « moment privé ».)* Quand je vous parlerai, essayez de continuer à faire ce que vous faites sans vous laisser troubler par ce que je dirai; suivez simplement mes ordres. *(La musique commence.)* Prenez votre temps; ne précipitez rien. Quand vous sentirez l'envie de chanter, je voudrais que vous vous penchiez hors de la chaise; auparavant, contentez vous de fredonner. *(Un temps. Musique.)* Maintenant, vous pouvez commencer la chanson depuis le début, mon petit; tout à l'heure, vous vous êtes installée sur cette chaise comme si vous n'aviez pas l'intention de bouger, ni de changer de position, ni de rien faire d'autre; si vous ne voulez pas chanter, bougez votre corps comme si c'était lui, et non votre voix, qui chantait; quand vous aurez vraiment envie de chanter, mettez-vous sur cette chaise et faites ce que vous voulez avec la chanson — une association quelconque. *(Un temps. La musique continue.)* Détendez vos mains, mon petit, mettez-vous à l'aise.

(Un temps.) Continuez de remuer les mains ou une partie quelconque de votre corps; je ne veux pas que votre corps reste tranquille. *(La musique passe d'un thème romantique à un rock and roll.)* J'attends la chanson, mon petit. Essayez de faire ce que je vous ai dit, sans penser. Commencez à dire les mots. Allons, écartez vos bras. Non, mon petit, écartez-les vraiment, grands ouverts, pas seulement un petit geste. Faites-le! Essayez de le faire! Mon Dieu! Vous êtes une jeune fille, vous êtes pleine d'énergie! A quoi cela sert-il d'ouvrir les bras comme cela? Remettez-les le long de votre corps, et maintenant jetez-les, allez!

R. : « La cloche sonnait neuf heures quand partit la nourrice; elle allait revenir au bout d'un quart d'heure. »

STRASBERG : Mettez-vous près de la chaise. Bougez! Bougez près de la chaise. Vous aviez fait des mouvements avec vos jambes. Ne pensez pas! Vous vous rappelez! Quand vous vous êtes levée, vous avez mis vos jambes sur la chaise. Vite. Vite. VITE, mon petit! Qu'est-ce que cela veut dire? Nous avons quinze heures devant nous? Non. Oh, je vous en prie, mon petit. Si vous ne voulez pas le faire, n'en parlons plus. Je vous ai demandé... je vous ai dit très simplement : « Faites-le aussi vite que possible sans penser », et vous ne le faites pas; vous ne faites pas l'effort; vous vous critiquez; vous ne faites rien de ce que je vous ai demandé. Est-ce que vous comprenez ce que je vous dis?

R. : Oui, je comprends.

STRASBERG : Y a-t-il une raison pour que vous ne le fassiez pas? Ce n'est pas que vous en êtes incapable, n'est-ce pas? *(Un temps.)* Pourquoi ne le faites-vous pas rapidement? Qu'est-ce qui se passe? Vous n'essayez pas, mon petit. Il faut que vous appreniez à vous soumettre au sens de la vérité de l'acteur et non pas simplement aux choses que vous vous dites, telles que celles que nous voyons constamment ici quand un acteur dit : « Je n'ai pas fait ça », alors que chacun a parfaitement vu qu'il le faisait. Nous savons d'où cela vient : l'acteur n'est pas conscient; nous le comprenons. Mais si vous n'êtes pas consciente et que vous croyez quand même faire l'effort nécessaire, alors, vous ne le ferez jamais. Vous savez parfaitement que vous ne bougez pas rapidement; je vous ai arrêtée, tout à l'heure, et je vous ai dit : « Faites ce que je vous demande aussi vite et à fond que possible, sans penser. » Bon. Voulez-vous recommencer?

R. : J'aimerais bien.

STRASBERG : Allez-y. Que voulez-vous me dite?... Vous ne croyez ne pas pouvoir obéir à un ordre quand on vous le donne? Vous êtes tellement rebelle à tout commandement que vous ne pouvez pas vous y soumettre?

R. : Non, c'est cette première phrase qui...

STRASBERG : Cela m'est égal, mon petit; c'est la preuve que j'ai raison : vous vous arrêtez parce que vous dites : « Je ne me rappelle plus le texte », et de ce fait vous ne faites pas à fond ce qu'il faudrait faire. Si vous faisiez le mouvement à fond et continuiez à dire le texte vous oublieriez peut-être un instant les mots, et lorsqu'ils vous reviendraient, ils seraient un peu tourmentés mais sortiraient comme un coup de feu. Mais non, vous commencez et vous vous arrêtez de sorte que vous utilisez plus d'énergie à vous critiquer et à vous arrêter que vous n'en auriez besoin pour réaliser cette aisance et cette simplicité que vous aviez quand vous avez commencé à jouer, parce qu'à cette époque vous ne saviez pas ce que vous faisiez. Maintenant vos émotions sont plus riches et plus pleines mais vous voulez toujours travailler de la même façon qu'au début de votre carrière, c'est-à-dire quand vous ne travailliez pas vraiment. Vous comprenez?

R. : Je comprends ce que vous dites mais j'ai l'impression que je ne pourrai jamais raccorder cela à moi-même.

STRASBERG : Encore une fois, vous me prouvez que j'ai raison! Je vous ai dit d'obéir aux ordres que je vous donnais. Alors que voulez-vous dire? Qu'y a-t-il là que vous deviez raccorder à vous-même?

R. : Je ne sais pas comment expliquer...

STRASBERG : Essayez de vous expliquer, mon petit, parce que je ne sais pas de quoi vous parlez.

R. : Je l'ai fait...

STRASBERG : Non, vous ne l'avez pas fait. Qu'est-ce que cela veut dire : « Ouvrez vos bras rapidement? » Montrez-moi, tout de suite. *(Un temps.)* Non, ce n'est pas ce que je veux dire; je veux que vos bras soient largement ouverts et rejetés en arrière. C'est ça. Maintenant, criez en le faisant. *(R. crie.)* Bon; vous voyez que vous pouvez le faire, avant vous vous contentiez d'un petit geste qui n'avait aucun sens.

UN DES MEMBRES DU PUBLIC : R. m'a dit un jour qu'elle doit penser à chacun de ses gestes avant de pouvoir les faire, comme dans un ballet.

STRASBERG : C'est exact. Remarquez qu'elle a le flair pour choisir de merveilleuses attitudes théâtrales, mais dans ces attitudes il n'y a pas une étincelle du mouvement. En tant que danseuse, elle est habituée à suivre des mouvements donnés; elle n'a pas encore trouvé les mouvements propres de son corps; ceux qu'elles fait sont délibérés comme ceux de la danse. *(A R. :)* Notez que lorsque vous avez l'occasion de les faire, vous les faites avec plénitude, mais quand vous n'avez pas ce genre de mouvements à faire, vous avez l'impression d'étouffer. C'est justement ce que je veux démontrer : l'impression d'étouffement ne vient pas d'un manque d'« émotion; vous vous sentez étouffée en ce moment même, mais vous êtes pleine d'émotions. Savez-vous pourquoi vous vous sentez ainsi ? Parce que tout ce que vous essayez de faire pour extérioriser votre émotion, c'est de tortiller votre bague, ce qui n'est pas une expression suffisante pour l'émotion que ressent une femme comme vous. Vous avez envie de crier, de hurler, de sauter... Pourquoi ne le faites-vous pas ? Allez-y. ALLEZ — Hurlez — ALLONS ! *(R. pleure et rit.)* Mais criez donc! ça, ça ne vaut rien, ça ne m'intéresse pas. Criez. ALLONS !

R., *criant :* NON !

STRASBERG : Maintenant, criez avec votre corps.

R., *plus fort :* NON !

STRASBERG : Non, avec votre corps... vos mains, vos pieds, tout. Criez!

R., *très fort :* NON !

STRASBERG : Voilà! C'est cela! C'est juste! Maintenant, faites la même chose et commencez à dire votre texte, en donnant des coups de pied. Allez-y.

(R. pleure et crie quelques mots incohérents en donnant des coups de pied à la chaise.)

STRASBERG : Je voudrais entendre les mots!

R., *pleurant :* « Peut-être ne l'a-t-elle pas rencontré? »

STRASBERG : Maintenant, tout en continuant de parler, ramassez la chaise et remettez-la en place. ALLONS. Posez-la en disant le texte. *(Elle jette la chaise.)* ALLONS! Si vous ne savez pas bien le texte, ne vous en faites pas.

R., *pleurant :* Non, je ne sais pas le texte! *(Elle jette quelque chose, qui se casse.)*

STRASBERG : Bon, alors dites ce qui vient ensuite. ALLONS. Quel est le mot que vous dites ensuite? Quelle est la pensée? ALLONS ! La pensée?

R. : « Il y a trois longues heures, et elle n'est pas revenue. »

STRASBERG : Très bien. *(Un temps. Elle pleure.)* Maintenant, jetez-vous sur la chaise, frappez des pieds et dites ce qui vient après, quelle que soit la phrase. Allons. Frappez des pieds. ALLONS !

R., *toujours pleurant :* « Si elle avait des passions et un jeune sang bouillant, elle eût été aussi rapide... »

STRASBERG : Je voudrais entendre cela, mais de la poitrine, du cœur.

R. *pleure et se met en colère :* « Elle eût été aussi rapide qu'une balle. » *(Elle pleure hystériquement.)*

STRASBERG : Maintenant, ramassez ce qu'il y a par terre; lancez-le vers la chaise et dites ce qui suit. Ne vous inquiétez pas. Oui, c'est cela, mais je veux les mots ou la chanson, en même temps. Criez! Faites quelque chose. Il faut que cela soit accompagné de sons! ça m'est égal que vous disiez une autre tirade, mais parlez. ALLONS ! PARLEZ !

R., *en pleurant, mais parlant de façon très claire :* « Si elle avait des passions et un jeune sang bouillant, elle serait aussi rapide qu'une balle. »

STRASBERG : Très bien. La suite, maintenant. ALLEZ-Y ! Faites quelque chose et parlez en même temps. *(R. se met à parler.)* Non, non, NON. Je veux que vous fassiez quelque chose avant de parler, quelque chose de précis; ramassez quelque chose et jetez-le. ALLONS. *(Elle jette un objet.)* ALLONS. VITE. Parlez maintenant. PARLEZ.

R., *sanglotant :* « Mes paroles l'auraient lancée vers mon cher amour et les siennes vers moi. » *(Un temps.)*

STRASBERG : Maintenant, jetez-vous sur la chaise. Allez-y, jetez-vous dessus. ALLONS ! ALLONS ! et tapez des pieds et parlez.

R. : « Mais, bien souvent, les vieux ont l'air d'être morts, pesants, lents et gris comme le... » *(Elle s'effondre.)*

STRASBERG : Ne vous en faites pas parce que vous pleurez. Je veux entendre les mots.

R., *très fort, avec colère, pleurant encore, mais parlant clairement :* « morts, pesants, lents et gris comme le plomb ». *(Elle sanglote.)*

STRASBERG : Maintenant ouvrez grands vos bras et dites la phrase suivante; je crois qu'elle parle du soleil.

R. : J'ai tout sauté.

STRASBERG : Ça m'est égal. Allez-y. Utilisez seulement les mots. Allons! C'est un exercice, mon petit. Les mots m'importent peu!

R. : « Est-ce que le soleil est... »

STRASBERG : Je veux entendre clairement.

R., *à voix forte et claire :* « Le soleil est sur le... » *(Elle sanglote.)*

STRASBERG : Je veux entendre!

R., *clairement :* « ... de son voyage d'aujourd'hui. »

STRASBERG : Je veux entendre votre voix venir de la poitrine.

R. : « Et de neuf heures jusqu'à midi, il y a trois longues heures et elle n'est pas revenue. »

STRASBERG : Je veux qu'à chaque phrase vous fassiez quelque chose. Sautez, courez... c'est cela.

R. : « Si elle avait des passions et un jeune sang bouillant, elle serait aussi rapide qu'une balle. »

STRASBERG : Je veux entendre!

R., *d'une voix claire et audible :* « Mes paroles l'auraient lancée vers mon cher amour, et les siennes vers moi. *(Elle pleure. Un temps.)* Mais bien souvent les vieux ont l'air d'être des morts, pesants, lents et gris comme le plomb. »

STRASBERG : Les bras écartés! Tenez-vous à la chaise. C'est cela. Donnez des coups avec tout votre corps, pas juste avec les pieds. Laissez tout votre corps faire ce dont il a envie; voilà ce que vous n'utilisez pas avec les mots, actuellement. Bon. Cela suffit. Maintenant, vous êtes-vous rendu compte à quel point vous vous entraviez vous-même? Vous n'avez pas vraiment trouvé votre expression. Quand vous faites une chose comme celle-ci, que sentez-vous? Est-ce que vous vous sentez plus frustrée?

R. : Oui, plus frustrée.

STRASBERG : Pourquoi ? Sentez-vous plus de haine ou plus de frustration ?

R. : Maintenant ?... Les deux !

STRASBERG : Cela veut dire que la frustration vient seulement du fait que — par rapport à l'émotion ressentie — vous ne libérez pas assez de choses. Qu'avez-vous envie de libérer ? Que voulez-vous faire ?

R. : Je ne le sais même pas.

STRASBERG : Vous voulez libérer la haine, n'est-ce pas ?

R. : Oui.

STRASBERG : Que fait-on quand on veut libérer la haine ? On crie ? On hurle ? Que voulez-vous faire ?

R. : Parfois, je me cogne la tête contre le mur.

STRASBERG : Ce n'est pas un conseil à donner aux acteurs ! C'est bon pour ceux qui ne jouent pas. Aux acteurs nous donnons de meilleurs conseils, qui servent leur propos ! Vous n'avez aucun problème d'absence, d'émotion ; quand vous vous vous sentez frustrée, vous pouvez être sûre que c'est parce que vous avez de l'émotion.

R. : Mais je ne sais pas comment la libérer.

STRASBERG : Libérer quoi ?

R. : La frustration.

STRASBERG : La façon dont vous la libérez m'est égale. Regardez, vous avez cassé une chaise, vous avez failli vous casser le genou ; vous pleuriez sans pouvoir vous arrêter ; vous vous êtes jetée à droite et à gauche ; vous avez lancé ce manteau, vous avez presque cassé le magnétophone... un peu plus, nous allions être obligés de quitter la salle ; il y a encore tant de choses en vous que vous n'avez pas libérées, que vous vous sentez étouffée. Donc, vous ne pouvez pas vous laisser guider par ce sentiment, parce qu'il vous dira toujours : « Ce n'est pas assez, ce n'est pas encore vrai ; ce n'est pas ce que je veux. » Ce sentiment vous induit en erreur parce qu'il se fait entendre par l'intermédiaire du besoin qu'il a de s'exprimer. La plénitude d'expression ne s'obtient pas d'un seul coup ; cela prend du temps. Vous êtes très frustrée, mais à la base, cela ne vient que d'un excès d'émotion, et celle-ci est tellement retenue que vous pouvez dire en toute honnêteté : « Je ne sens rien ! » parce que vous n'avez pas le sentiment de libérer cette émotion.

R. : Je l'ai pourtant déjà fait! et c'est terrible.

STRASBERG : Vous voulez dire dans la vie?

R. : Oui.

STRASBERG : Voilà à quoi sert l'art. Si la personne qui n'a pas apprécié une chose que vous lui avez faite dans la vie vous voit faire cette même chose à votre partenaire sur scène, elle dira : « Quel jeu inouï! Je sais qu'elle se conduit exactement comme cela. » Sur scène, on aime cela parce que c'est l'art; c'est contrôlé; on le fait à volonté; on apprend à s'exprimer pleinement de sorte que l'on obtient l'expression mais aussi l'art. Tel est le besoin fondamental d'art dans la vie; ce n'est pas exactement une expression particulière, mais plutôt une façon de dire et de faire les choses que nous ne pouvons complètement avoir dans la vie, bien qu'il faille les dire et les faire. Nous transmettons ces observations et ces expériences à d'autres gens par la vivacité même de nos réactions à leur égard; et de ce fait nous devenons artistes. Nous devenons des gens qui créent en imagination ce que d'autres subissent dans la vie.

LA NERVOSITÉ

Quand L. est arrivé au Studio, c'était « un jeune acteur sans formation réelle; beaucoup de jeunes acteurs arrivent ainsi au Studio, et le Studio ne leur fournit pas vraiment une formation; il l'encourage, il la suggère, il ouvre les portes, en quelque sorte, mais ne construit pas l'édifice; c'est à l'acteur de poursuivre. L. était un acteur très obstiné, plein de talent, mais qui refusait systématiquement de reconnaître qu'il ne faisait pas en scène ce qu'il croyait y faire. Récemment, il a commencé à accepter ce fait, et son travail s'est transformé. Il commence à se réaliser de façon inhabituelle ».

A L., *après un exercice :* Quand vous étiez assis là, vous aviez l'air à l'aise, simple et direct. Vous avez ce qui nous paraît être de la sécurité. Non?

L. : Je ne me sens pas sûr du tout.

STRASBERG : Quand vous dites : « Pas sûr », vous voulez

dire : « J'ai peur, mais personne ne doit le savoir. » Ça, c'est au contraire le signe d'une très grande sécurité; ce n'est pas le fait d'avoir peur qui vous fait dire que vous ne vous sentez pas sûr, mais le fait que « personne ne doit le savoir, parce que si cela se savait, je serais perdu ».

Quand quelqu'un dit : « Oui, je suis malade; c'est peut-être même très sérieux », c'est un genre de sécurité. N'oubliez pas que certaines personnes refusent d'aller chez le docteur par crainte de découvrir qu'elles sont vraiment malades; pourtant, si elles le sont, il est important de le savoir; il y a peut-être un remède; mais elles s'abstiennent : ça, c'est de l'insécurité.

Qui est le plus disposé à reconnaître ses erreurs, quelqu'un de sûr de lui ou de peu sûr? Celui qui a de la sécurité dira : « C'est juste, je regrette, je me suis trompé. » L'autre, au contraire, commettra une erreur comme n'importe quel être humain, mais ne le reconnaîtra pas et fera, de la sorte, une double erreur. Il arrive à tout le monde de faire des erreurs des chutes, des culbutes.

Le fait de reconnaître la nervosité est déjà un moyen de la traiter. L'acteur doit à la fois faire ce qu'il veut faire et être conscient de ce qu'il fait. Plus il essaie d'être vrai, plus il doit être conscient parce qu'il est vrai et plus il utilise les éléments qui, au fond de lui-même, sont en général laissés dans le domaine purement inconscient, ou bien qui concernent le fonctionnement automatique de son instrument. Par conséquent, au moment où il est vrai, il a une quantité inutile d'énergie en éveil qui peut l'entraîner à un certain maniérisme ou à une déviation de l'impulsion si elle se manifeste par une expression nerveuse involontaire.

Quand votre cœur bat à grands coups, c'est le signe d'un énorme stimulus; il y a assez d'émotion pour nourrir toute une scène, si c'est ce dont on a besoin; ce n'est plus qu'une question de « raccorder les tuyaux » ; si on les raccorde, l'eau coule à travers; mais sinon que se passe-t-il? L'eau se répand dehors... et c'est la gabegie.

Il faut que vous réalisiez que votre peur ne doit pas inhiber votre travail; elle ne le fera que si elle fonctionne en dehors de la connaissance. Vous avez, inconsciemment, fait un fétiche de votre peur, car vous vous êtes dit : « Je vais contrôler le public, si je ne fais rien d'autre »; mais en réalité, vous n'y parvenez pas. Vous avez une excellente expression car ce qui vous sensibilise vous rend expressif en même temps, et c'est pourquoi vous êtes vulnérable. Nous voulons la sensibilité, mais nous voulons qu'elle s'élève au niveau de ce que vous présentez à votre imagination plutôt qu'au niveau de ce qui vous est présenté inconsciemment.

A L'ACTRICE S. : Si vous êtes nerveuse, le personnage l'est — pas vous. La nervosité est déplacée seulement quand l'acteur dit que le personnage n'est pas censé être nerveux et essaie de cacher sa propre nervosité. Quand on essaie de cacher quelque chose de vrai, de réel, cela devient encore plus manifeste. Le public voit la nervosité et se rend compte qu'elle gêne. Donc, la première chose qu'un acteur doit faire pour traiter sa nervosité, est de dire : « Bon, si je suis nerveux, tant mieux; il n'y a rien de mal, le personnage pourrait l'être, alors pourquoi s'en faire ? »

Mais avec certains acteurs, cela ne suffit pas. Ils ne peuvent se fier à ce raisonnement; il est donc essentiel pour eux de se dire, dès le début : « Bon, je suis nerveux, je vais essayer de le jouer comme un personnage nerveux, mais en même temps, de quoi vais-je me préoccuper ? » Cette recherche l'empêchera de trop penser à lui-même, car la nervosité signifie d'abord qu'on est préoccupé de soi-même plutôt que de ce qu'on doit faire.

Il est important de réaliser que l'acteur, en tant qu'être humain, travaille sur différents niveaux et qu'on ne peut exprimer tout ce qui se passe à l'intérieur de l'être humain; sur scène, seul s'exprime ce qui cadre avec un schéma objectif. En réalité, tout va vers ce sur quoi travaille la concentration, et toutes les autres impulsions, dont on est conscient, restent ignorées du public. Nous avions vu votre nervosité dans vos travaux antérieurs, mais pas aujourd'hui; de fait, j'allais vous dire que ce que vous avez fait aujourd'hui a été accompli avec une clarté et une précision que nous n'avions jamais vues auparavant... et vous m'avez mis des bâtons dans les roues en disant : « J'étais nerveuse. »

C'est parce que vous ne vous laissez pas prendre de panique à ces moments-là que vous vous en tirez. Un jour, nous étions en voiture à San Diego, et à un tournant brusque, une voiture est venue en sens inverse à toute vitesse; je ne sais comment nous l'avons évitée, mais en tout cas, nous nous sommes retrouvés dans un petit chemin de traverse disant : « Comment diable nous en sommes-nous tirés? » Personne ne le savait, mais le chauffeur avait bien manié sa voiture; s'il s'était laissé prendre de panique, nous étions perdus.

Quand l'acteur est pris de panique, il dit : « Ce qui m'arrive là ne devrait pas arriver au personnage; j'ai tort. » Alors l'impulsion subjective prend le dessus, se sépare du personnage, et nous en prenons conscience. Mais si l'acteur fait l'effort convenable pour accomplir des tâches objectives, la plupart du temps il obtiendra les résultats objectifs nécessaires.

FORCER LE RYTHME

Tout ce qui est « forcing » entrave l'imagination, déforme l'expression, et empêche l'impulsion de se réaliser complètement et naturellement; c'est, à la base, une question de rythme; cependant, le rythme juste, et l'expression vraie sont en rapport avec les exigences du matériau dramatique et avec la réalité technique de l'acteur.

A UN ACTEUR ET A UNE ACTRICE : La plus grande partie de votre travail professionnel d'aujourd'hui est affectée par un élément très simple : si quelque chose est ennuyeux, jouez-le vite et cela deviendra plus intéressant; si quelque chose est ennuyeux, jouez-le plus fort et ce sera plus excitant. Eh bien, cela ne devient ni plus intéressant ni plus excitant, mais simplement beaucoup plus vide. Si on dit quelque chose d'inintéressant, vite et fort, est-ce que cela ne devient pas plutôt plus ennuyeux que moins? Quand vous jouez vite et fort, la seule chose qu'en tire le public c'est qu'il sort du théâtre un peu plus tôt! On peut le souhaiter, peut-être, mais certainement pas le désirer ardemment!

Après avoir assisté à une représentation du théâtre Nô japonais, Bernard Shaw fit une remarque très intéressante; il dit que c'était très lent et même qu'au début, c'était tellement lent qu'on avait envie de pousser à la roue pour hâter les choses; les muscles font un effort pour essayer d'activer le jeu des acteurs; mais au fur et à mesure que l'action se déroule, ceux-ci deviennent de plus en plus lents et de ce fait, avant même de s'en rendre compte, on est complètement pris par leur jeu; si tout s'était passé comme on le souhaitait au début, c'est-à-dire plus vite, on serait resté en dehors de l'action, comme un badaud.

Ce que vous avez fait tous les deux dans cette scène était excellent. La première fois qu'on lit une scène de ce genre, on croit qu'il va falloir escalader des montagnes, et qu'il faut jouer d'une façon manifestement poétique. On s'efforce d'atteindre les sommets et la pièce devient ostentatoire, semi-poétique et concertée. Mais aujourd'hui vous avez laissé couler la scène, l'événement, la situation, de sorte que la pièce même est ressortie avec bien plus de force que si vous y aviez mis de l'emphase. Vous n'avez pas forcé. J'aime l'aisance et la continuité; vous n'aviez pas l'air de vous dire : « Il faut que ce soit formidable »; une fois qu'on cesse d'exiger que ce soit formidable, je suis disposé à tout accepter comme réel; une fois que c'est réel, je suis pour!

J'ai aimé la façon très simple dont vous êtes entrés, vous laissant affecter par ce que chacun de vous disait à l'autre, la façon dont vous vous êtes assis pour écouter tranquillement, permettant ainsi à la pièce de filtrer jusqu'à nous. Vous n'avez pas fait le genre d'effort qui consiste à dire : « Voilà la grande scène où mon âme est mise à nu et où mon corps souffre. »

À l'acteur L. : A la fin, vous avez précipité le mouvement. En tant qu'acteur, vous saviez que : « voilà ma sortie, parce que l'auteur ne m'a pas donné autre chose à dire ». Or, ce moment est ce que Stanislavski appelle « le temps de pause de la vedette », parce que l'acteur est tout à fait capable de continuer à parler et à dire un texte de son cru, s'il le désire. Un acteur peut prendre son temps, surtout dans des pièces comme celle-ci, où l'écriture n'est pas vive et où l'acteur n'est pas pris par la progression dynamique du verbe comme dans Shakespeare; chez lui, la progression verbale est si merveilleuse que lorsque l'acteur l'arrête pour inclure de petits détails personnels, il doit veiller à le faire aux moments de transition. Dans des pièces comme celle-ci, c'est en prenant son temps que l'on rend les choses vivantes; cela fait ressortir la texture de la pièce; le public suit l'événement et la situation; les mots ne semblent pas vides, mélodramatiques, évidents.

LA FUSION

A L'ACTEUR X. : Votre expression s'est inconsciemment divisée; vous n'en aviez pas l'intention, mais néanmoins elle s'est divisée en moments où vous exprimiez vraiment ce qui se passait à l'intérieur de vous-même, et en d'autres où vous aviez l'air de dire : « Maintenant je parle », ou bien : « Maintenant, je parle pour qu'on m'entende. » A ces moments-là, quand vous sentiez inconsciemment le besoin de maintenir et de forcer les mots, vous avez joué les mots de deux façons : l'une suivait la méthode conventionnelle et employait l'énergie; vous la suiviez jusqu'à un haut degré d'intensité; alors vous changiez brusquement; vous vous détendiez, soit parce que vocalement vous ne pouviez aller plus loin dans cette voie, ou parce que quelque chose se passait en vous. Dès que vous vous détendiez, vous preniez un ton qui nous semblait parfaitement juste. Il y a eu un moment, au milieu de la scène, où le flamboiement des mots vous a, pour ainsi dire, poussé en avant, de sorte que vous aviez un peu plus la certitude que vous faisiez tout au moins quelque chose de vrai — même si vous ne saviez pas exactement ce que c'était; vous vous êtes assis, vous vous êtes détendu; le ton s'est relâché, vous vous êtes mis à parler, et nous vous avons compris; non que le dialogue ait été plus clair à ce moment, mais parce que vous ne vous contentiez pas de parler, vous pensiez.

Actuellement, vous travaillez vos difficultés sur une mauvaise base; peu importe ce que vous faites, cela peut être juste ou faux, cela peut être une action physique : rester tranquillement assis par exemple, ou regarder alentour; quoi que ce soit, il faut que vous puissiez le faire en même temps que les mots de façon à leur permettre d'exprimer, au moment précis, la pensée qui a besoin d'être transmise. Autrement, vous restez assis entre deux chaises ; vous commencez à faire quelque chose et quand viennent les mots, ou bien vous les laissez tomber et la pensée ne pénètre pas les mots, ou les mots prennent le dessus et bouleversent ce que vous essayez d'accomplir.

A UN ACTEUR : Il est exact que vous avez pris votre temps avant de commencer à parler ; je peux comprendre que vous éprouviez ce besoin avant de commencer à jouer, mais faire cela et nous dire ensuite : « Maintenant que je dois me mettre à parler, il va se passer quelque chose de spécial », c'est faire une espèce de scission entre l'action et la parole que je déteste. Beaucoup d'entre vous ont tendance à faire un travail intérieur tout à fait inutile.

A UN AUTRE ACTEUR : Vous avez créé un comportement, et vous avez terminé avec une bonne émotion et une bonne sensation intérieure. Vous étiez détendu, votre pensée nourrissait le sens fondamental que vous aviez trouvé à ce matériau. Tout ce qu'il vous restait à faire, c'était à commencer à parler tandis que se déroulait cette action ; nous aurions su alors ce qu'elle signifiait. Mais quand vous en êtes arrivé aux mots, vous avez eu l'impression qu'ils avaient un sens différent de celui de l'ensemble dont ils faisaient partie ; c'est pourquoi, lorsque vous vous êtes mis à dire ces mots, ils étaient comme coupés de la précédente activité intérieure ; la continuité verbale, la logique littérale des mots sont devenues plus fortes que la logique intérieure que vous aviez créée.

On a eu l'impression qu'il y avait une séparation entre ce que vous faisiez par vous-même et ce que vous deviez faire avec les mots ; et c'est justement ce à quoi nous nous opposons constamment ; les mots font partie de ce que l'être humain accomplit sur scène ; ils sont une action en eux-mêmes ; ce sont des pensées et des sentiments. Vous étiez assez convaincu pour dire certaines choses avec le sens que vous sentiez être le leur, mais vous étiez incapable de vous comporter avec la consistance et la continuité du personnage que vous aviez élaboré. La valeur de ce que vous aviez fait vous a été ôtée par cette délimitation.

Dans la seconde partie de la scène, vous ne vous êtes pas volé vous-même, mais votre concentration n'a servi qu'à nourrir le côté émotionnel de la scène; vous nous avez donné l'impression qu'il s'agissait d'une tirade qu'il fallait dire; un acteur ne joue jamais une tirade; il joue une scène, un événement, une situation, un fait; les mots font partie du fait.

Séparer l'action des mots est un problème caractéristique des gens qui essaient de travailler selon nos conseils; étant donné qu'on exige de la concentration pour créer une vie intérieure, la conscience même que l'acteur a de ce processus provoque chez lui la peur de jeter les mots dans le chaudron où sa concentration est en train de créer. Il se dit : « Non, non, il faut pour dire les mots que j'aie une conscience spéciale, et je ne peux l'avoir parce que je me concentre sur les autres choses; je vais me retenir, sinon je ne saurai pas ce que je veux dire avec les mots. » Nous voyons constamment — pas seulement ici au Studio, mais au cours de répétitions et de productions théâtrales — que ceux qui essaient de travailler convenablement, travaillent d'abord pour eux-mêmes puis pour la pièce : « Maintenant, je travaille pour moi, maintenant je reviens à la pièce. » Ils ne font pas fusionner les deux éléments.

Voilà pourquoi de nombreux metteurs en scène professionnels ont des difficultés avec les membres de l'Actors Studio; ils les trouvent très bien, et pourtant ils passent leur temps à répéter : « Non, je ne suis pas bien; je ne suis pas encore prêt. » Pour le metteur en scène, vous êtes tout à fait prêt; même quand vous affirmez que votre travail ne l'est pas; lui, le trouve tout à fait satisfaisant. Vous attendez inutilement le moment où vous serez tout à fait à l'aise, au lieu de continuer ce que vous faites de façon à vous concentrer et à faire fusionner l'expression avec le reste.

Ce problème ne vient pas d'une réelle difficulté mais simplement de la peur d'une difficulté et par conséquent de la peur de continuer. Le batteur qui attend de frapper la balle sait parfaitement qu'il va être difficile de la frapper, mais il ne dit pas : « Bon, quand il aura jeté la balle, je la frapperai »; il faut qu'il la frappe quand on la jette; autrement, toutes les fumisteries qu'il fait pour se chauffer, se mettre en train, ne veulent rien dire; il ne le fait que pour se préparer à frapper la balle. S'il se prépare parfaitement mais reste planté là quand on lance la balle, en disant : « Je ne suis pas prêt maintenant », tout son travail est inutile.

La façon dont nous sommes formés dans la vie de tous les jours provoque une légère séparation en chacun de nous entre ce que nous ressentons et notre capacité d'exprimer ce que nous sentons. Il est très important, dans la vie sociale en général, de pouvoir toujours se comporter et parler aimablement, quels que soient nos sentiments. Aujourd'hui, nous nous tenons loin de nombreuses réalités; à l'époque élisabéthaine, il fallait que quelqu'un étende son manteau sous les pieds de la reine pour qu'elle n'ait pas à marcher dans la boue. Aujourd'hui, on a des automobiles qui permettent de circuler toute la journée presque sans avoir à mettre le pied par terre. Mais si vous aviez été Sir Walter Raleigh, vous seriez monté à cheval, dans la boue, sous la pluie; vous auriez exploré d'étranges contrées, vous vous seriez fait décapiter; à cette époque, on avait encore un contact physique avec la vie.

Aujourd'hui, nous sommes coupés des choses qui nous entourent; souvent, nous ne savons même pas de quoi elles sont faites ni comment elles fonctionnent; nous n'avons jamais vu certaines d'entre elles. Il s'est fait une scission entre la façon dont nous ressentons les choses qui arrivent et notre capacité d'en parler. Si parfois nous exprimons exactement ce que nous ressentons, on nous dit : « Allez-y doucement! Ça ne se dit pas! » Les habitudes se forgent quand on est jeune; puis on grandit avec le besoin et l'envie d'exprimer ce qu'on n'exprime pas ordinairement dans la vie; on devient acteur dans l'espoir de pouvoir l'exprimer et l'on est alors retenu par ces habitudes, ces moules qui, dans la vie, nous ont conditionnés de manière à ne rien exprimer.

LE SENS DE LA VÉRITÉ

De nos jours, beaucoup de jeunes gens ont une attitude fausse. Parce que notre travail offre un moyen d'expression qui satisfait le talent individuel dans une bien plus grande mesure que n'importe quel autre processus de formation ou de travail théâtral actif, l'individu qui suit notre travail commence à croire que la seule chose importante est de s'exprimer; il est exact que c'est un des aspects importants de notre travail, mais ce n'en est pas le but. Si vous souffrez et que le docteur vous donne un calmant qui n'a pas pour seul objet de calmer la douleur mais a aussi un effet subsidiaire, c'est tout de même à cause de la douleur que le docteur vous le donne; cela ne veut pas dire qu'il essaie de vous pousser à vous droguer.

Beaucoup de jeunes se mettent à considérer notre travail comme un but en soi; je reçois beaucoup de lettres qui toutes disent : « Je veux m'exprimer pleinement; je sais que votre façon de travailler me fournira le moyen de le faire vraiment; le travail que j'ai fait jusqu'à présent me semble mécanique. » — Il y a là un élément de vérité, mais ce n'est pas le but de mon travail; mon but est de rendre l'acteur capable de créer tout ce qui doit être créé, de lui permettre de partager avec d'autres une expérience qu'il crée pour eux, au moment même, et de lui permettre de créer vraiment, au moyen de son imagination, une expérience qui, la plupart du temps, n'est pas là, sur scène. Nous voulons parler des objets, et de la mémoire sensorielle. Nous utilisons beaucoup de termes particuliers; mais tout cela n'existe que pour aider l'acteur à servir.

Et quand je dis « servir », j'entends que l'acteur procède de la même façon qu'un homme de science; celui-ci fait parfois certaines déductions et tout le monde s'écrie : « Vous êtes fou », ce à quoi il répond : « Je regrette, j'ai travaillé la question et voici ce que j'ai fait; je regrette; je n'y peux rien »; il n'affirme pas son génie; il dit simplement que la logique selon laquelle il a travaillé lui a dicté telle conclusion; il colle au résultat que cela lui plaise ou non. Dans ce sens, on peut dire que l'homme de science « sert » la chose qu'il étudie.

Il n'est pas exagéré de dire que tous les artistes travaillent de la même façon. Je me souviens d'avoir eu, un jour, une discussion avec le jeune pianiste William Kapell, qui est mort maintenant. Nous avions invité quelques personnes, et en fin de soirée, nous en étions venus à discuter de son travail; j'avais chez moi quelques disques d'Arthur Schnabel qu'il cherchait depuis longtemps; je les lui fis entendre et il se mit alors à se répandre en critiques sur son propre travail, disant que les gens le trouvaient trop personnel et subjectif. Il s'assit au piano et dit : « Voilà comment Schnabel joue ceci », et il joua un morceau à la manière d'Arthur Schnabel; il dit ensuite : « Mais, voyez-vous, Schnabel n'entend pas vraiment ce que dit Mozart, quand il joue de cette façon; voici ce que dit Mozart », et il joua à sa manière. Il se trouve que je n'aimais pas sa façon de jouer, mais lui tenait à sa réponse. Il était plus mordant, plus incisif, un peu plus amer qu'on ne l'est en général; il voulait jouer ainsi et de ce fait une grande partie de ce qu'il faisait était trop acide; le public ne l'aimait pas autant que s'il avait essayé de jouer d'une façon romantique et douce; cela aurait produit un mélange de sa couleur et de ce que le public entendait dans cette musique. Mais il s'en tenait toujours à sa réponse.

Dans le jeu théâtral, s'en tenir à un résultat signifie qu'on est disposé à aller là où ce jeu vous conduira au lieu de là où vous pensez qu'il doive vous mener. L'acteur perçoit souvent quelque chose en esprit. il peut avoir une idée de la façon dont il faudrait jouer un rôle, et s'il utilise une chose particulière — un objet ou une mémoire affective — c'est pour l'aider à accomplir le « comment » qu'il voit en esprit. Cependant, cette « chose » particulière se révèle pleine de qualités différentes de celles qu'il avait envisagées; mais il refuse d'abandonner ce qu'il a en tête, et dit : « J'irai là où cette " chose " me conduira, où que ce soit. » Il insiste et pousse dans cette direction où il pense inconsciemment vouloir aller, persuadé de faire quelque chose de juste, alors qu'en réalité il poursuit une chose tout à fait fausse.

Dans son livre, *Ma vie dans l'art*, Stanislavski dit : « Beaucoup d'acteurs se sont mis à utiliser mes idées, mais en réalité, ils n'ont fait que continuer à faire exactement la même chose qu'auparavant. » Leur style de jeu ne changeait pas. Ils disaient : « Très bien; j'ai un objet », mais ils n'étaient pas disposés à aller là où l'objet pourrait les mener. Quand j'emploie l'expression « servir » c'est cela que je veux dire : aller là où l'objet vous mène. Si en fin de compte vous découvrez que vous ne voulez pas ce que vous avez, vous le gommez, vous le déchirez.

Chez l'acteur — contrairement à l'auteur — le processus de création et le processus de correction doivent avoir lieu en même temps. L'acteur ne peut pas dire : « Bon, j'ai travaillé ce soir; demain matin quand je me lèverai, je regarderai ce que j'ai fait et je verrai ce qu'il faut corriger. » Au moment où il est le plus poussé en avant dans son jeu, une part de l'acteur — que nous appelons le sixième sens et que Stanislavski nomme « le sens de la vérité » — doit demeurer active et dire : « Hé, tu es allé trop loin, là. Oh, ceci était faux; tu as cru que c'était vrai, mais ce ne l'était pas. Attention! Ta concentration s'en va. Tu te perds. Allons, vas-y doucement! » Dans les films, la bande sonore et l'image sont projetés de pair sur l'écran; de même, le sixième sens de l'acteur doit fonctionner pendant tout le temps qu'il joue.

Le « sens de la vérité » est la dernière chose que l'acteur développe. Quoique certains de nos exercices amènent à le développer, on ne peut le former directement; il représente la somme totale de toutes les expériences qu'a eues l'acteur et que, par conséquent, il ne peut développer qu'en tant que résultat de l'expérience. Il doit servir, il doit être vraiment disposé à marcher avec l'objet qu'il est en train de créer. Peu de gens font cela à fond, et c'est pourtant l'essence même du grand acteur.

Chapitre VIII

LES PROBLÈMES : L'EXPLORATION

Une grande partie de la formation des membres du Studio est — directement ou indirectement — une exploration qui accroît le champ de l'imagination et de l'expression. L'occasion de faire ce genre de recherche est peut-être la contribution la plus importante qu'apportent le Studio et Strasberg au travail de l'acteur.

La technique du jeu théâtral n'est jamais abstraite. Ce que peut faire un acteur et comment il le fait sont deux choses très liées l'une à l'autre. L'exploration essaie de percer de nouveaux tunnels dans les régions inconscientes de l'instrument, là où se trouve l'élément créateur chez la plupart des acteurs; c'est aussi une tentative de sonder des domaines jamais encore utilisés; ainsi, l'acteur, en accroissant ses possibilités, accroît en même temps sa technique.

Les conditions de travail, au Studio, sont particulièrement favorables à la mise en état de fonctionner de ces domaines inconscients. L'insistance de Strasberg à développer la volonté de l'acteur permet à ce dernier d'essayer de nouvelles choses. Les improvisations que Strasberg encourage à faire tendent à libérer l'acteur de l'obsédante préoccupation des résultats : sans cette liberté, l'acteur ne fait que répéter ce qu'il a déjà fait. Finalement, à moins que l'acteur ne fasse cette exploration devant le public, il ne peut jamais être sûr d'être capable de refaire ce qu'il a trouvé; or, c'est une des exigences fondamentales du jeu théâtral. Le fait que Strasberg ait demandé que les membres du Studio soient uniquement des professionnels, a créé un public d'observateurs pleins de discernement et de sympathie pour l'acteur qui se livre à cette exploration.

Des acteurs de genres très différents deviennent membres de l'Actors Studio. Souvent, Strasberg doit rendre un nouveau membre conscient de ce qu'il fait et de la façon dont il l'accomplit avant de le laisser explorer de nouvelles zones de lui-même. Souvent, il faut d'abord briser des habitudes de tension, de cliché, de manque d'expression; mais la plupart du temps il s'agit, pour l'acteur, de rassembler toutes les ressources de sa volonté et de son courage pour tenter de nouvelles choses.

L'enseignement de Strasberg n'est nulle part plus efficace que dans le domaine de l'exploration; il rend passionnant le processus technique du jeu théâtral; dans ce domaine, tout son répertoire de conseils, de défis, de stimuli, de cajoleries, de logique, de colère, de sympathie et de perspicacité opère constamment; son aptitude à frapper en plein dans la difficulté d'un individu se déploie librement; son travail avec l'acteur atteint un niveau intensément personnel.

Il montre aussi à l'acteur qu'il existe une technique de l'exploration, faite de trois éléments essentiels : prendre son temps, ne pas s'arrêter et improviser sur un thème. Certains acteurs ont besoin de bien prendre leur temps, simplement pour permettre à leur imagination de fonctionner : d'autres doivent être contraints à ne pas s'arrêter quoi qu'il arrive. L'acteur qui déclare être disposé à explorer mais qui refuse inconsciemment de traiter de façon concrète un objet ou une situation doit être rendu conscient de l'imprécision de son travail et de son côté trop général.

Ce chapitre expose toute l'étendue des moyens dont dispose Strasberg; ce ne sont en fait que des moyens stratégiques divers pour entrer en communication avec chaque acteur en tant qu'individu. Aucun acteur ne peut commencer à « explorer » avant d'être convaincu de la nécessité de le faire; au cours de ce travail, Strasberg est à la fois le médecin expert à diagnostiquer, le guide et l'aiguillon.

CONVICTION ET NÉCESSITÉ

Être convaincu de la nécessité de l'exploration est la condition préalable nécessaire à toute véritable exploration. L'acteur X. a travaillé plusieurs années au Studio avant de commencer à faire de réels progrès dans l'exploration de son instrument. Strasberg l'a constamment poussé à aller au-delà des tâches et attitudes immédiates auxquelles il s'adonnait. X. a dû travailler d'abord à faire disparaître certains problèmes de diction; il en arriva à être « simplement naturel »; son ego le poussait à rechercher l'efficacité dans les « grands rôles ». Dans des circonstances, telles que la suivante, Strasberg l'a poussé fermement au-delà de ces préoccupations, afin de lui permettre « de se laisser aller à lui-même »; le travail de X. a donné, ces dernières années, des « résultats fabuleux ».

A l'acteur X. : Ici, au Studio, nous essayons de faire faire des progrès à l'acteur plutôt que d'obtenir simplement des résultats, dans les représentations; ceux-ci on les obtient en général même quand l'acteur ne travaille pas convenablement : il suffit de bien choisir une personne pour un rôle en fonction de son apparence et d'une certaine qualité de sa voix. Ici, nous essayons de faire une différence entre ce que l'acteur donne pour une représentation et ses propres progrès et son développement. L'acteur trouve toujours la clé de son talent en cherchant à aller au-delà de ce qui est simplement suffisant pour une pièce.

Les gens qui viennent à mes cours privés n'ont pas d'auditions à passer comme ici et, au début, ils ne me font pas toujours très bonne impression. Parfois, quelqu'un de gentil, de sensible, d'intelligent vient à moi; je ne lui trouve pas grand-chose d'intéressant, mais comme je ne veux pas être blessant, je lui dis : « Bon, venez à mes cours, j'ai une place pour vous », et je me dis que cela ne durera qu'un temps et que la personne en question laissera tomber la classe très rapidement. Cependant, je ne peux supporter de laisser les gens continuer à faire ce qu'ils font déjà; je passe mon temps à les éperonner. Je leur dis : « Rien ne se passe. Allons. Mettez-vous à vivre. Travaillez. Pensez », et tout à coup on s'aperçoit qu'on a ouvert une veine; le sang coule, on voit jaillir une excitation invisible auparavant et l'on réalise alors que cette personne a du talent, mais qu'elle était bloquée; il y avait beaucoup de mousse dessus; on fouille dessous, persuadé qu'il y a autre chose : « Je ne sais pas, mais je crois que vous ne faites pas de votre mieux; vos facultés ne fonctionnent pas encore toutes. » Ainsi, en stimulant l'intensité et l'effort de l'acteur, j'ai pu amener des gens à des résultats qui, en toute honnêteté, m'ont déconcerté moi-même.

A l'actrice U. : Vous avez fait preuve, ici, d'un sens théâtral que nous n'avions jamais vu auparavant, mais vous avez peur de devenir peu vraie et peu convaincante quand vous êtes théâtrale. Vous devriez tenter l'expérience et vous dire : « Est-ce que cela arrivera ou pas? »

Nous sentons qu'il y a des éléments de vous-même que vous n'avez pas utilisés auparavant, et dont vous aviez peur parce que vous les considérez comme cabotins et extérieurs; mais il faut les utiliser, les soumettre à la merveilleuse réalité et à la conviction que vous avez, afin qu'ils filtrent à travers toute votre personne, non pas de façon légère ou banale, mais de manière tout à fait dramatique et théâtrale.

Un bon acteur, c'est-à-dire un acteur qui expérimente vraiment en scène, auquel certaines choses arrivent qui n'arrivent pas nécessairement à n'importe quel autre acteur, a la responsabilité d'apprendre à connaître les lois de son propre instrument. Il faut savoir ce qui vous fait réagir, et pourquoi à certains moments vous réagissez d'une certaine façon alors qu'à d'autres, vous ne réagissez pas du tout. Vous devez apprendre pourquoi vous pouvez utiliser certaines pensées et pas d'autres. Il faut découvrir ces choses soi-même.

Il est temps que vous cessiez de temporiser; vous avez bien plus d'imagination que vous n'en utilisez et bien plus de connaissances de ce qui se passe dans le jeu théâtral que vous ne le croyez; vous avez tendance à vous retenir. Pourquoi? Je n'en sais rien; peut-être par peur de vous-même ou crainte d'en faire trop ou d'altérer votre naturel. Pourtant, vous avez vu, dans le travail que vous avez fait ici, qu'il n'y a pas lieu de craindre; nous ne sommes pas tout retournés par votre théâtralité; votre travail n'a rien de cabotin, il est plein d'une richesse merveilleuse. Votre voix était très différente aujourd'hui et votre comportement aussi; nous aimerions voir le même genre de différence dans votre jeu.

Se mettre à travailler ce problème dans une production théâtrale est difficile; voilà pourquoi il est si important d'avoir un lieu de travail comme le Studio; ici, vous êtes observés par des gens qui comprennent ce que vous essayez d'atteindre par votre travail, qui sont pleins de sympathie pour vous quand votre travail ne marche pas bien, mais qui sont en même temps capables de vous dire quand et pourquoi il n'a pas marché.

Ici, vous devez faire des expériences sur vous-même et non vous contenter simplement de faire ce qu'on vous dit de faire. Trouvez votre propre méthode! Vous avez de la conviction, de l'imagination, le sens des choses qui se produisent. Soyez votre propre Stanislavski; après tout, il n'est pas descendu des cieux! Vous avez la même sensibilité que la sienne. Il n'y a aucune raison que vous ne découvriez pas ces choses; il faut les trouver; c'est une partie de votre responsabilité vis-à-vis de vos propres progrès, de votre carrière et même de votre talent que nous aimons tous; mais parce que nous l'aimons, nous souhaitons le voir constamment rafraîchi, développé et accru.

A L'ACTRICE D. *qui venait d'être sacrée « vedette » à Broadway quand elle vint pour la première fois au Studio et interpréta un rôle tout à fait différent de celui qu'elle tenait sur scène :* Nous sommes heureux de vous voir travailler ici parce que nous savons ce que cela demande de courage, surtout pour les gens qui travaillent professionnellement et qui peuvent s'inquiéter de faire ici un travail qui contredirait le jugement professionnel; nous comprenons tous ce que signifie le fait de venir ici et de donner une scène pour la première fois.

Ce que vous venez de nous dire nous a fait réaliser à quel point votre problème est vraiment un problème pour tous les acteurs; après tout, vous jouez dans une pièce et l'on vous paie. Qu'est-ce qui vous tracasse? Pourquoi être inquiète de ne pas jouer un autre genre de rôle?

Vous avez l'impression d'avoir découvert combien il est facile d'être attrayante dans un rôle qui ne l'est pas, mais maintenant vous vous demandez si vous pourriez être attrayante dans un rôle qui réclamerait de vous cette couleur; c'est courant, chez les acteurs et nous comprenons ce que cela signifie d'affronter un rôle où ces qualités professionnelles doivent se manifester. C'est un problème professionnel, qui fait perdre courage à bon nombre d'entre nous; aujourd'hui, vous l'avez considéré d'un point de vue professionnel et vous avez dit qu'il était important pour vous personnellement; nous le comprenons d'autant mieux que la plupart des acteurs ont peur de le regarder en face; ils préfèrent vivre dans l'espoir ou dans le rêve, plutôt que d'essayer de résoudre ce problème de la réalité. Le fait que vous soyez disposée à l'affronter dans la première scène que vous travaillez ici est la preuve d'une merveilleuse attitude.

Nous connaissons la difficulté du problème et nous savons que dans le théâtre américain, le fait d'exceller dans un rôle tend malheureusement à faire répéter ce qu'on a déjà fait. Vous aimeriez faire autre chose, mais vous savez ce qu'aime le public. Et, inconsciemment, vous commencez à vous demander : « Pourrai-je jamais jouer autre chose ? M'acceptera-t-on jamais dans un autre genre de rôle ? » Affronter tout de suite ce problème est merveilleux de votre part et nous ne pouvons que vous y encourager, car c'est à partir de cette attitude que vient la réelle exploration et le vrai progrès que peut accomplir l'acteur.

Bien que, avant d'avoir « exploré », l'acteur ne sache pas ce qu'il va découvrir, les résultats peuvent souvent être prévus et prédits par quelqu'un d'autre. Strasberg évite en général ce genre de prédiction par crainte de lier l'acteur plutôt que de le libérer. A l'occasion, cependant, il apporte une aide importante à certains acteurs en lui confirmant le fait qu'ils possèdent des qualités personnelles dont ils sont peut-être conscients mais qu'ils excluent de leur jeu; il fait cela de façons diverses, quelquefois avec subtilité, quelquefois avec humour ou parfois si discrètement que l'acteur ne s'en rend même pas compte.

T. est une « actrice de talent, pleine d'expérience ». C'est une vedette à Broadway, à l'écran et à la télévision. Le public l'estime. Mais elle n'a pas appris à s'utiliser elle-même. Strasberg pense que « ses véritables qualités intérieures, sa véritable imagination, les éléments vitaux de son être n'ont pas encore été complètement impliqués dans les rôles qu'elle a joués. Le problème pour elle consiste à attiser ces éléments, à les encourager, à les faire surgir ».

A L'ACTRICE T. [1] : Tandis que vous jouiez, j'ai réalisé que cette scène pouvait être donnée très différemment de ce qu'on fait d'ordinaire et bien mieux que ce que j'ai jamais vu; j'aimerais voir toute la pièce jouée avec cette fraîcheur; je suis préoccupé cependant par ce que peut provoquer en vous ce travail.

Comme l'ont fait remarquer deux personnes ici présentes,

1. Cette comédienne est grande et mûre mais elle avait voulu travailler le rôle de Juliette au Studio, en dépit du fait qu'elle n'avait rien du personnage tel qu'on le voit conventionnellement; elle le fit de façon remarquable.

vous aviez l'air d'être tout à fait différente aujourd'hui et je trouve cela très important; il y avait dans votre présence, une texture différente, une douceur innée que je vous avais déjà vu utiliser. Supposer, comme vous l'avez fait, que vous ne pouvez pas nous impressionner physiquement, est en réalité tout à fait faux; aujourd'hui, vous aviez l'air beaucoup plus sexy!

Mais dans ce domaine, vous n'êtes pas assez personnelle; vous nous donnez une peinture abstraite et générale de vous-même. Or, vous êtes un être humain, vivant, palpitant et il ne faut pas que vous démentiez tout ce qui est en vous; vous devez faire fusionner l'être humain avec l'être abstrait.

Je dois dire que cette qualité de douceur que vous nous avez donnée aujourd'hui tout au long de la scène a produit une sorte d'image scénique très attrayante; dans la plupart des rôles que vous aviez tenus jusqu'à présent, vous n'aviez pas laissé paraître cette qualité. Le premier rôle que vous avez tenu professionnellement ne faisait pas du tout appel à cette couleur, et vous y aviez développé une espèce de force, de clarté, et même d'aggressivité qui, à cause du succès remporté, vous avait poussée à jouer beaucoup d'autres rôles avec ces couleurs, même quand elles n'étaient pas nécessaires.

Aujourd'hui, vos couleurs étaient totalement différentes; je ne devrais pas dire « totalement différentes » parce que j'ai déjà vu cette qualité en vous; donc ce n'était pas vraiment une surprise. Dans un rôle tel que celui de Maggie dans *Une Chatte sur un toit brûlant*, elle est des plus importantes, mais vous ne l'aviez pas quand vous avez joué ce personnage. Dans cette pièce, quelle que soit la comédienne, il faut qu'elle soit attrayante sinon la pièce est impossible; et il ne faut pas qu'elle soit attrayante d'une façon générale, mais délibérément attrayante, comme peut l'être toute femme devant un homme qu'elle essaie d'attirer sexuellement; cela permet de placer le problème de la pièce où il faut, c'est-à-dire du côté de l'homme et non de Maggie; nous sommes attirés par cette femme, donc l'homme devrait l'être aussi; si c'est impossible, il n'y a pas de drame. Quand nous vous avons vue dans ce rôle, vous l'abordiez du point de vue de certaines réalités — qui étaient merveilleuses d'ailleurs — mais votre travail manquait de cette qualité particulière : celle d'une femme qui veut plaire, sent qu'elle plaît et se fait plus attrayante encore ; tout cela, vous l'avez fait aujourd'hui.

Franchement, cette qualité est essentielle pour vous permettre de progresser dans votre jeu et votre carrière, et vous l'avez ! Vous l'avez là, quand vous êtes assise devant nous. Je veux voir vos jambes et votre corps, comme ici. Ordinairement, dans la vie, je les oublie... je ne sais trop pourquoi. Je ne veux pas vous rendre trop consciente de vous même, mais il me semble aussi que vous vous habillez de façon différente. Vous offrez l'image d'un être très capable, intelligent, sans futilité, et nous — comment dire — nous admirons cela mais nous ne l'aimons pas ; j'exagère un peu pour que vous compreniez.

Tout cela vient du seul fait que vous avez peur de prendre votre temps ; vous avez peur de ce que vous pourriez révéler de vous même en le faisant, de ce que nous verrons, de ce que nous penserons ; voilà pourquoi l'essentiel pour vous est le processus technique ; vous n'avez pas d'autre moyen d'atteindre à cette qualité ; un bon metteur en scène pourrait vous aider à y mettre un peu plus de réalité, mais vous devez l'apporter vous-même, car personne d'autre que vous ne fabrique votre instrument sur scène.

La façon dont vous avez abordé ce travail aujourd'hui était presque entièrement bien dirigée ; cela a été une excellente épreuve pour vous parce que vous avez vraiment été très différente ; nous avons ressenti un réel plaisir à vous voir assise là ; tandis que vous y étiez, le texte coulait de bonne source.

Il est vrai que vous avez choisi certaines choses pour aider votre concentration et j'aurais préféré vous voir les aborder de façon un peu plus « sexy ». J'aurais souhaité que vous vous permettiez — comme certains d'entre nous le font en privé, dans leur bain par exemple — de vous laisser aller à plus de nonchalance et de vous sentir plus concernée par ce que vous faisiez ; vous auriez ainsi pu rendre votre instrument pleinement vivant.

Vous avez pu voir ici comment les êtres se transforment quand ils se concentrent ; vous avez vu leur visage s'éclairer et leur corps devenir quelque chose de plus qu'une simple forme de l'espace. Un corps est debout, là, devant vous :

il y a, dans le visage, une espèce de tension inconsciente, mais nous n'y trouvons rien d'anormal; soudain, la personne se concentre, et une transfiguration s'opère; le visage devient plus ouvert, il brille d'une sorte de lumière intérieure; le corps se met en quelque sorte à se dessiner dans l'espace parce qu'il a ce que nous appelons la foi, la confiance, la croyance. Il semble « être » et nous le regardons de façon tout à fait différente; il est attrayant et c'est là, je crois, une part de ce que nous appelons « sexe ».

Pour dire les choses plus carrément, je connais des femmes qui ne sont pas aussi belles qu'elles pourraient l'être, mais qui ont « cela » d'une façon terrifiante : elles sont « sexy ». Les autres femmes se disent : « Mais qu'est-ce qu'on peut bien lui trouver? »; je ne sais ce qu'on lui trouve, je ne sais même pas ce que je lui trouve, mais elle transmet quelque chose de sexy, quelque chose qui attire, parce que le corps — l'instrument, comme je l'appelle — n'est pas qu'un simple corps; il semble avoir une résonance, comme un merveilleux piano bien accordé.

L'acteur A. est un membre du Studio depuis le début. En avril 1963, Strasberg le décrivait comme un acteur « plein de succès qui ne s'est pas encore pleinement utilisé lui-même. Son succès n'a pas atteint son maximum; il peut continuer indéfiniment sur ce même plan ». Pourtant Strasberg sent, chez lui, un talent plus vaste, des possibilités plus grandes qu'on ne le croit en général. Il n'y a rien à critiquer chez lui; ce qu'il fait est excellent, mais il doit apprendre à ne pas utiliser seulement son habileté.

« Il m'a dit qu'il travaillait le rôle de Richard car je lui avais affirmé que tant qu'il ne le ferait pas, il ne serait pas un acteur. Ce n'était pas vraiment ce que je voulais dire; il ne m'importe guère qu'il travaille ce rôle; ce que j'essayais de lui faire comprendre, c'est que tant qu'il ne ferait que s'utiliser lui-même sur le plan que désire le public et dont il se sert, en général, il ne jouerait pas vraiment; nous ne verrions qu'un prolongement de sa personnalité, et non l'usage de son talent.

« Il préfère s'en tenir à un niveau qui est simple, qui lui est commode et où il n'a pas à affronter trop de difficultés. Il passe son temps à dire : " Quand j'ai fait mes débuts, c'était en tant qu'acteur shakespearien ", mais on ne vit pas que de cela. Quand je lui ai demandé de jouer Richard III, je n'essayais pas de le ramener aux personnages de Shakespeare; je lui présentais des problèmes qui justement sont très bien exposés dans les pièces de ce dramaturge. Ces rôles exigent et offrent une profondeur et une intensité de réalité et d'expérience qui doivent demeurer dans le domaine de la réalité tout en revêtant diverses qualités théâtrales. Jusqu'à présent, il ne l'a pas encore fait, mais il va, je pense, s'y mettre. » En mai 1962, Strasberg lui avait lancé ce défi :

Je veux que vous vous souveniez tous de ce jour, car j'espère qu'à partir d'aujourd'hui, A. va se lancer dans une expérience très intéressante; je me suis permis récemment, à cause de l'amitié que je lui porte et du respect que j'ai pour le travail qu'il pourra accomplir ultérieurement, de le critiquer très ouvertement. Je l'ai fait avec l'intention de l'encourager à faire ce que je le sens capable de réaliser.

Sortir de certaines habitudes de jeu acquises à la suite d'expériences et de travail, exige de l'acteur un très gros effort, car à présent, il les utilise inconsciemment; il les porte en lui, tout comme nous portons en nous un certain maniérisme, des habitudes et un comportement dont nous n'avons pas la moindre idée, que nous ne « voulons » pas, mais que néanmoins nous avons.

Je ne me préoccupe pas de savoir si le jeu est bon ou mauvais, ou si la scène est bien ou mal jouée; ce qui m'intéresse c'est de créer en vous la confiance en ces choses qui sont en vous mais dont vous n'êtes pas conscient, de sorte que vous vous forcez à travailler dans des domaines ou vous n'avez nul besoin de travailler. Ce qui m'intéresse davantage encore, c'est de vous amener à explorer ces choses qui sont en vous et que vous n'obtiendrez pas facilement si vous ne les travaillez pas sérieusement; autrement dit, seul m'intéresse le fait de vous amener à travailler dans le bon domaine.

De ce point de vue, je n'aime pas l'interprétation que vous venez de me donner; je n'aime pas votre besoin d'utiliser certaines choses pour vous cacher; je n'aime pas non plus le fait que, lorsque vous devez vous utiliser vous-même, vous n'avez recours qu'à des choses qui sont simplement charmantes; il y a plus que cela chez un être humain.

Je me préoccupe aussi d'éveiller les réactions fondamentales, automatiques, inconscientes qui nourrissent votre vrai pouvoir créateur; j'aimerais faire disparaître tous ces « trucs » d'acteur dont vous vous servez pour faire avancer la scène; je ne veux pas que vous employiez le côté cérébral pour vous protéger, en quelque sorte; je veux que les merveilleuses idées qui sont dans votre cœur, votre esprit, votre âme, votre imagination — et qui sont supérieures à tout le reste — commencent à travailler.

Pour l'instant, je suis conscient de votre qualité que j'accepterais certainement sur scène; mais ici, je ne souhaite pas opter seulement pour la qualité, pas plus que sur scène d'ailleurs, parce que je sens que cela vous limite. Vous dépendez trop de la dixième partie consciente de votre esprit qui vous pousse à travailler dans des domaines où ce n'est pas nécessaire. Les choses auxquelles vous pensez viennent de ce que vous avez appris, de ce que vous savez. Vous ne cherchez pas à pénétrer les autres neuf dixièmes que vous ignorez même posséder — comme la plupart des artistes, d'ailleurs. Regardez Van Gogh! Il ne disait pas : « Je vais vous faire des traits à la Van Gogh »; ils sortaient tout seuls de ce qu'il faisait; s'il avait essayé de travailler sans risques, jamais il n'aurait pu réaliser ce qu'il voulait faire.

J'aimerais que vous vous rappeliez ce que nous avons dit aujourd'hui; j'ai peut-être tort, et peut-être pourrez-vous m'en tenir rigueur. Je recherche pour vous la grande aventure, le genre de choses qui vous apportera une nouvelle sorte d'expérience; je suis très heureux que vous ayez enfin le courage de vous livrer à cette expérience, car, jusqu'à présent, pour quelque raison que ce soit, vous n'osiez pas. Et ce courage est le début d'une chose qui, je crois, sera merveilleuse.

LA TECHNIQUE DE L'EXPLORATION

Les trois techniques utilisées pour l'exploration — prendre son temps, ne jamais s'arrêter et improviser sur un thème — ne sont, bien entendu, pas séparables des problèmes généraux d'insécurité dans le jeu, de nervosité, de tension et de volonté. Les problèmes qui bloquent l'imagination ou l'expression inhibent forcément l'exploration. Ainsi, lors d'une scène extraite de *Macbeth* donnée au Studio par l'actrice T., Strasberg attira son attention sur certaines difficultés qui l'empêchaient de prendre son temps sur scène.

Une des choses qui vous déconcerte actuellement est l'idée que vos difficultés viennent de la nature de la scène. Sous prétexte qu'il y a, dans *Macbeth*, des difficultés que vous n'avez pas rencontrées dans *La Peau de nos dents*, vous vous êtes forcée à faire certaines choses que vous ne faisiez pas auparavant. Eh bien, non! Techniquement, la façon d'aborder une scène devrait toujours être la même.

Votre problème est de vous contraindre, au moyen de vos idées mentales ou de votre merveilleuse imagination, à agir trop vite, avant que votre instrument ne soit prêt. Si vous continuez ainsi, vous allez faire naître en vous une peur bien plus grande que celle que vous avez actuellement; votre sens de la responsabilité qui vous incombe dans une scène, votre sentiment de : « Il faut que je fasse certaines choses », continueront à fonctionner, mais d'une manière autodestructrice, en bloquant votre instrument avant même que votre imagination ait eu le temps de travailler et de réaliser les choses que vous percevez en esprit. Il est donc essentiel d'établir dans *Macbeth* exactement le même processus de travail que celui utilisé dans *La Peau de nos dents* — même si cela implique pour vous une certaine attente.

Pour vous, l'attente est devenue la peur de quelque chose qui ne se produit pas. Vous ne devez pas admettre cela dorénavant. Il vous faut réaliser qu'attendre n'est pas simplement rester assis à ne rien faire : on attend quelque chose. Si l'on n'attend rien, rien n'arrive; mais si l'on attend quelque chose — et que ce quelque chose soit clair dans notre esprit — deux choses peuvent se produire : ou bien ce quelque chose apparaîtra ou il n'apparaîtra pas; s'il vient, tant mieux! Sinon, vous aurez éliminé une chose et pourrez vous diriger vers autre chose. Donc, de toute façon, vous êtes gagnant.

L'objet de l'attente est d'offrir à l'imagination quelque chose qui la stimule et la pousse à se mettre au travail; on attend « qu'elle s'y mette ». Sinon, vous faites la même chose qu'avec une voiture qui refuse de démarrer : vous poussez l'accélérateur et vous noyez le moteur. L'essence afflue, tout ce qui devrait se produire se produit; mais l'essence et la voiture ne travaillent pas en accord complet pour libérer l'énergie qui fera démarrer la voiture. De même, quand l'acteur pousse son instrument, il le noie et ne peut démarrer; tant de choses se passent en lui qu'il est impossible à son instrument de se mettre à vivre.

Quand on est un bon chauffeur et qu'on a noyé son moteur, on sait qu'il n'y a plus qu'une chose à faire : prendre son temps. Si vous avez du mal à attendre, comptez. Si vous devenez nerveux, hystérique, comptez. Faites quelque chose qui permette de contenir vos nerfs; ils vous poussent dans une mauvaise direction et jamais vous ne pourrez démarrer, bien que ce soit, là, votre seul objectif.

Il faut vous libérer de la terreur que ressent l'acteur quand il attend et se dit : « Je ne fais rien, je suis vide, muet, tout le public le voit; que diable fais-je ici ? » Il faut vous débarrasser de cette panique et ne pas vous laisser être le jouet d'une scène ou de l'importance, de la difficulté d'un problème. Vous devriez plutôt continuer à aborder votre travail comme vous l'aviez fait dans votre dernière scène où vous aviez obtenu de si merveilleux résultats.

« Ne jamais s'arrêter » — seconde technique de l'exploration — implique la bonne volonté de suivre les impulsions de l'imagination jusque-là où elles vous conduiront, sans se contenter simplement de continuer à faire des choses sur scène. Autrement — comme l'ont démontré l'acteur U. et les actrices H. et G. — l'acteur ne quitte jamais les chemins battus et les habitudes conventionnelles de répéter et de jouer, qui lui sont coutumières.

L'ACTEUR U. : Je crois avoir fait un mauvais choix.

STRASBERG : Je ne crois pas.

U. : Mon impulsion était de me laisser aller, mais parce que le lit était placé dans ce coin-là, j'ai eu l'impression qu'il n'était pas juste de dire la tirade sur le lit; j'ai choisi de la dire ici, ce qui, techniquement, était un mauvais choix.

STRASBERG : Non, ce n'est pas un choix technique, c'est un choix conventionnel; je n'ai rien à redire aux choix établis sur des bases techniques. Il y a des moments où un jugement de ce genre est nécessaire à l'acteur; il est bon pour lui de se dire : « Non, non, je ne vais pas faire telle chose pendant que je suis à genoux; je veux y penser juste au moment où je me lèverai; ce sera beaucoup plus dramatique. » Ce genre de pensée est nourri par une imagination théâtrale et ce choix prouve que l'acteur a le sens de ce qu'il vaut mieux faire. Chez vous, le choix émanait de la convention. Vous vous êtes dit : « Le fait de me jeter sur le lit n'a rien à voir avec ce que j'ai à dire ensuite; si je me jette sur le lit, ils vont croire que je cède à un caprice; je ferais donc mieux de dire ma tirade au milieu de la scène. »

En réalité, il arrive souvent qu'on évoque beaucoup mieux la couleur et le sens d'un texte en se fiant à ce qu'on crée. Ce n'est qu'après l'avoir fait que l'analyse peut commencer; puis, en répétant, vient le moment des choix; il faut laisser l'analyse et le choix de côté la première fois qu'on explore une scène, surtout quand vous partez sur la base de votre propre expérience et cherchez à aller au-delà. Il y a trop de choses en vous dont vous n'avez pas encore commencé à vous préoccuper dans cette scène, pour que vous vous permettiez de vous soucier des choix. Il y a plus d'émotion, plus d'expression, plus de folie, d'honnêteté, de drame, de choses que vous ne connaissez même pas encore, ou que vous n'êtes pas encore disposé à vous avouer; il y a bien plus à découvrir, et vous n'avez aucun moyen d'y atteindre sinon en vous laissant aller à les suivre. Jamais vous ne pourrez savoir jusqu'où va le fleuve si vous ne sautez dedans et ne partez à la découverte; c'est la seule manière d'être explorateur.

L'ACTRICE H. : Puis-je poser une question? Si je devais rejouer cette scène, je n'aurais pas la moindre idée de ce qu'il me faudrait faire.

STRASBERG : Voilà exactement l'état dans lequel vous devez être quand vous montez sur scène. Si vous étiez un savant et que vous affirmiez connaître toutes les réponses, il est évident que jamais vous ne feriez de vraies découvertes; vous ne feriez que re-découvrir ce que quelqu'un d'autre aurait déjà découvert. Le vrai savant sait ce qu'il faut faire pour découvrir les choses : il sait poser les problèmes; mais il ne connaît pas les réponses. De nos jours, il est plus artiste que tout artiste; il ne craint pas d'utiliser son imagination; il ne redoute pas l'aventure; il n'a pas peur de se poser des questions dont il ignore les réponses.

Il est vrai que les moyens dont dispose le savant sont beaucoup plus propres aux expériences que ceux de l'acteur; ils fonctionnent toujours, et lui donneront toujours des conclusions scientifiques. Mais il est vrai aussi que nous trouvons ici des moyens de travail qui conduisent à certains résultats, bien que trop souvent nous refusions d'accepter cette évidence. Nous avons appris que le fait de connaître d'avance la réponse nous jugule complètement; mais trop souvent nous sommes peu disposés à poser ici les problèmes dont nous ignorons les réponses. Vous devriez donc être contente de ne pas connaître la réponse, parce que maintenant vous pouvez monter en scène et dire : « Je fais vraiment une exploration; je ne connais pas la réponse, mais si je découvre quelque chose, ce sera formidable. »

A L'ACTRICE G. : Votre travail, aujourd'hui, n'a été nourri que par un seul « réservoir ». Mais comme vos travaux précédents nous ont permis de constater que vous aviez à votre disposition deux « réservoirs », quelque chose a dû arriver à l'eau que contenait le second réservoir! Peut-être qu'il est bloqué et a besoin d'être branché; peut-être est-ce autre chose. Ce que nous obtiendrons, quand les deux réservoirs seront branchés, nous l'ignorons; tout ce que nous savons, c'est que ce sera quelque chose de plus riche — peut-être de plus boueux — mais de toute façon, plus riche. Nous connaissons l'existence de ce réservoir, bien que l'eau ne coule pas dans les canalisations. Pourquoi? Qu'est-il arrivé à l'eau du second réservoir? Comment pouvez-vous la faire affluer là où vous voulez? Comment l'utiliser? C'est à vous d'essayer de trouver.

Je ne parle pas simplement de ce qui se passe en scène, mais dans la vie même. Vous rappelez-vous ce qui est arrivé à New Jersey? En faisant le relevé des compteurs d'eau on s'aperçut qu'une grande quantité d'eau était utilisée mais on ignorait où elle passait; il fallut trouver. Les gens disaient : « Le compteur est faussé; ne vous en faites pas pour l'eau. » On vérifia tous les compteurs, tous prouvaient que « des millions d'hectolitres d'eau disparaissaient quelque part ». On vérifia les conduites d'eau, sans trouver la réponse. La logique fit alors son apparition; elle disait : « Cette grande quantité d'eau qui disparaît devrait provoquer une inondation, or, il n'y en a pas. Aucune trace d'eau n'est apparue à la surface; nous avons vérifié toutes les caves. Il est donc évident que l'eau est entraînée vers un endroit où ne se produit aucune inondation; cet endroit ne peut être qu'un fleuve. » Mais en vérifiant les déversoirs dans le fleuve, on ne trouva toujours rien.

Alors, que fit-on? Une chose délibérée : on vérifia les canalisations, section par section, et l'on finit par découvrir la fuite. C'était suivre tout simplement la logique de la loi naturelle; on savait que l'eau du réservoir allait quelque part, il n'y avait pas d'inondation; on supposa que l'eau allait quelque part et, pas à pas, on découvrit où elle se déversait. Voilà le genre d'attitude que nous vous poussons à adopter pour cette sorte de problème de jeu; et comme vous le voyez, c'est assez délicat car il nous est difficile de nous considérer nous-mêmes comme des êtres... logiquement instruits.

G. : Que faut-il faire pour commencer à vérifier la première section.

Strasberg : La première section suppose que vous exploriez chacune des choses que vous faites aussi à fond que possible; actuellement, vous poussez trop dans la mauvaise direction; la première chose que nous voulons que vous vous disiez, c'est : « Inutile de bouger »; vous restez assise, là, et il vous est égal de bouger ou pas. Vous travaillez sur un simple objet, aussi à fond que possible, si cet objet consiste à « être sur la plage » vous vous roulez dans le sable jusqu'à ce que le sable soit dans vos yeux, votre nez, vos cheveux; si c'est cela que vous allez travailler, faites-le et voyons où cela vous conduira. Quand vous sentirez l'envie de bouger, bougez! Ne vous inquiétez pas si vous roulez, si vous bondissez, si vous sautez ou riez ou criez ou pleurez. Hurlez! « Je suis formidable! Formidable! », n'importe quoi, cela m'est égal! Poussez des cris! Tombez! Utilisez ce que vous avez, sans vous soucier du reste.

Le besoin d'improviser pour pouvoir explorer est en général admis par l'acteur, mais il tente souvent — inconsciemment ou consciemment — « d'improviser juste pour voir ce qui arrivera ». Une exploration réussie exige qu'il y ait quelque élément concret pour mettre au point et clarifier ce que fait l'acteur. Strasberg fait remarquer que lorsqu'on demande à un pianiste d'improviser, il demande immédiatement : « Sur quoi voulez-vous que j'improvise? » Il sait qu'il peut faire beaucoup de choses et trouve difficile de se limiter. Quand vous lui répondez : Chopin, il prend alors une phrase de Chopin et improvise. L'improvisation est difficile à faire sans un thème; il faut donner un thème.

N'importe quel travail de concentration, même au niveau le plus élémentaire, est, en un certain sens, une exploration. Dans un simple exercice de concentration l'acteur développe son aptitude naissante à créer des objets et à les suivre. Pourtant, dès qu'il commence à travailler avec plusieurs objets, les éléments de la situation — circonstances antérieures, personnages et rapports entre personnages — commencent à se manifester. Du point de vue technique, les éléments de la situation sont simplement différentes sortes d'objets. Dans l'improvisation, l'acteur explore toujours une situation. Il peut mettre l'accent sur tel ou tel élément mais l'essentiel est qu'il se donne à la situation et laisse l'enchaînement se dérouler librement.

J. est l'image même de l'acteur qui a tellement besoin de la sécurité d'un enchaînement prévu à l'avance qu'il écarte toute véritable exploration et suit inconsciemment un enchaînement préétabli, même dans un matériau aussi rudimentaire que *Les Bâtiments blancs* de Hart Crane.

A L'ACTEUR J., *après une tentative d'exploration au cours d'une scène extraite de « White Building » :* Vous nous racontez une histoire. Vous avez fabriqué un scénario, puis vous avez essayé de nous le jouer. Est-ce là ce que vous aviez l'intention de faire?

J. : J'ai utilisé certaines choses très définies, telles que le miroir, la fenêtre, la correspondance et la musique.

STRASBERG : Oui.

J. : En dehors de cela, je n'ai essayé, consciemment, de suivre aucune ligne définie de l'histoire.

STRASBERG : Sauf celle que vous venez de décrire! Quelqu'un voudrait écrire, mais il n'y parvient pas; il pense aller alors à l'endroit où il doit se rendre; la pendule sonne et lui dit le temps qui lui reste pour le faire; en conséquence, il se met à se regarder dans la glace, et tout en le faisant il pense à lui-même et à la femme qu'il aime, mais il ne peut toujours pas lui écrire; alors, il met un disque et laisse la musique l'émouvoir. Eh bien, c'est un scénario! N'est-ce pas ce que vous avez essayé de jouer?

J. : J'ai essayé de jouer le personnage, pas forcément l'histoire.

STRASBERG : Non, vous n'avez pas essayé de jouer le personnage, vous avez essayé de jouer un enchaînement d'événements. Jouer le personnage suppose que *vous* êtes cet individu. *Vous* entrez ici; quand vous essayez de boire, *vous* buvez et vous considérez l'effet que cela *vous* fait. Vous continuez à boire jusqu'à ce que *vous*, en tant que cet individu, ressentiez que cela vous fait de l'effet ou pas; vous ne jouez pas cet effet. Vous avalez cette boisson imaginaire en essayant de la rendre vraie pour vous-même; vous essayez de voir si elle crée une réaction en vous; sinon, pourquoi est-ce que cela ne vous fait rien? c'est que, ou bien vous avez envie de boire davantage ou bien vous en avez assez; c'est avec ces éléments-là que vous partez, quel que soit le cas.

Ensuite vous décidez peut-être que vous n'allez pas écrire, personne ne vous y oblige — vous n'avez pas d'histoire donnée, seulement un personnage — et *vous*, en tant que cette personne, essayez de prendre des décisions par vous-même; vous avez tout le temps dont votre personnage peut disposer entre le moment où il est ici et celui où il devra s'en aller. Qu'avez-vous envie de faire? Voulez-vous écrire? Aller au cinéma? Mettre la radio? Ou simplement rester étendu là? En suivant la ligne du personnage, vous découvrirez ce qu'il pense de lui-même, quel état d'esprit le conduit à certaines actions, quelles actions l'amènent à d'autres événements.

Ce n'est pas ce que vous avez fait. Vous saviez d'avance ce que vous vouliez voir arriver et vous avez essayé de jouer cela, comme n'importe quelle autre scène. Vous êtes entré, et vous vous êtes assis pour écrire. Or, tout le problème consiste à essayer de trouver comment vous amener à avoir envie d'écrire; autrement dit, vous cherchez à découvrir ce qui, pour vous, est la réalité de ce que nous appelons le « moment créateur » de l'écrivain. Si vous demandez à celui-ci : « Avez-vous travaillé aujourd'hui? », il répond : « Non, je me sens paresseux », ou bien : « J'ai des ennuis, je suis troublé »; pourtant, très souvent lorsqu'il se sent ainsi, tout à coup quelque chose se produit et l'envie d'écrire le saisit. Quelle est cette chose qui lui donne cette envie? Voilà ce que vous essayez d'explorer; vous voulez trouver en vous-même le genre de chose qui pousse l'acteur, ou n'importe qui d'autre, à vouloir créer. C'est probablement ce que vous avez voulu dire quand vous avez affirmé avoir utilisé la musique pour essayer de vous donner l'envie de faire quelque chose; mais vous n'avez pas suivi cette ligne. Le but de l'exploration est de voir comment quelque chose se produit vraiment; mais si cela ne se produit pas, c'est parfait aussi; il n'y a alors qu'à dire : « Je n'ai pas encore trouvé la clé; je n'ai pas trouvé le genre d'état d'esprit ou de comportement d'où peut sortir ce type de personnage ou cette sorte d'événement »; et vous continuez à explorer.

Tout ce que je vois actuellement dans votre travail est une recherche de l'enchaînement des événements que vous jouerez. Votre façon de poser un problème démontre toujours la préoccupation de ce qui *devrait* arriver, comme si vous, en tant qu'être humain, n'aviez conscience d'aucune autre chose; or, nous croyons que l'être humain a beaucoup plus de connaissance que celle qui émane seulement de l'esprit.

Vous-même avez des moments de découragement, quand vous ne savez pas si vous allez pouvoir jouer, si vous allez obtenir un rôle, quand vous vous demandez si vous ne feriez pas mieux de changer de métier; ces moments-là, l'acteur peut les partager avec son personnage; ce genre de vie peut être éveillé en vous, acteur, et ainsi vous pouvez l'éveiller dans le personnage de la scène, qui n'est pas un acteur mais un poète. Quand vous avez réussi à faire vivre ce genre de moment créateur, vous n'avez plus besoin de vous soucier de ce que vous allez jouer — que ce soit écrire, danser ou autre chose — parce que vous êtes alors capable de jouer n'importe quelle scène, impliquant un moment de ce genre. Si c'est une scène où il faut écrire, vous pourrez écrire; si le personnage est quelqu'un qui a envie de danser, au lieu d'exécuter une danse précise qui vous amènerait à faire une exhibition de vos talents de danseur, vous pourrez laisser la musique vous influencer par un rythme plein de valeur humaine justement parce que les mouvements qu'elle fera naître ne seront pas connus d'avance. Ce genre de réaction ne réclame pas une connaissance de la danse ni la nécessité de « jouer » la musique pour le public.

Je pourrais dire la même chose de ce que vous avez fait

avec le miroir; vous n'avez pas réellement fait l'effort de vous demander : « Que se passe-t-il quand je me regarde vraiment dans la glace? Est-ce que je vois quelques-unes des choses que voyait Hart Crane? Ai-je quelques-unes des particularités qu'il avait? » Il en est une qu'il appelle « une chose à double face ». « Qu'est-ce que cela peut bien être? Et est-ce que je l'ai, moi aussi? » Je ne vous ai vu faire aucun effort pour continuer à penser jusqu'à ce que se produise en vous quelque chose qui aurait pu être cette « chose à double face ». En fait, si vous l'aviez découverte, je doute que vous ayez continué à la regarder dans le miroir! Si quelque chose de ce genre vous était arrivé, vous auriez été transporté dans un domaine tout à fait différent; il vous eût été possible alors de vous diriger vers un autre point de la scène, puis de revenir au miroir, mais vous n'y reverriez plus ce que vous y aviez vu auparavant; vous y contempleriez quelque chose qui est à l'intérieur de vous-même; il y aurait une logique intérieure aussi bien qu'une logique extérieure.

De plus, si le fait de voir cette « chose à double face » vous rappelait un événement qui s'y rapporte, quelque chose se passerait en vous sur le plan émotionnel, que nous verrions, et qui ne serait pas simplement dû à ce que vous faites extérieurement et physiquement. Une véritable expérience serait créée à ce moment précis; alors, il se pourrait que la logique vous amène à une conclusion tout à fait différente de ce que vous aviez prévu. Vous n'auriez plus besoin de la musique pour vous aiguillonner, au contraire, vous en auriez besoin pour vous calmer. Et le mélange de la musique et de ces autres choses pourrait conduire vos pensées à un rythme nouveau et à ce moment créateur que vous essayez vraiment de trouver. Dans ce sens, vous chercheriez vraiment à explorer un personnage.

Il y a certains acteurs pour lesquels l'exploration d'une scène extraite d'une pièce est particulièrement difficile parce que le texte offre un enchaînement tout préparé d'événements auxquels on adhère presque automatiquement. L'acteur V. n'a pas été bien formé, au départ. Il a de gros problèmes de comportement conventionnel et d'habitudes de jeu; des problèmes techniques de diction, de tension, d'émotion. C'est un acteur intelligent, qu'il a fallu pousser à se dépasser lui-même; il a travaillé très dur à résoudre ces problèmes. L'actrice W. avec laquelle V. avait tenté l'exploration d'une scène de *Hamlet* est « une actrice très capable qui ne fait pas vraiment ce qu'elle croit faire et ne crée pas dans un rôle ce qu'elle pourrait y créer ».

A V. ET A W., *après la scène :* Je suis disposé à accepter tous les résultats d'une exploration, qu'ils soient positifs ou négatifs. Je suis disposé également à accepter votre idée sur la manière dont se comportent les gens quand il y a quelqu'un de mort dans la chambre. Je suis disposé à vous suivre tant que je vois que vous explorez réellement.

Dans une grande partie de ce que vous appelez exploration, je ne vois, sur scène, qu'une façon conventionnelle de penser à un problème, mais jamais de solution, d'effort, de véritable pensée. Disons que vous avez décidé que le corps de Polonius est là, et que, dans ces conditions les gens se comportent d'une certaine manière. Je pourrais accepter tout cela, mais vous avez ignoré quelque chose qui vient avant le problème du cadavre, et qu'on ne peut ignorer. Pour permettre à Gertrude de réagir émotionnellement quand Hamlet commence à parler, il faut qu'elle ait expérimenté avec clarté et conviction ce qu'elle a ressenti lors de la mort de son premier mari, et qui l'a amené à se remarier si rapidement. Cette clarté et cette conviction doivent être présentes ici de façon que ce que lui dit Hamlet au cours de la scène tombe dans un terrain préparé à le recevoir.

Il y a peut-être eu des moments où elle est restée éveillée à se demander s'il n'y avait pas dans tout cela quelque chose d'étrange; elle a épousé l'un des frères, puis l'autre si rapidement après; elle aime celui-ci; peut-être est-elle trop sexy. Je ne sais! Les gens pensent à un tas de choses, pas seulement en esprit, mais en termes d'expérience, et de ce qui leur est arrivé. Si vous réfléchissez à la situation dans ce sens, vous pouvez avoir à votre disposition des expériences personnelles — et non simplement des pensées — qui seront éveillées ou contredites par la scène; si ces expériences ne pénètrent pas votre travail, l'exploration n'a pas lieu, car il n'y a, alors, qu'une simple discussion de quelque chose, mais pas de réelle exploration.

Une grande partie de ce que vous avez appelé « exploration » aujourd'hui s'est passé à un niveau mental plutôt que réel. Qu'est-ce que je veux dire par « niveau réel » ? Regardez W., elle est votre mère, oui ? si elle est vraiment votre mère, qu'y a-t-il d'étrange et d'inhabituel ?

V. : Elle est si jeune !

STRASBERG : Exactement. Cette femme veut toujours être jeune ; elle est jeune et elle pense à elle-même comme à un être jeune. Alors, que serait-il arrivé si elle avait laissé passer une année avant de se remarier ? Elle n'aurait pas été beaucoup plus vieille ! Qu'avait-elle à perdre à porter le deuil pendant un an ? Mais elle est trop amoureuse. Elle n'a pas une ride ; la tragédie qu'elle vient de vivre ne l'a pas affectée le moins du monde ; rien n'est changé.

Il est certes très profitable aux acteurs de lire ce qu'ont écrit les psychologues sur les rapports entre mère et fils, mais j'estime que l'acteur qui explore Hamlet trouvera utile d'essayer vraiment de découvrir en lui-même le genre d'impulsions qui nous affectent dans nos relations avec nos parents. Quels sont les obstacles ? Les stimulants ? Qu'est-ce que certains d'entre nous ont le plus de mal à surmonter ? Il est évident que si vous voulez travailler dans le sens de la réalité émotionnelle, vous devez vraiment vous livrer à cette recherche.

Une partie de ce travail peut être fait par l'acteur chez lui ; il observe son entourage pour voir ce qui s'y passe ; il pense à la réalité des gens dont il connaît les liens profonds de mère à fils ou à fille ; il essaie de découvrir les particularités de semblables rapports et comment ils se révèlent, consciemment ou inconsciemment ; il cherche à découvrir comment cette vraie connaissance peut se manifester sur scène. Voilà une véritable exploration. La façon dont vous l'avez faite aujourd'hui était toute négative ; vous vous êtes contenté d'éviter de faire ce qui était manifeste, et pour le reste, vous êtes resté accroché aux mots de l'auteur et à l'enchaînement des événements.

Il est rare qu'un acteur ait du mal à suivre l'une des techniques de l'exploration ; mais la véritable exploration exige l'utilisation des trois techniques. L'actrice X., une vedette de l'écran et de la télévision, illustra ce problème dans une scène extraite de *Return to Kansas City* d'Irving Shaw.

A L'ACTRICE X. : Qu'est-ce que je vous ai vu faire ici? Une scène? Nous ne pouvons encore juger votre travail, mais aujourd'hui il m'a paru meilleur parce que plus continu; on n'avait pas l'impression que vous sépariez des moments dans la pièce. Même lorsque votre partenaire parlait, nous avions l'impression que vous continuiez; s'il avait dit : « Allons, venez, dites-moi ce que vous voulez », vous auriez pu lui répondre sur-le-champ. Vous sembliez avoir envie de dire et de faire plus que ce qui était écrit, alors que d'ordinaire l'acteur se contente d'accomplir ce que l'auteur lui donne à faire ou lui suggère de faire; il le fait et voilà tout.

La continuité est importante pour votre travail. Jusqu'à présent, votre niveau de conscience par rapport à vos propres capacités et votre préoccupation de la scène, était nettement trop bas; vous n'aviez qu'une conscience approximative de la direction que prenait la scène. Aujourd'hui, j'ai vu un premier effort pour traiter directement les problèmes de la scène, et cet effort a été récompensé. Vous avez réussi à garder tout le temps une certaine couleur très difficile à maintenir : ce genre de couleur mi-querelleuse mi-geignarde qu'il n'est pas aisé de donner en scène sans tomber dans la pleurnicherie et la monotonie; avec cette couleur, vous avez réussi à rester vivante, changeante, et à maintenir la continuité de votre travail. Votre aisance était bien plus grande qu'auparavant.

X. : C'est la première fois. Il m'a toujours fallu du courage pour prendre mon temps; c'est une chose que je n'ai pas l'habitude de faire et que je cherche toujours à faire.

STRASBERG : Souvent un acteur n'a pas le courage de prendre son temps parce qu'il craint de n'avoir plus rien à faire; il le croit! Il n'a rien à sa disposition et s'il n'en vient pas au texte, qu'est-ce qu'il peut bien faire? Si l'on réfléchit un peu différemment et qu'on cherche à se créer des motivations et une croyance en ce qui se passe sur scène, alors on peut prendre son temps parce qu'il y a toujours quelque chose à faire.

Même si l'on reste tranquillement assis, on n'est pas sans rien faire; on continue à être impliqué, concerné, on continue à imaginer, à rêver ou à établir la continuité de la scène. Après tout, cette scène aurait pu être écrite de façon tout à fait différente, avec plus ou moins de mots, ou d'autres mots. Quand l'acteur est préparé à faire ce genre de choses, il le fait. Il peut même jouer toute la scène sans un mot. Vous pourriez rester assis là pendant une demi-heure à réfléchir simplement, en n'émettant que des sons tout en continuant à construire le sens du conflit entre vous et votre partenaire. Vous n'avez pas besoin du texte de l'auteur pour nous dire cela; vous n'en avez besoin que lorsque vous entrez et expliquez au public ce que les acteurs ne peuvent lui dire, c'est-à-dire en quoi consiste le conflit et ce que les deux personnages se veulent l'un à l'autre.

Aujourd'hui, vous avez limité le travail au seul domaine dont parlent les deux personnages dans cette scène de la pièce; vous n'avez abordé rien de ce qui n'est pas mentionné par les mots mais qui existe entre eux; il faut prendre le temps de créer ces choses; c'est une partie de la contribution de l'acteur au personnage de la scène; si l'acteur travaille à les créer, il n'a pas besoin de s'inquiéter de n'avoir rien à faire. Ainsi, par exemple, qu'est-ce qui intéresse cette jeune fille? Est-ce seulement d'aller à Kansas City?

X. : Non, elle veut aussi qu'on l'admire, qu'on la cajole...

Strasberg : Exactement! C'est une jeune fille de vingt et un ans; elle vient de se marier, elle a un enfant; elle avait cru en se mariant qu'elle aurait des toilettes, qu'elle irait à New York et tout le reste. Elle aime danser, sortir; elle pensait que son mari l'emmènerait dans les boîtes de nuit et qu'ils mèneraient le genre de vie qu'on voit décrit dans les journaux.

Vous n'avez rien indiqué de tout cela; il n'y avait que des indications négatives, dans le sens que la fille se plaint qu'elle n'a rien. Or, si elle n'aime pas la vie et n'a pas envie de s'amuser, il n'y a pas de scène possible entre eux, car il la laisserait tout simplement tomber. Il la désire et ne peut lui donner ce qu'elle veut; c'est donc une petite fille vibrante et en goguette! Nous avons vu très peu de ces couleurs.

X. : Sur le script, il est indiqué qu'elle dansait au son de la radio, mais cette idée m'a rendue si malheureuse que je n'ai pas eu envie de le faire.

Strasberg : Ce n'est pas seulement une envie de danser qu'elle ressent, mais l'envie de s'attaquer à lui; elle veut en obtenir quelque chose. Quel est le moyen le plus simple de le faire?

X. : Lui crier après!

STRASBERG : Vous jeter en travers de son chemin! S'il l'a déjà emmenée à Kansas City quatre ou cinq fois, c'est, manifestement, qu'elle a ce qu'il faut pour le convaincre! Nous n'avons rien vu de cela et de ce fait, parce que l'auteur et la pièce n'indiquent pas cela explicitement à l'aide de mots, vous vous êtes contentée d'une seule couleur. Nous vous conseillons de « construire » pour vous-même la scène et la situation de façon à pouvoir jouer le drame; ne préparez pas simplement une scène; les personnages ne savent pas que c'est cette scène que vous allez jouer. Préparez plusieurs aspects de votre personnage, pas simplement ceux auxquels les mots font allusion.

UNE TECHNIQUE PERSONNELLE

Plus le talent d'un acteur est grand, plus il a besoin de trouver une technique proportionnée à son talent. L'acteur médiocre n'a pas beaucoup de mal à comprendre ce qu'il fait et comment il le fait. Mais un grand talent est souvent un grand mystère pour celui qui le possède et pour les autres. Par conséquent, il se sent plus facilement frustré et même détruit qu'un talent de second ordre. Le grand talent est bien plus autodestructeur qu'un talent évident et de ce fait, plus facile à contrôler. Il est plus accessible à la banalité qu'un talent ordinaire, mais il en vient rarement à être de mauvaise qualité.

Dans tout le travail de Strasberg avec l'actrice U., il est clair que sa préoccupation fondamentale est de la débarrasser d'un certain maniérisme et d'une façon superficielle de jouer, pour l'amener à la compréhension des niveaux plus profonds et plus intenses de son être et de son talent. Il ne lui suggère jamais une technique comme une fin en soi mais toujours comme le moyen de mener plus avant son exploration, de mieux comprendre, de mieux contrôler et d'éviter ainsi les dangers — personnels et professionnels — que son talent la prédispose à rencontrer.

A L'ACTRICE U. : Votre route n'a pas été facile et il vous faut gagner tout ce que vous obtenez. Mais j'ai l'impression que vous êtes paresseuse à l'égard de vous-même et indisciplinée pour ce qui est des choses extérieures; vous n'êtes pas disposée à vous traiter comme une actrice; vous voulez qu'on vous traite comme une personne sincère. Dans le domaine des émotions profondes, vous vous arrêtez court. Quand vous trouvez des choses qu'il vous semble bon de faire et que vous faites une fois, vous refusez d'affronter le problème : « Comment vais-je les refaire? »

C'est là que la nécessité d'une bonne technique se fait sentir, chez l'acteur; seule la technique lui permettra de préserver et de reproduire complètement sur scène les moments précieux de la révélation, de l'expérience, les moments où quelque chose « arrive » sur scène. Autrefois, les acteurs n'avaient pas de technique. Le jeu théâtral était pour eux affaire d'inspiration, de hasard. Aujourd'hui l'acteur médiocre peut être fort bon; en fait, il est très capable; il souffre rarement; seuls les bons acteurs souffrent, car un soir ils peuvent être bons et le lendemain, moins bons; les représentations des bons acteurs sont sujettes à fluctuations.

Une des plus grandes tragédies de notre temps est celle de Jacob Ben Ami qui donna, dans *Samson et Dalila*, une des plus remarquables représentations que j'aie jamais vue. Et pourtant cet acteur est parfois si ordinaire, si banal que vous pourriez me demander : « De quoi parlez-vous? »; il n'a aucune technique qui lui permette de préserver ce qu'il a de plus grand en lui, ce qui l'a rendu vivant et extraordinaire : sa profonde imagination — qu'il n'est pas toujours capable de contrôler.

Je l'ai vu donner une représentation étonnante de *L'Idiot* de Dostoïevski. Je me rappelle très clairement le moment où il découvre le cadavre et je me souviens de ses « Ohhh! Ahhh! » La surprise! Le cri! C'était merveilleux, littéralement étonnant! Mais il n'a pas la technique qui lui permettrait de refaire le lendemain cela même qui l'a rendu grand ce soir!

Vous venez de me faire une déclaration du même genre. Vous admettez qu'au moment où vous découvrez ce que vous voulez — quelque révélation ou une certaine compréhension du rôle — vous avez tendance à vous éloigner de cette découverte. Or, c'est précisément avec ce genre de moment qu'il faut travailler et lutter. Tout ce que nous vous demandons, c'est d'être à la hauteur de votre talent. Nous ne pouvons vous donner du talent, mais nous pouvons vous forcer à être digne de celui que vous avez. J'aimerais vous voir vraiment aux prises avec ce problème : « Comment dois-je explorer de façon que cette chose que j'ai trouvée et que je sens être juste pour le rôle puisse être reproduite lors de chaque représentation avec au moins une partie de la même intensité, de la même vision et de la même expérience que la première fois. »

Chapitre IX

COMMENT ABORDER UN RÔLE

STRASBERG : L'Actors Studio n'est pas fait pour permettre de choisir entre des extrêmes. Nous ne représentons pas une branche du théâtre; nous sommes les seuls, actuellement au théâtre, à pouvoir apprécier tout théâtre. Nous apprécions le jeu anglais quand il est bien fait par Gielgud, mais pas quand il est mal réalisé par quelqu'un d'autre. Nous prisons la façon dont les Français abordent le théâtre comme le font certains acteurs superbes, mais pas quand elle est imitée par des acteurs qui se trouvent venir de la Comédie-Française. Nous faisons grand cas de Brecht et de Meyerhold; tout le monde critique Meyerhold, mais nous affirmons qu'il avait une merveilleuse imagination théâtrale; son travail n'était pas réaliste, mais sa contribution au théâtre fut importante.

Pour nous, tout théâtre qui jaillit d'une impulsion créatrice, qui n'imite pas, est du bon théâtre et a droit à sa place. Dans le bon théâtre, comme le dit Granville Barker, l'acteur ne commence jamais par l'imitation d'un autre acteur : il commence par l'imitation d'un personnage. S'il veut imiter, très bien, mais que ce soit un personnage. Quand un auteur dramatique écrit des choses sur un personnage, il imite un personnage, et non un autre auteur dramatique, car, dans toute forme d'art, ce genre d'imitation ne conduirait qu'à une dégradation.

La présomption qu'une certaine façon d'aborder le jeu théâtral conduit toujours à de bons résultats et qu'une autre en produit toujours de mauvais est tout simplement contraire à ce que prouvent les faits. J'aimerais pouvoir supprimer cette habitude déraisonnable qu'on a d'opposer continuellement telle ou telle façon d'aborder le jeu théâtral et rechercher en chacune d'elle les vraies valeurs; elles en sont toutes pourvues dans la mesure où on les suit de manière artistique et non mécanique.

Il y a sur le plan psychologique deux genres d'acteurs : certains d'entre eux peuvent aller en scène et rester toujours eux-mêmes; en étant eux-mêmes ils sont le personnage : ainsi la Duse n'était jamais quelqu'un d'autre qu'elle-même et pourtant, en étant elle-même, elle était toujours l'autre personne. Chaliapine, Paul Muni, Stanislavski sont des exemples du genre d'acteurs opposés : pour pouvoir jouer à fond sur scène, ils ont besoin de sentir qu'ils portent un masque; quand ils se sentent protégés par ce masque, ils peuvent faire tout ce qu'ils veulent, et personne ne pensera que c'est eux. Les deux façons d'aborder le jeu théâtral sont parfaitement plausibles; il n'est pas nécessaire d'en considérer une comme juste et l'autre comme fausse; la justesse ou la fausseté dépend uniquement des besoins psychologiques de chaque acteur.

Il y a bien des manières d'aborder un rôle et aucune d'entre elles n'implique la nécessité de solutions extrêmes. Alors qu'il est exact que des situations et des personnages complexes ne peuvent être représentés avec une vérité complète par des moyens conventionnels ou des clichés, il est également exact que l'acteur se trouve très souvent aux prises avec ces difficultés et ces problèmes de jeu; il ne peut les résoudre en suivant simplement des lignes de travail générales qui sont théoriquement censées apporter une solution à n'importe quel rôle ou à n'importe quel problème dans n'importe quelle pièce; il n'y parviendra qu'en recherchant les processus capables de l'aider en tant qu'individu, et en abordant le rôle d'une façon valable pour lui personnellement.

Certains acteurs ont l'impression qu'un rôle est tellement loin de leur expérience personnelle qu'il n'y a pour eux d'autre issue que de créer une réalité de remplacement capable de les convaincre suffisamment pour leur permettre de poursuivre la scène jusqu'au bout. Mais souvent, des solutions plus simples, plus immédiates, plus évidentes et plus extérieures peuvent aider l'acteur, avant même que celui-ci ait commencé à rechercher des solutions plus compliquées qui, souvent d'ailleurs, n'éveillent que difficilement sa croyance.

La façon la plus simple, évidemment, d'aborder un rôle, est de se préoccuper du texte; il est vrai qu'en faisant cela (d'après les expériences que nous avons pu faire) on n'obtient généralement qu'une mélodie, une espèce de chant qui malheureusement ne rend guère le texte très clair; sinon nous l'utiliserions.

Mais la simple bonne volonté, le simple effort de dire un mot et d'exprimer seulement ce que le mot veut dire, sans se préoccuper du sens dramatique, est une chose importante. Imaginons par exemple qu'un acteur nous parle d'un exercice; il peut, pour illustrer son point de vue, prendre un livre et nous dire : « Pour faire cet exercice, on commence par prendre un livre; puis on le pose, puis on le reprend, on le repose, et on le reprend une troisième fois; maintenant, observez ceci : gonflez les muscles de votre poitrine jusqu'à les mettre en contact avec le livre; faites ceci deux ou trois fois par jour et cela vous procurera santé, richesse et beaucoup d'enfants. »

La seule chose que l'acteur ait à faire, c'est de nous transmettre l'importance des mots; et leur importance n'est que ce qu'ils veulent dire; il accomplit la simple tâche physique de dire vraiment au public ce que cela veut dire, avec des mots; en tirer un sens profond n'est absolument pas nécessaire.

La chose la plus simple pour un acteur est de parler, l'auteur a déjà mis une espèce de logique dans le texte; souvent l'acteur n'a besoin que d'accomplir de simples tâches et de transmettre le seul sens des mots.

Dans une production, quand de bons acteurs se réunissent pour faire une première lecture, ils sont exactement comme d'autres gens qui liraient quelque chose pour la première fois. Quand on lit un roman pour la première fois, on a le cœur qui bat, on pleure, on rit, et si quelqu'un entre dans la pièce où l'on est, on s'écrie : « Allez-vous-en », parce qu'on est réellement pris, excité, intéressé. Les acteurs n'ont même pas besoin de faire l'effort de lire bien; ils n'ont pas besoin de connaître la fin; s'ils font simplement l'effort de lire le texte et d'y réagir de façon naturelle comme dans une conversation, on les verra devenir étonnamment vivants et l'on constatera jusqu'où s'élèvent leurs réactions, et jusqu'où va le drame. Lors d'une première lecture, les acteurs peuvent obtenir de si merveilleux résultats que le problème n'est plus qu'une question de savoir : « Comment garder cela? »

L'acteur s'aide lui-même, non seulement par le simple usage des mots, mais aussi au moyen de simples activités physiques. Harold Clurman raconte qu'il vit un jour Sacha Guitry dans une scène où il avait très peu à faire; il y découvrait que sa femme avait une liaison, et la scène aurait pu être très inintéressante. Au début, Harold se demanda pourquoi Guitry mettait ses bottes; puis il se mit à l'observer pendant qu'il se livrait à cette occupation; au bout d'un moment, il s'aperçut qu'il ne pouvait quitter ces bottes du regard parce que Guitry, tout en parlant, les mettait avec un tel soin et un tel souci que le spectateur était complètement fasciné et absorbé par cette action, pourtant très ordinaire et très quotidienne. Le public était complètement détourné de l'évidence de l'intrigue.

Quelquefois l'acteur trouve dans la pièce qu'il joue des tâches physiques de ce genre à accomplir pour l'aider à résoudre ses propres difficultés; il s'agit toujours de tâches physiques ordinaires, et il faut simplement les accomplir clairement, avec soin et individuellement; ce faisant, on découvre souvent que l'on peut développer une scène, parfois même, un personnage; ceci est particulièrement vrai dans le cas où l'auteur a déjà créé un enchaînement intéressant d'objets et de logique; il faut, alors, absolument le faire.

Certains acteurs anglais utilisent à merveille la façon d'aborder un rôle qui consiste à essayer de tirer un sens précis d'une tirade particulière; nous comprenons ce qui devrait arriver; nous comprenons, par exemple, ce que Shakespeare voulait dire par tel passage, mais nous n'avons pas la compréhension totale du personnage ou de la pièce. Nous comprenons l'histoire, et dans les pièces de Shakespeare tous les passages sont tellement émouvants en eux-mêmes, tellement valables, tellement intéressants qu'à eux seuls ils nous poussent à croire que nous voyons toute une pièce, alors qu'en réalité, nous entendons simplement de magnifiques arias. Les tirades sont dites pour le sens, mais ne sont pas liées à l'événement ou à la situation.

Récemment, nous avons vu une autre façon d'aborder un rôle, merveilleusement illustrée par John Gielgud dans *The Four Ages of Man;* il disait les tirades pour leur sens, mais ce sens était tout imprégné de l'émotion de ce qui se passait dans la pièce et la définissait parfaitement; ce qui s'y passait était facile à comprendre.

Cependant, la façon d'aborder un rôle de tout grand acteur — non seulement dans les pièces de Shakespeare, mais dans n'importe quelle pièce — est celle où l'acteur essaie d'ajouter au texte; il fait ressortir ce que ce texte veut dire, ce que le personnage ressent et est conscient de ressentir, mais aussi, comme l'a dit un jour Clare Eames, « les émotions et les expériences du personnage, dont il est lui-même inconscient, mais dont l'acteur doit être conscient pour pouvoir exposer correctement ce qui se produit »; ceci conduit à la véritable création d'un personnage et c'est ce qu'ont illustré tous les grands acteurs, que ce soit Garrick, ou Kean, ou Mme Siddons; le brio de leur jeu n'était pas fondé sur le rythme mélodique d'un texte; on critiquait toujours leur façon de lire; d'autres acteurs, à la même époque, étaient considérés comme capables de lire un texte avec beaucoup plus de mélodie, de rythme, de sentiment.

Ces grands acteurs étaient remarquables dans leur façon d'aborder un rôle parce qu'ils créaient un personnage; les gens qui assistaient à leurs représentations s'en retournaient avec l'idée que le personnage de la pièce était différent de l'idée conventionnelle qu'on s'en faisait. Quand Kean joua Shylock, l'élément essentiel qu'il apporta était une vue différente du personnage, le sentiment que Shylock était un homme jeune, poussé par des motifs, des événements, des caractéristiques et des émotions différents de ceux qu'on indiquait d'ordinaire en jouant ce personnage.

Les grands acteurs se servent d'un autre élément pour les conduire vers le personnage et qui pourtant ne semble pas venir du personnage. A l'époque de Garrick, beaucoup de gens élevaient des objections contre la façon dont il jouait Lear : ils la trouvaient trop réaliste et de ce fait pas assez dans la ligne classique de Shakespeare; et pourtant c'est justement ce qui fit de Garrick le plus grand acteur de son temps; l'important, dans sa création de Lear, n'était pas simplement l'élément du personnage ; d'après les descriptions qui nous sont parvenues, il semble que la façon dont Garrick jouait les scènes était une représentation plus vraie et plus convaincante de ce qui *devait* se passer que celle donnée par aucun autre acteur de cette époque. Quand il jouait la folie de Lear, il ne faisait aucun mouvement vague des mains, n'avait pas le regard fixe ni la diction heurtée ; il rompait carrément avec la tradition théâtrale de son temps, et allait au-delà de la simple création d'un personnage ; à travers un personnage, il révélait des vérités de la vie humaine.

Il est très significatif de constater que, lorsqu'on demandait à Garrick d'où il tirait cette nouvelle vérité et cette croyance, il décrivait comment il avait observé une personne véritablement démente ; il avait découvert que, chez cette personne vraie, il n'y avait aucun sursaut théâtral, aucun de ces regards fixes, aucune de ces crises ; son comportement était, la plupart du temps, calme et lorsqu'elle semblait jouer tranquillement et sans intention précise avec ses vêtements, d'un air de ne pas savoir exactement où elle était, soudain elle était poussée par le souvenir de ce qui s'était passé lorsqu'elle avait, accidentellement, laissé tomber l'enfant de sa fille du haut du second étage, et que l'enfant avait été tué ; elle se mettait à revivre l'événement et à pleurer. Ainsi, en observant les moments d'aberration de cette personne, Garrick apprit à jouer le Roi Lear.

Tout ce que fait un bon acteur a une place appropriée. Nous insistons sur le fait que cette place doit se trouver dans un processus et dans un enchaînement, mais aussi qu'un tel processus doit être fondamentalement imaginatif. Par exemple, le matin quand on se lève, on ne commence pas par se coiffer pour ensuite aller prendre une douche, ce serait ridicule. On se coiffe après la douche. Pourtant, sur scène, on pourrait avoir à se coiffer d'abord, à cause du personnage, et ce serait alors à l'acteur de faire cette action illogique non pas à l'aide d'une imitation superficielle de la réalité, mais avec toute la conviction que nous avons quand nous faisons quelque chose d'illogique dans la vie. C'est un des paradoxes du théâtre que certaines choses sont faites sur scène en accord avec une logique qui dit : « On fait une chose en créant et en imaginant un processus imaginatif dont elle fait partie et qui rend l'acteur capable de la réaliser. »

Tout le travail de Stanislavski et de Strasberg vise à aider l'acteur à créer ce processus imaginatif au moment où il aborde un rôle. L'insistance frénétique avec laquelle chacun affirme qu'il ne peut être imité, qu'il n'a aucun « système » que l'on puisse copier mécaniquement, que de faire des gestes et de servir la pièce en paroles ne sert à rien, naît d'une profonde compréhension de la création individuelle. La logique pure peut établir un processus de formation ou de création d'un rôle, avec une relative aisance. Divers processus peuvent être valables. Mais tout processus qui ne nourrit pas l'imagination de l'acteur à chaque stade de sa formation, des répétitions et des représentations est dépourvu de sens.

Les principes de l'art de l'acteur tels que les énonce Strasberg n'ont pas été atteints de façon empirique et pragmatique, mais exigent dans leur application, tout autant de pragmatisme.

La façon d'aborder un rôle dépend du genre de jeu que l'on désire créer ; si elle est formelle, elle échoue souvent et ne conduit qu'au cliché ou au conventionnel.

Si l'imagination de l'acteur travaille, il ne faut pas la déranger ; mais si quelque chose opère avec efficacité sur scène, l'acteur ne doit pas en conclure qu'un résultat accidentel pourra être obtenu de nouveau.

La technique de l'acteur expérimenté est un moyen de contrôler ses ressources personnelles. Sans formation, la technique est impossible. Des méthodes employées avec succès dans la formation de l'acteur ou pour résoudre ses problèmes sont également applicables au travail de création d'un rôle.

L'acteur doit apprendre à faire des efforts pour exercer sa volonté et se discipliner de façon à se mettre dans les dispositions d'esprit nécessaires à la création et par conséquent à la réalisation créatrice des tâches qui lui sont dévolues.

Si l'acteur a un problème, il doit l'affronter, sinon cela empoisonnera tout l'organisme créateur.

Aucun acteur n'est jamais définitivement formé ; tous les acteurs, même ceux qui sont très expérimentés, devraient se soumettre périodiquement à un travail de formation pure de façon à rafraîchir et à développer leur instrument.

Ces principes ressortent des commentaires que fait Strasberg aux membres du Studio et ils se trouvent implicitement mêlés à tout le travail de formation, à la résolution des problèmes et à l'exploration. Cependant, on peut décrire un processus plus détaillé dans la façon d'aborder un rôle. Mais — comme toujours au théâtre — la validité de ce processus ne vient pas de lui-même, mais de l'aptitude de l'acteur et du metteur en scène à en respecter les principes fondamentaux à chaque étape du travail. Ces principes supposent que l'acteur doit petit à petit s'affirmer par une conscience intellectuelle et imaginative de la création de l'auteur; mais ce développement ne doit pas se produire avec une rapidité qui réduirait à néant la capacité de l'acteur à revivre dans le personnage; de plus, il ne doit pas être absorbé par cette tâche au point de négliger de travailler en accord avec la logique du script.

Ce processus cherche donc à faire fusionner la réalité du script avec celle de l'acteur. Ni le talent seul, ni la conscience seule, ni aucun mélange de ces deux éléments ne conduisent à donner une vraie représentation. Seule l'aptitude à discerner ce qui se passe vraiment entre l'acteur et le script — à n'importe quel moment particulier — peut permettre à l'acteur et au metteur en scène de définir ce qui doit être accompli à ce moment, pour que le rôle se développe vraiment. En fait, il est nécessaire d'avoir plus que du discernement; il faut au metteur en scène et à l'acteur le courage de se soumettre à certains jugements; autrement, ils accomplissent seulement des gestes et font probablement moins pour la pièce que s'ils avaient adopté dès le début une façon d'aborder le rôle franchement mécanique et imitative.

Stanislavski et Strasberg insistent tous les deux sur l'importance de la première impression qu'un acteur reçoit d'un rôle. Étant donné qu'une première lecture stimule souvent l'imagination de l'acteur plus qu'aucun stade postérieur de travail du rôle, l'acteur doit être très vigilant à ce moment-là, non seulement pour se garder de toute anticipation, préjugé, ou cliché, mais aussi pour être conscient de l'excitation créatrice de son imagination; il doit découvrir la nature de ses réactions pour pouvoir les re-capturer quand il travaillera le rôle.

Au second stade du travail, l'acteur doit commencer à analyser le rôle et s'animer à l'intérieur de ce rôle. Cette analyse parvient à une ébauche, à un canevas des enchaînements intérieurs et extérieurs du rôle et de leurs rapports logiques; c'est en ces termes que l'acteur réfléchit à la signification du texte; en même temps, il essaie de trouver des objets qui éveillent sa concentration et excitent sa croyance.

Dans ce travail d'analyse et d'éveil de l'imagination, l'affectation et le danger de se tromper sont inconsciemment les pires ennemis de l'acteur, comme l'a fait remarquer Strasberg dans l'histoire suivante :

Il y a environ quinze ou vingt ans, j'enseignais au Labor Stage où l'on essayait de créer un théâtre. Une des filles de ce groupe présenta une scène de *Golden Boy*, qu'elle avait l'intention de jouer. En même temps que la scène, elle apporta une analyse d'une douzaine de pages qui expliquait comment elle avait travaillé la scène; je les lus. Je connaissais la pièce, je l'avais vue; l'analyse qu'elle en avait faite évoquait une merveilleuse production; j'étais étonné. Jamais je n'avais pensé aux choses qu'elle avait écrites et qui, bien entendu, étaient merveilleuses sur le papier, mais ne se trouvaient pas sur scène. Donc, je lui dis : « Voyons, vous dites que lorsque vous aviez cinq ans votre père fit ceci ou cela. Qu'avez-vous fait dans la scène qui soit un résultat de cela ? » Elle me répondit : « Oh, rien, c'est arrivé il y a vingt-cinq ans. » Je lui dis alors : « Ah bon, je vois », puis : « Vous nous dites ici que lorsque vous aviez douze ans, votre père a quitté votre mère; qu'avez-vous fait dans la scène qui soit un résultat de cela ? — Oh, dit-elle, ça n'est pas arrivé maintenant, mais quand j'avais douze ans. » Je fis le tour de ce qu'elle avait écrit; tout était arrivé « avant » et rien n'avait d'effet sur ce qu'elle faisait maintenant.

Voilà le genre d'analyse en faveur duquel les gens nous croient! Ils s'imaginent que les membres du Studio sont « pour » cela! Or, c'est juste le contraire de ce que nous recherchons. Les connaissances qu'un acteur a dans la tête nous importent peu! Tout ce qui nous intéresse, c'est ce qu'il a dans le cœur, et la mesure dans laquelle il peut vivre et expérimenter. Des connaissances qui ne sont pas vraiment des expériences faites et utilisées au moment même, n'ont aucune valeur pour l'acteur.

J'en suis venu à cette conclusion, il y a de nombreuses années — à l'époque où j'étais au Group Theatre; mais je fus intéressé en apprenant que Stanislavski n'en était venu là qu'à la fin de sa vie.

Au cours des premières répétitions des pièces qu'il montait, il faisait toujours beaucoup d'analyses et de discussions qu'il appelait : « des répétitions autour d'une table »; mais vers la fin de sa vie, il dit : « Ce n'est pas bon; les acteurs ont tendance à beaucoup parler et alors ils ne font rien, mais croient faire quelque chose parce qu'ils discutent. Je n'y crois plus. J'essaie d'obtenir que l'acteur me montre immédiatement ce qu'il veut et ce qu'il a l'intention de faire. Nous ne réglons pas les stades de l'analyse d'une pièce, mais quand nous la faisons, c'est de façon très définie : nous ébauchons la plus grande partie des événements de la pièce et donnons ainsi aux acteurs ce que le metteur en scène pense devoir se produire au cours des scènes; ainsi les acteurs peuvent immédiatement se mettre à travailler. »

Cependant, quand on dit trop de choses aux acteurs, on les constipe. Malheureusement, cela ne les aide pas, alors qu'une toute petite chose, comme par exemple de se regarder dans la glace ou de se maquiller, a souvent beaucoup plus d'importance. Souvent des analyses étendues ne donnent pas ce que nous cherchons à provoquer chez l'acteur : son aptitude à croire, à expérimenter, à créer un comportement.

La plupart des objets utilisés à ce second stade du travail devraient être imaginaires; autrement l'acteur se retrouve pris dans un enchaînement. Il doit plutôt commencer par se préoccuper de ce qu'il y a derrière le texte, de la vie intérieure du personnage et éviter un souci trop grand des mots et des répliques. Ce stade de travail doit provoquer chez l'acteur un commencement d'expérience; s'il n'y parvient pas, le travail du rôle ne peut pas et ne doit pas aller plus loin.

Cependant, une fois que de vrais rapports entre les objets et les partenaires ont été créés, il faut les colorer avec ce qui est censé se produire dans la pièce. A ce troisième stade du travail, l'acteur doit commencer à créer les grandes lignes des actions et un enchaînement du rôle, dérivé directement des circonstances données de la pièce; il sonde le passé de son personnage et fait un saut dans son futur par l'intermédiaire des données qu'il a.

C'est ici que très souvent les acteurs font des suppositions gratuites. La jeune fille du Labor Stage s'imaginait qu'une analyse intellectuelle produirait la concentration et la conviction voulues. L'actrice T., sous prétexte qu'elle ressemblait au personnage, par certains côtés, supposait qu'elle lui était complètement identique, et qu'elle pouvait donc se permettre de se passer d'analyser le rôle. Et l'acteur M., très indiscipliné, supposait que la concentration et la croyance pouvaient se substituer au travail d'analyse, et qu'une imagination active et spontanée suffisait pour jouer un rôle.

A L'ACTRICE T. : Vous dites que vous avez trouvé, lorsque vous avez commencé à travailler ce rôle, que vous n'étiez pas vraiment le personnage autant que vous l'aviez cru au début. Oui et non. Ce que vous voulez dire, c'est que physiquement vous pouvez être le personnage, et d'ailleurs vous n'avez pas éprouvé le besoin de vous changer physiquement pour le jouer. Mais sur le plan mental et émotionnel, sur le plan du comportement par rapport à l'entourage, vous avez raison. Vous n'avez rien du personnage; si vous étiez née dans son milieu et si vous aviez fait ce que cette personne a fait, vous pourriez, avec votre apparence, être ce qu'elle est. Mais pour l'être vraiment, il vous faudrait à présent vous livrer aux mêmes activités qu'elle, vous préoccuper des mêmes choses et adopter ses attitudes.

Il est toujours important de découvrir autant que possible ce qui aurait dû se passer pour que vous puissiez être le personnage. Même si vous *êtes comme* le personnage, le fait de définir les zones qui vous différencient de lui, vous donnera une idée plus claire des tâches que vous devez vous imposer à vous-même, à votre concentration et à votre imagination, pour obtenir de vous-même le comportement convenable; mais vous ne l'obtiendrez pas si vous ne le définissez très clairement et avec précision. Autrement, vous commencerez à vivre la situation, telle que vous *êtes* vraiment et, dans la plupart des pièces, ce n'est pas exactement ce qu'est le personnage.

A L'ACTEUR M. : Il est dangereux pour vous de continuer à user de ce genre de liberté spontanée, parce que vous semblez avoir un fort ressentiment contre un certain genre de routine; le danger est que, si vous continuez à être libre, cette liberté vous rendra impossible la tâche de répéter un rôle. Cela m'inquiète de vous voir venir ici après avoir élaboré en cours de répétitions une certaine façon de jouer que vous ne suivez plus du tout quand vous êtes ici. Cela m'ennuie que vous puissiez me décrire comment certaines choses vous arrivent ici, sans que vous sachiez préciser pourquoi; cela m'ennuie, même si ce qui vous arrive est bon.

M. : Je sais pourquoi.

STRASBERG : Pourquoi?

M. : Je crois avoir une tendance naturelle à jouer ce personnage un peu plus vulgaire que je ne le suis, un peu plus brutal aussi, et le résultat est que j'ai l'impression d'être un de mes oncles!

STRASBERG : Vous avez eu cette impression aujourd'hui? Pas auparavant?

M. : Je l'avais eue auparavant, mais pas aussi complètement.

STRASBERG : Vous devriez l'avoir cinquante fois plus! L'auteur suggère que ce personnage est amer, et que la vie l'a durci. Votre partenaire vous dit : « Pourquoi ne souriez-vous pas? » Et pourtant vous avez laissé flotter un sourire inconscient sur vos lèvres pendant toute la scène, de sorte que le texte de votre partenaire n'avait aucun sens.

M. : C'est que ma partenaire a estimé que je devais mettre plus de moi-même dans le rôle, plus de chaleur, de gentillesse...

STRASBERG : Cela ne m'intéresse pas du tout. Ce qui m'intéresse c'est la scène et le travail que vous y faites. Je pourrais vous dire : « Oui, il fallait y mettre plus de vous-même ici, c'est exact. » Mais précisément dans cette scène, j'aimerais que vous utilisiez une partie seulement de vous-même et beaucoup plus d'autres choses. Sans cette distinction, il y a danger pour vous d'exagérer la façon d'aborder un rôle selon Stanislavski, et qui consiste à dire : « Que ferais-je dans cette situation. » Or, je me moque de ce que vous feriez; l'important est ce que le personnage ferait; autrement, la scène n'est plus qu'un hâchis! L'acteur doit travailler sur une voie donnée; sans cette voie, la liberté n'est qu'un chaos — et pas une véritable liberté. Pour un acteur, la liberté est toujours une liberté à l'intérieur de zones très définies; il est libre de voyager sur *cette voie*, et non pas simplement libre de voyager. Être simplement libre de voyager signifie que si la voiture veut sortir du chemin et monter dans l'appartement, elle peut enfoncer la porte et démolir l'escalier.

M. : Vous ai-je vraiment donné l'impression que telle est l'idée que je me fais de la liberté?

STRASBERG : Dans le travail que je vous ai vu faire et dans celui dont j'ai entendu parler, il semble que vous soyez très peu disposé à affronter le problème d'un choix défini. Quelquefois, vous pouvez faire ce choix vous-même, mais parfois, dans les productions professionnelles ce n'est pas vous qui le faites; or, c'est dans ce choix que réside la liberté de l'acteur. C'est un problème, l'acteur doit y faire face, non pas en le désapprouvant mais en l'acceptant, et en faisant ensuite de son mieux. Autrement, cela voudrait dire que vous refuseriez des rôles à votre mesure et où vous devriez être bon, sous prétexte que ce qui a été décidé ne vous convient pas et n'est pas conforme avec vos idées. Dans une production, cela est impossible.

L'analyse qui a lieu au cours du troisième stade de travail est de deux sortes. La première — une analyse générale — traite de la pièce dans son ensemble et est centrée sur une définition de l'idée principale de la pièce, le concept dominant grâce auquel les éléments particuliers du rôle peuvent être définis. La deuxième est spéciale : elle divise le rôle, ou la pièce, en sections, dont chacune a sa propre identité. L'acteur fait ceci de façon à pouvoir jouer non pas d'une manière générale, mais en termes d'unités distinctes qui auront chacune une signification, une valeur tangible sur quoi fonder sa concentration.

Mais Strasberg prévient les acteurs que la raison d'une telle analyse est d'inspirer une fièvre et un enthousiasme artistiques. La simple exploration mentale a peu de valeur :

L'analyse vous permet de pénétrer les replis du rôle, d'en étudier les éléments séparés, la vie intérieure et le domaine entier. L'analyse consiste à chercher à comprendre les éléments et les expériences extérieurs, dans la mesure où ils affectent la vie intérieure du rôle; mais elle cherche aussi à faire découvrir en soi-même des sentiments, des émotions, des expériences, et d'autres éléments du même genre, qui permettront à l'acteur de se rapprocher du rôle. Bref, l'analyse procure la matière essentielle du processus individuel de la création.

Mais comment l'acteur « pénètre-t-il les replis du rôle » quand ce rôle est apparemment très éloigné de sa propre personnalité? Un bon exemple est le rôle d'un fou; il est douteux en effet que l'acteur ait lui-même passé par cette expérience. Cependant, Strasberg dit qu'il y a bon nombre de choses que l'acteur peut faire pour pénétrer dans le monde de la folie.

Tout d'abord, un être atteint de folie se comporte de façon très logique par rapport à ce qui l'a rendu fou. La folie ne peut être considérée comme l'équivalent d'une façon particulière de se comporter; c'est ce qu'essayaient de faire les acteurs d'autrefois, avec leurs sursauts, et leurs crises spectaculaires que Garrick fut le premier à rejeter dans sa fameuse représentation de Lear. Les gens croient toujours que la folie est étrange bien que, dans leur entourage même, ils aient tous les jours sous les yeux un tas d'exemples qui prouvent le contraire. Chacun connaît des personnes qui se comportent de façon tout à fait plausible, mais qui pourtant se sont mises tout à coup à faire des choses complètement illogiques avec une vérité et une réalité totales; elles ne se comportent pas étrangement, mais avec une conviction complète; ce comportement est fondé sur une attitude ou une idée fausse, celle justement qui les rend folles. Il n'y a, en réalité, pas grande différence entre un être sain qui assassine et un fou qui assassine; tous deux donneront une raison très logique de leur geste, mais la raison donnée par l'être sain est basée sur un fait réel.

D'autre part, le principe utilisé par Stanislavski pour aborder divers rôles difficiles, devrait être suggestif; il consiste à rechercher le contraire; ainsi, quand on joue un fou, on ne recherche pas la folie, mais le côté rationnel du personnage, l'élément qui fait de lui un être humain sensé; c'est alors, bien sûr, qu'on découvre ce qui le rend fou, mais on doit jouer cet élément insensé avec une réalité et une croyance totales.

Ainsi, Leonidof fut un des acteurs les plus connus du Théâtre d'Art de Moscou, et un excellent acteur, mais il avait l'habitude de s'emparer d'un élément de composition et de l'exploiter à mort. Je l'ai vu un jour donner une représentation extraordinaire de Igor Boulichef; il était censé avoir une maladie incurable, du début à la fin de la pièce; eh bien, pendant les trois actes on avait vraiment l'impression qu'on allait perdre l'esprit, tant il était insupportable de voir quelqu'un être à ce point nerveux et agité; on souhaitait qu'il en finisse, ou qu'il oublie cet élément du rôle, de façon à pouvoir prêter attention à ce qui se passait. Mais cette étrange faculté de saisir une idée et de l'exploiter à fond lui permit de saisir la passion presque traumatique d'un personnage tel que Dimitri Karamazov. Il s'était maquillé les yeux de façon à en souligner la petitesse; ses cheveux se dressaient sur sa tête et il avait attrapé cette expression crispée et cette passion contenue du personnage qui ne sont guère faciles à maintenir.

Un jour, Stanislavski travaillait avec Leonidof le rôle d'un avare et il voulait l'empêcher de rester trop accroché à la seule couleur de l'avarice; il lui dit : « Ne vous préoccupez pas de jouer un avare; essayez de jouer ce personnage comme s'il cherchait vraiment à tout faire pour tout le monde; ainsi quand quelqu'un vient vous rendre visite, essayez vraiment de chercher autour de vous ce que vous avez à lui offrir; vous cherchez vraiment mais vous découvrez que rien n'est assez bon pour lui, et finalement, vous ne lui offrez rien du tout. » Il parvint ainsi à éloigner Leonidof de la seule couleur de l'avarice; quelque chose lui donnait l'air d'un avare, mais en même temps, si quelqu'un l'accusait d'avarice, il pouvait répondre : « Que voulez-vous dire? Vous êtes fou? » et se sentir le droit de combattre cette idée. Par la recherche de la couleur opposée, il obtint le résultat désiré et trouva aussi la base de sa propre croyance, et une réalité qui était proportionnée à la nature complexe de la réalité de la vie.

Il arrive souvent, ici et dans mes cours privés, qu'un acteur travaille un rôle et découvre une petite chose qu'il ne comprend pas et qu'il rejette. J'ai invariablement pu lui démontrer que cette petite chose qui ne coïncide pas avec sa conception du reste de la pièce ou avec sa façon d'aborder le rôle est, en fait, la clé du rôle. Si un acteur ne peut trouver pourquoi une chose lui paraît insignifiante, invariablement c'est qu'elle est la clé du personnage. Si on demande à un acteur : « Que signifie cette seule ligne? » et qu'il réponde : « Eh bien, c'est la seule que je n'aie pas réussi à comprendre; tout le reste a un sens, mais pas ceci », l'explication de cette ligne est toujours la clé du personnage que l'acteur n'a pas encore trouvée. Quand il joue un fou, l'acteur doit faire particulièrement attention à rechercher la logique spéciale et l'expérience qui conditionnent chez cette personne le comportement que nous qualifions de fou.

Bien sûr, on peut aborder ce genre de rôle en utilisant simplement l'observation; c'est la manière la plus valable d'aborder une chose que l'on ne comprend pas : il faut trouver. Si, par exemple, vous jouez le rôle d'un docteur, vous allez voir sur place comment se comportent les docteurs, comment ils manient certains instruments et vous essayez d'apprendre à les manier de façon à avoir l'air d'être un médecin expérimenté. Si le rôle que vous devez jouer est celui d'un fou et que vous n'en trouviez pas la solution par l'analyse ou par la recherche du contraire ou de la clé du rôle, parfois vous pouvez la trouver tout simplement en observant les vrais fous. Je me rappelle qu'un de mes amis était interne à l'hôpital Kings County; j'allais lui rendre visite et il me fit faire le tour de son service. Je dois dire que, théoriquement parlant, je m'étais toujours fait une idée juste de la folie, mais malgré tout je fus déconcerté par le comportement des fous que je vis, parce qu'il était totalement différent de celui que j'imaginais.

L'acteur ne devrait pas être trop enclin à croire que ce genre de rôle est trop éloigné de nous. Il devrait au contraire estimer que, dans le cas de la folie par exemple, il y a en nous un élément qui, lorsqu'il tourne mal, peut nous amener à nous comporter comme un fou. S'il fait cette supposition, l'acteur peut se dire : « Attendez : j'ai remarqué qu'à certains moments les gens me disent : Tu es fou! Qu'est-ce qui te prend? Il faut être cinglé pour agir de la sorte! Eh bien, que faisais-je à ces moments-là? Qu'est-ce qui a provoqué cette remarque? » Quelquefois vous découvrirez que c'était l'insistance que vous mettiez à croire à quelque chose qu'ils affirmaient n'être pas tel que vous le voyiez. Parfois, c'est une tendance que vous avez à dire certaines choses ou à vous comporter de certaine façon. Ainsi, petit à petit, vous commencerez à en découvrir davantage sur la folie qui n'est pas encore reconnue comme vraie folie; car la folie est un processus qui se développe; au début, elle n'est pas manifeste et jaillit d'éléments que possède toute personne normale. Chaque être humain a, en lui-même, quelques-uns des éléments que tous les autres humains ont. Il y a des moments où nous sommes rois et reines, et indigents et assassins et fous. Voilà pourquoi l'acteur ne doit jamais croire que quoi que ce soit dans la vie soit tellement éloigné de lui qu'il ne puisse le recréer en lui-même.

Au quatrième stade de son travail, l'acteur procède à un approfondissement de son implication dans les circonstances données du rôle, pour intensifier le sentiment créateur et travailler les éléments émotionnels du rôle. Le travail fait précédemment avec les objets cherchait à éveiller la réalité et la conviction, et à faire vivre intensément l'imagination après le stimulus initial de la première lecture. Maintenant la concentration va vers la création des éléments fondamentaux de l'émotion que l'analyse, ainsi que le travail fait jusqu'à ce moment, ont révélés.

A son tour, ce travail émotionnel ouvre la voie à une recherche du sens profond ou de la vérité de la situation, des événements et des circonstances données. Ceci devrait amener l'acteur à pénétrer plus profondément encore dans le passé du personnage et dans le sien propre pour comprendre définitivement les problèmes du rôle.

Cette compréhension conduit au cinquième et dernier stade du travail du rôle : il se rapporte aux motivations et aux justifications du comportement de l'acteur. Celui-ci a maintenant trouvé beaucoup de choses à faire; il doit s'assurer maintenant que ces choses font partie d'un « processus imaginatif qui permet à l'acteur de les exécuter ». Il doit s'assurer qu'une logique réelle plutôt que formelle lui permet de répondre à la question : « Quelles sont les circonstances de ma vie intérieure qui pourraient me permettre, en tant qu'être humain et artiste, de faire ce que j'ai à faire dans la pièce? »

L'acteur ne doit jamais faire quelque chose sous prétexte que le personnage le fait; il faut qu'il trouve en lui-même une justification à cette action et qu'il s'y conforme; bref, il doit rendre ce qu'il fait tout à fait personnel. Pour mener à bien ce dernier travail, il doit faire tous les efforts possibles pour éviter que la représentation ne se fige et ne se fixe; jusqu'à la fin, l'acteur doit demeurer libre et créateur.

Ce processus exige des réajustements et des examens constants; il doit demeurer frais et vivant; sa vitalité, au cours des représentations en public, doit être continuellement remise en question. Si certaines choses qui rendaient la représentation vivante deviennent inefficaces, il faut les changer tout en gardant la même silhouette générale du rôle.

Une des sources de difficultés constantes pour l'acteur est de supposer, faussement, qu'une représentation doit être, soit fixée définitivement et par conséquent surtout extérieure, soit libre, et donc accidentelle. Nous disons beaucoup trop facilement : « L'acteur doit apprendre à répéter », et nous oublions de demander : « Qu'est-ce qu'il répète? » Nous supposons que, étant donné qu'il répète, il doit tout répéter et que plus il imite fidèlement les représentations précédentes, mieux il joue. Nous ignorons le fait qu'un acteur possédant une bonne technique intérieure peut à la fois être libre et fixe; non seulement il peut être spontané mais il peut encore contrôler sa spontanéité sur scène.

Le théâtre saisit la vie directement, littéralement, avec, pour ainsi dire, ses pulsations. Plus qu'aucun autre art, il crée le processus de la vie. Le prix que le théâtre paie pour ce don est qu'il a la même qualité que la vie : la vie vit et meurt, le théâtre aussi. Le théâtre naît à chaque représentation.

Avec l'acteur, plus les choses sont impromptues, plus elles sont préméditées; les choses les plus inconscientes dans le personnage sont celles que l'acteur ne peut faire que si elles sont très conscientes chez lui. Ce qui est manifestement suggéré par le texte est facile à faire. Mais qui saura faire tout ce qui n'est pas suggéré par le texte et que le personnage fait sans le savoir? Seul l'artiste sait ce qui se passe dans le personnage, que le personnage lui-même ignore.

La difficulté fondamentale du jeu théâtral est que l'acteur doit créer sur scène, presque autant que dans la vie, le sens de la spontanéité. Dans tout grand jeu théâtral, il y a un élément de spontanéité à l'intérieur même de la représentation qui garde la même forme et la même silhouette à travers toutes les représentations; il y a aussi des éléments continuels d'improvisation. La représentation varie, mais la forme demeure la même.

Forme et spontanéité sont chez l'acteur, comme chez tout autre artisan, choses délibérées. C'est la raison fondamentale de tout art. Stanislavski a mis cette idée en une formule qui semble très snob et pédante : « du conscient au superconscient ». Il veut dire que ce qui se produit spontanément dans la vie doit, sur scène, être créé par l'acteur de façon à ce qu'il sache qu'il la crée; cela doit être spontané, et pourtant contrôlé par l'acteur; il doit en être conscient tout en s'y laissant prendre. Telle est la nature particulière de l'art du jeu théâtral.

De ce point de vue, il n'y a pas de différence entre jouer la comédie et jouer des rôles sérieux. Une scène peut être jouée différemment lors d'une série de représentations, et demeurer tout aussi drôle et amusante. L'acteur n'a pas à craindre la peur que le metteur en scène provoque chez lui en lui disant : « Si vous ne le jouez pas de cette manière, ce ne sera pas drôle; ou bien vous le faites comme je vous le dis, ou bien vous n'obtiendrez pas un seul rire. » Certes, en suivant les conseils de votre metteur en scène, vous ferez rire; cela a quelque chose à voir avec le « timing »; on apprend à prendre le public et à le frapper d'une certaine façon; mais vous ferez rire tout autant en jouant le texte de façon différente.

Il y a une chose dont l'acteur doit se préoccuper et qui est bien plus importante que d'obtenir les rires parce que c'est un élément qui peut n'être pas dans la représentation chaque soir à moins que l'acteur ne travaille consciemment à l'y amener. La raison pour laquelle il faut maintenir la forme de la scène n'est pas que la scène sera moins drôle si on s'en éloigne; mais le fait de la maintenir rend l'acteur libre de créer l'expérience et la vie qu'il est seul à pouvoir créer. Les descriptions qu'on a faites des grands acteurs du passé et des grandes expériences théâtrales de notre temps nous montrent que c'est possible : il s'agit simplement de maintenir la structure de la scène établie quand elle a été divisée en sections au début du travail.

Le travail de découpage en sections découle en grande partie du sens de ce qui se passe dans la pièce. Il est évident que cela produit une plus grande logique; en effet, si l'on compare chaque partie à la précédente, on s'aperçoit qu'elles contiennent toutes un élément nouveau. Le sens de la transition d'une section à l'autre crée la continuité du jeu; si l'on n'est pas conscient de ces transitions, les mots se rapportant à l'élément nouveau n'ont aucun sens.

Ces sections se distinguent entre elles par ce qui les limite; à l'intérieur d'une section, on n'établit pas d'enchaînement précis; la section va jusqu'à la limite prévue. Par exemple, supposons qu'en entrant j'ai un accès de colère qui dure jusqu'à ce que mon partenaire dise quelque chose. Ce qu'il dit limite la première section et m'amène à essayer de m'expliquer; je continue à m'expliquer jusqu'à ce qu'il dise autre chose qui délimite cette seconde section, et je reviens alors à la première; je la poursuis jusqu'à sa limite et ainsi de suite; de cette manière, il est possible de fixer une pièce dans ses lignes essentielles de façon que tout ce qui y est fondamental reste inchangé, mais qu'à l'intérieur de ce dessin, l'acteur soit libre de ses mouvements et de son comportement. A l'intérieur même d'une section, on peut établir certaines positions importantes : l'acteur peut savoir qu'il s'assiéra sur telle chaise et non sur telle autre; mais au-delà de cela, il est libre de créer la vie au sein de la représentation.

Je ne parle pas au futur : dans le Group Theatre, nous avions déjà porté cette façon de travailler à un tel degré de perfection que les productions étaient claires et très précises, mises en scène de façon très définie, et pourtant chaque soir on les improvisait, de sorte que chaque soir, l'acteur était toujours aussi vivant. Autrement, il est impossible de garder à la représentation sa spontanéité.

Je me souviens d'une grande improvisation que nous avions faite dans notre première pièce : quelqu'un quittait la scène et était censé se tuer en coulisses, et Franchot Tone restait seul, assis en scène : il y avait alors un moment pendant lequel ce qui venait de se passer le frappait brusquement; puis il devait courir. L'improvisation était très clairement définie ainsi que ses réactions, mais le moment exact où il devait courir n'était jamais fixé; il devait le faire quand l'idée de la mort de l'autre personnage le frappait. Nous lui avions dit également qu'il avait trois alternatives, à cause du problème suivant : il devait courir vers la porte par laquelle, un moment plus tard, on ramènerait le cadavre, et nous ne voulions pas que la scène restât trop longtemps vide, si un soir il se mettait à courir un peu trop tôt; donc, nous lui avions dit que s'il arrivait jusqu'à la porte, même s'il avait le temps de la franchir, il devait toujours revenir parce qu'il apercevait le corps qu'on ramenait. Si les acteurs qui portaient le corps partaient trop tard par rapport au moment où il se mettait à courir, il devait franchir le seuil, voir le corps, revenir et attendre; mais s'il se mettait à courir trop tard par rapport aux acteurs qui revenaient avec le corps, il n'aurait à s'inquiéter de rien parce que ces derniers le repousseraient en entrant. Cela ne changeait absolument rien qu'il se mette à courir, à tel ou tel moment, mais le fait d'être poussé par la croyance et la logique juste au moment où il courait faisait une grande différence. Si l'on délimite de façon trop précise des sections de ce genre, on accroît les chances de donner une représentation mécanique.

Si un acteur est attiré par la perspective de créer un rôle à la fois bien dessiné et libre, il néglige souvent une part très importante du processus qui permet de créer le rôle de cette manière. Il souhaite qu'on le laisse libre d'improviser, mais il oublie qu'il doit se munir de ressources sur lesquelles il pourra improviser. Dans le jeu théâtral — comme dans toute tentative humaine — rien ne peut sortir de rien. Même l'acteur qui a une bonne technique et tout un arsenal de formules pour exciter son imagination ne réalise pas toujours à quel point une improvisation faite en cours de représentations peut être basée sur des improvisations antérieures faites pendant les répétitions.

Mme Fiske est une actrice qui n'a manifestement aucun rapport avec « la Méthode »; on ne la considère pas comme une actrice très consciente, et pourtant elle a des méthodes de travail très solides et très sûres. On s'en rend compte en lisant le compte rendu qu'elle a fait de ses premiers travaux sur Ibsen. Elle avait, auparavant, travaillé des rôles beaucoup plus simples qui lui convenaient parfaitement. Quand elle aborda Ibsen, ce fut comme si elle pénétrait dans un monde de ténèbres. Il y avait dans les pièces de cet auteur des sens profonds que n'avaient pas les rôles qu'elle avait travaillés jusqu'alors; elle s'aperçut qu'on ne pouvait plus se contenter, ici, d'apprendre simplement le texte et de faire ce qu'il suggérait.

Les pièces d'Ibsen se rapportent, en général, aux derniers moments d'un personnage; il est évident que ces derniers moments sont conditionnés par tout ce qui les a créés, de sorte que Mme Fiske sentit que son travail sur Ibsen devait être presque entièrement improvisé plutôt que répété. Pendant la première année où elle travailla ces pièces, elle partit en voyage, et partout où elle se rendit, elle essaya — mentalement et aussi objectivement, en s'enfermant dans sa chambre — d'improviser, de jouer des événements englobant les divers personnages de la pièce, de sorte que, par la suite, au cours des représentations, à certains moments, des associations se faisaient, en rapport avec ces improvisations. Dans la vie, nous sommes continuellement l'objet de semblables associations surgies de notre passé; mais sur scène, l'auteur ne donne à l'acteur qu'un matériau bien déterminé : le résultat final. Voilà pourquoi, lorsque l'acteur atteint ces moments précis de la vie de son personnage, il n'a pas la réaction naturelle et automatique d'un être humain par rapport à son propre passé. Voilà pourquoi nous conseillons souvent aux acteurs d'improviser quand ils préparent un rôle, sans négliger pour cela le travail à faire sur le texte et sur les enchaînements réels.

Les gens associent d'habitude composition d'un personnage et maniérisme de l'acteur ou du personnage. Mais lorsqu'on a affaire à un acteur vraiment doué, ces éléments sont pour lui la partie la moins importante de son talent. C'est le côté vraiment rare, étrange même, du talent, composé de ces éléments humains qui, même dans la vie, n'ont pas toujours l'occasion de s'épanouir, qui fournit les réponses dans un rôle d'Ibsen ou de Strindberg; l'acteur les trouve au fond de son inconscient dans des associations bizarres et singulières de sa connaissance et de son expérience. La révélation de ces éléments peut produire des résultats étranges et particuliers, mais si l'acteur ne trouve pas ces réponses en lui-même — consciemment ou inconsciemment — il ne sait pas vraiment ce qu'il fait, et se met à jouer de façon conventionnelle. Improviser sur un rôle permet d'explorer ce qui pousse un être humain à se comporter de telle façon particulière. Autrement, c'est sans valeur.

Aux actrices D. et O., *après qu'elles eurent improvisé sur une scène de Strindberg, extraite de* « *The Stronger* » : Quoi que vous ayez fait dans cette scène, de quelque façon que vous l'ayez mise en scène, bien que vous l'ayez jouée autrement que la dernière fois, et bien que vous ayez gardé le rire du début, vous avez créé une espèce de tension qui n'existe pas dans cette scène. Je regrette! peu importe qui la joue et si elle est bien jouée. Invariablement, le public rend un hommage peu sincère à la tension. Il dit : « N'est-ce pas formidable! regardez! Elle est assise là, sans bouger. C'est difficile! Elle doit rester là et ne rien dire; comme elle le fait bien! Elle est tellement tendue! » Vous voyez? C'est toujours un tour de force, mais jamais on n'y trouve la véritable tension qui jaillit lorsqu'on saisit ce qui est inhérent à la pièce.

Aujourd'hui, la scène avait de l'intensité, et je ne parle pas d'une intensité qui serait de la tension, mais d'intensité en termes de réalité. Vous aviez de la réalité; nous avions peur de ce qui allait arriver; il y avait un intérêt réel; ce n'était pas simplement une « pièce de Strindberg », ce n'était pas simplement une chose que nous écoutions et regardions avec plaisir; c'était quelque chose que nous observions avec une attention tout à fait différente; notre esprit allait vers cette réalité, vers la pièce, vers nous-mêmes. Cette qualité d'attention ne peut être éveillée autrement que par ce genre d'improvisation.

On ne peut créer dans cette scène l'antagonisme strindbergien — ce genre d'antagonisme primitif, terre à terre qui existe entre hommes et femmes, ou femmes et femmes — si on n'improvise pas; il faut explorer très loin comme fait le peintre qui dessine des croquis d'où il tirera en partie la qualité définitive de son tableau. La plénitude et l'intensité que vous aviez ne pouvaient être obtenues autrement qu'en restant assises à cette table, explorant, réfléchissant et laissant affleurer certains éléments que vous tenez cachés — comme beaucoup d'entre nous.

Sans tenir compte de ce qu'on pourrait faire par la suite dans cette scène, vous avez trouvé certaines attitudes, certaines expériences, certains rapports qu'il faudrait essayer de garder. Même si nous vous disions : « Dans cette scène, nous ne voulons pas de vraie bataille entre elles », vous pourriez quand même vous dire : « Je me bats, je me suis battue la dernière fois que quelqu'un m'a dit quelque chose de ce genre, et *elle* le sait. » Personne ne sait mieux qu'elle que vous vous battez! C'est de cette manière que les improvisations deviennent l'équivalent des réalités de la vie. L'une de vous sait vraiment quelque chose sur l'autre, de sorte que même si *cette fois* elle reste assise bien tranquillement, quand elle se lève vous vous reculez instinctivement parce que vous vous rappelez ce qu'elle a fait la dernière fois. L'improvisation crée et conditionne les réflexes de la même façon que nous acquérons de l'expérience dans la vie. Aujourd'hui, sur scène, une réalité est apparue : par la suite, vous pourrez réagir en fonction de cette réalité de la même façon que vous réagiriez si vous aviez vraiment eu l'expérience et le comportement du personnage. Cette connaissance de la « vie » est très différente de la connaissance mentale que nous avons généralement des personnages d'une pièce.

Ces cinq étapes du travail d'un rôle peuvent être assez clairement différenciées; mais cette différenciation n'est valable que pour guider l'acteur et l'aider à réaliser ce qui est nécessaire à la représentation. Le rôle doit grandir comme croît un arbre, et non pas comme une partie d'une machine. Une machine ne marche pas avant d'être entièrement montée. L'acteur doit travailler chaque étape du développement d'un rôle, sinon il court le risque d'aboutir à un résultat mécanique.

Strasberg et le Studio essaient d'éviter les dilemmes stériles où mènent les discussions sur le jeu théâtral, et suggèrent que le plus grand art est le résultat d'une approche organique du matériau de l'auteur dramatique, qu'il soit comique ou sérieux, naturaliste ou hautement théâtral. Ils préconisent la pleine utilisation des ressources de l'acteur et exigent une évaluation constante et objective de la réalité de la situation de l'acteur.

Peut-être que la plus grande pierre d'achoppement dans la réalisation de cet idéal dans le théâtre contemporain est l'exigence du « style » qui pose en principe que le « style » et le « réalisme » sont en quelque sorte opposés. Dans la mesure où l'acteur tente de satisfaire à cette exigence, il est poussé vers un extrême qui rejette la façon d'aborder le travail de Strasberg et du Studio.

Convenablement compris, le « style » n'est pas du tout opposé au réalisme. Le « style » se rapporte au fait qu'une vraie expression reflète vraiment les rapports — variés presque à l'infini — qui existent entre la réalité et l'artiste; c'est une mesure de l'expression et non une partie de l'expression. Au vrai sens du mot, il n'y a pas de « style » shakespearien « valable », ou de « style classique » ou de « style grec ». Il y a seulement la meilleure expression que l'acteur peut donner à une réalité qu'il a explorée et comprise.

Beaucoup de gens ont le droit d'assister aux cours du Studio. Ils n'y font rien et de ce fait prennent tout pour acquis. « C'est l'Actors Studio, mais à quoi sert la plus grande partie du travail qu'on y fait? », « Kazan travaille des pièces grecques, mais qu'en sort-il? Un tas de bêtises », et d'habitude, plus ces gens sont jeunes, plus ils dénigrent facilement; moins ils sont expérimentés et plus ils savent exactement comment on doit monter une pièce grecque. Notez qu'au cours des deux mille ans d'expérience théâtrale que le monde a traversés, je ne connais aucun exemple d'une production de pièce grecque qui ait satisfait l'idée que je me fais, ou que se fait le monde de la manière dont il faut monter une pièce grecque.

Avant d'avoir vu les productions de Zeffirelli, je ne pouvais citer aucun exemple — dans toute l'histoire du théâtre depuis ces trois cents dernières années — d'un *Roméo et Juliette* totalement satisfaisant, ou même à peu près satisfaisant. De bons acteurs jouent Roméo et Juliette, et nous disons : « Ils s'en sont bien tirés. » Dans Othello, Shylock ou Richard, il y a de jeunes acteurs qui ont réussi du premier coup et ont fait leur carrière sur ces rôles; je ne peux citer un seul exemple du même genre en ce qui concerne Roméo et Juliette.

Nous sommes peu sincères quand nous disons qu'il y a, en fin de compte, une façon de jouer n'importe quelle pièce classique et que cette manière est celle qu'utilisaient déjà les acteurs grecs d'autrefois et les acteurs élisabéthains de l'époque shakespearienne; c'est une affirmation que je mettrai en question, non sur le plan des arguments, mais sur la base des faits que nous connaissons.

Ainsi, nous avons des comptes rendus d'acteurs grecs; la première école affirmait que les acteurs de l'autre école jouaient comme des singes. Un acteur grec très connu se flattait de ce qu'on ne pouvait faire la différence entre sa façon de parler en scène et dans la vie. L'une des écoles appréciait cela, l'autre pas du tout. Nous avons l'exemple de cet acteur grec du IVe siècle qui jouait la scène où Électre vient pleurer son frère; il nous dit que cette lamentation était très difficile et que pour s'aider à la réaliser, au moment où il entrait en scène portant l'urne contenant — soi-disant — les cendres de son frère, il portait réellement les cendres de son fils récemment décédé.

Les grecs avaient les mêmes problèmes que nous, et nous n'avons aucune preuve qu'ils aient réussi à les résoudre mieux que nous. S'ils étaient de bons acteurs, ils possédaient les qualités de tout bon acteur de n'importe quelle époque; s'ils avaient des difficultés, elles étaient les mêmes que les nôtres.

Si nous jugeons les deux écoles dramatiques rivales d'après

les témoignages qu'apporte la tirade de Hamlet, nous voyons que Shakespeare estimait que beaucoup d'acteurs élisabéthains non seulement ne pouvaient jouer ses pièces, mais encore ne pouvaient rien jouer du tout; d'après lui, ils ne méritaient même pas le nom d'acteurs bien qu'ils aient obtenu de grands succès.

Nous essayons, ici, de trouver quelque chose qui n'a pas encore été trouvé; peut-être agissons-nous de façon trop subtile, mais nous cherchons à résoudre les problèmes fondamentaux du théâtre de Shakespeare, avec sympathie et compréhension. Nous sommes conscients qu'il y a dans ce théâtre des éléments différents de ceux qui sont dans le nôtre; or, nous aimerions garder et utiliser ces éléments, mais permettre à nos acteurs de créer un comportement de ces personnages avec un sens de la réalité et de la conviction tout à fait moderne mais en même temps correct pour la pièce.

Ce n'est pas perdre notre temps que d'étudier ces problèmes demeurés sans solution depuis trois cents ans. Le problème shakespearien est un problème valable, important, que Stanislavski lui-même n'a pas résolu, pas plus d'ailleurs que les grands metteurs en scène des temps modernes. De temps à autre, un acteur en a résolu une partie, mais dans son ensemble, il reste sans solution.

Donc, ne tombons pas dans le piège de croire que si seulement nous pouvions trouver le secret dans le passé, nous serions sur la bonne voie; s'il y a eu un secret, ce n'était rien d'autre que le secret du talent. Si Michel-Ange était un grand homme, ce n'est pas parce qu'il vivait au XVIe siècle, mais parce qu'il avait du talent; si vous avez du talent aujourd'hui, vous pouvez aussi devenir un Michel-Ange, à condition de vivre aussi longtemps que lui et de travailler aussi dur, car travailler pendant deux ans au plafond de la Chapelle Sixtine, juché sur une échelle en faisant des efforts à vous briser le dos pour peindre ces silhouettes extraordinaires, exige non seulement du talent mais un labeur torturant. Dans ce sens, le talent est universel, mais pas le travail car si l'on ne fait pas les efforts convenables et si l'on ne prend pas le temps qu'il faut, on ne pourra ni faire usage du talent qu'on a, ni résoudre les problèmes que l'on perçoit.

Je ne veux jamais vous empêcher de travailler quelque chose

que vous avez derrière la tête même si ce n'est pas conforme à ce que je pense ou à ce que pense quelqu'un d'autre; je ne me préoccupe que du processus qui vous amène à réaliser votre propre conception des choses. Jamais je ne découragerai les efforts que vous faites pour rendre votre jeu simple, facile et naturel. Mais je découragerai certainement en vous l'idée que ce naturel vous amènera toujours à découvrir l'art dramatique.

Je vous vois très souvent suivre la formule de Stanislavski — opposée à celle de Vakhtangov que je préfère — dont voici un exemple : « Une jeune fille tombe amoureuse. J'ai été amoureux moi-même; quand je le suis, qu'est-ce que je fais ? » Stanislavski pose ainsi le problème du jeu théâtral; voilà pourquoi il n'a jamais pu résoudre les problèmes fondamentaux des pièces classiques qu'il joua, en dehors du répertoire russe.

Vakhtangov pose le problème différemment : Il ne dit plus : « Si j'étais comme ceci ou comme cela, qu'est-ce que je ferais » — mais : « Si je joue Juliette et que je doive avoir le coup de foudre, qu'est-ce que moi, l'acteur, je devrais faire pour créer en moi la croyance en ce genre d'événement ? »

Stanislavski a fait des choses très intéressantes. Quand une actrice s'attaquait au rôle de Juliette, il lui disait quelque chose comme : « Voyons, vous êtes une jeune fille; vous avez été amoureuse; quand vous êtes amoureuse, qu'est-ce qui vous préoccupe vraiment ? Ne me répondez pas cette bêtise que l'important pour vous est de savoir si votre amant est un Montaigu ou un Capulet. En fait, Juliette dit : " Qui s'occupe de cela ? " Réfléchissez, qu'est-ce qui vous préoccupe ? Comme je n'ai guère le temps de m'appesantir là-dessus, je vais vous donner une réponse pour vous montrer ce que je veux dire. Vous vous préoccupez surtout de savoir si vous êtes assez belle pour l'attirer. Vous vous préoccupez de savoir s'il vous remarque — est-ce qu'il n'aurait pas simplement fait semblant ? jouait-il avec le feu ? Qu'arrive-t-il à une jeune personne qui s'inquiète de son apparence ? Dites-le-moi. Moi, je n'en sais rien; c'est trop féminin et trop juvénile. Ne me répondez pas avec des mots. Shakespeare l'a déjà fait pour vous et nous y viendrons. Dites-moi ce dont une jeune fille à l'imagination débridée peut vraiment se préoccuper à un moment pareil ? » Stanislavski a souvent essayé de trouver ce genre de réalité précise, mais avec Shakespeare, il n'y a pas réussi.

Quand je dis que je crois en la formule de Vakhtangov, je ne veux pas dire que j'aie toujours été pour lui. Non. Nous avons essayé les deux méthodes et nous avons trouvé que, dans certains cas, celle de Stanislavski n'était pas efficace ; elle vous laisse souvent un sentiment de frustration dans quelque chose de simple, naturel et facile, qui n'est absolument pas ce que requiert la pièce ; souvent aussi elle ne conduit pas l'acteur à rechercher le genre de réalité conçue par l'auteur et qui se trouve entre les lignes ; elle devient presque un moyen de rabaisser tout élément dramatique à un niveau naturaliste qui ne peut soutenir le drame ; elle n'aidera l'acteur que par accident.

Nous devrions commencer à prendre conscience du fait que le théâtre au XXe siècle est totalement différent de l'idée qui persiste dans l'esprit des intellectuels et selon laquelle il est essentiellement une attitude littéraire. La conception moderne de l'art théâtral vient de gens comme Gordon Craig et Adolphe Appia ; elle admet que l'art théâtral est une combinaison de mots, de sons, de visions, de mouvements et d'actions. Le théâtre est la combinaison de tous les éléments qui le composent ; souvent, ces éléments pris ensemble peuvent former une pièce qui, d'un point de vue purement verbal, ne vise pas du tout à l'œuvre d'art. J'ai vu la Duse dans des mélodrames de troisième ordre et je l'ai vue dans des pièces d'Ibsen ; elle était superbe dans les uns et dans les autres.

Notre sens moderne de la façon dont il faut regarder une pièce n'est pas tout à fait clair, du point de vue théâtral. Nous réalisons qu'il y a, dans une pièce de Shakespeare — en plus de sa forme littéraire — quelque chose dans sa nature théâtrale qui la rend superbe, mais nous n'en avons pas vraiment saisi le mystère, sauf sur scène. Nous ne pouvons définir une pièce de théâtre comme nous le faisons pour un fait scientifique. Sous ce rapport, nous pouvons encore exiger une plus grande connaissance de Shakespeare basée sur la compréhension de ses pièces en tant qu'œuvres d'art théâtrales.

La maîtrise théâtrale de Shakespeare se trouve, par exemple, dans sa connaissance du fait que certaines choses demandent un certain temps pour être accomplies, et qu'il ne s'agit jamais de temps réel, mais de temps scénique. Souvent, dans ses pièces, un personnage se lève la nuit, mais au bout de quelques minutes l'aube point. Shakespeare ne se contente pas de dire simplement : « Allumez les lumières », en laissant le pauvre acteur résoudre le problème tout seul! Il ne l'abandonne pas avec quelques phrases inutiles et sans valeur et n'admet pas que le public voie le temps passer de façon imaginaire et non réaliste; non! Il prend toujours grand soin de donner à l'acteur quelque chose à faire qui soit convaincant. S'il le fait habiller sur scène, il lui donne aussi un texte magnifique de façon que le public ne remarque pas trop qu'on l'habille; et il lui en donne suffisamment pour lui permettre — s'il est habile — de se laisser habiller sans se presser, tout en lui donnant de temps à autre de petites phrases telle que « un peu trop serré, s'il vous plaît » ou bien « un peu plus serré » qui indiquent la progression de l'action. En même temps, il utilise cette action pour passer de deux heures du matin au début de la tirade, à six heures du matin, à la fin, grâce à l'insertion de petites phrases dans le genre de : « Les étoiles s'évanouissent », ou bien : « Voyez, la lune a disparu », et : « Oh, l'aube paraît », jusqu'à ce qu'enfin le personnage dise : « La matinée a commencé; il nous faut nous rendre à notre travail. » Shakespeare crée le temps sur scène.

En abordant Shakespeare, selon sa formule personnelle, Stanislavski était trop délibérément réaliste dans sa façon d'utiliser le temps; de ce fait, il brisait la structure même de ce que Shakespeare avait si merveilleusement construit et créé. La scène de l'arrivée d'Othello à Chypre est faite pour nous montrer que mari et femme n'ont pu supporter de rester éloignés l'un de l'autre et qu'ils sont impatients de se revoir. Le bateau accoste, Othello saute à quai, et s'écrie : « Oh, mon amour », puis parle longuement à Desdémone. Ceci est la réalité de la scène et non le réalisme de la scène; quand on brise cette structure et qu'on établit une différente sorte de temps, toute la réalité de la pièce disparaît. Stanislavski avait inséré dans cette scène une improvisation très détaillée, avec accostage du bateau, maniement de filins d'amarrage, et autres détails réalistes et corrects. Puis il se dit : « Quand un bateau accoste, il n'accoste pas juste pour permettre à un acteur de débarquer; on décharge d'abord le fret », et il mit des figurants qui déchargèrent la marchandise. Ensuite, il dit encore : « Quand le Gouverneur paraît, à Chypre, ce n'est pas juste pour apparaître dans une pièce de Shakespeare, il faut qu'une délégation lui souhaite la bienvenue. » Stanislavski inventa donc une longue cérémonie de bienvenue, et pendant tout ce temps, Othello et Desdémone n'avaient rien à faire sinon essayer de se comporter de façon aussi naturelle que possible.

Je regrette! C'est peut-être Stanislavski, mais ça n'est plus Shakespeare! Cela n'a pas la moindre valeur ni le moindre sens. Qui s'occupe de ces détails ? Les gens attendent qu'Othello arrive et se précipite vers son épouse. Quand Stanislavski se laisse entraîner dans des détails tels que le déchargement du bateau, il se préoccupe d'une chose qui n'intéressait nullement Shakespeare. Et les productions shakespeariennes de Stanislavski n'eurent pas de succès. On en a blâmé la « Méthode » mais à mon avis, elles échouèrent simplement parce que Stanislavski avait curieusement tendance à mettre l'accent sur des détails de ce genre, superficiels et naturalistes.

Les gens ont l'impression que les classiques ne nous intéressent pas. Ils ne se rendent pas compte que notre trac devant les classiques nous empêche de les aborder avec la même aisance que celle que nous avons pour les pièces contemporaines. Les grandes pièces sont de grandes expériences, pas simplement de grands textes; les grands et beaux textes ne sont que le canevas de grands événements que les gens expérimentent profondément; dans les pièces contemporaines, les gens qui expérimentent sont souvent moins que nous-mêmes. Dans les grandes pièces de théâtre, il n'y a pas de limite à la sensibilité exigée ni à l'emprise de l'expérience requise.

Les personnages de Shakespeare sont de grands hommes et aussi bien joués qu'ils soient, quel que soit le goût élisabéthain dont on les assaisonne, quelles que soient la logique et la netteté dont on les imprègne, quelles que soient les merveilleuses qualités personnelles dont on les revête, la façon de les aborder qui n'est que la somme de ces éléments ne résoudra pas le problème shakespearien.

Nous sommes dans un vrai dilemme, au théâtre aujourd'hui, en ce qui concerne le problème shakespearien et la plupart des pièces classiques. D'un côté, nous nous disons : « Nous manquons de style, d'allure; nous ne pouvons nous mouvoir et parler comme devraient le faire les acteurs qui jouent ces pièces. » Quand on me dit cela, je suis d'accord; moi aussi, je crois qu'il est très difficile d'agir, de parler, comme les personnages de Shakespeare — c'est-à-dire d'avoir de l'intelligence, de l'esprit, une vive aisance émotionnelle et la capacité de maintenir cette émotion pendant un long moment, tout en disant un texte dont les mots se déversent rapidement, pleinement et de façon intelligible. Après tout, il n'y a eu qu'un seul Shakespeare au monde! Mais d'autre part, quand on suppose que pour apprendre à agir et à parler comme les personnages de Shakespeare, il faut imiter les acteurs anglais, je me désole! Shakespeare n'imitait pas les acteurs anglais! Il a même fait des critiques ravageuses sur certains acteurs à succès de son époque. L'autre côté du dilemme est que nous sommes fortement poussés à concevoir les personnages de Shakespeare par rapport à la forme extérieure et formelle du texte.

Pris dans ces dilemmes, il est important de nous rappeler que la meilleure façon d'aborder Shakespeare est celle de Bernard Shaw qui affirme que « les personnages classiques sont classiques parce qu'ils sont le genre de personnes qui ont créé nos arts, nos sciences, nos politiques et nos guerres »; ce sont des gens qui traitent des grands problèmes de la vie et qui les abordent avec une profonde sensibilité et une grande intelligence; voilà pourquoi, quelque vivants que soient les acteurs, quelle que soient la justesse de leur ton et l'aisance et l'intelligence qu'ils mettent dans les mots, s'ils jouent Shakespeare sans que je puisse croire qu'ils sont les gens qui ont créé le Grand Empire Britannique, pour moi, ce n'est pas Shakespeare! C'est une imitation d'autres bons acteurs plutôt qu'une représentation de la vie.

Parce que nous sommes conscients de la puissance de l'emprise verbale, nous avons quelquefois peur de nous laisser prendre par la phrase shakespearienne; en réalité, il n'y a pas besoin d'avoir peur : la phrase, après tout, n'est que la matérialisation de la pensée. Une même pensée peut contenir quinze adjectifs, si l'auteur est habile à en trouver d'expressifs. Une des clés du langage shakespearien est qu'à son époque, les esprits étaient plus rapides, et plus actifs que de nos jours; on n'avait pas, en ce temps-là, de machines qui pensaient pour l'homme; il fallait tout faire par soi-même, et celui qui écrivait des poèmes était aussi homme d'armes, et galant avec les dames; puis il finissait par perdre sa tête sur la guillotine. Ces gens vivaient le genre de vie qu'ils décrivaient dans leurs écrits; Shakespeare lui-même, à certains moments de sa vie, frôla de sérieux dangers. Marlowe fut arrêté comme espion. Ben Jonson fut soldat et tua un homme; bref les gens de cette époque vivaient vraiment la vie que nous voyons représentée dans leurs pièces. Voilà pourquoi, si nous savons ce que nous disons et où nous le disons, nous n'avons pas besoin d'avoir peur de le dire.

Il est vrai que nous vivons à une époque qui n'est ni harmonieuse ni expressive; nous ressentons beaucoup de choses, mais les mots nous manquent pour les exprimer; notre langue est pauvre en quantité aussi bien qu'en qualité; notre vocabulaire n'est plus assez vaste; la vitalité est bien plus grande dans le langage ordinaire que dans la langue intellectuelle : les clochards ont le langage le plus riche! Le concept de bon langage implique aujourd'hui de la politesse et un manque de personnalité, alors qu'à l'époque élisabéthaine il impliquait une grande vivacité de pensée, de sentiment, de sensation, d'expression et de comportement. La capacité de danser, de chanter et de faire de l'escrime était nécessaire aux gens de la classe que fréquentait Shakespeare; de cela nous n'avons pas besoin d'avoir peur; je comprends que l'on ait peur à l'idée de se laisser prendre par le moule verbal et l'harmonie du texte, mais la clé de beaucoup des problèmes shakespeariens est de faire aller de pair la pensée avec les mots à travers tous ses textes.

Au temps de Shakespeare, le langage de cour et le langage ordinaire se rejoignaient pour la première fois en Angleterre. Les gens étaient aventureux et inventifs dans leur langage; celui qu'emploie Shakespeare n'est pas celui d'un homme qui a du mal à trouver ses mots ou qui cherche des mots pour exprimer quelque chose qu'il ne comprend pas très bien; il y a toujours chez lui une plénitude de sensation qui vient de ce qu'à cette époque, on disait les choses à fond.

Il est vrai que les longues tirades dans les premières pièces de Shakespeare sont encore rédigées dans la tradition littéraire classique et copient les tirades conventionnelles de son temps; il y a aussi, dans ces pièces, une ou deux scènes qui indiquent que Shakespeare avait dans sa compagnie un acteur capable de faire certaines choses parce qu'il a écrit des scènes pour lui dans chacune de ses pièces. Ainsi, dans *Les Deux Gentilshommes de Vérone* il y a la scène de Launce avec le chien; elle est manifestement écrite pour un clown et son chien; cet acteur avait évidemment un chien et savait le faire jouer de façon amusante.

Il faut toujours faire attention à ne pas perdre de vue la réalité créée par l'auteur, et dans cette scène, elle était la suivante : « Voici un acteur »; cela exige beaucoup plus qu'une simple qualité de naturel, quelque authentique qu'elle soit; il faut donner le sentiment de l'acteur en représentation; la scène est manifestement drôle et le chien aide à la rendre telle. Le chien, voyez-vous, a cette qualité extraordinaire d'être lui-même, sans avoir lu Aristote ni les Grecs! Il sait comment être lui-même et a appris tout seul la méthode Stanislavski; quand il vient en scène, il est fidèle à lui-même; il regarde, observe, bouge avec vérité. L'acteur qui travaille une scène de ce genre ne doit pas craindre d'être astucieux, et les astuces dont il use doivent être à la fois intéressantes et bien exécutées.

C'est une action, c'est une représentation. Oui, il y a là un personnage, mais nous avons aussi dans des scènes de ce genre l'influence de la *Commedia dell'arte*, où explosait merveilleusement l'art classique. Pendant ces scènes, les gens se parlent à eux-mêmes ou parlent à des objets et deviennent des personnages sous nos yeux; car tout ceci se passe sur scène plutôt que dans le texte de l'auteur. Dans une scène comme celle dont nous parlions à l'instant, il y a un vrai sens de l'improvisation sur scène, d'une action faite devant le public pour obtenir son approbation. L'acteur ne doit pas — sous prétexte d'être naturel selon l'idée conventionnelle — chercher à éviter d'être aussi habile et rapide que n'importe quel clown.

Il y *a* une tradition classique du jeu. La simple réalité n'est pas classique, la simple qualité théâtrale n'est pas classique. La tradition classique combine le sens de la qualité théâtrale avec la force et la profondeur des sentiments. Le sens de la qualité théâtrale, plus la réalité, caractérisent la tradition classique de jeu.

Dans une pièce comme la première partie d'*Henri IV*, essayer de rabaisser les personnages au niveau humain n'a de valeur que dans la mesure où cela aide l'acteur à sentir qu'il peut — logiquement — partager ce genre de réalité et d'individualité; mais cela représente aussi un danger : inconsciemment mais de façon précise et régulière, l'acteur se mettra à rabaisser la grandeur. Il supposera que la grandeur n'existe pas et que l'être le plus noble n'est autre qu'une personne ordinaire comme nous.

Quand nous voyons un personnage comme le Prince Hal, nous savons qu'il était une figure de l'Histoire. Nous savons que les pièces historiques de Shakespeare ont été écrites à propos d'événements importants qui ont eu lieu à des époques mouvementées; et nous savons que nous devons, en quelque sorte, obtenir de la pièce et des personnages — en la personne des acteurs — le sentiment que nous avons quand nous voyons des sculptures moyenâgeuses telles que celles de la fameuse cathédrale de Naumburg : les personnages en sont tellement vivants! J'ai des photographies et chaque fois que je les montre, les gens sont ébahis à l'idée que cela date du XIIe siècle. Une princesse, appelée Uta, est si étonnamment vivante qu'on ne peut la décrire! son mari a un visage comme un portrait de Dürer; il est, au sens propre et au sens figuré, taillé dans le roc; c'était bien là un homme d'épée!

On a aussi l'impression de voir des gens quand on regarde les personnages de Michel-Ange, les tableaux de Vinci; ils ont l'air d'être vrais, et ils le sont; aujourd'hui encore, ils sont vivants. Voulez-vous savoir « qui est celui-ci? » C'était quelqu'un qui, comme tous les autres, méritait d'appartenir à une époque fertile en événements qu'ont décrit les grands peintres. Même dans la peinture allemande et dans celle des Pays-Bas aux XIVe et XVe siècles, on commence à ressentir cette impression de réalité. En peignant des événements historiques, les artistes se servent de visages et de personnes qu'ils connaissent vraiment mais, de toute façon, ces vraies personnes méritaient de participer à ces événements historiques; ils ont vraiment l'air d'avoir été capables d'accomplir ces tâches qu'on les voit faire, et c'est l'essentiel dans une pièce classique. Il faut que nous sentions que le personnage est capable, à la fois, de faire les choses que nous savons qu'il a faites et de dire les merveilleux textes que Shakespeare met dans sa bouche.

Quand on joue ces grands personnages, si on essaie de copier la vie de trop près, on fait une erreur encore plus grave que d'utiliser un style artificiel, parce que ce style artificiel aussi mauvais qu'il soit, est tout de même une sorte d'aveu qu'il y a, dans la pièce, quelque chose qu'il faut traiter selon sa forme propre. Et quelquefois l'effort que nous faisons pour rabaisser ce quelque chose plutôt que de nous élever jusqu'à son niveau et de l'emplir de signification, de réalité et de conviction, est pire que d'essayer de « faire grand » sans y parvenir, parce que ce faisant nous nions la nature essentielle de l'art que nous croyons exercer. Ces personnages sont monumentaux; ils ont fait vaciller des armées, créé et régi des pays entiers, fait passer un pays d'un niveau de civilisation à un nouveau niveau historique. Voilà pourquoi je déplore qu'on les aborde de façon artificielle ou purement vocale, parce que cela ne permettra jamais d'atteindre à la grandeur d'âme et à l'élévation de pensée, d'esprit et de sentiment qui étaient les leurs. Seul le ton devient grand — souvent il n'est que large, beau et mélodieux et l'on ne comprend plus ce qui se passe sur scène.

Les pièces classiques traitent de ces grands personnages; même les personnages secondaires, dans l'art classique, n'ont pas été vus par un œil ordinaire, mais par celui de Michel-Ange; il les a remplis de sa passion, de sa vision, de sorte qu'ils ont l'air d'être plus que des êtres mortels ordinaires; nous ne devons jamais nous permettre de les rabaisser au niveau ordinaire de la réalité pour les rendre humains.

N'oubliez pas que même dans des pièces ordinaires, je déplore cette façon d'aborder un rôle. Le but de ce travail n'est pas de tout rendre banal et ordinaire; au contraire, nous cherchons à remplir chaque élément de la plus grande signification possible, à provoquer les réactions les plus importantes, les plus totales et les plus dramatiques chez l'être humain. N'importe quel acteur peut rendre ce qui est banal et conventionnel. Quelquefois, une personne de la rue peut faire ce qui est ordinaire beaucoup mieux que l'acteur le mieux entraîné; mais pour créer le sursaut de l'âme et l'envol de l'imagination qui nous amènent à ces situations et à ce milieu classiques aussi pleinement que les choses ordinaires que fait l'acteur, il faut une technique intérieure équivalente à celle du peintre quand il peint d'après un modèle ordinaire, un personnage qui est en quelque sorte différent. Quand vous voyez des mendiants peints par Breughel ou par Rembrandt, vous savez que ce sont des mendiants, mais la plénitude de la vision, de l'imagination et de la vie est extraordinaire, parce que vue par un grand artiste.

Des pièces comme les comédies du temps de la Restauration, ou celles de Bernard Shaw ou de Noël Coward sont difficiles parce que nous réalisons qu'elles ne ressemblent pas à celles de Tennessee William; par conséquent on les aborde d'une façon tout à fait différente, que l'on dénomme « style » — sans savoir ce qu'est le style ni d'où il vient. En conséquence, certaines scènes sont très drôles, mais d'autres meurent. Beaucoup de scènes, dans ces pièces, ne sont pas drôles en elles-mêmes; elles sont plutôt sardoniques, et renferment une critique de la société. Elles meurent parce qu'il n'y a aucun lien entre un type de scène et un autre. En amplifiant l'humour et en disant : « Ceci devrait être joué extérieurement ou simplement stylisé comme une charade », les acteurs sont capables de résoudre le problème fondamental des scènes comiques; mais dans les scènes amères ou satiriques, ils sont perdus. Ils ne peuvent pas les jouer tout à fait vraiment ni tout à fait extérieurement, et cela ne donne rien.

Nous avons vu des scènes extraites de ce genre de pièces, ici au Studio; les acteurs n'ont pas essayé d'y être drôles, mais s'étaient simplement préparés à affronter ce que les personnages semblaient devoir affronter dans la pièce; néanmoins la scène était drôle; pendant que les gens riaient et qu'il se produisait des choses drôles et purement théâtrales, on percevait le sens de ce qu'impliquait la pièce et qui était en dehors des commentaires faits par l'auteur; à ces moments-là, les acteurs apportaient à leurs personnages les qualités de véritables êtres humains dans leurs rapports les uns avec les autres; l'acteur nous offrait cette qualité étrange et romantique d'un homme qui peut être attiré par une femme, et l'actrice, celle d'une femme qui peut attirer les hommes; ces qualités n'étaient pas importantes pour la scène en elle-même; elle aurait passé la rampe aussi bien pour le public si on l'avait jouée comme une farce; les spectateurs auraient ri quand même, mais la pièce aurait semblé plus mince, parce qu'elle n'avait plus aucune des qualités apportées par les acteurs.

Ce qui se passe, c'est que les acteurs nous intéressent à des niveaux très variés, comme il y en a dans toute pièce. D'ordinaire, nous parlons d'une « comédie de Noël Coward » ou d'une « comédie de Bernard Shaw »; ce faisant, nous admettons que leurs pièces sont écrites sur une seule note et ne peuvent en avoir aucune autre, ni d'autres niveaux ou d'autres éléments; or, ceci est faux pour les arts, même pour l'art abstrait, car dans son processus de création, l'art abstrait est, sans aucun doute, lié à des éléments de réalité.

Chagall, dans sa courte autobiographie, décrit son enfance en Russie; tout ce qu'il fait est un peu étrange, mais on y retrouve toujours une espèce de charme et de nostalgie. Pourtant, certaines de ses peintures m'ont intrigué : on y voit des gens qui volent, et une personne dont la tête est, en quelque sorte, coupée du cou. Je suis curieux de nature et je me suis demandé : « Qu'est-ce qui fait qu'un peintre peint ainsi ? » J'ai trouvé la réponse dans son livre : quand il était enfant et qu'il était assis sur une chaise près de la table, il sentait l'odeur du poisson qu'on préparait à la cuisine, et il dit que sa tête s'envolait vers la cuisine pour mieux humer cette odeur. Voilà ce qu'il peint. Dans un de ses tableaux, il représente de jeunes mariés volant dans les airs, et il dit dans son livre qu'ils sont « dans la chambre et pas dans la chambre » : leurs pensées volent au travers de la chambre parce que, pour la première fois, ils ont vaincu la pauvreté, et sont au ciel, dans leurs pensées; c'est ce qu'il peint; ils volent sur un tapis vers le pays des mille et une nuits, pendant qu'au-dessous d'eux demeurent la table verte et la pauvreté.

Chez Chagall, les choses que nous considérons comme purement formelles, comme semblant dériver d'un effort purement formel, sont exactement le contraire; elles essaient de donner une expression à une pensée ou à une expérience qu'on ne peut exprimer autrement. Comment décrire visuellement « je suis assis près de la table, je sens l'odeur du poisson et ma tête s'envole » sinon comme il le fait ? Il faudrait, d'une façon ou de l'autre, en venir à cette solution. Voilà pourquoi ce qui semble être une recherche de style n'est, en réalité, pour moi, que la recherche du contenu.

Les démarcations que l'on fait aujourd'hui dans le théâtre sont mortelles : « Voici une pièce vraie » et voici « une pièce historique », et voici « une pièce française »; chacune d'elles ayant son style particulier. Eh bien, non ! Elles jaillissent de différents contenus, de différents arrière-plans; elles représentent des manières, des coutumes différentes; elles montrent des comportements différents, ont différentes formes de rythme, de sons, d'habitudes et même de théâtre. Mais il n'y a jamais une simple différence de style qui permette de dire que la pièce française est de style français, l'anglaise de style anglais, celle de Shakespeare de style shakespearien. L'élément essentiel qui combine tous les éléments de théâtre et qui traverse toute l'histoire du théâtre, c'est l'être humain et sa présence vivante; cela n'a pas changé durant les cinq mille ans d'effort humain dont nous connaissons l'histoire.

Ces démarcations théâtrales sont dangereuses quand elles touchent aux résultats que nous cherchons à obtenir. Oui, bien sûr, une pièce française a quelque chose de différent de l'anglaise, mais ce « quelque chose » n'est pas *fait* de façon différente. On ne joue pas une sonate française sur un violon et une sonate allemande sur un autre; les deux se jouent sur le même instrument. Il semble que nous fassions ces différences formelles parce que nous ne percevons pas réellement les différences intrinsèques qui naissent du sens, du contenu, de l'expérience, de ce que l'auteur cherche à obtenir, du monde dont il faisait partie et du théâtre où il travaillait.

Quand l'acteur a une idée trop définie de ce qu'il appelle « style », cela peut, au mieux, le mener à une certaine habileté, mais très rarement plus loin. Il développe des trucs qui sont habiles. Les grands clowns ont tous les trucs, mais chez eux ce ne sont pas les trucs que l'on remarque. Quand on voit Chaplin, on ne pense pas à ses trucs : on rit, on pleure, on dit : « Son timing est merveilleux », mais on ne remarque pas seulement cela : on remarque ce à quoi sert le timing, ce pour quoi il l'utilise. Les trucs que nous avons l'habitude d'appeler « style » sont utilisés uniquement pour servir l'acteur, et non pour créer la qualité ou la texture de la pièce.

Une personne du public : Si je comprends bien, vous souhaitez que les classiques continuent, bien que, d'après vos commentaires, vous pensiez qu'on devrait les laisser mourir. Pourriez-vous, en tant que professeur d'art dramatique, nous dire comment des acteurs américains peuvent être formés de façon à pouvoir recréer et représenter l'intention originale de l'auteur dans le style du moment historique?

Strasberg : Je ne suis pas intéressé par une re-création de style du moment historique. Si Shakespeare a envie de renaître et de refaire ses pièces comme il les a faites, il en est entièrement libre. Il est évident que s'il était vivant aujourd'hui, il écrirait ses pièces comme nous le faisons maintenant, en homme moderne.

Un classique est classique seulement quand il est vivant. Je ne dis pas du tout qu'on devrait laisser mourir les pièces classiques; je dis qu'il vaut mieux les laisser mourir que de les jouer comme on les joue aujourd'hui; dans ces pièces, sont représentées des images et des expériences de l'homme à certaines périodes de l'histoire; mais une pièce classique n'est pas classique simplement parce qu'elle dépeint un moment historique local! C'est une pièce qui, jaillissant de son époque, a saisi quelque chose d'éternel, plein de signification universelle.

Le premier travail qu'un acteur doit faire au cours de sa formation classique est ce que doit accomplir n'importe quel acteur pour jouer n'importe quelle pièce. La base du métier d'acteur est l'aptitude à s'incorporer à un personnage à quelque niveau que ce soit, qu'il soit grec, élisabéthain, espagnol, ou sorti de la commedia dell'arte. Ce n'est pas ce que l'on considère d'ordinaire comme la façon de jouer classique, mais c'est ce qui est considéré comme une « grande » façon de jouer dans toutes les conditions et circonstances classiques ou modernes.

Le travail supplémentaire dont l'acteur a besoin pour sa formation classique, c'est de développer l'art qui lui permettra de se mouvoir comme ces personnages. Notez que je dis :

« bouger comme les *personnages* » je ne veux pas que vous vous mépreniez sur ce que je veux dire.

Beaucoup d'acteurs classiques d'aujourd'hui bougent comme des *acteurs* du XVIIe siècle, non comme des personnages du XVIIe siècle. Je vous garantis que les personnages de cette époque sont plus proches des personnages d'aujourd'hui qu'ils ne le sont du portrait qu'en font les acteurs classiques de notre temps. Les gens, au XVIIe siècle, étaient des personnes qui se comportaient avec logique et conviction, dans le contexte de leur temps. Ils portaient les costumes de l'époque et le costume les obligeait parfois à se comporter différemment. Mais ils ne se comportaient pas de la manière factice — « stylisée » — qui est la « manière classique » selon la conception de l'acteur classique. Ce n'est pas là une façon de créer des personnages classiques.

Il y a différentes façons d'aborder le théâtre, mais la manière fondamentale d'aborder une pièce classique devrait être celle qui donne un sens du style sans aller jusqu'à la stylisation — ce qu'on fait hélas couramment dans tout jeu ou toute production classique d'aujourd'hui. Telle est la façon d'aborder ce théâtre que nous, ici, en Amérique, devons utiliser et non pas cette espèce de chose dépourvue de réalisme et théâtralisée que l'on présente aujourd'hui — à grands renforts de publicité — comme le théâtre théâtral, ou le théâtre de l'absurde ou le théâtre où n'importe quoi fait l'affaire, où rien n'importe que la couleur, les lumières et le mouvement. Avec moi, cela ne prend pas : ce n'est pour moi que du vide. Si le public s'y laisse prendre, c'est simplement que sa vie est tellement vide qu'il se laissera prendre par n'importe quoi.

Le théâtre est fondamentalement une expérience, quelque chose qui a un sens; c'est la représentation des êtres humains et aussi, d'une façon ou de l'autre, l'image de ce que l'auteur a dans la tête; évidemment, il y a des différences entre ce que les auteurs ont dans la tête; mais à moins de ressusciter Molière et Shakespeare, il n'y a pas moyen d'établir ces différences. Le seul critérium que l'on ait, c'est l'intégrité de l'individu. On aborde une pièce classique, ou toute autre pièce, avec l'intention de découvrir ce que veut l'auteur; on commettra des erreurs, peut-être, mais rien ne peut s'accomplir sans erreurs.

TROISIÈME PARTIE

L'acteur et les autres

Chapitre X

L'ACTEUR ET LE METTEUR EN SCÈNE

L'idéal et les buts de l'Actors Studio vont au-delà de la formation individuelle. Les discussions de Strasberg sur les rapports de l'acteur avec les éléments de théâtre extérieurs à lui-même — en particulier avec le metteur en scène, le public et la direction commerciale — sont une part importante de son activité de directeur artistique du Studio. La création du Théâtre de l'Actors Studio fut le point culminant de la tentative du Studio d'élever le théâtre américain à une position en rapport avec celle qu'elle occupe dans les autres arts. Ce nouveau théâtre s'est développé de façon très spectaculaire, grâce aux efforts de Strasberg pour définir la place de l'acteur et celle du théâtre américain d'aujourd'hui, en fonction de la tradition, aussi bien que du monde contemporain, c'est-à-dire en fonction d'acteurs du passé tels que la Duse, Grasso, Chaliapine, et du théâtre français, anglais, italien, allemand, chinois de notre temps.

Quand, dans une pièce, les acteurs sont bons, c'est le metteur en scène que l'on félicite; mais s'ils sont mauvais, c'est lui qu'on blâme. L'étrange antagonisme qui existe souvent entre acteurs et metteurs en scène vient tout simplement d'un manque de connaissance de leurs problèmes respectifs. Le metteur en scène, faisant partie du théâtre, devrait connaître les problèmes de l'acteur au moins dans la même mesure que ceux du décorateur. Quand le producteur dit au metteur en scène : « L'effet scénique auquel vous pensez va coûter dix mille dollars, c'est trop! », ce dernier comprend ce qu'il veut dire. Mais quand l'acteur dit : « Vous forcez mon instrument, cela fait mal », le metteur en scène répond : « Cela m'est égal.

Je suis le metteur en scène et vous ferez ce que je vous demande, sinon... » Le metteur en scène comprend très bien le problème des dix mille dollars, mais pas les besoins de l'acteur.

Si douze musiciens décident : « Nous allons apprendre ce morceau-là », ils doivent aussi décider que « quelqu'un doit diriger ». Si douze personnes jouent ensemble, elles ne peuvent suivre douze opinions différentes, même si elles sont toutes bonnes. Il faut un chef d'orchestre et quand on l'a choisi, les musiciens doivent le suivre; quand il veut un certain tempo, ils le lui donnent; s'ils ne se conforment pas à ses désirs, jamais ils n'apprendront à jouer ce morceau avec logique et sens.

Quand l'Orchestre philharmonique joua sous la direction de Toscanini, il fut tout à fait différent de ce qu'il était sous la direction de n'importe quel autre chef d'orchestre. Que s'était-il passé? Leur technique s'était-elle soudain améliorée? Non. A cause de ce qui leur est demandé et des problèmes qui leur sont posés, à cause de la *façon* dont on les leur présente, il se produit quelque chose chez les musiciens — tout comme chez les acteurs et les autres artistes — qui concentre toute leur activité en une unité. Voilà en quoi consiste le rôle de celui qui dirige; quand il sait apprécier ces problèmes à leur juste valeur, il est comme un bon jockey chevauchant un cheval; dans une course, le problème de l'allure est très important; si on laisse aller le cheval au mauvais moment, il perdra ses forces à courir trop tôt et sera battu par un autre cheval qui sera poussé au dernier moment. L'art d'un grand jockey est justement de savoir exactement quand on peut lâcher la bride au cheval. Après tout, n'importe qui peut monter à cheval. Mais le jockey doit connaître les chevaux, la course de chevaux et ce cheval en particulier : certains chevaux commencent lentement puis rassemblent leurs forces, d'autres commencent à toute allure et s'épuisent. Le jockey qui veut gagner doit sentir son cheval. Trop souvent, hélas, le metteur en scène qui veut produire un spectacle n'a pas la moindre idée des problèmes et des besoins de l'acteur.

Quand les gens ne veulent pas reconnaître cette logique, des problèmes surgissent. Quand le Group Theatre n'était qu'un rêve, tout était idéal parce que rien n'avait encore été fait. Dès qu'on amène l'idéal dans l'arène de l'activité, certaines choses marchent bien, d'autres pas. On aime certaines choses, on en déteste d'autres. L'idéal ne se réalise jamais exactement comme on l'avait espéré et de ce fait il naît des désaccords; ils naissent surtout au théâtre parce que là, le travail ne peut être fait que par des gens travaillant ensemble.

Un écrivain peut discuter avec son éditeur; après la discussion, il s'en va et fait son travail tout seul. Un peintre peut discuter avec un critique, puis il s'en va et fait son travail tout seul. Un acteur peut discuter avec son metteur en scène, il peut même quitter la salle de répétition; mais il lui faudra revenir travailler quand le metteur en scène sera là; il sait que l'auteur l'observe, il entend le metteur en scène lui murmurer quelque chose à l'oreille, mais il doit continuer. Hélas, oui, c'est cela le théâtre; voilà comment les choses s'y passent; à moins que l'acteur ne développe en lui-même la conscience de ces difficultés et des responsabilités qui lui sont imposées par la nature même du théâtre, une activité théâtrale professionnelle est impossible. Le metteur en scène peut, à son tour, faire beaucoup de choses, selon la nature de chaque acteur pris individuellement, sans avoir à inquiéter l'acteur. Alors l'acteur fait son travail, le metteur en scène fait le sien, et de là naît une certaine fusion qui est la totalité de l'art théâtral.

Un metteur en scène ne devrait discuter avec un acteur que si la discussion lui permet de réaliser ce qu'il souhaite. Si l'acteur a une idée fausse, mais que cette idée l'aide à faire ce que veut le metteur en scène, que celui-ci ne s'en inquiète pas. Si moi, par exemple, je veux qu'un homme aille à Times Square pour m'acheter un journal, qu'est-ce que cela peut bien me faire qu'il appelle Times Square, Madison Square. On pourrait en venir à une terrible dispute; lui me dirait : « Vous êtes fou », et moi : « Vous êtes cinglé. » L'important est qu'il ait l'intention de faire ce que je lui demande; alors pourquoi ne pas lui dire : « Bien, bien, allez à Madison Square! » Qu'est-ce que cela me coûte? Est-ce que je suis réellement d'accord avec lui simplement parce que je lui dis cela? Il va alors chercher mon journal à Times Square en pensant que c'est Madison Square; le résultat est le même : j'ai mon journal.

Satisfaire son ego et obtenir une victoire purement mentale

deviennent parfois l'essentiel pour un metteur en scène; en réalité, la victoire d'un metteur en scène sur un acteur ne veut absolument rien dire. Mon professeur, Boleslavsky, disait : « Dites à l'acteur tout ce qu'il souhaite entendre; qu'est-ce que cela peut vous faire, tant qu'il fait ce que vous voulez ? » Et c'est vrai. Quelle différence cela fait-il que ce soit l'un ou l'autre qui gagne dans la discussion ? Ce n'est en général qu'une discussion philosophique basée sur des formules que l'on pourrait remettre en question. J'ai vu des productions entravées et des représentations gâchées par l'insistance que mettait un metteur en scène à obtenir un accord idéologique, ou verbal, ou philosophique. Pour moi, je préfère dire à l'acteur : « Montrez-moi ce que vous voulez dire »; si ce qu'il fait est bon, pourquoi discuter ? Si ce qu'il fait est mauvais, alors je me moque éperdument qu'il soit d'accord avec moi, ou pas; manifestement un accord ne nous avancera à rien.

Cependant, l'acteur doit avoir un ego assez grand pour reconnaître le travail qu'il doit faire par lui-même; il faut qu'il se rende compte que le metteur en scène ne sait pas toujours comment l'acteur accomplit ce travail et par conséquent n'est pas toujours disposé à lui donner le temps de le faire, même quand cela se passe sous ses yeux. C'est alors que l'acteur doit apprendre à faire la même chose qu'un metteur en scène, quand il l'amène doucement à faire ce qu'il veut; il faut qu'il apprenne à garder à la scène sa flexibilité de façon à pouvoir prendre le temps dont il a besoin pour que les choses deviennent vivantes pour lui en scène.

En se donnant la possibilité de rester libre de faire le travail nécessaire au cours des répétitions, l'acteur finit par avoir beaucoup de choses à sa disposition pour résoudre la scène. En cinq répétitions, il aura déjà trouvé les éléments qui lui serviront; il n'a plus à s'en soucier. Il en trouvera aussi qui viendront et disparaîtront, et certains de ceux qu'il désirerait, ne viendront pas du tout. Parce que certaines choses arrivent une fois et ne se reproduisent pas, il découvrira ce qu'il doit créer, ou re-créer, ou renforcer.

Souvent l'acteur laisse cette recherche en dehors de son travail professionnel. Il est tellement préoccupé du résultat final qu'il omet ce que sa sensibilité devrait produire comme base même de la scène, quelle que soit la mise en scène. Il est très important pour toute carrière professionnelle d'acteur qu'il sache qu'une pièce peut être jouée de différentes façons. Le metteur en scène insistera pour que l'acteur fasse ceci ou cela, mais il veut aussi et surtout une vivacité et une sensibilité fondamentales; il indiquera le chemin à suivre pour obtenir le résultat final, mais il part aussi du principe que l'acteur se fournira à lui-même la motivation et l'expérience.

Dans les productions professionnelles, certains acteurs ont tendance à être complètement soumis aux exigences du metteur en scène en vue du résultat final; ils ont parfois l'air d'être des individus très imbus de leurs opinions et très égotistes, mais dans leur travail professionnel, ils sont exactement le contraire : ils cèdent. On voit un peu de leurs idées, certes, mais d'eux-mêmes on ne voit rien; ils semblent se subordonner complètement. Ces acteurs devraient parfois se dire : « Attendez une minute, il faut au vin un certain bouquet, mais ce bouquet vient en laissant le vin décanter et vieillir. » Au théâtre, le bouquet vient d'un matériau que seul l'acteur peut engendrer; aucun metteur en scène — quelque insensible qu'il soit — ne peut prétendre éliminer cette création.

Le metteur en scène peut ignorer comment travaille l'acteur; ou bien il peut considérer comme un fait acquis que l'acteur remplisse le rôle et en fasse son bien propre. Étant donné que la plupart des acteurs n'ont pas grand-chose à mettre dans un rôle, il n'y a pas trop de différence entre le fait qu'ils soient bons ou mauvais. Cette façon d'aborder le travail est en général suffisamment bonne pour le metteur en scène; quand ces acteurs sont mauvais, ils paraissent seulement un peu maladroits; quand ils sont bons, ils ont de l'aisance et sont efficaces; étant donné qu'aujourd'hui on choisit la plupart des acteurs pour leur type, personne ne s'aperçoit qu'il leur manque quelque chose.

D'autre part, il y a certains acteurs qui ne conviennent pas à un type défini. Ils peuvent jouer beaucoup de personnages divers; ils ont de la sensibilité, de l'imagination, du talent. Il est important pour eux de réaliser que le travail au Studio n'est pas simplement destiné à les libérer, mais à leur faire comprendre que dans les premiers stades des répétitions, ils peuvent travailler de façon à se sentir vivants dans leurs scènes. Bien que très souvent ils décident de faire simplement ce qu'il faut pour obtenir les résultats immédiats exigés par le metteur en scène, ils ne doivent jamais oublier que de travailler pour rester vivant dans une scène leur donnera ultérieurement la possibilité d'expérimenter réellement sur scène.

Il est vrai que les acteurs séparent quelquefois la logique de ce qu'ils font pour le metteur en scène, de leur propre croyance. Leur attitude inconsciente est que tout ce que leur donne le metteur en scène n'est pas vrai, mais que tout ce qui vient d'eux est vrai. Eh bien non. Les deux choses doivent être faites de la même façon et l'acteur doit prendre le temps de les créer toutes deux avec la même réalité et la même conviction que celle qu'il utilise dans un simple exercice de concentration.

Il y a plusieurs interprétations possibles d'une même pièce. L'acteur doit souvent donner une interprétation qui ne coïncide pas du tout avec ce qu'il pense de la pièce. Que peut-il faire? S'il persiste à l'interpréter à sa manière, il se fera du mal à lui-même. Mais s'il suit l'idée du metteur en scène, comment jouera-t-il? Évidemment, il peut abandonner le rôle; il peut aussi s'embarquer dans une discussion inutile avec le metteur en scène, ou bien, s'il est assez fort, il peut se débarrasser de lui et risquer d'avoir à travailler sous la direction d'un autre metteur en scène, soumis à ses acteurs; il peut encore céder et décider de donner une représentation superficielle de son personnage ou bien il peut jouer la pièce en posant des objets et des problèmes qui sont capables d'éveiller dans son imagination le stimulant, le désir, la capacité de jouer les diverses expériences que le metteur en scène lui a demandé de créer. En fait, c'est le problème essentiel que nous affrontons ici la plupart du temps.

Trop souvent, l'idée qu'un acteur se fait d'une scène est basée sur la manière dont elle a été mise en scène auparavant. Nous oublions qu'une pièce peut être mise en scène de différentes façons, et cependant rester toujours la même; et nous oublions aussi qu'une pièce peut être mise en scène techniquement de la même façon dans des productions séparées et avoir l'air d'être interprétée de façon totalement différente. Cela nous a été démontré, il y a quelques années, quand la production qu'avait faite Kazan d'*Un tramway nommé désir* fut remise en scène pour une tournée par Harold Clurman; il en donna une interprétation tout à fait différente; le rôle principal était interprété de manière différente, et pourtant tout ce qui était extérieur n'avait pas changé. Pour l'acteur, la mise en scène n'est pas la mesure réelle de ce qui se passe; il mesure ce qui se passe dans une pièce d'après les expériences qu'il y fait; autrement dit, ce qui s'y passe n'est pas un mot, pas une signification, mais un événement.

Le travail d'interprétation peut être fait pour l'acteur par le metteur en scène, mais l'acteur a besoin de plus que cela. Le metteur en scène lui dit beaucoup de choses, à propos de la pièce, qui peuvent toutes être justes; cela n'empêche pas que l'acteur doive en trouver d'autres, par et pour lui-même. Supposons que le metteur en scène lui dise : « Ce personnage est à la fois naïf et direct », l'acteur doit encore se demander : « Suis-je suffisamment direct et naïf dans cette scène? Est-ce que je possède ces deux couleurs? ou une seule? Quelle est la couleur que je rends le mieux? Si je perds la naïveté quand je joue le côté direct, ne faut-il pas que je travaille davantage la naïveté, puisque le côté direct me vient plus facilement? » Survient alors une confusion bien légitime parce que l'acteur va trouver le metteur en scène et lui demande tout simplement : « Que faut-il que je travaille? » Ce qui rend le metteur en scène fou, car il a expliqué la pièce à l'acteur, il lui a parlé du personnage, mais il ignore ce que l'acteur doit travailler; il connaît seulement les résultats qu'il veut obtenir de l'acteur. C'est à l'acteur d'éviter ce genre de confusion et pour cela il lui suffit de dire au metteur en scène : « J'ai vu que cette scène vous donnait des soucis, est-ce que j'y étais assez naïf? assez direct? » Le metteur en scène peut alors répondre de façon précise et l'acteur pourra se dire : « Bon, il faut que je travaille ce point-là. » Être d'accord ou en désaccord ne doit pas entrer en jeu.

En fait, l'acteur doit se préoccuper du problème du metteur en scène, c'est-à-dire celui d'obtenir les résultats nécessaires à la production. Nous insistons cependant sur le fait que l'acteur doit ne pas se préoccuper trop tôt de ce problème à cause de ce dont il a besoin pour réaliser sa propre conviction, sa réalité, son comportement; mais s'il ne s'en préoccupait pas du tout, cela signifierait qu'il manque d'un sens que tout artiste traitant avec l'espace doit développer — le sens de l'endroit où il se trouve. L'acteur doit être conscient des éléments visuels et spatiaux parce qu'ils ont une aussi grande valeur dans la production que les éléments intérieurs et personnels.

Un membre du studio : Si je n'ai qu'un seul partenaire dans une scène, ai-je vraiment besoin d'un metteur en scène?

Strasberg : En réalité, la question que vous me posez est la suivante : « N'est-ce pas vrai que les metteurs en scène obtiennent de bons résultats; par conséquent, pour avoir de bons résultats, ne faut-il pas que nous ayons un metteur en scène? » Oui, certes, mais vous ne vous rendez pas compte à quel point l'acteur lui-même peut, par sa propre mise en scène, obtenir des résultats non seulement bons, mais littéralement ahurissants pour certains metteurs en scène qui avouent : « Jamais je n'aurais pensé à mettre cela en scène de cette manière. »

Récemment, dans un de mes cours privés, nous avons fait un exercice de « moment privé ». Ce fut un moment privé plutôt court, mais très émouvant et qui me donna une toute nouvelle idée de la façon dont on pouvait mettre en scène la scène de somnambulisme dans *Macbeth.* L'actrice commença son « moment privé » avec un sentiment très fort; je ne sais pas exactement ce que c'était, mais c'était fort et émotionnel; puis, avec une sorte d'impulsion étrange, elle mit une bougie dans un bougeoir, l'apporta jusqu'à la table et l'alluma. Pour quelque raison que j'ignore, l'émotion était si vive qu'elle tituba en quelque sorte jusqu'à la table et puis, après avoir allumé la bougie elle la posa et s'assit par terre, et elle se mit à prier; et tandis que l'émotion la possédait toute, elle s'enroula lentement sur elle-même en un merveilleux mouvement scénique.

J'ai toujours été intrigué par la scène de somnambulisme de *Macbeth;* j'ai assisté à nombre de représentations, j'y ai longuement pensé, et je crois savoir quel genre de travail émotionnel et dramatique je ferais. Mais jamais auparavant, je ne l'avais *vue;* je n'avais jamais vu ce que j'aimerais faire faire en scène et qui permettrait de transmettre au public visuellement — c'est-à-dire par la mise en scène — ce qui se passe dans la scène; je n'avais jamais été capable de la visualiser comme « une marche à l'échafaud », ce qui est pourtant ce qu'on représente dans les livres et qu'on joue sur scène. J'avais toujours dans l'idée que Lady Macbeth titubait au début de la scène; peut-être étais-je influencé par le merveilleux croquis de Gordon Craig qui la montre en robe déchirée — comme si elle s'était tordue dans son lit — et les cheveux tombant comme ceux d'une sorcière; je me la suis toujours représentée comme quelqu'un de titubant, une bougie à la main. Mais que diable en faire une fois qu'elle est arrivée au milieu de la scène? Aussi, lorsque cette jeune élève posa la bougie puis s'assit par terre, je me dis : « Voilà ma mise en scène, voilà ce que j'attends depuis des années. » Elle posa la bougie, s'assit par terre et se mit à prier. Et ce que nous avons ressenti, c'est l'effet de la prière en même temps qu'une très forte émotion; c'était parfait pour Lady Macbeth. Comprenez-vous ce que je veux dire? C'est une actrice qui nous a donné non seulement une expression mais aussi une mise en scène.

Jusqu'à présent, je n'ai fait que parler des problèmes qui surgissent entre acteurs et metteurs en scène, à cause de l'inévitable difficulté d'une collaboration artistique. Mais un autre genre de problème peut surgir entre eux, issu de problèmes particuliers à l'individu; cependant, sur le plan professionnel cela ne devrait pas être un problème car c'est une simple question d'autodiscipline; nous voyons trop souvent les acteurs s'arrêter devant une difficulté, venir trouver le metteur en scène et lui dire : « Mais c'est difficile à faire! Qu'est-ce que vous voulez que j'y fasse? » Si c'était facile, pourquoi diable irait-on chercher un acteur avec une carte professionnelle et une bonne formation? N'importe qui peut faire ce qui est facile. Cette attitude, qui exige la facilité sur scène au lieu de chercher à vaincre les difficultés et d'en retirer de la joie, est trop fréquente, de nos jours.

J'ai été très mortifié de voir que certains membres du Studio laissent tomber les phrases les plus importantes d'un texte sous prétexte d'être naturels; en réalité, c'est uniquement parce que ces acteurs aiment dire leur texte confortablement; quand on leur demande de le dire autrement, ils ne se sentent pas à l'aise. J'ai été choqué aussi d'entendre des acteurs professionnels répondre à leur metteur en scène qui les priait de faire quelque chose : « Mais c'est difficile »; ou bien, lorsque celui-ci leur demandait pourquoi ils n'avaient pas fait telle ou telle chose, de les entendre répondre : « Ah, c'est vrai, j'avais complètement oublié. » Il n'y a aucune excuse à cela! Ce n'est qu'ignorance, négligence, paresse imbécile que je ne peux supporter et pour lesquelles je n'ai pas la moindre sympathie; je dirai même que cela m'inspire une profonde antipathie; c'est un sujet qui me met hors de moi. Je n'ai aucune envie de partager le besoin de confort qu'éprouve un acteur au moment où le metteur en scène lui demande de faire une chose essentielle et qu'il se permet de dire : « Mais c'est difficile pour moi de faire ceci en même temps que cela! »

Autrefois, un acteur allait en province, faisait des tournées — trop de tournées —, y prenait de mauvaises habitudes, mais jouait. En jouant, en observant ses partenaires, les vedettes, il pouvait en venir à prendre ses propres décisions; ainsi, le processus de formation se déroulait inconsciemment. Une fois son premier contrat signé, l'acteur d'autrefois voyageait, jouait toutes sortes de rôles et avait la possibilité de résoudre ses problèmes de jeu sur scène avec d'autres acteurs; il pouvait en même temps laisser son imagination et les idées qu'il se faisait de divers rôles, se mettre au point petit à petit. Aujourd'hui, hélas, c'est exactement le contraire.

Néanmoins, malgré la sympathie que j'éprouve pour le jeune acteur obligé d'affronter les difficultés professionnelles imposées par le théâtre d'aujourd'hui, je ne peux me permettre d'avoir de la sympathie pour certaines attitudes. Avoir un problème difficile à résoudre et rentrer chez soi pour le travailler, cela je le comprends. Revenir et essayer de faire cette chose difficile, je le comprends aussi. Mais que l'acteur se dégage de l'obligation de faire quelque chose sous prétexte que c'est difficile me met dans un état d'exaspération terrible. S'il ne veut pas être acteur, qu'il ne se flatte pas de l'être! Je ne sais franchement pas quelle étiquette mettre à un acteur qui trouverait logique de plaider auprès du metteur en scène en faveur de son confort personnel et qui réclamerait de sa part une compréhension et une sympathie dans un domaine où le metteur en scène ne peut avoir ni l'une ni l'autre.

L'actrice H. est une fille à l'esprit confus mais pleine de talent quoique manifestement indisciplinée et affligée de graves problèmes personnels. Seul un travail ininterrompu peut lui permettre d'obtenir des résultats; mais il est presque impossible de résoudre ses problèmes au Studio, car son travail n'y est pas assez systématique et continu.

A la suite d'un travail qu'elle avait fait sur le long monologue d'O'Neil intitulé *Before Breakfast* et au cours duquel Strasberg avait encore une fois essayé de l'aider, il lui dit clairement qu'il ne pouvait plus supporter son manque de discipline :

A L'ACTRICE H. : Il est clair que vous avez des problèmes de jeu; ce ne sont pas des difficultés que nous avons créées, mais elles apparaissent ici au Studio parce que vous les aviez au départ; nous essayons de vous aider à les surmonter. Ici, par exemple, la manière dont vous aviez préparé cette scène m'importe peu; ce qui compte c'est que vous la jouiez bien, parce que cela me prouve que vous avez du talent; lorsqu'on donne au talent une occasion de se manifester, je sais qu'il se manifeste.

Le travail professionnel vous pose de grands problèmes, plus grands que ceux sur lesquels vous avez travaillé ici. Évidemment, tous les metteurs en scène n'ont pas été formés par Lee Strasberg; il y en a qui vous diront : « Reprenez la scène; pour la première partie, mettez-vous ici; pendant la seconde, vous crierez plus longtemps; pendant la troisième, vous êtes restée là à faire quelque chose; la prochaine fois placez-vous là-bas, mais tâchez de trouver quelque chose avant d'y aller. » Quand on rencontre un metteur en scène de ce genre, on n'est plus qu'une épave parce qu'il faut faire ce qu'il demande, mais on n'a pas la moindre idée de la façon dont il faut les faire. On ne saura pas non plus comment se discipliner pour s'obliger à accomplir des choses qu'on est manifestement tout à fait capable de faire, parce que maintenant on met sur son propre chemin tous les obstacles possibles.

A quoi sert-il de nous expliquer que ce que vous avez voulu faire et que vous avez répété ici, vous n'avez pas pu le réaliser parce que vous n'aviez pas assez d'accessoires ? Ma fille Suzanne rentre tous les soirs du spectacle dans lequel elle joue et me raconte les événements inattendus qui se sont produits au cours de la soirée. Dernièrement, au troisième acte, elle est censée trembler de fièvre et l'acteur qui devait entrer en scène était tellement occupé à l'observer qu'il oublia d'entrer et de dire : « Oh, vous êtes encore là ? » Il n'y eut ni texte ni prince Albert, et elle ne savait pas où il était — alors elle est sortie en disant : « Bonjour, prince Albert », et est allée le chercher en coulisses. Ce sont des choses qui arrivent et si on perd la tête, si on se dit : « Je ne sais plus où j'en suis », on est perdu.

Ce n'est pas nous qui créons ces problèmes, mais la scène. Voilà les conditions dans lesquelles travaillent les acteurs; non seulement votre texte s'envole mais celui de vos partenaires peut s'évaporer ; non seulement vous n'avez pas d'accessoires parce que vous avez oublié de les apporter, mais quelquefois, quand vous les avez apportés, le régisseur ne les vérifie pas et vous vous trouvez soudain au moment où vous devez ramasser un objet pour aller tuer quelqu'un, sans l'accessoire nécessaire. Que faire ? Allez-vous en rester là, debout, comme deux ronds de flan et dire : « Je suis désolée, cher public... » Allez-vous piquer une crise ? Ces problèmes de jeu existent et il faut les affronter quand ils se présentent (et on ne le fait pas toujours) car c'est le seul moyen de les résoudre.

Bien sûr, au Studio, nous ajoutons à vos difficultés. Nous éloignons le public et nous vous enlevons vos béquilles. Nous vous poussons à prendre votre temps, nous vous laissons libre, nous vous incitons à ne pas trop vous préoccuper de ce qui vous empêche de résoudre vos problèmes ; mais ces problèmes, il faut les affronter et les difficultés que nous vous imposons ont pour but de vous aider. Cependant, vous ne les affrontez pas. A quoi cela sert-il de nous expliquer que cette scène est le point culminant d'une série d'événements et que, pour cette raison, vous n'avez pas vraiment pu l'exécuter ? Que feriez-vous si vous jouiez une de ces pièces qui commencent par le meurtre du mari par sa femme, et qui procèdent ensuite par flashbacks ? Seriez-vous obligée d'aller dans un coin et de jouer tout un acte toute seule pendant une heure avant le lever du rideau de façon à pouvoir interpréter cette première scène? Il faut que vous appreniez à faire ce genre de choses en partant du point mort. Si vous pouvez monter sur scène et les faire, je n'ai rien d'autre à vous dire; il m'est égal, alors, que vous travailliez à ma façon ou à la manière du Shah de Perse! Mais quand vous me dites, comme aujourd'hui : « Je n'ai pas vraiment pu travailler cette scène parce que j'ai besoin de toute la pièce pour interpréter ce rôle », je vous réponds que votre attitude est très dangereuse, car cela, vous ne l'aurez jamais; dans certaines pièces, ce que vous avez à faire se trouve au début, dans d'autres, deux minutes après le début. Où que ce soit, l'acteur doit affronter le problème et accomplir ce qu'il doit faire.

Il faut avoir la bonne volonté d'affronter ses vrais problèmes; quand, par exemple, un acteur a des problèmes de mémoire, il sait qu'il y a une raison à cela et il s'en préoccupe; il met des choses sur scène pour l'aider à se rappeler, ou bien il cache son texte dans des livres, des journaux ou des lettres, au cas où il aurait un trou de mémoire. Il n'y a rien de terrible à cela : c'est une façon de résoudre le problème. Ce qui est terrible c'est d'avoir un problème avec le texte et de s'arrêter pour dire : « C'est tout; j'ai un trou de mémoire. »

H. : Je n'ai pas voulu continuer simplement à parler.

STRASBERG : C'est cela; vous ne pouvez continuer simplement à parler. Il vous faut faire un effort pour revenir à la scène et affronter les problèmes techniques que *vous* avez. Quand les choses ne marchent pas, il faut que vous sachiez quoi faire pour vous exciter; il faut connaître les étapes et le chemin à suivre pour rendre les choses convaincantes et croyables; vous avez fait un certain progrès dans ce domaine; j'ai même vu un progrès dans la façon dont vous êtes capable maintenant de rester assise, là, et de parler de la scène; mais vous continuez à repousser les problèmes avec une naïveté qui est presque insupportable... je veux dire, quand vous dites des choses telles que : « pas le droit d'utiliser cette quantité d'accessoires... »

H. : Je sais.

STRASBERG : Très bien. Vous savez, c'est évident. Mais ici nous ne nous occupons pas de monter un spectacle; il nous importe peu que vous fassiez tout exactement comme prévu; ce qui nous intéresse c'est de voir si vous êtes capable d'adhérer à ce que *vous* avez établi. Nous supposons que lorsqu'un metteur en scène demande à un acteur de faire quelque chose, l'acteur s'efforcera de le rendre personnel et de trouver un moyen de le faire et de l'établir; nous vous demandons la même chose ici : restez fidèle à ce que vous avez décidé de faire. Il est absolument essentiel pour vous que, dans ce domaine de la discipline et de la technique...

H. : Il faut que je reste fidèle à ma propre décision.

STRASBERG : Exactement. Autrement le talent que vous avez ne sera pas utilisé. Aujourd'hui, quand je vous ai dit de continuer, vous l'avez fait, mais avec une vraie tempête émotionnelle; puis la scène s'est détendue et on pouvait y croire et y observer quelques couleurs intéressantes. Mais à l'avenir, il faut que votre travail soit conscient. C'est *vous* qui devez trouver le moyen de continuer, de développer la scène, de corriger les erreurs qu'on vous demandera de corriger; sans ce genre de technique, même une vedette ne peut s'en tirer, dans le théâtre d'aujourd'hui; très peu de vedettes sont assez commerciales, de nos jours, pour que cela vaille la peine de les engager avec l'espoir que leur seul nom attirera le public : la vedette, aujourd'hui, doit faire partie du spectacle. Si l'acteur ne fait pas partie du spectacle, ça ne marche pas. Par conséquent, il faut que vous travailliez *votre* manque de discipline et les besoins de *votre* technique. Pas ceux de quelqu'un d'autre.

H. : Mais c'est justement là que j'ai des ennuis, parce que... je vais de travers...

STRASBERG : Cela m'est égal que vous alliez de travers, ou en arrière ou n'importe où. Vous contenter de dire : « Je vais de travers », ne vous aide pas. S'il vous faut aller de travers pour résoudre le problème, allez-y.

H. : Mais supposez qu'on travaille de travers et qu'un metteur en scène vous fasse faire et refaire le commencement de deux actes différents, mais que vous ne puissiez travailler de cette façon...

STRASBERG : Eh bien, il faudra bien que vous y arriviez. Si c'est la façon dont on travaille d'ordinaire au théâtre, il faut que vous l'appreniez.

H. : Mais comment peut-on garder son imagination vivante tout en continuant à travailler laborieusement la pièce?

Strasberg : Ici, à l'Actors Studio, vous découvrez ce que *vous* devez faire pour garder *votre* imagination vivante pendant un travail laborieux. Le metteur en scène ne connaît que les résultats qu'il obtient; il ne peut se fier à votre « génie » parce qu'il ne l'a pas encore vu; il ne se fie qu'à ce qu'il voit; si, à la première lecture, vous lui faites une grande impression, il s'attendra à ce que vous continuiez dans ce sens; il travaillera à vous éviter de perdre ce premier grand moment que vous avez déjà obtenu. Mais le temps n'est plus où le metteur en scène doit se soumettre à votre façon de faire. Autrefois, les grandes vedettes, les grands génies pouvaient le faire : la vedette arrivait avec son rôle tout prêt, les autres acteurs ne savaient pas ce qu'ils devaient faire et s'inclinaient devant toutes les exigences de la vedette; mais ce temps-là est mort et enterré.

H. : Ce que je voulais dire c'est que si un jour, au cours d'une répétition, on en vient à une scène que je ne comprends pas et que je le dise au metteur en scène, mais qu'il continue pourtant à la faire et à la refaire sans que j'y arrive, quelle que soit la façon dont il s'y prenne...

Strasberg : Non, non, non, il ne fera pas cela. Vous confondez les difficultés que vous avez avec celles que vous inventez. Si vous dites à n'importe quel metteur en scène — aussi bête et négligent qu'il soit : « Je vous en prie, si c'est possible, laissez-moi indiquer la scène, mais ne me demandez pas de la jouer maintenant; je vous promets de le faire demain », il répondra peut-être : « Qu'est-ce que j'ai fait au bon Dieu, pour m'affliger d'une actrice pareille? »; mais si, le lendemain, vous jouez vraiment la scène, alors il s'écriera : « Formidable, c'est grâce à moi! Je l'ai laissée faire son travail convenablement, je l'ai aidée. » Vous partez du principe que si on vous laisse tranquille, le travail sera facile et vous le ferez convenablement.

Eh bien, ici, on vous laisse tranquille! Vous travaillez comme vous le voulez! Mais nous vous avons vue ici, quand votre concentration vous abandonnait et que vous ne pouviez plus vous rappeler votre texte ni marcher sur scène ni vous arrêter quand vous le vouliez. Nous vous avons suggéré les moyens de résoudre ces problèmes, mais cela nous est égal que vous en utilisiez d'autres.

H. : Mais les metteurs en scène donnent toujours l'impression de vouloir seulement filer la pièce. Ils ne comprennent pas vraiment ce que j'essaie de faire et moi, je ne comprends pas ce qu'ils veulent.

Strasberg : Si les metteurs en scène savaient qu'ils peuvent se fier à « demain », ils vous laisseraient faire ; mais il y a trop de « demains » au théâtre qui ne mènent nulle part.

H. : Mais s'ils ne savent pas si je peux le faire demain, comment peuvent-ils le découvrir s'ils ne me laissent pas faire ?

Strasberg : Votre talent ne leur a pas encore prouvé qu'on pouvait s'y fier. Pourquoi le feraient-ils ?

H. : Et pourquoi pas ?

Strasberg : Vous êtes une petite débutante et vous voulez travailler comme seul un acteur accompli a le droit de le faire.

H. : C'est juste. Mais devrais-je avoir deux méthodes ? Je demande au metteur en scène : « Puis-je faire quelque chose ? » et ça ne lui plaît pas ; il me dit de recommencer de la même façon.

Strasberg : Mon petit, je ne veux pas me mêler des expériences que vous avez eues, mais je vais vous dire une chose : vous faites si mauvaise impression qu'aucun metteur en scène ne peut avoir confiance en vous.

H. : Vraiment ?

Strasberg : Oui. Et vous le savez car vous connaissez les difficultés que vous avez eues ici.

H. : Je ne sais pas de quoi vous parlez.

Strasberg : Vous savez le nombre de fois que vous vous êtes arrêtée ici, au milieu de vos scènes ?

H. : Deux fois seulement.

Strasberg : Je n'ai pas fait le compte, mais je vous ai vue dans des scènes où vous vous êtes arrêtée, puis vous avez recommencé ; vous vous êtes arrêtée à nouveau et ainsi de suite. Si vous n'êtes pas consciente de l'impression que vous donnez, demandez aux personnes ici présentes. Il y a chez vous un manque de discipline, un changement continuel d'idées, une discontinuité — pour ne pas dire des arrêts constants — dans ce que vous dites et faites. Vous vous écriez : « Que le diable m'emporte, je ne sais quoi faire. » C'est arrivé dans presque toutes les scènes que vous avez jouées ici. En dépit de cela, nous avons toujours cru en votre talent; nous avons essayé de vous faire comprendre que votre talent valait la peine qu'on lutte pour lui. Voilà six mois que vous me dites : « Je comprends, je vais faire un effort », et vous venez, et il y a un tel fossé entre ce qui se passe réellement sur scène et ce que vous imaginez faire, que j'en suis éberlué.

H. : Que faut-il que je fasse, alors?

STRASBERG : Il faut que vous regardiez objectivement la nature du problème. Si vous allez chez le docteur et qu'il vous dise : « Prenez ceci », et que vous lui répondiez : « Je n'aime pas cela », il rétorquera : « Je regrette, ne venez pas me trouver, alors; je ne fais que vous donner ce qui améliorera votre état. » La façon dont vous travaillez actuellement revient à dire au médecin : « Cela ne me fera pas de bien, je déteste cela. »

Si vous ne pouvez travailler dans le théâtre tel qu'il est aujourd'hui, si vous détestez les attitudes que vous y rencontrez au point qu'il soit impossible à votre talent de s'y épanouir, vous ferez ce que beaucoup de gens ont fait avant vous : vous quitterez le théâtre; je n'y peux rien! Je ne suis pas là pour vous obliger à faire du théâtre; tout ce que je peux faire pour vous aider, c'est d'essayer de vous montrer les moyens de résoudre les problèmes que vous devez affronter. Nous vous demandons seulement de vous regarder honnêtement vous-même, de réaliser les difficultés que vous avez le droit d'avoir, en tant que jeune actrice, et que, pour quelque étrange raison psychologique, vous refusez d'affronter.

Chapitre XI

L'ACTEUR ET LE PUBLIC

Strasberg : Il est difficile de parler du jeu théâtral simplement par rapport au plaisir qu'en retire le public, car beaucoup de choses entrent en jeu dans le plaisir ou le déplaisir des spectateurs. Si une jeune fille est très belle, j'aimerai toutes les scènes qu'elle jouera! Jusqu'à ces derniers temps, Betty Grable était mon actrice préférée, et franchement, je ne me préoccupais guère de ce qu'elle faisait quand elle paraissait sur l'écran : j'aimais la regarder et j'allais voir tous ses films. Je ne suis donc pas immunisé contre les diverses réactions que peut éprouver un public, mais je ne réagis pas à des résultats artistiques et je n'affirme pas qu'ils existent à moins qu'ils n'existent vraiment.

Je peux aimer une scène et cependant porter des jugements très sévères sur la manière dont elle est écrite, jouée, mise en scène; il se trouve simplement que j'aime ce genre de scène.

Au théâtre, le public est l'ultime arbitre, mais seulement dans la mesure où on lui donne l'occasion de choisir entre toutes les alternatives possibles; il continuera à se satisfaire de ce qu'il a l'habitude de voir si c'est fait avec aisance, une certaine énergie et une certaine foi. Mais si ce que fait l'acteur est faux ou mauvais, le public l'accepte facilement parce que l'imagination supplée aux choses que l'acteur ne lui donne pas. Ainsi, il y a des gens qui n'ont pas le sens de la musique, mais qui peuvent prendre beaucoup de plaisir à l'écouter; cela leur est égal de savoir qui joue; ils aiment cela; les personnes qui sont musiciennes leur disent : « Ah, mais si vous entendiez Toscanini diriger ce morceau! » ils s'en moquent éperdument.

En un sens, le public ne devrait jamais se préoccuper des problèmes techniques de jeu; mais l'acteur devrait toujours en être conscient parce que le plaisir qu'il retire de ce qu'il voit au théâtre est un test de sa propre aisance technique dans l'observation et les jugements professionnels, et non pas un test du public. Le plaisir qu'un acteur expérimenté ressent devant une représentation prouve qu'il peut faire la différence entre la réalité et la non-réalité de ce qu'il voit.

Aujourd'hui, en général, on ne *voit* pas vraiment au théâtre, parce que *voir* — même pour les gens très doués — exige de revenir constamment voir le même spectacle : c'est ce que faisaient les gens autrefois, comme on le fait aujourd'hui pour les concerts, les opéras, les musées. Nous ne trouvons rien d'anormal à revoir tel film, à réentendre telle œuvre musicale, surtout si elle est nouvelle; dans ces arts-là, il y a un désir constant de créer l'espèce de milieu d'où peut jaillir la véritable observation. Mais même les gens de théâtre ne retournent pas voir les spectacles qu'ils ont vus une fois, et n'ont par conséquent aucune occasion — grâce à un processus de comparaison — d'arriver à avoir des opinions qui soient réellement des opinions et non de simples réactions provoquées par la personnalité des interprètes ou le genre de la pièce. La situation ne peut changer que lorsqu'on a un théâtre qui donne les mêmes pièces pendant des années; vous verrez alors combien votre réaction devant une pièce ou une production, peut changer.

Au théâtre, aujourd'hui, nous exagérons, esthétiquement, le mot que nous entendons, comme si d'entendre un mot signifiait que tout ce qui est accompli sur scène, est revitalisé, et que de ne pas l'entendre empêche de rien pouvoir juger. Souvent, quand on ne comprend pas les mots — comme cela arrive quand on assiste à une représentation en langue étrangère — on est capable d'observer une zone définie du travail des acteurs, et de voir ce qu'on en obtient; la plupart du temps, une grande partie de ce qu'on croit dû à l'acteur vient en réalité des mots. Quand nous sommes privés de ces mots, nous nous fions à la véritable observation.

Il est exact, qu'en général, l'énergie de l'acteur doit être plus grande en scène que dans la vie, et il est vrai qu'elle doit inclure l'énergie vocale, particulièrement importante parce que le public est très mal à l'aise quand il n'entend pas ce qui est dit. Mais certains problèmes vocaux peuvent être traités en dehors des autres problèmes de jeu : ainsi, je peux m'asseoir ici et parler très doucement à quelqu'un et je peux faire exactement la même chose sur scène; il n'y aurait qu'une seule différence : ce que je fais ici doucement et de façon privée, je devrais le faire, sur scène, de façon que le public puisse m'entendre et me voir aussi facilement qu'ici. Notez qu'on peut me voir parler de très loin, mais non pas m'entendre; cela veut dire que la projection de la voix doit être une énergie séparée, contrôlée séparément. L'effort supplémentaire que fait l'acteur pour être entendu sur scène est inutile dans la vie; mais cet effort n'implique absolument pas que le ton de voix doive devenir artificiel et faux; il doit continuer à être naturel et normal, et garder le sens de l'ordinaire et de l'aisance qui marquent la conversation courante. L'énergie vocale nécessaire pour atteindre le public ne doit pas chasser toutes les autres énergies.

Un jour, après une scène, un auteur-metteur en scène, qui se trouvait dans le public, se plaignit de ne pouvoir comprendre les acteurs; il dit qu'il n'avait jamais réussi à saisir tous les mots dans les scènes données à l'Actors Studio, et qu'il ne croyait pas que l'on doive ignorer les exigences de la technique au profit de la recherche de la vérité et de la réalité; les acteurs du Studio avaient l'habitude, dit-il encore, de ne faire aucun effort pour être entendus, ce qui tendait à les limiter énormément sur scène.

STRASBERG : Quand un acteur a vraiment un problème de diction, nous en sommes très préoccupés. L'ennui, avec beaucoup d'acteurs, est que d'ordinaire on peut les entendre et les comprendre, mais on ne saisit rien de ce qu'ils font sur scène.

L'AUTEUR : En tout cas, quand on n'entend pas un seul mot, on le saisit encore moins!

STRASBERG : Je vous demande pardon! Cela n'arrive pas avec les acteurs de chez nous! Ils n'ont jamais aucun problème pour se faire entendre. Donnez-moi des noms, si vous voulez, et on va vérifier.

L'AUTEUR : Je ne vais pas faire de personnalités. Selon mon expérience personnelle, je sais que c'est un grand problème pour les gens du Studio au cours des répétitions.

STRASBERG : Ça, c'est exact, parce qu'au cours des répétitions, ils travaillent et vous leur refusez le privilège de travailler; vous ne voulez leur donner que le privilège de jouer. Aucun metteur en scène convenablement formé n'a de difficulté sur ce point en cours de représentations. Pendant les répétitions, l'acteur est préoccupé de beaucoup de choses, en dehors de celle de se faire entendre. Il est vrai qu'un jeune acteur encore inexpérimenté a du mal à faire tout ce qu'il doit faire et à se faire entendre en même temps. Mais d'habitude quand on demande à un acteur, pendant les répétitions, de veiller à ce qu'on le comprenne bien, le problème n'est pas qu'il ne puisse accéder à cette requête : le problème est que s'il fait ce qu'on lui demande, il doit, à ce moment-là, abandonner une autre phase du travail qui peut, en fin de compte, être plus importante pour lui, pour le metteur en scène et pour l'auteur. Un metteur en scène expérimenté connaît les vrais problèmes techniques qu'implique le jeu théâtral et est, de ce fait, capable de travailler à chaque étape des répétitions, sur les problèmes particuliers à cette étape.

Il y a, par exemple, le problème d'apprendre le texte. Beaucoup de gens du Studio — surtout les metteurs en scène — sont très libres sur ce point. Pendant les répétitions, ils ne se préoccupent pas trop du texte. Pourquoi? Pourquoi est-ce que Kazan ne s'en préoccupe pas? et moi non plus? Parce que c'est un problème qui ne s'est jamais présenté, une fois le *travail fini*.

L'AUTEUR : J'ai fait diriger une de mes pièces par un metteur en scène du Studio, et beaucoup d'acteurs du Studio y jouaient. On ne pouvait pas les entendre pendant les représentations et ils ne savaient pas leur texte. De plus...

STRASBERG : Une seconde, je vous prie!

L'AUTEUR : Je suis en complet désaccord avec vous, et je crois qu'encourager les gens à ne pas se faire entendre...

STRASBERG : Je vous en prie; ne vous préoccupez pas tellement d'être en accord ou en désaccord avec moi, car voyez-vous, je peux vous citer des exemples remontant à plus de trois cents ans, concernant ce même problème; cela n'a rien à voir avec la façon d'aborder le travail; ce sont des problèmes fondamentaux du jeu théâtral; je ne dis pas que nous n'ayons pas à nous en préoccuper, mais je suis simplement un peu surpris que parmi toutes les choses qui pourraient vous préoccuper — personnellement, il y en a des centaines qui me préoccupent — vous choisissiez justement celle que l'on peut résoudre le plus facilement. C'est un problème pour certains acteurs, pas pour d'autres; là où ce n'est pas un problème, nous n'en faisons pas un problème; là où c'en est un, c'est-à-dire quand l'acteur est, soit incapable de se faire entendre même quand il essaie, soit peu disposé psychologiquement à se faire entendre, alors on s'en occupe comme d'un problème de jeu.

Si cette question était vraiment d'importance dans les productions, je m'en occuperais en général alors qu'en fait nous nous en préoccupons dans des cas individuels.

Parler à haute et intelligible voix n'est qu'une question de principe. Aux moments précis où l'on ne comprend pas un acteur dans une scène, il suffit de le lui dire pour qu'il élève la voix. Mais ce problème, d'ordinaire très simple au départ est, pour ainsi dire, inutilement et désagréablement souligné pendant les répétitions par les metteurs en scène, de sorte que, lorsque les représentations commencent, de faux accents et de fausses résistances se sont créés. Si seulement le metteur en scène voulait attendre que la pièce roule bien et que les acteurs commencent vraiment à travailler convenablement pour dire : « Je vous entends mal à tel, tel et tel endroit », vous seriez surpris de voir à quel point les résultats sont faciles à obtenir. Il n'y a, alors, pas de discussions. Malheureusement il arrive trop souvent que, dès la première lecture, le metteur en scène fasse une sortie sur l'importance de se bien faire entendre, et alors l'émotion humaine fait naître un conflit, mais c'est un conflit fabriqué de toutes pièces : l'acteur veut, évidemment, se faire entendre, mais pour une simple question d'ego, il va s'opposer au metteur en scène non seulement sur ce plan, mais aussi sur celui de l'interprétation.

L'AUTEUR : Je ne crois pas que ce soit seulement une question de clarté dans la diction; il me semble...

STRASBERG : Je regrette de n'être pas d'accord avec vous,

mais d'après l'expérience que j'ai de centaines d'acteurs, je peux vous certifier que de se faire comprendre est parfois un problème purement émotionnel, et parfois une question d'accent, tout simplement. Nous travaillons la cause du problème, quelle qu'elle soit dans chaque cas. Mais il n'y aura pas de problème du tout si le metteur en scène veut bien attendre que les acteurs soient déjà en train de jouer la scène pour leur dire d'élever le ton. La question ne s'est jamais posée au Group Theatre, ni dans mes productions en dehors du Group Theatre ni dans celles de Kazan. Il y a un tas de gens qui ne viennent pas de l'Actors Studio et qu'on n'entend pas du tout; vous avez travaillé avec certains d'entre eux, et vous savez que ces gens discutent avec vous de la pièce, veulent changer certains mots pour leur faciliter les choses, veulent changer certaines choses dans la pièce parce qu'« ils n'aiment pas cela » ou « ils n'aiment pas ceci »; en réalité, c'est parce que, avec les meilleurs intentions du monde, ils ne savent pas accomplir les tâches que leur talent leur permettrait pourtant d'accomplir.

En toute honnêteté, cette question existe au théâtre depuis des temps immémoriaux. L'opposition que l'on fait entre « Méthode » et « non-Méthode » est ridicule! Comme si, avant la « Méthode », tout jeu théâtral était superbe! toute représentation extraordinaire! tout spectacle vrai, convaincant, vivant, tout acteur facile à entendre et toute interprétation brillante! Vient la « Méthode », et tout à coup on ne comprend plus l'acteur, on ne l'entend pas, son jeu est terrible, les spectacles horribles! Je suis désolé mais je ne peux être d'accord avec vous, parce que toute mon expérience et celle d'autres gens de théâtre m'amène à la conclusion contraire. Mais dans la mesure où le problème existe, je ne le minimise pas.

Avec le temps, l'acteur apprend à déployer son effort dans toute direction nécessaire. Quelquefois, c'est dans le domaine mental, quelquefois dans le domaine émotionnel. Parfois c'est dans une zone purement physique ou purement vocale. Quand l'acteur travaille convenablement, il craint souvent que l'impulsion ne disparaisse s'il agrandit trop son champ d'action; cependant, nous avons trouvé que le contraire se produisait très souvent : tout ce qu'il fait devient plus expressif, plus vivant, plus dramatique, plus vrai. En fait, s'il n'essaie pas d'étendre ses possibilités, l'acteur porte toujours son impulsion et ses réactions comme un verre qui serait plein jusqu'au bord; il se déplace comme s'il marchait sur des œufs.

Un technicien, un artiste essaie de distinguer les éléments qui entrent dans la composition des résultats, parce que ce genre d'analyse lui permet de travailler avec d'autres artistes; autrement, il n'est capable que de travailler avec le public, et si le public n'aime pas ce qu'il fait, sa route est barrée; il aura beau expliquer de long en large qu'il utilise la méthode de Stanislavski, que sa manière de travailler est la bonne, si cela ne plaît pas au public, il n'en sortira rien.

Au Studio, les différentes opinions sur la façon de jouer sont valables parce qu'elles reflètent les différences qui existent entre les divers publics; mais il faut nous rappeler continuellement que les spectateurs du théâtre dit « commercial » peuvent ne pas s'y connaître autant que nous en technique. Toute personne désireuse de faire du théâtre doit reconnaître que chaque membre du public voit avec ses propres yeux et que chaque « œil » est différent. Les idées qu'on apporte à une production doivent être claires pour les autres gens, pas seulement pour soi-même; sinon votre insistance à vouloir avoir raison est inutile.

Au théâtre, dire « il m'importe peu que les gens s'en aperçoivent ou pas » conduit à se suicider en public. Dans d'autres arts, la même déclaration est affaire de courage, mais au théâtre, c'est une idiotie. Dans les autres arts, le travail demeure et n'est pas simplement l'objet des jugements de notre seule génération. Mais l'art théâtral vit et meurt avec le public et par conséquent il doit y avoir un continuel échange entre le travail que vous faites et le public pour lequel vous essayez de jouer. Si le public ne saisit pas ce que vous faites, quelque chose n'est pas juste — même si vous êtes persuadé du contraire.

J'espère que vous comprenez que je ne prêche pas en faveur d'un quelconque compromis. Un studio n'est ni une école ni un théâtre. Un théâtre est engagé dans la production; il ne présente pas les idées qui ont engendré la production, ni celles avec lesquelles le metteur en scène a excité les acteurs, ni celles qui ont poussé au choix de la pièce. Une production est une chose qui, devant le public, doit être comprise de celui-ci sans aucune explication.

Chapitre XII

L'ACTEUR ET LE THÉATRE COMMERCIAL AMÉRICAIN

Strasberg : Le théâtre américain n'a pas d'histoire artistique jusqu'aux temps modernes; il n'a qu'une histoire commerciale. Les traditions de l'art théâtral ont été fondées à l'étranger. Les grands acteurs qui ont joué ici — même de notre vivant — ont été surtout des acteurs étrangers. Le théâtre américain a débuté comme une activité purement sociale. Dans toute l'Amérique — rurale ou citadine — le héâtre n'avait d'autre but que de distraire et le théâtre américain continue cette tradition, une tradition créée par des gens dont le seul besoin était de s'amuser. Ce n'est qu'à l'époque moderne que l'Amérique a graduellement fait montre d'un certain art au théâtre qui, à juste titre, a pris sa place dans le théâtre mondial.

Néanmoins, le théâtre américain est resté fondamentalement dévoué aux intérêts du commerce et du divertissement. L'Actors Studio a été fondé pour l'acteur qui doit travailler dans ce théâtre. L'objectif des directeurs était de créer un endroit où des professionnels, travaillant déjà au théâtre et dont le talent était déjà bien établi, puissent poursuivre le genre de travail que n'importe quel artiste a besoin de faire pour lui-même.

Chaque acteur est attiré vers le théâtre par un besoin personnel d'expression. Chaque acteur sent qu'il existe quelque part une espèce d'art et de perfection qui vaut la peine de lutter, à cause de cette récompense intérieure qu'elle apporte et qui est tout à fait différente de celle qu'apporte un bon travail, considéré comme tel du point de vue du public.

Mais les conditions de production dans le théâtre d'aujourd'hui sont terribles, elles n'ont aucun rapport avec les besoins créateurs de l'acteur ou de quelque autre individu du théâtre. Les lois et les règles du théâtre commercial ne découlent pas des besoins de l'acteur, du metteur en scène ou de l'auteur; voilà pourquoi, lorsqu'un acteur est pris dans l'engrenage d'une production commerciale, le processus de son développement en tant qu'artiste s'arrête presqu'invariablement. Le Studio a été créé pour apporter ce soutien à chaque individu créateur. De ce point de vue, le rôle du Studio dans le théâtre commercial sera toujours nécessaire et important.

A cause des films et de la télévision, le théâtre commercial ne retrouvera jamais son lustre des années vingt. La formule de base a changé. Les films et la télévision ont pris une grande partie du travail qui revenait autrefois au théâtre commercial et ils s'en acquittent mieux que le théâtre. J'ai été un peu effrayé le jour où j'ai entendu un critique dramatique se plaindre et demander : « Où sont les westerns que nous allions voir au théâtre? » J'ai, pour des raisons professionnelles, trois postes de télévision chez moi; parfois je vais de l'un à l'autre de façon à pouvoir suivre un western que j'aime regarder et deux autres spectacles que je dois voir, professionnellement. Voilà où sont allés les westerns! On ne les regarde même plus au cinéma mais à la télévision! Les pièces à grand spectacle ont pris la place des vaudevilles. La comédie télévisée est l'équivalent des comédies théâtrales des années vingt. Presque toutes les formes de théâtre populaire sont, jusqu'à un certain point, remplacées par ces spectacles intermédiaires promis à une diffusion bien plus large et bien plus efficace que le théâtre vivant.

Un seul aspect du théâtre vivant ne peut être remplacé, c'est celui dont le but n'est pas commercial mais artistique.

Le théâtre, en tant qu'art, joue un rôle très important dans la vie : c'est un des besoins de l'humanité; plus la vie devient difficile, plus nous prenons conscience du rôle de l'art et de notre besoin d'art; on a tendance à se laisser prendre par la vie quand elle est facile. En Amérique, le sentiment que l'art est un embellissement existe toujours; je ne souhaite pas faire de déclarations théoriques; je ne dis pas : « L'art est supérieur. » Mais quand on parcourt l'histoire de tous les arts, on s'aperçoit que l'art n'est pas un embellissement, mais une véritable activité qui a pris son essor avec les premières manifestations de la civilisation et a un sens bien plus profond pour l'homme qu'une simple ornementation. Toutes ces choses que les Américains considèrent trop souvent comme accessoires sont une partie de ce qui fait de l'homme un homme. Il y a eu des gens prêts à vivre pour leur art, à mourir pour lui. Nous l'oublions trop souvent dans le théâtre américain. Nous oublions les artistes qui ont dit : « Non, je veux peindre de cette façon; je regrette. Si vous ne voulez pas acheter mes tableaux, que le diable vous emporte. Dans mille ans, on les achètera! Pour l'instant, je préfère mourir de faim », et ils mouraient; et on n'a acheté leurs tableaux qu'après leur mort.

L'ignorance qu'on a laissée grandir à propos du théâtre, et qui s'est prolongée dans le théâtre commercial américain jusqu'à nos jours, doit, d'une façon ou de l'autre, disparaître tôt ou tard; seuls les gens de théâtre peuvent y travailler en relevant le défi et en faisant entendre leurs voix. Je suis étonné de voir que la plupart de ceux qui ont une position importante au théâtre, et qui, de ce fait, sont très souvent consultés sur les divers problèmes du théâtre, commencent toujours par dire : « Bien entendu, je ne connais rien à ce sujet », ou : « Bien entendu, je n'ai jamais fait cela », et puis ils s'embarquent dans des généralités qu'on ressasse à longueur d'années et qu'ils répètent depuis vingt ans. Je suis surpris qu'il n'y ait jamais, dans ces cas-là, aucun désir de considérer en face le fait que l'expérience théâtrale se poursuit maintenant. Nous n'avons absolument pas besoin de continuer à ignorer le travail, l'intelligence, la souffrance qui entrent dans le théâtre. A travers nos connaissances actuellement plus étendues du fonctionnement de l'acteur, du metteur en scène et des autres éléments du théâtre, je sais que nous sommes capables de comprendre le théâtre d'autrefois d'une manière qui, jusqu'à présent, était impossible. Et j'ai la hardiesse d'espérer que cette connaissance n'est pas simplement une préoccupation intellectuelle de mon esprit, mais qu'elle peut être une part essentielle du fonctionnement du théâtre américain au cours des vingt prochaines années.

Les décisions qui seront prises aujourd'hui influenceront

toute la génération théâtrale à venir. Il est temps que les gens de théâtre exigent que les discussions sur le théâtre ne soient pas laissées aux hommes d'affaires — qu'ils appartiennent au monde théâtral ou pas — ni aux critiques ou à d'autres personnes de ce genre; certes, elles sont nécessaires au théâtre, mais elles n'ont malheureusement pas la connaissance qu'ont ceux qui participent à la *création* du théâtre, et non simplement aux *affaires* du théâtre.

Chapitre XIII

L'ACTEUR ET LE THÉATRE DANS LE MONDE D'AUJOURD'HUI

STRASBERG : Aujourd'hui, il y a une esthétique du théâtre. Aujourd'hui, *le théâtre* est un art. Au XIXe siècle, on jouait une pièce en fonction du XIXe siècle, mais de nos jours nous sommes capables d'aborder n'importe quelle pièce, grecque, shakespearienne, ou moderne et nous nous trouvons aux prises avec la tâche de la rendre claire. En construisant sur le passé, Adolphe Appia, Gordon Craig, Stanislavski, Meyerhold et d'autres ont jeté les bases du travail théâtral d'une manière bien plus complète que dans n'importe quel théâtre du passé. Aujourd'hui, il y a un sens du *théâtre* plus large que n'importe quel style historique, un sens du concept entier du théâtre, Il y a des appréciations sur tout le théâtre d'autrefois et cependant la vision contemporaine à laquelle chaque artiste contribue, est celle que l'on retient.

Aujourd'hui le théâtre — pas simplement en Amérique mais dans le monde entier — se trouve devant la nécessité d'exploiter à fond cette compréhension d'ensemble, au niveau le plus haut et dans les meilleures conditions possibles. Pour le moment aucun autre pays n'a, autant que l'Amérique, le pouvoir de résoudre ce problème.

Je ne crois pas — comme beaucoup de critiques — que le théâtre américain soit en train de mourir à cause du réalisme; je n'ai pas du tout cette impression, car les acteurs sont convaincants. Au contraire, mon impression est que le théâtre américain et le théâtre étranger n'offrent qu'une sorte d'hommage superficiel au réalisme et que l'objet de ce réalisme — qui est de voir la vie dans son intégralité et non pas sentimentalement — ne joue pour ainsi dire aucun rôle dans le théâtre de notre époque.

N'oubliez pas que ce dont on se plaint d'ordinaire dans le théâtre américain est sujet à récriminations dans le monde entier! On dit du théâtre américain : « Ce n'est qu'un problème financier », mais ce problème existe partout.

La plupart des gens sont conscients que le XXe siècle marque une avance considérable dans la politique, les sciences, l'industrie, la vie sociale et culturelle; ils ont le sentiment que les choses changent de façon décisive, qu'il y a un délestage de nouvelles énergies dans certaines formes d'art, telles que la musique et la peinture. Mais la plupart des gens ne croient pas que le théâtre ait progressé au cours de ce XXe siècle; ce n'est qu'en l'observant soigneusement que nous nous apercevons du vaste changement opéré dans la réalisation technique; or, ceci a à peine frappé les gens de théâtre et n'a pas du tout affecté l'attitude générale du public, bien que celle-ci soit plus importante au théâtre que dans n'importe quelle autre forme d'art. On peut regarder une peinture de Klee et dire : « Je ne comprends pas »; cette réaction n'a, heureusement, que peu de valeur; ce sont les réactions du monde entier pendant vingt ans qui décideront de la place que doit avoir Klee dans la peinture. Mais au théâtre, le public participe plus directement, d'une façon plus active et plus vitale que celui de n'importe quel autre art, et son ignorance des possibilités du théâtre au meilleur de sa forme — c'est-à-dire celui où le grand acteur prend sa place dans un ensemble — est un des principaux obstacles à la solution des problèmes du théâtre dans le monde.

La Cerisaie de Tchékhov a été donnée à la télévision. J'ai été ébahi de voir qu'au moins trois articles déclaraient en gros titre : « Triomphe d'acteurs dans une pièce faible! » Tandis qu'un autre compte rendu disait que « bien que la pièce ne valût pas grand-chose, les acteurs avaient réussi à la faire passer »! Un tel manque de connaissance de la pièce et de ses personnages a, en fait, très peu de répercussion sur la position de Tchékhov dans le théâtre mondial, mais c'est un des signes nombreux et désolants de l'insensibilité, de l'ignorance et de la dégradation de l'opinion des masses.

Je sens très vivement que la participation des masses à la

culture est un fait nouveau, crucial dans le monde d'aujourd'hui. Autrefois, la culture était l'apanage d'un petit groupe. Il est aujourd'hui possible aux grandes masses populaires de partager toute la richesse culturelle; cela fait inévitablement partie du développement de l'histoire moderne, mais il y a danger que le public — qui aborde la culture sans y être préparé — l'évalue à son propre niveau. Le grand public estimera que son niveau est le seul possible, parce qu'il n'en connaît pas d'autre. Le danger n'est donc pas de ne pouvoir en appeler au public mais dans le fait que, accidentellement ou délibérément, on ne fait *pas* appel à lui; la distribution culturelle aux masses ne peut donc conduire qu'à une dégradation des masses.

Avoir vécu à une époque où le développement des acteurs était encore continu et harmonieux est une chance. J'ai vu de grands acteurs qui, pendant de nombreuses années, avaient joué le même rôle : les regarder jouer était être témoin de l'apogée d'une vie de travail. J'ai vu des gens comme la Duse, Grasso, Chaliapine. J'ai vu le Théâtre d'Art de Moscou en 1923 où Stanislavski jouait encore entouré de tous les grands acteurs. Depuis lors, j'ai porté en moi le sens de cette grandeur dont l'acteur est capable. Il y a des moments où toutes ces choses que je vous décris sont pour moi des moments de véritable expérience, et non simplement des théories.

Malheureusement, ces grands moments sont rares au théâtre. On voit une représentation de la Duse, puis un spectacle au Théâtre d'Art de Moscou, et une production de Vakhtangov; on voit les immenses efforts de Meyerhold... et même quand on met tout cela ensemble, on n'a pas encore une idée complète de ce dont le théâtre est capable; on n'en aperçoit que les possibilités. Mettez ensemble le génie de la Duse, l'ensemble du Théâtre d'Art de Moscou, la vision de Meyerhold et de Vakhtangov, les concepts de Craig et Appia et vous saurez à peu près ce que le théâtre peut accomplir!

Pendant une période de vingt ans après la Première Guerre mondiale, des facteurs divers — travail individuel, révolution russe, état du théâtre mondial — ont donné de brusques exemples de ce qu'on pouvait faire, mais chaque fois un facteur paralysant est venu contrarier l'achèvement artistique de ces tendances du théâtre du XXe siècle. Le Théâtre d'Art de Moscou portait en lui l'héritage du passé. Stanislavski est resté — dans sa façon de voir les choses — un homme du XIXe siècle; Vakhtangov est mort à trente-huit ans. Meyerhold s'est éloigné de l'influence et de l'inspiration du Théâtre d'Art de Moscou et ses travaux se sont trouvés isolés au sommet d'une vision théâtrale terrifiante, sans être soutenus par cette espèce de réalité d'acteur et cette conviction que le Théâtre d'Art de Moscou avait si profondément développées. Quant à la Duse, elle était en avance de cent ans sur son époque.

Vers 1935, les risques de guerre commencèrent à détruire les progrès réalisés par le travail de ces quelques grandes figures du théâtre. Ce n'est qu'après la Seconde Guerre mondiale que nous retrouvons, dans les productions de Brecht, un apport majeur capable de réveiller dans le monde le sens du théâtre. Et je crois que, jusqu'à un certain point, nous pouvons dire que le souci de « la Méthode » — malgré tous les malentendus et les dénigrements dont elle a été l'objet — a conduit, elle aussi, à un souci de théâtre.

Si, au cours des dix prochaines années, la paix revient en ce monde, peut-être pourra-t-on continuer le travail interrompu au cours des années trente et maintenu vivant au Studio. Les vaisseaux ont sombré mais nous sommes vivants sur nos radeaux; nous nous sommes sauvés nous-mêmes et nous avons gardé l'étincelle de vie et le sens de la continuité créatrice : de nouveau s'ouvrent devant nous de larges possibilités théâtrales. Le théâtre peut continuer, mais seulement si l'on réussit à créer les conditions et les circonstances qui lui conviennent; autrement, on s'en tiendra tout simplement aux petites valeurs commerciales actuelles et à ce qu'on peut faire dans les conditions présentes; au-dessus de cette activité nous attacherons une pancarte avec ces mots : « Ceci est de l'art. » Je n'ai pas peur que le théâtre cesse d'être; il continuera malheureusement, et deviendra de plus en plus populaire, fera de plus en plus d'argent. Il y aura davantage de télévision, davantage de travail, des talents plus superficiels, davantage de tout! Il y aura plus de théâtre et du pire! Nous confondrons alors ce qui pourrait être fait avec ce qui est fait. Nous demanderons : « Qu'y a-t-il de plus, là? » Si nous ne voyons plus désormais les possibilités de grandeur, comment pourrons-nous en rêver?

Ce que la Duse a apporté au théâtre est encore vivant aujourd'hui. Elle représente peut-être plus que tout autre individu de ces cent dernières années, la nature créatrice du théâtre, la lutte continuelle pour obtenir les moyens d'expression qui permettront à l'acteur d'accomplir sur scène ce qu'il désire. Quelques-uns des commentaires de la Duse étaient mordants; elle disait que si l'on voulait maintenir vivant le théâtre, il fallait tuer tous les acteurs; et cette déclaration n'était pas due à un antagonisme quelconque avec des acteurs particuliers; elle réalisait tout simplement ce que le théâtre exige de l'acteur. Elle connaissait à fond la manière dont un acteur doit apprendre à se débarrasser du côté conventionnel et imitateur qu'il porte en lui et faire surgir la splendeur d'un être nouveau, créant d'après ses propres impulsions, honnête avec lui-même, recherchant les applaudissements comme une part nécessaire du succès, mais nullement disposé à accepter le succès à la place de ce qu'il souhaite créer.

Pour la Duse, le fait de paraître sur scène entraîna, toute sa vie, d'énormes souffrances. C'était pour elle une expérience terrifiante; elle avait toujours le sentiment d'être nue, de révéler les zones les plus profondes de son être; et elle détestait cela autant que n'importe quel être humain. C'est la chose la plus difficile qu'il soit demandé à un acteur de faire, car il se révèle avec son propre corps et ses émotions vraies sous le regard intense et scrutateur du public. La Duse — plus qu'aucun autre acteur que je connaisse — souffrait de cette difficulté fondamentale, mais à travers cette souffrance, les représentations qu'elle donnait résumaient non seulement cette recherche de la vérité intérieure et extérieure qui fait le théâtre depuis des centaines d'années, mais allaient au-delà de cela : chaque moment était établi sur scène en fonction de la réalité de l'être humain. Son sens artistique lui permettait non seulement de *jouer* la réalité de l'être humain, mais de *révéler* cette réalité que n'aurait pas vue un œil ordinaire. Peut-être devait-elle ce trait à son origine italienne — je ne sais — mais cela ajoutait à son jeu une qualité à la Michel-Ange, une qualité classique, le sentiment grec ancien d'un corps qui savait parler. Très peu d'acteurs ont réalisé cela.

La Duse a réussi une fusion des éléments intérieurs et

extérieurs que nous n'avons pas encore pu réaliser dans notre théâtre. L'accent, dans le théâtre d'aujourd'hui, est mis sur l'un ou l'autre de ces éléments. Le travail au Studio a tendance à insister sur le côté intérieur du travail; mais cela n'a pas jugulé chez l'acteur le sens des choses extérieures : c'est une partie du processus créateur dans lequel les éléments extérieurs sont mis en valeur pour amener l'être humain à devenir un instrument qui s'exprime de façon plus merveilleuse encore. Comme un violon de qualité rare, il réagit plus profondément, et avec plus de vérité aux commandements de la technique intérieure. Le théâtre aura besoin des cent prochaines années pour rendre justice à ce qu'a produit la Duse dans ce domaine; elle était un exemple isolé; peu d'acteurs peuvent avoir autant d'intensité intérieure et une aussi merveilleuse expression extérieure, alliées à une beauté toujours soumise aux ordres de ce qui se passait en elle. Les choses merveilleuses qu'elle faisait n'étaient jamais utilisées à cause de leur beauté pure.

Comparer la Duse à Sarah Bernhardt permet de constater qu'un acteur peut avoir un profond sens théâtral et que celui-ci peut devenir une partie intégrante du personnage.

La Duse pouvait résoudre tous les problèmes de jeu qui lui étaient posés. Dans les pièces d'Ibsen, comme je l'ai souvent dit, le difficile est de jouer ce qui s'est passé « avant »; dans un article sur la Duse dans une pièce d'Ibsen, un critique disait d'elle, qu'elle jouait ce qui se passait « entre les lignes »; elle appelait cela la troisième dimension du jeu, qualité qu'elle attribuait au « grand jeu théâtral ». Cependant elle était d'une certaine façon, toujours plus la Duse que le personnage, bien que ce qu'elle jouait à travers la Duse ne fût pas tellement le personnage que la pièce. Elle jouait la signification, le sens et la réalité de chaque pièce à travers elle-même, et avait cette capacité étrange d'être tout à fait elle-même en même temps que hautement théâtrale.

Quand je vis la Duse dans *Les Revenants*, je sortis du théâtre en me disant : « Ma foi, c'est du bon théâtre, mais est-ce du grand théâtre? », je n'étais pas emballé et pourtant je n'arrivais pas à oublier ce que j'avais vu; j'y pensais tout le temps et je me répétais : « N'est-ce pas formidable? Elle est venue sur scène et elle n'a rien fait du tout; elle était vêtue d'une robe noire et dans tout le premier acte, elle n'a fait que s'appuyer sur cet élégant divan et parler »; elle ne faisait rien de plus et pourtant on ne la quittait pas des yeux; quelque chose se passait, on savait que cela se passait. Je me rappelle ne l'avoir vue faire qu'un seul geste, au moment où son fils fait des avances à Regina, dans la chambre à côté; elle était alors debout près de la table, et regardait dans la pièce voisine; soudain, l'ouragan se déchaînait, vous roulait, vous bousculait, et il fallait lutter pour se frayer un chemin. On avait l'impression d'être pris dans les mailles d'un filet très fin, dans une toile d'araignée, quand elle prononçait le mot : « Revenants »; elle ne devenait pas hystérique : elle voyait quelque chose qui l'affectait, et c'est tout! Mais elle créait le sens de ce qui se passait, le sens du personnage, le sens de ce dont traitait la pièce; en réalisant cela, je me rendis compte tout à coup de la grandeur de ce qu'elle faisait.

Giovanni Grasso a vraiment été un des grands acteurs et un des plus grands tempéraments émotionnels de son temps. La Duse avait une plus grande continuité de tempérament mais elle n'atteignit jamais cet état physiologique de l'émotion que j'ai vu chez Grasso. Il donnait l'impression d'un vrai virtuose à l'ancienne mode; jamais on n'a vu une réalité physique aussi pure en scène, et je n'entends pas par là un jeu extérieur, sa réalité était celle où émotion et corps sont liés ensemble. Même chez la Duse, la réalité n'était pas de ce genre : elle était très pure, mais son jeu était comme l'essence de quelque chose qui aurait été soustrait à la réalité : c'était comme un jus d'orange : l'écorce et la pulpe enlevées, on boit et cela descend doucement et facilement; c'est du jus d'orange pur. Avec Grasso, c'était différent.

Je suis allé le voir dans *La Morta Civile*, une vieille pièce italienne très connue qui raconte l'histoire d'un homme qu'on croyait mort et qui revient pour découvrir que son retour crée des difficultés à sa femme; alors il se suicide. Avant le dernier acte, j'allai en coulisses avec d'autres personnes; il ne comprenait pas l'anglais mais il embrassait tout le monde, surtout les jolies filles! Il écoutait ce qui se disait sans comprendre tout à fait, et il souriait, était vivant et tout à fait à l'aise. Puis il retournait sur scène et le rideau se levait pour le dernier acte. Je n'oublierai jamais le choc que je reçus, lorsque je vis ce même homme que nous venions de voir et d'embrasser, assis, là, pâle, tendu, ému. Son visage était blême, il tremblait intérieurement; c'était un homme prêt au suicide; et je me disais : « Mon Dieu, quand est-ce que cela s'est passé? Je lui parlais à l'instant. » Il adorait jouer!

La façon d'aborder un rôle chez les Italiens — je l'ai vue dans certaines de leurs compagnies et aussi au Piccolo Teatro de Milan — est excellente. Pour les Italiens, jouer c'est du gâteau! L'acteur italien ne demande pas d'explications, ne s'interroge pas sur les motivations du personnage; il ne se demande pas non plus pourquoi il joue. Il veut jouer, et quoi qu'il fasse, il le fait avec foi et la plus grande confiance; il se jette dedans avec une entière conviction. S'il est obligé de travailler, il ne vaut plus rien. S'il doit créer un noyau psychologique, cela finit toujours par devenir faux et inutile. Son corps est vivant, sa façon de parler et de se comporter sur scène tellement théâtrale et vivante qu'au départ il apporte quelque chose à quoi on peut adhérer complètement. Son jeu n'est jamais « réaliste » mais il est vrai, parce qu'il croit en ce qu'il fait.

Grasso était sicilien. Je l'ai vu jouer dans des pièces en un acte, banales et ordinaires, dans des westerns sentimentaux où il y avait toujours des scènes de bagarre aux couteaux, comme en Sicile; il les adorait! C'était merveilleux. Il ne se demandait pas : « Comment faire? Pourquoi me battre? » mais il disait simplement au gars devant lui : « Tu veux te battre », et le couteau surgissait. Il était passionné; le sentiment de son immédiate conviction était extraordinaire. Il jouait toujours les rôles d'hommes mal aimés mais amoureux et protecteur de la femme.

Je l'ai vu faire un jour une chose que je n'ai jamais revue depuis : quelque chose devait lui arriver en scène l'instant d'après; le public devait voir un changement se produire, mais il ne pouvait utiliser aucune action physique. Il jouait le rôle d'un prisonnier en cavale, entrait dans une auberge, où la serveuse lui donnait du pain et de l'eau; il prenait le pain et l'eau puis la regardait : on le voyait alors littéralement tomber amoureux à ce moment précis; il ne jouait rien extérieurement, n'avait pas un mot à dire, mais on voyait la chose se produire.

Comment? je ne saurais dire, mais on n'en pouvait douter; l'émotion restait intérieure et pourtant on la voyait. Je me rappelle encore un détail et jusqu'à ce jour, je ne peux dire s'il s'agissait de quelque chose de scénique ou de vrai : tandis qu'il regardait la serveuse, il commençait à briser le pain et à le mettre dans sa bouche, et le coup de foudre survenait; il cessait de porter le pain à sa bouche, les miettes lui tombaient dans la gorge et le gênaient; il essayait de les déloger; puis, lentement, il mâchait et avalait ce qui lui restait dans la bouche; cela exprimait tellement l'amour qu'on ne pouvait séparer la réalité du jeu. On savait simplement que c'était joué.

Je doute que l'habileté à faire coïncider jeu, son et chant ait jamais été plus grande que chez Chaliapine. Le timbre d'un chanteur doit être plein et vivant, tout en rendant l'émotion que le chanteur veut donner. De plus, le timbre fait partie d'une progression musicale et l'émotion doit aller de pair avec la musique. Au cours de ma vie, seuls Chaliapine et — à un degré moindre — Maria Callas, Lotte Lehmann, Ezio Pinza et quelques autres — ont été capables de faire cela. La plupart des chanteurs se contentent de donner une couleur au timbre et font semblant que quelque chose arrive.

Chaliapine avait une très forte impulsion de jeu; il tenait des rôles qu'il était déjà difficile de simplement jouer; il les tenait superbement et les chantait superbement aussi. Le personnage était évoqué en tant que personnage, et la musique était — à un degré extraordinaire — l'événement dramatique. Chaliapine exécutait les deux de façon remarquable et complète.

Une des plus grandes leçons de jeu théâtral qu'il m'ait été donné de recevoir a été de voir Chaliapine jouer le même rôle dans deux opéras différents : le diable dans *Méphisto*, et le diable dans *Faust*. Il a créé deux personnages totalement différents dans un domaine où la composition semble devoir être très conventionnelle. Le personnage est le diable, et il faut nous rappeler que c'est le diable. Son diable, dans *Faust*, était très français, très désinvolte; même le son de sa voix était un peu nasal, bien que Chaliapine parlât parfaitement le français. Dans *Méphisto*, son diable était un disciple de

Milton; quand il entrait en scène, il était l'opposé de Dieu, l'ennemi de Dieu et son égal. Les deux compositions étaient donc totalement différentes.

Ce fut pour moi une grande leçon de jeu parce que Chaliapine démontrait que ce genre de performance était possible dans une sphère aussi délimitée et classique dans ses exigences que celle de l'opéra. Les exigences de l'opéra sont, après tout, plus précises que celles de Shakespeare ou des Grecs; mais elles n'entravaient pas la force créatrice de Chaliapine ni la plénitude de sa composition; la musique devenait le moyen d'exprimer une intensité plus forte et plus vitale que celle qu'un être humain peut exprimer par quelque autre moyen. Les textes classiques, eux aussi, jaillissent de la plénitude de l'expression. Dans les pièces classiques, ce sont les émotions — et non le texte — qui sont grandes. Les textes de Shakespeare ou de Sophocle sont le produit de sentiments très forts, éprouvés par des êtres de grande envergure. Voir Chaliapine créer la réalité de tels personnages d'une façon encore plus formelle que dans les pièces classiques fut une de mes premières leçons de jeu théâtral. Je gagnais à l'époque vingt-cinq dollars par semaine, et j'en donnai sept pour le voir! C'était un prix fort pour une leçon, mais chaque minute était un plaisir!

Mars 1961 : Nous voudrions saluer les membres de la Comédie-Française qui sont ici; nous sommes désolés de ne pouvoir le faire avec plus de formalité; peut-être sommes-nous beaucoup trop désinvoltes, en Amérique, mais cela ne veut pas dire que nous n'admirions pas et — si j'ose dire — que nous n'enviions pas un théâtre qui peut se fonder sur une grande tradition : c'est une chose que nous envions vraiment ici, en Amérique. Quelquefois, nous sommes fiers, parce que nous sentons que nous avons du talent; nous avons même parfois l'impression qu'en ce qui concerne les auteurs dramatiques nous avons plus de talent que les autres ne le croient; mais ce que nous n'avons pas, c'est le sentiment de la tradition théâtrale. Ce qui nous manque, c'est le sens de la responsabilité envers l'art théâtral qui fut apporté au monde du théâtre par la Comédie-Française. La Comédie-Française a joué le grand rôle d'être le premier théâtre au monde à subordonner l'acteur individuel à la production tout entière. Ce fut le premier théâtre à rendre l'acteur sensible au fait qu'il a une responsabilité envers le théâtre, alors qu'on estime encore aujourd'hui que le théâtre doit apporter à l'acteur de quoi vivre. Ce genre de tradition, nous ne le trouvons nulle part ailleurs.

En 1961, se rendant en Allemagne pour voir le Berliner Ensemble, Strasberg s'arrêta quelque temps en Italie.

Ma première expérience fut imprévue. Quelques personnes vinrent interviewer ma fille et quand ils s'aperçurent que j'étais là, ils voulurent m'interviewer aussi. Quand je suis à l'étranger, je n'accorde en général aucune interview, parce que je voyage pour me changer les idées. Je ne suis pas d'humeur à dire aux gens ce qui me préoccupe; je préfère ne pas en parler. Aussi, quand ces gens se mirent à me poser des questions personnelles auxquelles je suis d'ordinaire tout à fait disposé à répondre, je renversai soudain les rôles et leur demandai : « Où sont vos acteurs italiens ? » Il y eut un silence de mort et ils dirent : « Que voulez-vous dire ? », je répondis alors : « Eh bien, le théâtre italien a souvent servi le théâtre mondial, grâce à son inépuisable réservoir de talents; il a revivifié le théâtre et si l'on relit son histoire, on s'aperçoit qu'en deux occasions au moins, il a porté le jeu théâtral à un niveau très élevé : j'ai vécu l'époque de la Duse et je sais ce que cela voulait dire d'avoir sous les yeux l'exemple d'une personne vouée au théâtre et capable de nous montrer l'étendue des possibilités théâtrales; cela nous a permis d'examiner nos propres travaux et de juger de nos progrès par rapport aux siens. Où sont vos acteurs italiens, maintenant? Je ne peux croire qu'il n'y ait plus aucun talent en Italie; il doit être aussi phénoménal que toujours. L'Italie est un pays naturellement théâtral. »

On aurait pu me répondre que tous les acteurs italiens étaient aujourd'hui pris par le cinéma; malheureusement, les films italiens n'ont pas d'acteurs; ils ont de merveilleux metteurs en scène, de très belles femmes, mais presque rien que l'on puisse considérer comme du jeu théâtral; ce n'est pas jouer dans le sens où nous avons coutume de l'entendre, et ce n'est absolument pas comparable à ce que nous avons vu chez les grands acteurs italiens — Salvani, Rossi, Zaconi,

Novelli, Grasso et, bien entendu, la Duse — tous ces acteurs qui ont fait la grande tradition du théâtre italien.

Mes interviewers ne répondirent pas, mais au moment où je posai la question, je réalisai que s'il y avait en Italie, une organisation semblable à l'Actors Studio, les résultats en seraient prodigieux; car personne ne peut dire que l'Italie n'a pas autant de talents qu'elle en a toujours eus; mais, on ne les recherche pas, on ne les nourrit pas; or, le talent a besoin d'être nourri avant toute chose.

Un lieu de travail comme l'Actors Studio a un grand rôle à tenir dans n'importe quel pays, même s'il ne fait qu'agiter les eaux dormantes. Il me semble qu'il y a partout, aujourd'hui, un profond besoin d'organisation afin de rechercher le talent et d'éveiller l'intérêt et le sentiment théâtral. Évidemment, on peut faire cela de façon différente selon les endroits où l'on se trouve, mais il faut le faire. Dans tous les pays du monde, je vois une grande soif de théâtre et dans la plupart d'entre eux — le nôtre y compris — je trouve qu'on l'étanche fort peu.

Il y a quelques années, j'ai lu par hasard un article de Harold Hobson dans le *Times* de Londres; il y commentait une représentation donnée en Angleterre par une actrice américaine hautement considérée, et il déclarait que celle-ci se considérait peut-être comme une grande actrice mais qu'en réalité elle n'était qu'une artiste de second ordre face aux cinq grands acteurs anglais. J'adore les grands acteurs, je donnerais n'importe quoi pour voir un grand acteur quel qu'il soit — comique, tragique ou autre — et de n'importe quelle langue. Mais avoir cinq grands acteurs à une même époque ne s'est jamais vu dans toute l'histoire du théâtre; un grand acteur tous les dix ans, c'est déjà beaucoup! Lorsque deux grands acteurs — Mme Siddons et Kean — se suivirent à quelques années près, ce fut une des grandes périodes du théâtre anglais. Quand, pendant quatre-vingt-cinq ans, on eut de grands acteurs italiens, ce fut la fameuse période du « grand mouvement théâtral italien », qui impressionna le monde entier. Mais croire qu'un pays puisse avoir en même temps cinq grands acteurs est folie pure. Cette attitude de gens qui se reposent sur leurs lauriers est une chaîne autour du cou du théâtre anglais. Nous-mêmes, à certains moments, sommes trop dogmatiques, et ce genre d'entêtement nuit au théâtre, car tout le travail que l'on peut faire dans des directions meilleures et différentes (sans pour cela gâcher les qualités acquises), ne saurait être bénéfique tant qu'on garde cette attitude.

Le théâtre anglais représente un style dépassé. Il y a une tradition anglaise de jeu, mais le théâtre anglais s'en tient aujourd'hui aux éléments extérieurs de cette tradition. Ce qu'on crée maintenant sur la scène anglaise n'est pas de l'humanité, ni une réalité, ni des gens, pas même de la conviction. C'est du jeu, tout simplement, qui offre ce que le jeu a de meilleur et de pire. Il vaut la peine d'être observé; on peut en tirer quelque chose. Bref, j'adore l'ambiance du théâtre à Londres, mais pas le théâtre!

Devant certaines représentations de Laurence Olivier, on a parfois tendance à dire : « C'est un peu superficiel. » Pourquoi cela? Il apporte beaucoup d'imagination à ses spectacles qui sont moins systématiques que ceux des autres, car il s'y donne complètement. N'aurait-il pas une idée claire du rôle ou de la pièce qu'il joue? Au contraire, tout est merveilleusement clair; il sait exactement pourquoi il fait chaque chose. Quand il joue, on voit travailler un esprit d'acteur, d'une grandeur et d'une portée fantastiques, qui saisit toujours les besoins de la scène. Il comprend le personnage mieux que je ne le ferai jamais; je ne voudrais même pas le comprendre autant que lui, parce que je crois justement que cette compréhension empêche ses réactions d'être totales. Le seul reproche qu'on puisse faire à Laurence Olivier est qu'il ne crée pas complètement sur scène la réalité et la conviction de ce qu'il comprend.

Le théâtre anglais d'aujourd'hui n'est pas un prolongement du théâtre élisabéthain. Quand le théâtre reprit son activité, en Angleterre après la Restauration, c'était un mélange de traditions humanistes et classiques et de mise en scène italienne. Les principes du théâtre élisabéthain ne furent pas redécouverts avant deux siècles révolus; Stanislavski ne les reconnut jamais dans la structure du drame shakespearien; ce n'est qu'avec les productions de William Poel, entre 1890 et 1900, que l'attention du monde y fut attirée.

Je ne peux dire que nous ayons été très enthousiastes, parce que nous étions exigeants. Nous n'avons pas tout aimé. Mais je trouvais très enrichissant de discuter avec les acteurs et de constater qu'ils étaient conscients de leurs problèmes et préoccupés d'en trouver la solution. En fait, sans le dire directement, ils étaient disposés à reconnaître que dans le travail que nous faisons se trouvent quelques-unes des solutions qu'ils recherchent.

Jamais de ma vie, je n'ai vu de technique aussi passionnante que celle des Chinois. J'ai vu le théâtre japonais et vous vous rappelez sans doute que j'ai été très modéré dans mes réactions. J'y ai pris plaisir, je l'ai apprécié, mais je n'y ai vu qu'un entraînement à un style particulier; je ne pouvais rien partager, je ne me sentais pas concerné.

J'avais lu beaucoup d'ouvrages sur le théâtre chinois; je n'étais donc pas pris au dépourvu devant ce que je voyais et l'expérience en elle-même était passionnante. Je me rappelle une scène où une jeune fille voulait rejoindre son amoureux; pour cela, il lui fallait traverser une rivière et elle appelait le vieux passeur; il n'y avait pas de bateau sur scène, pas de décors, mais simplement deux acteurs qui, en jouant, rendaient réelle l'existence du bateau. Je me flatte de ne pas me laisser facilement avoir! Or, le premier soir, j'étais assis au balcon, et je vous jure que j'avais l'impression de voir la scène tanguer; le bateau tanguait et je tanguais avec lui; jamais je n'ai vu quelque chose d'aussi fantastique!

Je me souviens d'une autre scène où deux hommes essayaient de se tuer; l'un d'eux pénétrait dans la chambre de l'autre pour le tuer. La scène était éclairée, mais la chambre était censée être plongée dans l'obscurité et les deux hommes étaient censés ne pas se voir. L'acrobatie faite par ces deux acteurs était ahurissante; même de vrais acrobates n'auraient pu en faire autant car, en général, c'est par étapes qu'ils en viennent au saut final; or, ces acteurs passaient de l'immobilité la plus absolue à des sauts vertigineux. Jamais je n'ai vu jouer avec autant d'aisance, d'habileté et de sécurité à la fois. Une autre scène d'une virtuosité extraordinaire était celle où, au milieu d'un étonnant maniement d'épées, une femme commençait à ressentir les douleurs de l'accouchement; elle jouait avec un merveilleux sens de la réalité les étapes de la délivrance. J'ai vu une autre scène de bateau dans *La Légende du Serpent blanc :* quatre personnes traversaient une rivière sur un bateau et deux jeunes gens tombaient amoureux; cette fois, l'action n'exploitait pas simplement l'habileté des acteurs : l'amour était suggéré de façon très tendre et très subtile.

Dans l'école de Meyerhold, le genre d'entraînement que subissaient ces acteurs chinois se durcissait et devenait un style. J'ai été très impressionné quand j'ai visité le théâtre de Meyerhold. L'entraînement acrobatique y était intéressant, mais unilatéral parce qu'il préparait l'acteur à jouer sans faire en même temps de lui un bon acteur. J'ai toujours pensé que ce genre d'entraînement acrobatique était le meilleur entraînement physique pour l'acteur, mais c'est seulement en voyant les acteurs chinois que j'ai réalisé les merveilleuses possibilités qu'il offrait de combiner le réalisme et le sens théâtral. Dans d'autres théâtres, ces résultats sont restés abstraits; mais le théâtre chinois me pousse à croire qu'une manière d'aborder une production classique qui ne s'appuierait pas seulement sur l'habileté physique et le flair théâtral, ni seulement sur la réalité et la conviction intérieure, mais sur tous ces éléments à la fois, serait d'une importance décisive.

Au cours de l'été 1956, Strasberg vit le Brecht Berliner Ensemble à Londres. Puis, en 1961, juste après la construction du mur de Berlin, il passa plus d'un mois à observer le travail du Berliner Ensemble dans leur local de Berlin-Est.

(Octobre 1956) : Discuter de théories est un suicide, à moins de se baser sur ce qu'on voit sur scène. Je me flatte d'avoir autant de connaissances théâtrales que n'importe quel autre homme de théâtre. J'ai lu tout ce qu'on peut lire sur le théâtre de Brecht; j'ai eu de longues discussions avec des amis, experts dans le théâtre de Brecht. J'ai rencontré Brecht, ici, il y a longtemps, et de cette rencontre j'ai tiré une idée de ce qu'il représentait. Mais je me sentais toujours désavantagé parce que je n'avais pas vu le théâtre de Brecht; j'étais donc curieux de le voir, simplement pour évaluer ce que je croyais déjà savoir.

Ce fut une expérience tout à fait différente de celle à laquelle je m'attendais : voir le théâtre de Brecht n'avait aucun rapport avec ce que j'avais lu ou entendu raconter. Ce théâtre n'a, fondamentalement, rien à voir avec la théorie que Brecht développe dans ses écrits. Les intellectuels ont donné une impression si fausse de Brecht que le jugement des critiques anglais en fut étrangement faussé. Il y eut de curieux articles; les meilleurs se terminaient invariablement par cette question : « C'est bon, mais pourquoi toutes ces discussions ? Quand c'est bon, c'est bon et je suis ému; quand c'est mauvais, c'est mauvais. Où est cette théorie qui dit que je suis censé ne pas être ému ? »

En fait, quand les gens vont voir une pièce de Brecht, et qu'ils ne l'aiment pas, ils disent : « C'est une pièce de Brecht, voilà tout. » Quand ils l'aiment au contraire, ils disent : « C'est bon, j'ai été ému, touché. Pourquoi tant de discussions? J'ai ressenti la même chose devant cette pièce que devant n'importe quelle autre. » Il y a nombre de pièces de Brecht qui ne passent pas, justement parce qu'elles ont été écrites en fonction de sa théorie; de celles-ci, on dit : « Eh bien, je comprends! Qu'est-ce que cela peut faire? » Mais quand une œuvre de Brecht passe, elle le fait avec autant de réalité que n'importe quel bon ouvrage.

Brecht était assez intelligent pour comprendre cela. Heureusement, peu avant sa mort, il déclara : « La théorie n'a aucune importance, il y a des gens qui me comprennent mais ne jouent pas comme je le désire; et il y en a d'autres qui ne me comprennent pas mais jouent comme je veux. »

Quand j'étais en Russie, en 1934, j'ai lu un article concernant « la méthode oblique de Meyerhold » et pensais en moi-même : « Voilà deux ans que je pratique cela et je ne savais même pas que c'était une méthode. » De même, un technicien du théâtre peut observer le théâtre de Brecht et voir qu'on y met certains accents et qu'on y fait certaines choses par respect pour la théorie de Brecht; mais ce sont des choses que les gens font, ici, sans avoir de théorie; jamais je n'ai vu cette théorie jouer un rôle important dans les bonnes productions de Brecht.

Mère Courage aurait pu être donnée de façon plus émouvante et impressionnante, mais je trouvai la réalisation intéressante. *Le Cercle de Craie* est une des plus belles productions que j'aie vue de ma vie; on peut la mettre au rang de productions telles que le *Turandot* de Vakhtangov. Il est difficile de décrire le côté théâtral de ces productions; il n'est ni évident ni mécanique; le jeu est extrêmement simple et naturel, mais manifestement dirigé vers le public. Par exemple, deux personnes sont assises et parlent avec aisance; il n'y a pas de « jeu » à proprement parler, mais toutes deux sont tournées vers l'extérieur. On ne recherche pas la plénitude physique de la mise en scène; celle-ci consiste essentiellement en détails choisis. Ainsi, dans une scène où il est censé pleuvoir, les acteurs arrivent avec des vêtements imperméables, mais secs. Il n'y a pas d'effets compliqués; les acteurs entrent et se tiennent debout, tout simplement; personne n'essaie vraiment de jouer la pluie, de sorte qu'on se dit : « Ils ne s'intéressent pas à ce genre de choses. »

Vous rappelez-vous la scène où Mère Courage vend des poulets? J'ai vu cette scène ici, et l'actrice jouait vraiment l'événement; elle établissait un contact avec l'objet, utilisait la particularisation, se préparait. Eh bien, Mère Courage entrait avec son poulet et le vendait un bon prix; on avait l'impression d'assister à un travail de haute école fait avec des accessoires; après avoir vendu le poulet, elle s'asseyait, le prenait et se mettait à le plumer, d'une façon très convaincante parce que le poulet était vrai; elle enlevait de vraies plumes et ces vraies plumes volaient partout sur scène.

Dans une autre scène, le cuisinier était assis, en train de couper des carottes. Remarquez que lorsqu'on joue une pièce de propagande, on laisse entendre que les carottes ne sont pas simplement des carottes, mais qu'elles sont chargées de toute la destinée humaine et des profondeurs de l'univers! On les coupe et cela devient le message de la pièce! Dans *Mère Courage*, le cuisinier utilisait un couteau très aiguisé, pelait des carottes puis les coupait en morceaux d'une façon nette et précise; chaque morceau tombait dans un seau plein d'eau — de la vraie eau — on pouvait la voir gicler. Quand il jeta avec force le dernier morceau, l'eau gicla sur toute la scène, mais personne n'y prêta attention. C'était simplement vrai, je n'étais absolument pas préparé à ce genre de réalité dans une production de Brecht.

D'autres moments étaient complètement stylisés. Lorsque le fils de Mère Courage danse, cette danse n'était ni chinoise ni japonaise mais une chose étrange qui ne ressemblait à rien de particulier; à vrai dire, le public n'appréciait pas tellement ce passage.

Mais le public aimait beaucoup le moment où Mère Courage essaie de décider si elle doit s'enfuir avec le cuisinier ou non; il lui demande de partir avec lui et d'abandonner sa fille muette. Tous deux sont debout devant une maison; lui chante pour gagner quelques sous afin de se nourrir; elle essaie de l'aider; il fait très froid; elle porte un lourd manteau de paysan avec un grand col relevé. Il n'y a pas de neige mais les acteurs indiquent de façon simple et naturelle qu'il fait froid. Mère Courage ne parvient pas à se décider et, tandis qu'elle reste là, debout, reprenant la chanson de temps à autre, elle a si froid et est si malheureuse qu'elle disparaît petit à petit dans cet énorme manteau jusqu'à être complètement cachée. C'était un moment d'une atmosphère étonnante; il y avait une véritable atmosphère, un vrai froid, ce n'était pas fait à l'aide d'accessoires, ni avec une théorie; ce n'était pas Stanislavski ni Brecht. C'était un grand moment de jeu théâtral réalisé simplement par une grande actrice.

Mais à un autre moment, Brecht a délibérément évité une réaction émotionnelle. Quand on apporte le corps du fils de Mère Courage, la situation est telle qu'elle est contrainte de dire qu'elle ne le connaît pas : or, il la faisait asseoir, serrer les mains l'une contre l'autre; un moment d'immobilité absolue et... le rideau tombait. Personnellement, j'aurais aimé voir la scène jouée avec plus d'émotion; c'est un moment parmi beaucoup d'autres où j'avais l'impression que la scène aurait pu être plus touchante si on l'avait traitée avec plus de force, de hardiesse, de vigueur. De ce point de vue, la théorie empêchait un peu trop les acteurs de se donner à fond.

Le Cercle de Craie est la vieille histoire du jugement de Salomon. A la fin de la pièce, une paysanne et une princesse revendiquent toutes deux le même enfant qui, en réalité, est le fils de la princesse; mais pendant une révolution, elle s'était tant et si bien préoccupée d'elle-même et de son propre bien-être, qu'elle en avait oublié l'enfant; la paysanne l'avait recueilli et élevé comme son propre fils. Le juge décide finalement que c'est la paysanne qui a joué le vrai rôle de mère. Ainsi la pièce est une œuvre d'imagination et ne demande pas trop de réactions émotionnelles, mais elle exige par contre un jeu excellent, parfois très vrai, parfois très théâtral, et une grande habileté théâtrale. En fait, dans la représentation à laquelle j'assistais, le jeu était remarquable, les décors et les costumes étonnamment colorés et scéniques; la production tout entière, pleine de subtilité, était réalisée de façon superbe. Une actrice qui n'avait pas du tout le genre « vedette » jouait la paysanne. C'était une fille plutôt ronde, au jeu honnête, simple, naturel, direct, sans effort. Quand elle chantait, elle chantait. Quand elle se livrait à des occupations physiques, elle le faisait de façon croyable mais pas touchante. Elle ne forçait pas, ne cherchait pas trop à toucher le public; l'important n'était pas l'absence d'efforts pour émouvoir; c'était qu'elle ne faisait aucun effort pour jouer.

D'un autre côté, plusieurs des personnages étaient joués de façon à demi stylisée. On prenait un tel plaisir théâtral à regarder les costumes et l'allure des personnages de cour qu'on en avait le souffle coupé. Tous les acteurs portaient de merveilleux demi-masques dans la facutre desquels n'entrait aucune recherche d'effet théâtral; mais chacun d'eux captait la psychologie même du personnage; le demi-masque parvient à ceci plus facilement que le visage lui-même, parce qu'il permet à l'acteur de donner à son visage un aspect plus significatif sans entraver son aptitude à jouer, ni détruire l'expression de son humanité; la partie inférieure du visage est arrangée de façon à coïncider avec le masque. Hélène Weigel jouait le rôle de la princesse; elle était la femme de Brecht et avait un visage blanc comme de la craie, des yeux noirs, une bouche rouge vif; ses mains étaient blanches avec des doigts d'argent et des ongles d'or. Tout ce qui n'était pas fait avec simplicité et naturel était stylisé mais jamais irréel ou peu convaincant; c'était un travail professionnel, où chaque moment, chaque geste était choisi et composé; chaque détail y était, chaque élément — y compris la réalité — faisait partie de la composition. Voilà exactement ce que signifie la stylisation, au vrai sens du mot.

La scène la plus remarquable du *Cercle de Craie* se passe dans la maison de la jeune paysanne, où celle-ci vit avec l'enfant. Tout le monde, au village, croit que l'enfant est illégitime, de sorte que sa famille voudrait bien la marier. Son frère va trouver la mère d'un jeune homme qui est sur le point de mourir et achète la permission de le marier avec sa sœur. Les gens du village sont invités à la noce, mais même le prêtre ne sait pas s'il s'agit d'un mariage ou d'un enterrement. Le décor est divisé en deux petites chambres; dans l'une nous voyons le marié mourant — cheveux roux, barbe rousse — abrité sous une couverture. Dans l'autre, tous les villageois sont rassemblés, et il y a tant de monde qu'il faudrait littéralement mettre quelqu'un dehors pour permettre à quelqu'un d'autre d'entrer; et justement quelqu'un force le passage, obligeant une autre personne à sortir, laquelle se retrouve dehors sans savoir comment c'est arrivé! L'effet de foule est extraordinaire, comparable à ce que Vakhtangov avait fait dans le *Dibbouk*.

Au milieu de la célébration de ce mariage très stylisé, on sert de grandes miches de pain, que l'on coupe en tranches et qu'on distribue. Tout le monde mange et les miettes s'éparpillent sur scène : rien ne pourrait être plus vrai. Puis quelques musiciens arrivent en disant : « Nous venons célébrer la fin de la guerre. » A ces mots, le mourant se redresse et s'écrie : « La guerre est finie? » et saute du lit. Sa maladie simulée lui avait permis d'échapper à l'enrôlement. Il chasse tout le monde de la maison, et la pauvre fille se retrouve vraiment mariée à cet homme. Le rideau tombe, puis se relève, et nous voyons cet homme assis dans un baquet, en train de prendre un bain; ses épaules sont nues; il n'y a pas d'eau, pas de savon; la jeune paysanne doit lui frotter le dos, mais elle est timide; elle est sa femme mais ne veut pas l'être. Toute la scène est là, et la situation est brillamment illustrée. Brecht a toujours merveilleusement réussi à combiner les vrais éléments — tels le pain et le bain — avec une atmosphère de conte de fées; dans chaque cas il choisissait les vrais éléments dont la justesse établissait l'atmosphère et la crédibilité de la scène, d'une façon merveilleusement théâtrale.

Aucun acteur du théâtre de Brecht ne fait quoi que ce soit qu'il ne puisse faire bien. Si un acteur ne peut danser, on ne lui demande pas de le faire; on fait correspondre ce qu'on souhaite réaliser avec les capacités des acteurs. Parfois, on crée un conte de fées, mais quand on veut utiliser la réalité, elle est vraiment vraie. Et l'ensemble est théâtralement si simple et si naïvement astucieux que le résultat est élégant, poétique et vraiment professionnel.

(Novembre 1961 :) Mous sommes allés à Berlin à une mauvaise époque pour le « Brecht Theatre ». La séparation d'avec Berlin-Ouest avait privé ce théâtre de nombreux acteurs qui vivaient dans la zone Ouest. C'était, semble-t-il, une calamité, mais il s'avéra que de les voir travailler dans ces conditions était une des meilleurs façons d'entrer en contact avec eux, parce qu'ils ne pouvaient se permettre — au cours des répétitions auxquelles nous assistions — de faire quoi que ce soit pour essayer de nous impressionner : ils étaient trop préoccupés du nombre d'acteurs à remplacer très rapidement dans la plupart de leurs productions; nous avons donc pu voir ce qui était de première importance pour eux, car c'est évidemment ce sur quoi ils insistaient le plus à ce moment-là; nous avons pu observer ce théâtre en fonction de ses intentions réelles, qui sont beaucoup plus révélatrices d'un théâtre que n'importe quelle théorie ou n'importe quel spectacle fini.

J'ai été surpris de l'aisance de ces gens pendant les répétitions. Les acteurs ne se séparaient pas, en tant qu'êtres humains, de ce qu'ils faisaient sur scène. Il n'y avait pas de problème d'intégration au personnage ni de recherche d'un comportement plus élevé sur le plan théâtral; et ceci était vrai aussi bien pour les vedettes que pour les figurants; d'ailleurs, il nous était difficile par moments de différencier les grands rôles des figurants, tant ces derniers étaient intéressants à regarder; cela venait du fait que ces figurants n'étaient pas des acteurs.

Pendant des années, tout le monde a pu lire que le Brecht Theatre pratiquait ce qu'on appelle l' « aliénation », c'est-à-dire qu'on encourageait le public à ne pas se laisser prendre par la pièce et à ne pas y croire. L'intention était de faire observer une production théâtrale par le public en tant que simple spectacle de théâtre. Eh bien, j'attendais de voir utiliser cette « aliénation » au cours des répétitions et je fus plutôt surpris d'entendre les metteurs en scène dire aux acteurs : « Je vous en prie, rendez cela un peu plus vrai. Que diable faites-vous là? C'est trop stylisé, ne faites pas toutes ces choses théâtrales; laissez tomber ce ton d'acteur; c'est une chose vraie, dites-la tout simplement. » Et le metteur en scène expliquait et essayait de montrer à l'acteur comment parler avec naturel!

Le jeu était le plus simple que j'aie jamais vu. Je n'aurais pas le courage de permettre à des acteurs d'être aussi simples que cela. C'est un jeu dépouillé de tout maniérisme, de tout ce qui servirait uniquement à faire voir le talent d'un acteur, ou son habileté; c'est la façon la plus simple de jouer un personnage. Les acteurs sont en général bien choisis, le personnage clairement défini; puis les acteurs — avec la plus grande simplicité et quelquefois la plus grande absence de sens théâtral qui produit une espèce de sens théâtral particulier — jouent les événements et la situation de la pièce.

Je suis resté pour voir *Galilée* parce qu'on m'avait dit que la réalisation qu'en avait faite le Brecht Theatre était de très grande qualité; je ne croyais cependant pas qu'une réalisation, quelque magnifique qu'elle soit, pût y changer quoi que ce soit. J'avais été impressionné par bien des productions du Brecht Theatre; j'avais vu, ici, à New York, une très bonne représentation de *Galilée;* mais celle du Brecht Theatre m'a vraiment étonné et j'ai bien été obligé d'admettre que la pièce était transformée. Elle était totalement différente de ce que j'avais vu à New York, non pas qu'elle fût plus stylisée, mais elle atteignait une plus grande théâtralité à travers une plus grande simplicité et une plus grande vérité.

Le décor, les costumes, les accessoires étaient simples, mais donnaient d'une façon extraordinaire le sentiment d'être à l'époque de Galilée; le décor avait trois murs apparemment faits d'un bois riche comme on en utilisait pendant la Renaissance. Nous devions découvrir par la suite que c'était en réalité un très léger contre-plaqué sculpté. Mais l'impression d'opulence était telle que les plus superbes décors peints auraient semblé minables à côté. Les costumes, historiquement corrects, évitaient les couleurs voyantes des tableaux de la Renaissance : Les tons en étaient plutôt neutres, et convenaient parfaitement à chaque individu. Les accessoires étaient fantastiques de réalité et d'exactitude, les instruments scientifiques faits de bois et de métal, et de dimensions réelles. Ils fonctionnaient vraiment; même si l'un d'eux n'était pas utilisé dans la pièce, il était vrai et en état de marche. Rien n'était considéré comme inutile ou superflu dans une production de Brecht, et cette absolue réalité des objets physiques rendait tout vivant sur scène.

On a fait de Brecht l'apôtre de l'antiréalisme; nous devons réaliser que le théâtre de Brecht n'est pas du tout cela; il appelait son théâtre : « Le théâtre du réalisme épique. » Tout, sur scène, est vrai, naturel; on n'utilise les éléments théâtraux que lorsqu'on doit faire une chose qui ne saurait être mieux réalisée d'une autre manière.

Dans *Le Cercle de Craie*, il y a une scène dans laquelle le soldat qu'aime la jeune paysanne revient au village et la trouve mariée; ils se tiennent alors tous les deux debout, séparés par un cours d'eau imaginaire, et se disent des choses très simples puis chantent les pensées amoureuses qu'ils ne peuvent dire; c'est la manière la plus simple d'exprimer cette idée sur scène; comment pourrait-on montrer ce qui se passe à l'intérieur d'un être humain, autrement? A Broadway, on utiliserait certainement des mécanismes très compliqués : on baisserait les lumières; on jouerait en fond sonore une vieille musique romantique; des voix sortiraient de haut-parleurs; puis la scène s'éclairerait et l'on verrait l'intérieur d'un cerveau humain, comme celui qu'on voit pour la réclame de cachets contre la migraine! Non, Brecht n'a pas recherché le côté spectaculaire pour créer quelque chose de conventionnel. La forme du théâtre de Brecht jaillit de la plus grande simplicité et de ce que contient son matériau.

Le jeu, dans *Galilée*, était si simple qu'on n'en pouvait décrire aucun détail; il n'y avait aucun moment dont on put dire : « Ah, c'était sensationnel. » On ne pouvait que dire : « Ce qu'il faisait à ce moment-là était tellement simple qu'il eût été impossible de le faire plus simplement. » Mais la production dans son ensemble, l'extraordinaire concentration, le sens de la réalité donné par l'arrière-plan, le sens de la réalité donné par chacun des détails choisis, dans le domaine physique aussi bien que dans le jeu, tout cela aidait à élever l'acteur non pas à un niveau de théâtre conventionnel ou stylisé, mais vers ce que Brecht appelait la « réalité historique ». Brecht essaie toujours de vous démontrer que, si vous étiez là, « voilà ce que vous verriez ». Il veut que vous soyez tout à fait conscient de l'importance de ce qui s'est produit à ce moment historique précis. C'est une réalité historique; les détails inutiles sont supprimés.

Le dernier moment, dans *Galilée*, commence par l'adieu à un étudiant sur le devant de la scène; puis Galilée se tourne et va jusqu'au fond de la scène — qui est profonde et très inclinée; il s'assied à une table sans ornements, mais authentique, et se met à manger un vrai repas. Il a maintenant abandonné ce pour quoi il aurait pu se battre, de façon à pouvoir mener un certain genre d'existence mondaine; il a décidé de profiter des bonnes choses qu'offre ce monde, et tandis qu'il commence à manger, les lumières baissent très lentement; l'enchantement de la lumière disparaît, il n'y a plus de projecteurs; il n'y a pas d'effort non plus pour cacher ce qui reste de lumière ou pour vous impressionner théâtralement; il y a simplement un effort pour inscrire de façon indélébile dans votre conscience : « Voilà ce pour quoi un homme a tout abandonné; regardez-le manger, regardez! » et le repas se prolonge une minute, deux minutes, trois minutes. Cela n'a rien de spectaculaire et pourtant c'est plus dramatique et plus poignant que tout. Ce que Brecht a fait, là, c'est isoler un simple événement : Galilée a abandonné pour ça; et ça, vous vous en souviendrez.

Brecht a apporté une contribution vivifiante au théâtre du monde entier; il l'a fait dans un monde où la plupart des théâtres sont creux et stériles, et cherchent un moyen de sortir de l'impasse. Ce qu'on fait au Brecht Theatre n'est pas destiné à cacher le vide mais à remplir le vide de signification, d'intentions, de sens, de raisons. Les costumes, les masques, les acteurs, tout sur la scène de ce théâtre est soumis à cette volonté fondamentale.

On a accepté le théâtre de Brecht et sa réputation a grandi au cours des années même où le Studio se faisait connaître de par le monde. Je suppose que la raison de cette croissance est en partie la même dans les deux cas : chacune de ces organisations a fait quelque chose pour combler le vide du théâtre et c'est pourquoi les gens ont l'impression qu'en chacune d'elles peut se trouver la réponse à la crise du théâtre d'aujourd'hui. Il est vrai que le théâtre affronte une crise tous les ans, et ces dernières années on a l'impression que la crise prend des proportions plus grandes, et qu'à la base du théâtre, il y a quelque chose qui ne va pas.

Malheureusement, il n'y a pas de Brecht Theatre en Amérique. Il n'y a pas de théâtre qui puisse suivre son chemin à travers la crise, comme il l'a fait. Il n'y a pas de théâtre ici qui puisse faire et refaire et maintenir les mêmes productions pendant une longue période; nous n'avons pas de troupe théâtrale qui travaille honnêtement et profondément à apporter au public une idée de ce que possèdent les vrais gens de théâtre.

Le théâtre américain et le théâtre mondial ont à faire face à une crise d'importance parce que les exigences à satisfaire n'ont jamais existé auparavant. Les conditions politiques mondiales amènent les peuples à communiquer sur un plan international; les portes s'ouvrent et, en s'ouvrant, laissent jaillir plus intensément le sentiment de vide; elles se sont ouvertes sur le néant; il n'y a ni compréhension ni juste appréciation entre les peuples; en fait, nous avons ouvert les portes, mais à qui? nous n'en savons rien! Les gens de l'Est ne nous connaissent pas plus que nous ne les connaissons. Les conditions politiques qui ont permis d'ouvrir les portes ont en réalité aggravé l'incompréhension entre les peuples, et cette incompréhension fait naître le besoin d'un partage de la vie culturelle, sans lequel il ne peut y avoir de véritable existence sur le plan international. Vivre à un niveau international simplement sur le plan économique et politique, c'est continuer à s'entre-tuer, car ce n'est pas ainsi qu'on pourra faire cesser les guerres! Seuls les arts qui nous permettent de considérer la vie de façon un peu plus objective que ne le fait la seule politique, peuvent nous amener à apprécier ce qui se produit dans notre propre vie et dans celle des autres. Le problème n'est pas que la crise théâtrale soit pire que jamais mais que le théâtre, aujourd'hui, soit appelé à remplir un besoin d'un genre tout à fait nouveau.

Ces conversations sur la crise du théâtre ne m'excitent guère : nous l'avions prévue, il y a trente ans, quand nous avons mis sur pied le Group Theatre; ce groupe n'a pas été fondé par intérêt idéologique ni par souci du drame social; il est né de l'idée bien établie qu'aucun vrai théâtre ne peut sortir du travail d'un groupe d'acteurs réunis pendant quelques semaines seulement parce qu'ils ont été engagés pour un spectacle. Ce que nous avions prévu, c'est qu'un groupe théâtral peut avoir le même genre de développement artistique qu'un simple individu. Nous avions proclamé à cette époque qu'un théâtre exige le même genre de cohérence, d'unité, de désintéressement que celui qui permet à diverses personnalités de se fondre en une seule, plus vaste, plus grande; chaque individu peut et doit y trouver sa véritable expression à l'intérieur même de son intention.

De vrais théâtres ne devraient jamais être des rivaux; au contraire l'existence d'un seul vrai théâtre rend possible celles d'autres théâtres différents du premier par les intentions, mais équivalents par la technique, l'ensemble, et les buts artistiques.

Voilà ce que nous avions pressenti, il y a trente ans, quand nous avons dit que le rôle futur du théâtre américain était de développer le vrai théâtre, c'est-à-dire le théâtre d'ensemble, seul moyen de faire un travail vraiment créateur au théâtre.

Pratique du Théâtre

Collection publiée sous la direction d'André Veinstein.

Essais, conférences, notes, manifestes, articles, correspondances : Les hommes de théâtre, depuis la fin du siècle dernier, soumettent la pratique de leur art à un incessant effort d'élucidation.

Cet imposant ensemble d'écrits, intimement liés à leur travail, ne contient pas seulement, pour les esthéticiens, les psychologues et les sociologues, des observations brutes du plus haut intérêt. Il apporte encore, à notre jeune théâtre, parmi les témoignages incomplets et pâlis qui subsistent après le spectacle, nombre de ses motifs d'inspiration les plus féconds. Derrière les noms de Craig, de Copeau et d'Artaud, par exemple, a-t-on jamais songé à déterminer la part primordiale d'influence qui revenait à leurs réflexions, par rapport à leurs productions?

Pratique du Théâtre se propose de grouper, sans distinction de tendance, de nationalité ou d'époque, les meilleurs de ces écrits. Au programme de cette tentative de confrontation des réflexions les plus marquantes des artisans du théâtre : Auteurs dramatiques, Metteurs en scène, Acteurs, Décorateurs, et des Arts du spectacle voisins : Mimes, Danseurs, Marionnettistes, figurent les noms d'Eugène Ionesco, de Dürrenmatt, de Jacques Copeau, d'August Strindberg, d'Étienne Decroux, de Meyerhold, d'Arthur Adamov, de Louis Jouvet, de Charles Dullin, de Paul Claudel, de Luigi Pirandello, de Lee Strasberg, de Jean Vilar, de Julian Beck.

Volumes parus :

EUGÈNE IONESCO : *Notes et contre-notes.*
ÉTIENNE DECROUX : *Paroles sur le mime.*
VSEVOLOD MEYERHOLD : *Le théâtre théâtral.*
EDWARD GORDON GRAIG : *Le théâtre en marche.*
ARTHUR ADAMOV : *Ici et maintenant.*
AUGUST STRINBERG : *Théâtre cruel et théâtre mystique.*

Louis Jouvet : *Molière et la comédie classique.*
Tragédie classique et théâtre du XXe siècle.
Paul Claudel : *Mes idées sur le théâtre.*
Charles Dullin : *Ce sont les dieux qu'il nous faut.*
Jacques Copeau : *Registres I : Appels.*
Registres II : Molière.
Registres III : Les Registres du Vieux Colombier I.
Registres IV : Les registres du Vieux Colombier II, America.
Jean Vilar : *Le théâtre, service public.*
Mémento.
Julian Beck : *La vie du théâtre.*

Composé et achevé d'imprimer
par l'Imprimerie Floch
à Mayenne, le 10 juillet 1989.
Dépôt légal : juillet 1989.
1er dépôt légal : novembre 1969.
Numéro d'imprimeur : 28239.
ISBN 2-07-070705-9 / Imprimé en France.

46796